Vicens Vives
Educació Secundària

Aula3D

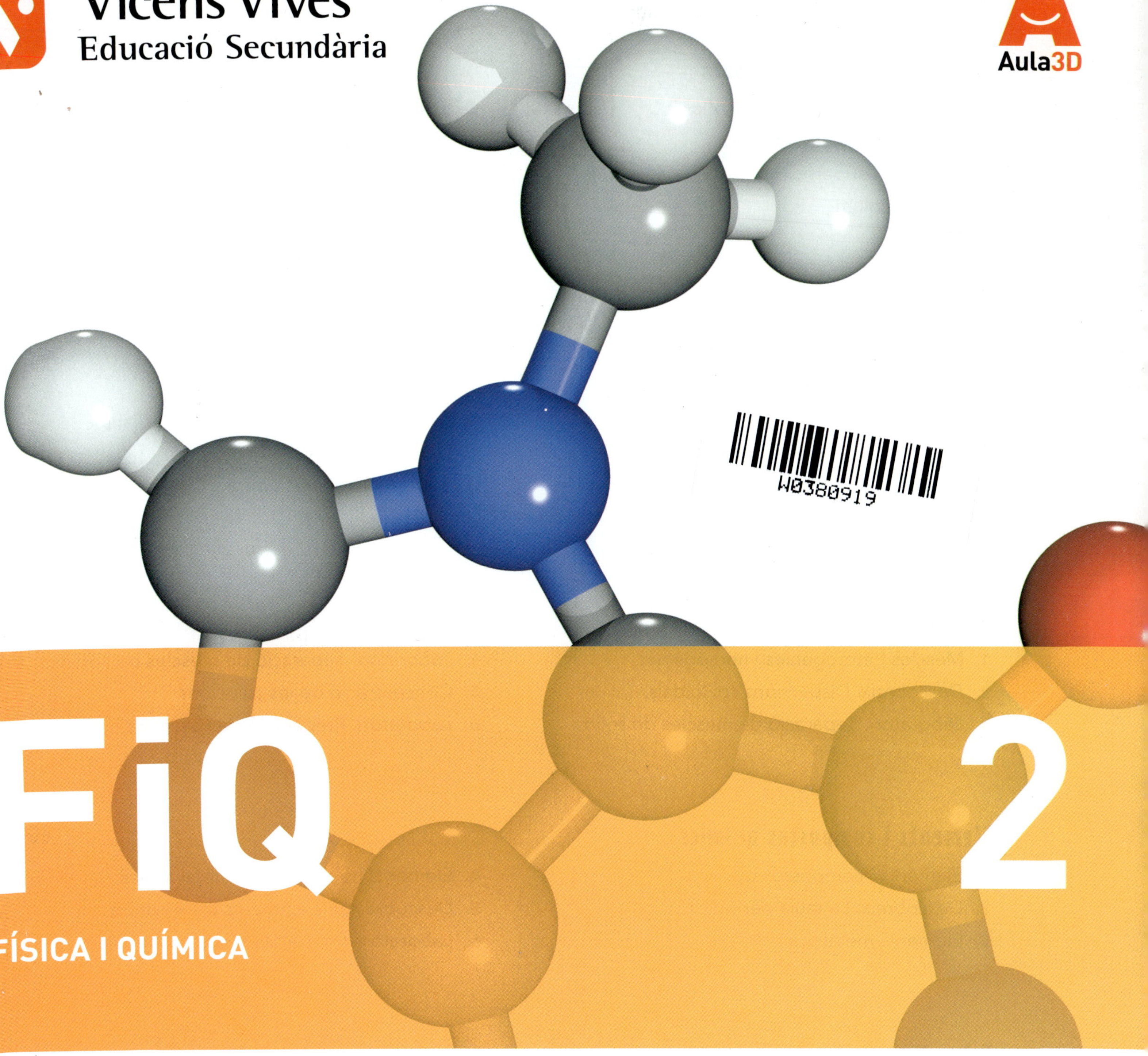

FiQ 2

FÍSICA I QUÍMICA

À. Fontanet Rodríguez
Catedràtic de Física i Química d'IES

M. J. Martínez de Murguía Larrechi
Catedràtica de Física i Química d'IES

Índex

Química

Física

Com és aquest llibre?

Les activitats del llibre estan classificades segons els processos cognitius que treballen:

- **Conèixer:** en aquestes activitats els alumnes treballen directament el contingut.
- **Aplicar:** aquestes activitats relacionen el contingut treballat amb els coneixements previs de l'alumnat i amb l'entorn, és a dir, que treballen amb el context.
- **Raonar:** l'objectiu d'aquestes activitats és que l'alumne reflexioni, expliqui i raoni els perquès de les seves respostes.

Competències

- Comunicació lingüística
- Competència matemàtica
- Competències bàsiques en ciències i tecnologia (no s'indica explícitament ja que es treballa de manera transversal en tot el llibre)
- Aprendre a aprendre
- Consciència i expressions culturals
- Sentit d'iniciativa i esperit emprenedor
- Competències socials i cíviques
- Competència digital

- Les activitats contingudes en aquest llibre s'han de fer en un quadern a part.
- Els espais inclosos en les activitats són simplement indicatius i la seva finalitat és didàctica.

Com s'estructura aquest llibre

INTRODUCCIÓ

Títol i pregunta de caràcter general, que constitueix el centre de la unitat.

Fotografia que il·lustra els aspectes més rellevants de la unitat.

Introducció motivadora que presenta la matèria a estudiar.

Activitats destinades a repassar algunes nocions prèvies i a plantejar-se qüestions sobre el contingut.

Continguts principals de la unitat.

CONTINGUTS DEL TEMA

Les unitats estan estructurades en apartats i subapartats.

Documents que amplien o complementen continguts.

@ Amplia a la Xarxa... amb activitats d'accés a Internet.

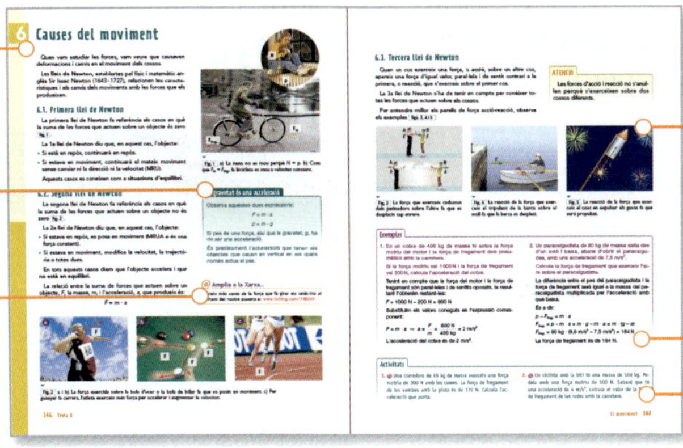
Causes del moviment

Mapes, fotos, esquemes, dibuixos, gràfics... que il·lustren el contingut.

Una completa gamma d'exemples resolts que ofereixen un gran suport per a la comprensió i l'aprenentatge.

Activitats orientades a treballar les competències bàsiques.

PÀGINES MONOGRÀFIQUES

Separació de mescles de sòlids

Els materials del nostre entorn

LABORATORI

Les activitats experimentals han estat seleccionades amb molta cura pel seu interès didàctic i han estat comprovades per garantir-ne el resultat.

DESCOBREIX

Pàgines per aprofundir aspectes rellevants de la unitat. Inclouen activitats de comprensió i competencials.

PÀGINES FINALS

Activitats per practicar les competències científiques i que ajuden a reforçar els continguts apresos durant la unitat.

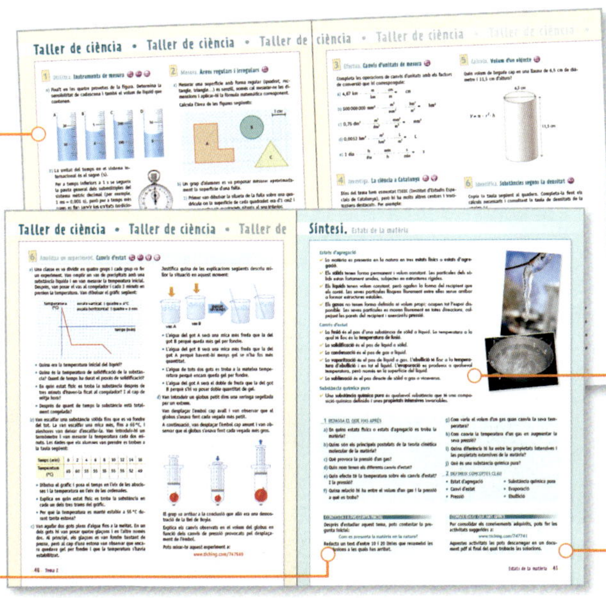
Taller de ciència • Taller de ciència • Taller de ciència

Síntesi.

Resum dels continguts principals del tema. Es complementa amb diverses activitats que són de síntesi i una per consolidar el vocabulari.

Consolida el que has après. Proposta d'autoavaluació.

Activitat per sintetitzar el contingut de la unitat.

1 LA MATÈRIA I LA SEVA MESURA

Per què és important la mesura en ciència?

Per als treballs científics s'utilitzen una gran varietat d'instruments de mesura: balances, cronòmetres...

Actualment la majoria de les persones poden explicar sense gaires dificultats molts fenòmens comuns de la natura, com ara per què hi ha nit i dia, per què les coses cauen, per què plou o què són els llamps i els trons. Tanmateix, fins no fa gaire temps aquests fenòmens eren autèntics misteris als quals s'intentava donar resposta amb mites i llegendes.

Els coneixements que en tenim ara són el fruit acumulat de la feina de molts científics i científiques que no es van limitar a formular-se preguntes, sinó que, impulsats per la curiositat, es van esforçar a trobar-hi respostes raonables i ben fonamentades. A l'hora de fer-ho van aplicar procediments d'investigació basats en l'observació, en la mesura i en l'experimentació.

Què sabem?

La investigació científica es fonamenta en la mesura, però mesurar no és una tasca exclusiva de la ciència. Tu mateix fas servir habitualment molts aparells de mesura sense ni tan sols pensar-hi.

- Un dels aparells de mesura més habituals és el rellotge. Descriu situacions de la vida quotidiana en les quals el fas servir.
- Segur que a casa teva hi ha molts rellotges perquè bastants electrodomèstics en porten; però, quins altres aparells de mesura hi pots trobar? Fes-ne un llistat i apunta què es pot mesurar amb aquests aparells.

Què aprendrem?

- **En què consisteix el mètode científic.**
- **Quines propietats de la matèria es poden mesurar i com s'expressen les mesures.**
- **Quines són les unitats de mesura més utilitzades i quines magnituds mesuren.**
- **Quins elements importants trobem en un laboratori i quines mesures de seguretat hi hem de prendre.**

1 El treball científic

DESCOBREIX

Totes les persones naixem científiques perquè la curiositat és innata en l'ésser humà.

Els nens i les nenes comencem l'exploració de l'entorn pràcticament des del naixement, però a partir de tres anys, quan ja fem ús del llenguatge amb desimboltura, comencem a plantejar-nos preguntes sense parar: Per quin motiu plou? Per quina causa el gel és fred? Per què les fulles són verdes? Per què hi ha dia i nit? Per què...?

La ciència la desenvolupen persones amb interès per comprendre la realitat que ens envolta, que amplien els límits del coneixement o hi busquen aplicacions.

La formació d'equips és fonamental en el treball científic actual.

A EL DESENVOLUPAMENT DE LA CIÈNCIA

El físic i químic anglès Henry Cavendish és l'exemple de científic solitari. Va passar gairebé 60 anys dedicat a la investigació científica i alguns dels seus descobriments no es van publicar fins un segle més tard.

La realitat actual de la ciència és diferent.

La ciència acostuma a basar-se en projectes col·laboratius que impliquen diferents institucions (empreses, universitats...), freqüentment internacionals, i amb equips formats per especialistes de diferents camps.

A més, la ciència no parteix de zero: cada persona contribueix a tot el coneixement acumulat.

Les dones científiques

Durant segles la tasca científica es va considerar exclusiva dels homes, i les dones hi tenien el paper de simples ajudants. Ara bé, actualment podem esmentar dones que han fet grans aportacions a la ciència, com ara:

- Marie Curie. Teoria de la radioactivitat.
- Lise Meitner. Radioactivitat i física nuclear.
- Irene Joliot-Curie (1897-1956). Radioactivitat artificial.
- Rita Levy. Factors de la reproducció cel·lular.
- Maria Goeppert-Mayer (1906-1972). Model nuclear de capes.
- Dorothy Crowfoot Hodgkin (1910-1994). Estructura tridimensional de moltes substàncies.
- Lynn Margulis. Teoria de l'endosimbiosi seriada.
- Ada Yonath (1939). Estructura atòmica dels ribosomes.

Aquestes grans científiques han obert camins perquè les dones desenvolupin les mateixes funcions que els homes en la investigació científica.

Algunes grans ments

Isaac Newton

(1643-1727) Unifica la física terrestre i la celeste.

Henry Cavendish

(1731-1810) Descobreix l'hidrogen i descompon l'aigua.

Charles Darwin

(1809-1882) Teoria de la selecció natural i origen de les espècies.

Marie Curie

(1867-1934) Pionera en l'estudi de la radioactivitat.

Lise Meitner

(1878-1968) Va descobrir, amb més científics, la fissió nuclear.

Albert Einstein

(1879-1955) Teoria de la relativitat.

Rita Levy

(1909-2012) Descobreix els factors del creixement.

Lynn Margulis

(1938-2011) Simbiosi com a factor evolutiu.

Stephen Hawking

(1942) Singularitats de la relativitat general.

Joan Massagué

(1953) Investigador del càncer i la metàstasi.

B EL MÈTODE CIENTÍFIC

No hi ha un únic mètode de treball científic. Algunes disciplines científiques se centren més en l'observació i d'altres en l'experimentació.

Malgrat tot, en el treball dels científics es poden identificar algunes tasques comunes que dibuixen una manera particular d'investigar, l'anomenat **mètode científic**.

@ Amplia a la Xarxa...

Aprèn més sobre la teoria d'Álvarez a: www.tiching.com/747456

Mira una simulació de l'impacte d'un asteroide a: www.tiching.com/747458

Principals etapes del mètode científic

1. Plantejar el problema

Una observació es pot convertir en un problema que s'ha de resoldre si planteja interrogants del tipus: Per què? Com?

Els dinosaures van poblar la Terra durant milions d'anys, però fa uns 65 milions d'anys es van extingir. Per què es van extingir, els dinosaures?

2. Formular una hipòtesi

Una hipòtesi és una resposta plausible al problema. Ben formulada, permet buscar proves que la validin.

El geòleg W. Álvarez va proposar el 1981 que l'extinció va ser causada per la caiguda d'un meteorit de grans dimensions que va provocar canvis importants en el clima.

3. Buscar proves

Les proves que validin la hipòtesi es poden trobar per dues vies:

- **Treball de camp**. Observació en el medi natural.
- **Experimentació**. Es porten a terme assajos als laboratoris en condicions controlades.

Si un meteorit tan gran va xocar amb la Terra, hi ha de quedar alguna prova de l'impacte, sigui en forma de restes del meteorit polvoritzat o d'un cràter de grans dimensions.

4. Analitzar resultats i arribar a conclusions

Els resultats de la recerca de proves porten a arribar a una conclusió sobre la validesa de la hipòtesi.

En el registre geològic hi ha una franja molt prima d'argila que marca el límit d'estrats amb fòssils de dinosaures. L'anàlisi química d'aquesta argila va indicar que contenia una gran concentració d'iridi, un metall rar a la Terra però no en alguns meteorits.
D'altra banda, l'any 1990 es van localitzar a la península de Yucatán (Mèxic) les restes d'un cràter de 180 km de diàmetre que va ser datat en uns 65 milions d'anys d'antiguitat.

Activitats

1. Comenta què penses que volia dir el físic Isaac Newton en la frase següent:

"He estat com un nen petit que, jugant a la platja, de tant en tant trobava un còdol més fi o una petxina més bonica del que és normal. L'oceà de la veritat s'estenia, inexplorat, davant meu".

2. Busca informació sobre les persones retratades a la pàgina 4 i els seus principals mèrits científics.

3. Se t'acut cap investigació que només es pugui estudiar mitjançant l'observació i la descripció del fenomen? I alguna que només es pugui estudiar per experimentació?

2 La matèria i la seva mesura

2.1. La matèria

L'objecte d'estudi de les ciències naturals és la matèria.

Tot el que t'envolta és matèria: l'aigua, les roques, l'aire... tu mateix. I aquesta matèria la pots percebre directament per mitjà dels sentits o amb l'ajuda d'instruments que amplien l'abast de les nostres percepcions fig. 1.

La **matèria** és tot allò que ocupa un lloc en l'espai i té massa.

Fig. 1 Els microscopis amplien el nostre sentit de la vista i ens permeten veure coses més petites.

2.2. Magnituds físiques

Algunes de les característiques de la matèria són fàcils de descriure perquè són objectives i mesurables fig. 2.

Una **magnitud física** és qualsevol qualitat de la matèria que es pugui mesurar, com la massa o les dimensions d'un cos.

Les propietats de la matèria que són subjectives o no es poden mesurar no són magnituds.

Fig. 2 Les dimensions i la massa del tros de pastís les pots mesurar amb un regle i una balança, però és impossible que mesuris si és gaire bo, perquè aquesta característica del pastís és una apreciació subjectiva.

2.3. La mesura

Per mesurar una magnitud primer cal establir com a referència de comparació una part d'aquesta mateixa magnitud, part que s'anomena **unitat**.

L'acció de **mesurar** és comparar allò que mesurem amb la unitat i dir el nombre de vegades que el valor de la magnitud mesurada conté aquesta unitat fig. 3.

Una mesura s'expressa amb un nombre seguit de la unitat o el símbol de la unitat amb la qual s'ha fet la mesura:

tres quilograms = 3 kg

Els noms de les unitats s'escriuen amb minúscula (quilograms)

Cada unitat té un símbol propi (kg)

De vegades veuràs que les mesures amb molts zeros s'esriuen de la manera següent, més abreujada:

- $3\,200 \text{ m} = 3{,}2 \cdot 10^3 \text{ m}$
- $3\,180\,000\,000 \text{ kg} = 3{,}18 \cdot 10^9 \text{ kg}$
- $50\,000 \text{ L} = 5 \cdot 10^4 \text{ L}$
- $932{,}4 \text{ m}^2 = 9{,}324 \cdot 10^2 \text{ m}^2$

Aquest tipus de notació s'anomena **notació científica** i s'utilitza molt perquè, com pots veure, facilita l'expressió de les quantitats molt grans.

Fig. 3 Quan diem que la massa d'un gat és de *3 quilos* significa que la seva massa equival a tres vegades una massa que arbitràriament s'ha establert com a patró i que anomenem quilogram.

2.4. Sistema d'unitats

Antigament es feien servir una gran varietat d'unitats mal definides i amb variacions locals. Tanmateix, per afavorir l'activitat comercial i la comunicació científica, és necessari triar unitats de referència que estiguin clarament definides i que no presentin variacions.

Actualment, en ciència i tecnologia s'ha generalitzat l'anomenat **sistema internacional d'unitats (SI)** que consta de set **unitats bàsiques** taula 1.

La resta d'unitats es defineixen per combinació de les bàsiques i per això s'anomenen **unitats derivades**. Per exemple, la unitat de superfície, el metre quadrat (m^2), i la unitat de volum, el metre cúbic (m^3), són unitats derivades.

Taula 1

MAGNITUDS I UNITATS BÀSIQUES (SI)		
Magnitud	**Unitat**	**Símbol**
Longitud	metre	m
Massa	quilogram	kg
Temps	segon	s
Temperatura	kelvin	K
Intensitat de corrent	amper	A
Quantitat de substància	mol	mol
Intensitat lluminosa	candela	cd

Escriptura dels símbols de les unitats

Els símbols de les unitats del SI s'escriuen amb minúscules, excepte els que deriven de noms propis, els quals s'escriuen amb majúscules.

Els símbols representen les unitats, però no són abreviatures dels seus noms, per la qual cosa no és correcte escriure'ls amb punt final ni en plural:

✓ 3 kg   ✗ 3 Kg   ✗ 3kg.   ✗ 3 kgs.

Sistema anglosaxó d'unitats

Els Estats Units són l'únic país industrialitzat que té un sistema de mesures oficial diferent del SI, tot i que en altres països anglosaxons, com ara en el Regne Unit, s'utilitzen unitats pròpies de manera quotidiana.

Tot i això, en els àmbits científic i tècnic s'utilitza el SI per la seva simplicitat, facilitat de conversió i acceptació mundial.

Fixa't en l'equivalència entre algunes de les unitats més conegudes i el SI:

1 lliura = 0,453 592 37 kg

1 iarda = 0,914 4 m   1 polzada = 2,54 cm

1 peu = 30,48 cm   1 milla = 1,609 km

- Quina longitud, expressada en quilòmetres, indica el cartell de la dreta?

Activitats

1. Indica quines d'aquestes propietats són magnituds:
   Longitud, sabor, velocitat, bondat, tristesa, volum, temperatura, temps, intel·ligència i sentit de l'humor.
2. Què és el SI? Quins avantatges aporta el fet que hi hagi un sistema internacional d'unitats?
3. Quina diferència hi ha entre una unitat bàsica i una de derivada? Posa'n un exemple de cada classe.
4. La distància entre dues poblacions és de 25 km. Explica per què les afirmacions següents són falses:
   a. La distància no és una magnitud fonamental.
   b. El quilòmetre és una unitat derivada de quilo i metre.
   c. Escriure 25 kms és la manera abreujada d'indicar aquesta distància.
   d. Les dues poblacions disten 25 quilos.

3 Longitud i superfície

3.1. Longitud

La **longitud** és la magnitud física que expressa la distància entre dos punts.

La unitat de longitud en el SI és el **metre** (m), però de vegades resulta útil usar múltiples o submúltiples d'aquesta unitat taula 1.

Els múltiples i els submúltiples es basen en el sistema mètric decimal, de manera que el factor multiplicador de cadascun amb el següent és 10:

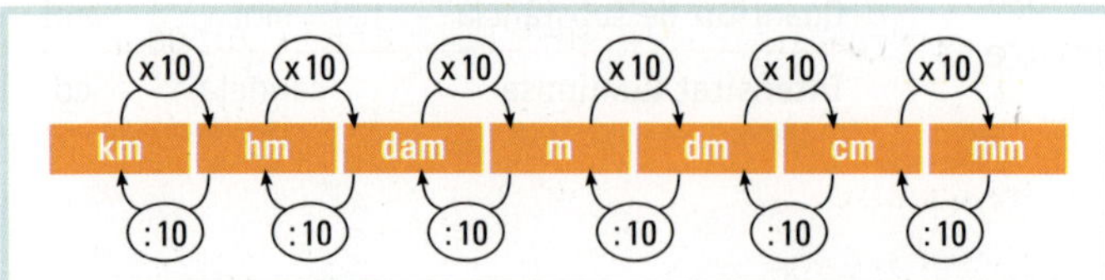

Taula 1

Unitat	Símbol	Factor de conversió
quilòmetre	km	1 km = 1000 m
hectòmetre	hm	1 hm = 100 m
decàmetre	dam	1 dam = 10 m
metre	**m**	**1 m**
decímetre	dm	1 dm = 0,1 m
centímetre	cm	1 cm = 0,01 m
mil·límetre	mm	1 mm = 0,001 m

Per exemple, per mesurar distàncies grans fem servir el quilòmetre, un múltiple que equival a 1000 metres, i per mesurar longituds molt petites usem el mil·límetre, un submúltiple que equival a una mil·lèsima de metre fig. 1.

Fig. 1 La longitud és una magnitud bàsica i es mesura amb regles, flexòmetres, cintes mètriques... Els indicadors quilomètrics indiquen distàncies entre ciutats.

3.2. Conversió d'unitats

Per transformar una unitat en una altra mitjançant factors de conversió, se segueix aquest procediment:

– Es passa la unitat que es vol transformar a la unitat principal de referència (metre, metre quadrat...) fent servir el factor de conversió corresponent.

– Es passa de la unitat principal a la unitat desitjada fent servir un altre factor de conversió.

Sensibilitat d'un regle

La **sensibilitat** és el valor de la divisió més petita que hi ha a l'escala graduada d'un instrument de mesura.

En el cas dels regles escolars sol ser d'1 mm. Els instruments digitals acostumen a tenir una sensibilitat més alta.

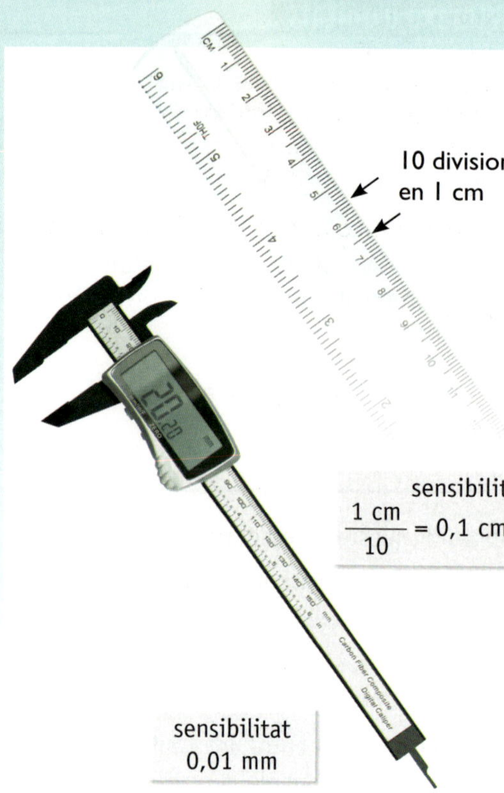

sensibilitat $\frac{1 \text{ cm}}{10} = 0{,}1 \text{ cm} = 1 \text{ mm}$

sensibilitat 0,01 mm

3.3. Superfície

La superfície és la part externa d'un cos.

La mesura d'una superfície és la seva àrea. Es tracta d'una magnitud derivada perquè per determinar-la s'han d'agafar una o més mesures de longitud i després s'ha de fer alguna operació. Per exemple, per determinar la superfície d'un quadrat s'ha de mesurar la longitud d'un costat, l, i fer l'operació: $S = l^2$.

La unitat de superfície en el SI és el **metre quadrat** (m^2). Per obtenir els múltiples i submúltiples del metre quadrat hem de multiplicar o dividir per 100 tantes vegades com faci falta taula 2:

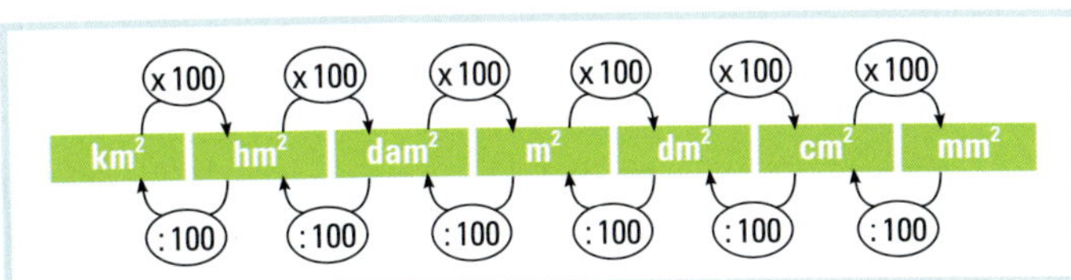

@ Amplia a la Xarxa...

Troba les fórmules de les àrees dels polígons a:
www.tiching.com/747459

Taula 2

Unitat	Símbol	Factor de conversió
quilòmetre quadrat	km^2	$1\ km^2 = 1\,000\,000\ m^2$
hectòmetre quadrat	hm^2	$1\ hm^2 = 10\,000\ m^2$
decàmetre quadrat	dam^2	$1dam^2 = 100\ m^2$
metre quadrat	$\mathbf{m^2}$	$\mathbf{1\ m^2}$
decímetre quadrat	dm^2	$1\ dm^2 = 0{,}01\ m^2$
centímetre quadrat	cm^2	$1\ cm^2 = 0{,}0001\ m^2$
mil·límetre quadrat	mm^2	$1\ mm^2 = 0{,}000001\ m^2$

Exemple

1. A quants centímetres equivalen 0,02575 km?

Primer es passa de quilòmetres a metres utilitzant l'equivalència 1 km = 1 000 m. La unitat a eliminar sempre es posa al denominador:

$$0{,}02575\ \cancel{km} \cdot \frac{1\,000\ m}{1\ \cancel{km}} = 25{,}75\ m$$

Després es passa de metres a centímetres usant el factor de conversió 1 cm = 0,01 m:

$$25{,}75\ \cancel{m} \cdot \frac{1\ cm}{0{,}01\ \cancel{m}} = 2\,575\ cm$$

La conversió d'unitats també es pot fer en una única operació:

$$0{,}02575\ \cancel{km} \cdot \frac{1000\ \cancel{m}}{1\ \cancel{km}} \cdot \frac{1\ cm}{0{,}01\ \cancel{m}} =$$

$$= \frac{0{,}02575 \cdot 1\,000 \cdot 1}{1 \cdot 0{,}01}\ cm = 2\,525\ cm$$

2. La plaça Reial de Barcelona té una forma rectangular de 80 m × 48 m. Calcula'n l'àrea i expressa el resultat en hectòmetres quadrats.

S'utilitza la fórmula de l'àrea d'un rectangle:

$$S = a \cdot b = 80\ m \cdot 48\ m = 3\,840\ m^2$$

S'aplica el factor de conversió $1\ hm^2 = 10\,000\ m^2$:

$$3\,840\ \cancel{m^2} \cdot \frac{1\ hm^2}{10\,000\ \cancel{m^2}} = 0{,}3840\ hm^2$$

Activitats

1. Calcula l'equivalència de les mesures de longitud i completa al quadern:

a. 45 m = ... cm
b. 46 000 mm = ... m
c. 3,24 km = ... m
d. 35 000 m = ... km
e. 0,0054 hm = ... cm
f. 0,125 m = ... mm
g. 3,6 dam = ... cm
h. 860 dm = ... dam

2. Calcula l'equivalència de les mesures de superfície i completa al quadern:

a. 4 m^2 = ... cm^2
b. 0,008 km^2 = ... m^2
c. 200 000 mm^2 = ... m^2
d. 34 km^2 = ... hm^2
e. 6,8 dm^2 = ... cm^2
f. 0,65 dam^2 = ... dm^2
g. 65 000 m^2 = ... hm^2
h. 0,1 km^2 = ... dam^2

4 Massa i volum

4.1. Massa

La **massa** és la quantitat de matèria que té un cos.

La unitat de massa en el SI és el **quilogram** (kg), un múltiple del gram. Per obtenir els submúltiples del quilogram hem de dividir entre 10 taula 1:

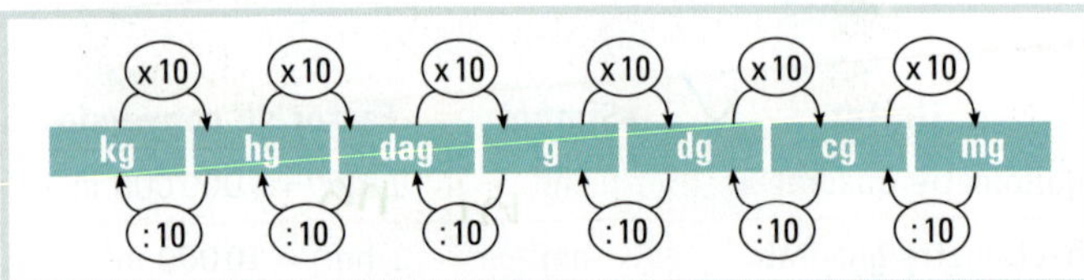

Taula 1

Unitat	Símbol	Factor de conversió
quilogram	**kg**	**1 kg = 1 000 g**
hectogram	hg	1 hg = 100 g
decagram	dag	1dag = 10 g
gram	g	1 g
decigram	dg	1 dg = 0,1 g
centigram	cg	1 cg = 0,01 g
mil·ligram	mg	1 mg = 0,001 g

4.2. Volum

El **volum** és l'espai que ocupa un cos.

La unitat de volum en el SI és el **metre cúbic** (m^3), i per obtenir-ne els múltiples i submúltiples hem d'aplicar-hi un factor multiplicador de 1 000 taula 2.

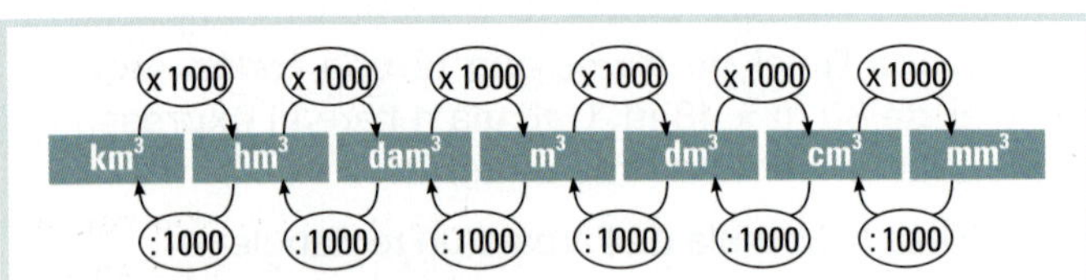

Taula 2

Unitat	Símbol	Factor de conversió
quilòmetre cúbic	km^3	1 km^3 = 1 000 000 000 m^3
hectòmetre cúbic	hm^3	1 hm^3 = 1 000 000 m^3
decàmetre cúbic	dam^3	1dam^3 = 1 000 m^3
metre cúbic	$\mathbf{m^3}$	**1** $\mathbf{m^3}$
decímetre cúbic	dm^3	1 dm^3 = 0,001 m^3
centímetre cúbic	cm^3	1 cm^3 = 0,000 001 m^3
mil·límetre cúbic	mm^3	1 mm^3 = 0,000 000 001 m^3

El volum és una magnitud derivada perquè per determinar-la s'ha d'agafar una o més mesures de longitud i després fer-hi alguna operació.

Per exemple, per determinar el volum d'un cub s'ha de mesurar la longitud de la seva aresta, *a*, i fer l'operació: $S = a^3$.

Capacitat

La **capacitat** indica la quantitat d'espai que hi ha en un recipient.

La unitat de capacitat és el **litre** (L), que per definició equival a 1 dm^3. Els múltiples i submúltiples del litre són decimals; per tant, s'obtenen multiplicant o dividint per 10:

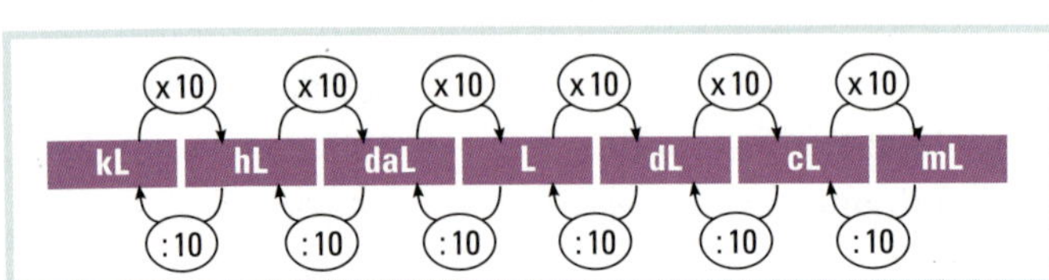

Volum i capacitat

Les unitats de volum i capacitat se solen utilitzar com a sinònims per expressar volums de gasos i líquids.

Les principals equivalències entre volum i capacitat són:

Equivalències
1 m^3 = 1 kL
1 dm^3 = 1 L
10 cm^3 = 1 cL
1 cm^3 = 1 mL

El recipient de suc té una capacitat d'1,5 L. Si fos ple, hi hauria un volum d'1,5 dm^3.

COM ES MESUREN MASSES I VOLUMS

Balança monoplat

Primer has de mirar la indicació de capacitat màxima de massa i no sobrepassar-la mai.

Engega la balança i espera fins que la pantalla indiqui que ja es pot fer la pesada.

Has de deixar la massa que vols pesar al plat amb compte, sense cops bruscos.

Per pesar masses contingudes en recipients, primer pesa el recipient i prem la funció TARE (tara). Veuràs que la pantalla es posa a zero. A partir d'aquest moment, tot el que introdueixis al recipient serà pes net.

Recipients volumètrics

Per mesurar volums de líquids al laboratori es fan servir recipients anomenats volumètrics. N'hi ha de dues classes:

- Graduats. Tenen una escala amb divisions que permet mesurar diferents volums.
- Aforats. Tenen gravada una marca (de vegades dues) i només permeten mesurar un volum fix.

Quan mesuris el volum d'un líquid amb una proveta o un altre recipient graduat, has de seguir les normes següents:

– Situa la mirada a l'altura de la superfície del líquid.

– La superfície del líquid adopta una forma corba anomenada menisc. Per a l'aigua la forma del menisc és cap avall i has de fer la lectura a nivell del punt més baix.

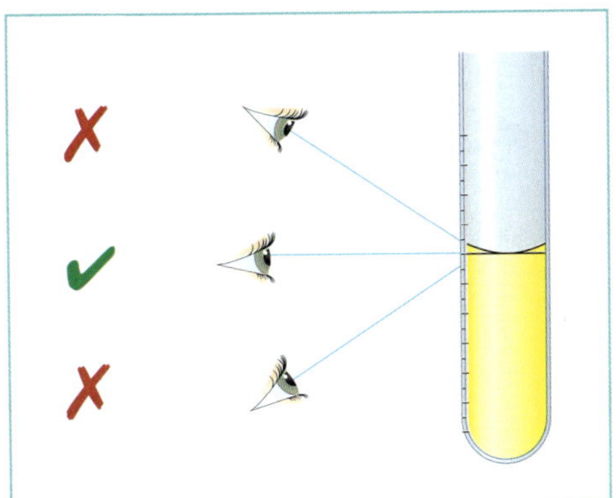

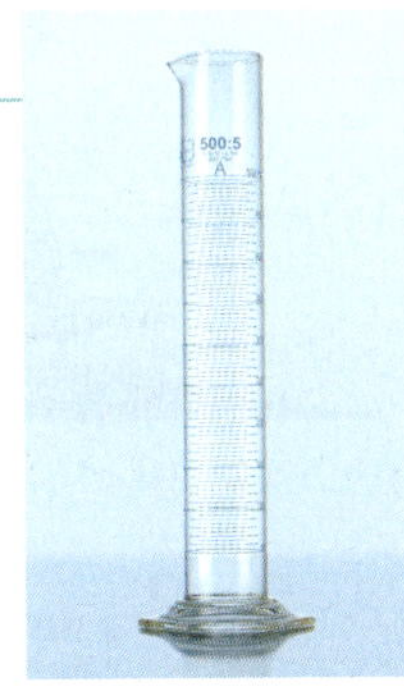

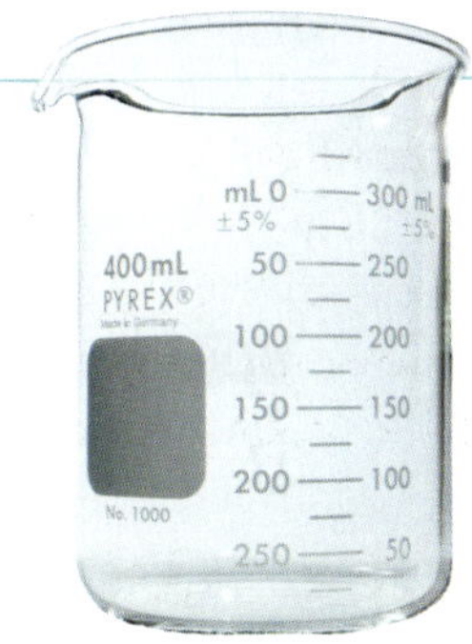

Les provetes són recipients volumètrics graduats. En canvi, els vasos de precipitats serveixen per contenir, no pas per mesurar volums, perquè les marques gravades són aproximades.

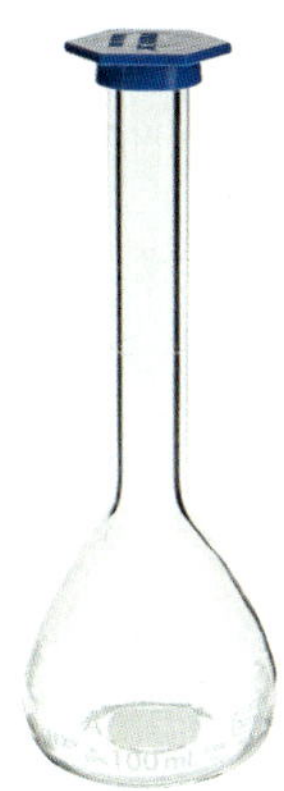

Matràs aforat per mesurar 100 mL de líquid.

Activitats

1. Calcula l'equivalència de les mesures de massa i completa al quadern:

a. 0,035 kg = … mg
b. 25 000 g = … kg
c. 13,2 mg = … cg
d. 12 000 dg = … kg
e. 0,0055 hg = … g
f. 0,102 kg = … dag
g. 73,5 dag = … dg
h. 7 860,5 cg = … g

2. Calcula l'equivalència de les mesures de volum i capacitat i completa al quadern:

a. 2 400 m^3 = … hm^3
b. 0,0005 km^3 = … m^3
c. 59 650 cm^3 = … m^3
d. 5 dm^3 = … cm^3
e. 0,45 m^3 = … L
f. 24 mL = … cm^3
g. 34,5 dm^3 = … L
h. 0,8 m^3 = … cL

5 La seguretat al laboratori

Els laboratoris de ciències experimentals disposen d'un equipament i d'uns materials específics per poder dur a terme els experiments de manera correcta i segura.

Investigadora amb **ulleres de seguretat** i **bata.** Les ulleres de seguretat s'han de portar posades durant els experiments per prevenir lesions oculars.

A ELEMENTS DE SEGURETAT

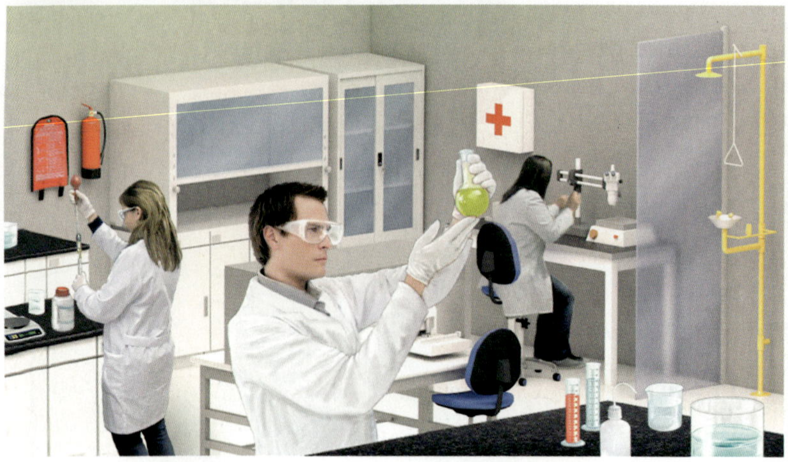

Dutxa d'emergència i rentaülls
Es fan servir quan hi ha vessaments o esquitxades de substàncies corrosives sobre les persones.

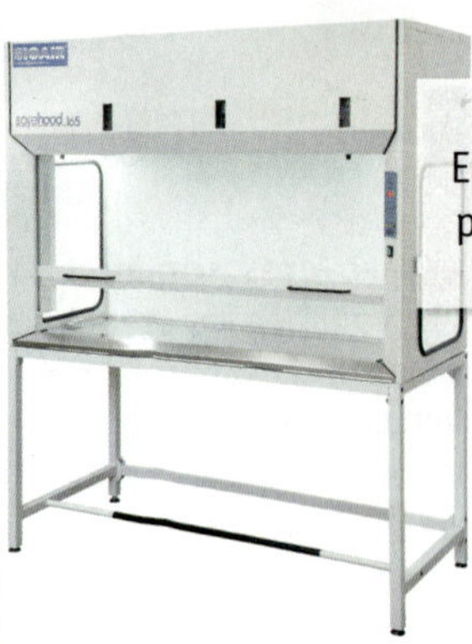

Vitrina de gasos
En alguns experiments es produeixen gasos perillosos; per això s'han de fer en vitrines proveïdes d'extractors de gasos.

Extintor
Als laboratoris es fan servir substàncies inflamables i és obligatori que hi hagi extintors.

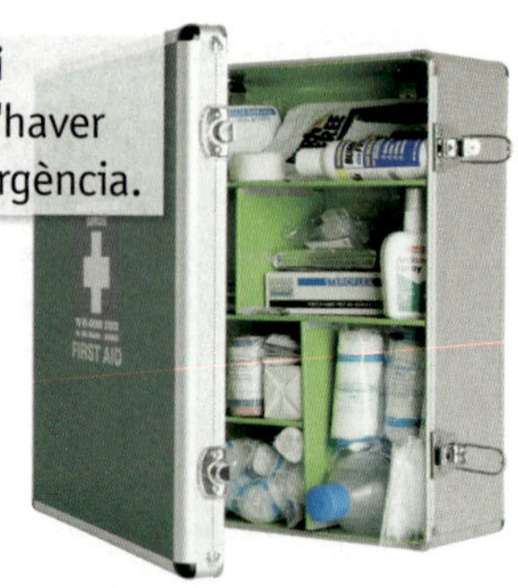

Farmaciola de laboratori
En qualsevol laboratori hi ha d'haver una farmaciola per a casos d'emergència.

Manta ignífuga
Es fa servir per extinguir focs.

Armaris de seguretat
Els reactius químics perillosos han de guardar-se en armaris de seguretat tancats.

B NORMES PER TREBALLAR AMB SEGURETAT AL LABORATORI

- ✓ El primer que has de fer és informar-te d'on es troben els elements de seguretat del laboratori (rentaülls, extintors...) i els elements de protecció personal (bates, ulleres, guants...). Has de conèixer la funció i el maneig de tots aquests elements i utilitzar-los.
- ✓ Escolta atentament les instruccions del professor o la professora per tenir clar: l'objectiu de l'activitat, el procediment que has de seguir i les normes d'ús dels materials que faràs servir.
- ✓ Prepara el material que necessitaràs. Col·loca'l net i ordenat a la teva taula de treball. Així el tindràs a mà i evitaràs desplaçaments pel laboratori durant l'activitat.
- ✓ Segueix el protocol de l'activitat i no facis experiments no autoritzats pel professor o la professora.
- ✓ No es pot menjar ni beure al laboratori per evitar intoxicacions accidentals.
- ✓ En acabar l'activitat, neteja la teva taula de treball i el material que hagis fet servir. Segueix les instruccions del professor o la professora per eliminar els residus generats.
- ✓ Abans de sortir del laboratori has de rentar-te les mans amb aigua i sabó.

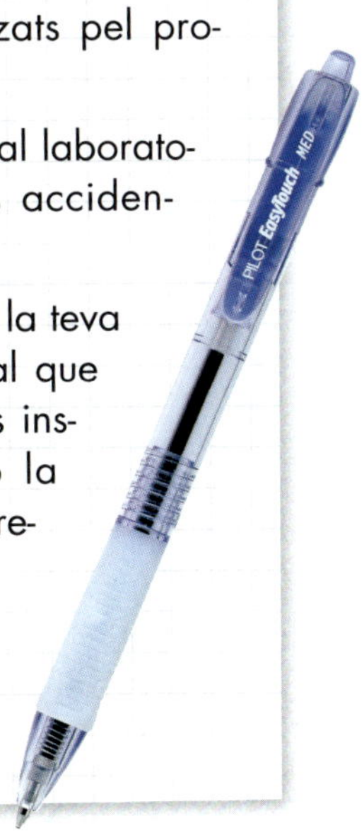

C REACTIUS PERILLOSOS

Els reactius químics s'han de manejar amb molta cura per evitar accidents. A les etiquetes s'adverteix dels riscs per mitjà d'unes imatges que descriuen visualment la naturalesa del perill:

Inflamable
Cremen fàcilment.

Molt tòxic o tòxic
Substàncies verinoses.

Comburent
Provoquen i agreugen incendis i explosions.

Nociu
Irritant cutani, ocular o respiratori.

Gasos a pressió
Risc de fuites i d'explosió.

Mutagen
Substàncies cancerígenes, al·lèrgenes, mutàgenes...

Explosiu
Productes que poden explotar.

Perillós per al medi ambient

Corrosiu
Substàncies molt reactives.

Activitats

1. Fes un dibuix de la planta del laboratori de la teva escola. Indica sobre el dibuix on es troben els elements de seguretat del laboratori i els elements de protecció personal.

   Descriu cada element de seguretat i digues quan i com es fa servir.

2. Trobaràs pictogrames de seguretat en molts productes d'ús domèstic. Busca envasos de productes que tinguis a casa que mostrin pictogrames a les etiquetes. Elabora una taula i inclou-hi la informació següent: el tipus de producte, el seu ús, el pictograma i el seu significat.

6 Determinació de la densitat

Algunes de les propietats de la matèria, les anomenades *extensives*, depenen de la quantitat de matèria que hi hagi. La massa i el volum són d'aquest tipus, perquè, com més quantitat de matèria hi hagi, més grans seran els valors de massa i de volum.

Altres propietats, en canvi, no depenen de la quantitat de substàncies. N'és un exemple la temperatura. Si tenim una gerra amb aigua freda i n'omplim un got, la temperatura de l'aigua del got continuarà sent la mateixa sigui quina sigui la quantitat d'aigua que hi hagi. Les magnituds que són independents de la quantitat de matèria s'anomenen *intensives*.

Les propietats intensives serveixen per diferenciar un tipus de matèria d'una altra.

La densitat (d) és una magnitud intensiva que es determina dividint la massa (m) de la substància entre el volum (V) que ocupa:

$$d = \frac{m}{V}$$

La unitat en el SI és el kg/m^3, però també és habitual expressar-la en g/cm^3. Fixa't en la taula:

Substància	Densitat (g/cm^3)
or	19,3
plom	11,3
ferro	7,8
aigua	1
oli d'oliva	0,91
aire	0,0013

A. DETERMINAR LA DENSITAT D'UN LÍQUID

Un grup d'alumnes va fer l'experiment següent per determinar la densitat de l'aigua.

Determinació de la densitat de l'aigua

1. Van agafar una proveta 100 cm^3 i la van tarar.
2. Van omplir la proveta amb petites quantitats d'aigua, entre 10-20 cm^3 cada vegada.

   Un cop afegida cada quantitat prenien nota del volum i de la massa d'aigua que hi havia en aquell moment a la proveta. Amb els resultats van completar la taula:

Massa (g)	17	36	53	67	84
Volum (cm^3)	18	36	52	68	84

3. Van calcular la densitat de l'aigua un cop afegida cada quantitat d'aigua. Per fer-ho van aplicar:

$$d = \frac{m}{V} = \frac{\dots\ g}{\dots\ cm^3} = \dots\ g/cm^3$$

4. Van representar les dades de la taula en un gràfic, la massa en l'eix d'ordenades (OY) i el volum en el d'abscisses (OX).
5. Van calcular el valor de la densitat de l'aigua fent la mitjana aritmètica dels cinc valors que van obtenir. La mitjana consisteix a sumar els cinc valors i dividir el resultat entre cinc:

$$d_{aigua} = \frac{\dots + \dots + \dots + \dots + \dots}{5}\ g/cm^3 = \dots\ g/cm^3$$

Preguntes

1. Troba els resultats del grup per als passos 3 i 5.
2. Elabora un gràfic amb els resultats de la taula.
3. Com interpretes que la forma del gràfic sigui una línia recta?

Determinació de la densitat de l'alcohol

Repeteix l'experiment anterior pas a pas; però, en lloc d'aigua, amb alcohol farmacèutic. Representa el gràfic a la mateixa escala.

1. Agafa una proveta de 100 cm^3 i tara-la.
2. Omple la proveta diverses vegades amb petites quantitats d'alcohol i vés anotant cada cop el volum i la massa.
3. Elabora una taula i un gràfic al quadern amb les dades recollides.

Preguntes

1. Calcula la densitat de l'alcohol farmacèutic. És més gran o més petita que la de l'aigua?
2. En què s'assembla el gràfic de l'alcohol al de l'aigua i en què es diferencia?

B. DETERMINAR LA DENSITAT D'UN SÒLID

Quan se submergeix un sòlid en aigua s'observa que el sòlid desplaça l'aigua i es produeix un augment del nivell. La diferència entre el nivell final i l'inicial es correspon amb el volum del sòlid:

$$V_{\text{sòlid}} = V_{\text{final}} - V_{\text{inicial}}$$

El mètode de desplaçament en aigua s'usa per mesurar volums de sòlids de forma irregular, perquè en aquests casos el volum no es pot calcular matemàticament.

Aplicaràs aquest mètode per determinar la densitat d'una roca molt comuna, el granit.

Determinació de la densitat d'una roca

1. Agafa fragments de granit la mida dels quals sigui prou petita perquè càpiguen bé dins d'una proveta de 100 cm^3. Pesa aproximadament 50 g de granit i anota'n la massa exacta:

$$M_{\text{granit}} = \ldots \text{ g}$$

2. Agafa una proveta de 100 cm^3 i omple-la d'aigua fins a exactament al nivell de 50 cm^3:

$$V_{\text{inicial}} = 50 \text{ cm}^3$$

3. Introdueix els fragments de granit a la proveta i mesura el nou nivell de l'aigua:

$$V_{\text{final}} = \ldots \text{ cm}^3$$

4. Calcula el volum del granit:

$$V_{\text{granit}} = V_{\text{final}} - V_{\text{inicial}} = \ldots \text{ cm}^3 - 50 \text{ cm}^3 = \ldots \text{ cm}^3$$

5. Calcula la densitat del granit:

$$d_{\text{granit}} = \frac{M_{\text{granit}}}{V_{\text{granit}}} = \frac{\ldots \text{ g}}{\ldots \text{ cm}^3} = \ldots \text{ g/cm}^3$$

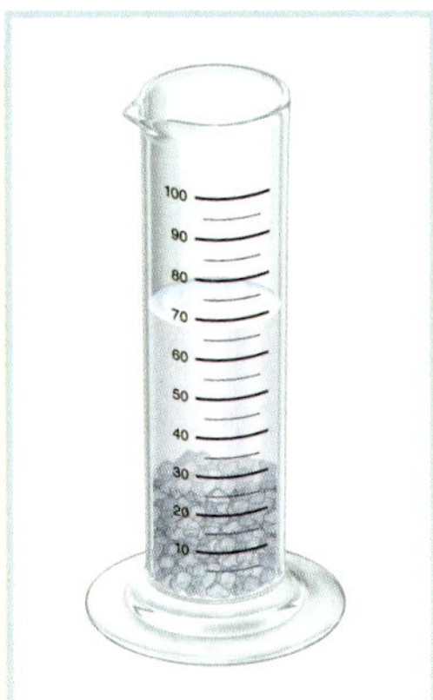

Preguntes

1. Aquest mètode serveix per a qualsevol sòlid que no sigui soluble en aigua i la densitat del qual sigui més gran que la de l'aigua, perquè no floti. Quin problema hi hauria si el sòlid flotés?
2. Si haguessis de mesurar la densitat d'un tros de fusta d'una densitat aproximada de 0,9 g/cm^3, explica el procediment experimental que seguiries.

DESCOBREIX

7 Del mite a la ciència

Actualment coneixem amb força detall les causes i els efectes de molts fenòmens naturals, com ara la pluja, els llamps, els eclipsis, els terratrèmols o les marees, però per arribar a aquest coneixement ha calgut recórrer un llarg camí. El camí que va del mite a la ciència.

Els eclipsis de Sol sempre han causat un gran temor en totes les cultures.

A L'ORIGEN DELS MITES

Durant la major part de la història de la humanitat, els fenòmens naturals han causat una gran estupor, sigui pels efectes destructius que provoquen (llamps, terratrèmols...) o per la seva raresa i espectacularitat (eclipsis, cometes...).

Per intentar donar-hi explicació, les cultures antigues van crear relats mitològics en els quals intervenien déus i personatges fantàstics de tot tipus. Aquestes faules complien una funció tranquil·litzadora en les societats perquè proporcionaven una falsa sensació de seguretat.

Gràcies als mites, les persones arribaven al convenciment que es podia influir en els fenòmens naturals mitjançant accions rituals que satisfessin els déus que els produïen.

A l'esquerra, el déu romà Júpiter. A dalt, el déu nòrdic Thor.

B EL DIA I LA NIT

L'energia del Sol és la font de la vida. No és estrany que a l'antiguitat el Sol fos considerat un déu per moltes cultures de tot el món.

Segons l'antiga mitologia egípcia, el déu del Sol, anomenat Ra, navegava cada dia en una barca per un riu celeste. Quan Ra travessava un tram subterrani del riu, la nit s'apoderava de la superfície terrestre, i així s'explicava el cicle del dia i la nit.

L'any 1543 l'astrònom polonès Nicolau Copèrnic va proposar que la Terra era només un planeta que girava al voltant del Sol. Va ser en aquest moment que es va començar a superar la creença que era el Sol que es movia al voltant d'una Terra immòbil, un model basat més en idees preconcebudes (l'ésser humà és el centre de l'univers) que en les evidències de les observacions astronòmiques.

Ra, el déu egipci del Sol.

C FALSES CREENCES AMB BASE CIENTÍFICA

Es podria pensar que els mites són una cosa del passat i la racionalitat del pensament científic impera a la societat actual. La realitat, però, ho desmenteix completament.

Per poc que mirem atentament al voltant nostre trobarem un ampli repertori de falses creences científiques. Un exemple de creença que no té gens de fonament científic és l'astrologia.

Antigament les pautes de moviment dels estels i dels planetes servien com a rellotge, calendari i brúixola. L'estudi dels astres va ser clau per a les primeres grans civilitzacions agrícoles que vivien a prop de rius com ara l'Èufrates o el Nil, perquè els permetia preveure quan s'havien de produir les inundacions de les quals depenien les seves collites.

D'aquesta astrologia primitiva d'observació i mesura, en deriva l'actual astronomia com a disciplina científica, però també l'astrologia com a pràctica d'endevinament.

L'endevinament astrològic suposa que les posicions dels astres influeixen en els esdeveniments de la nostra vida. Els horòscops són la manifestació més popular d'aquestes creences sense cap fonament científic.

D LA VERITABLE INVESTIGACIÓ CIENTÍFICA: L'IEEC

Contràriament a l'astrologia, l'astronomia estudia l'Univers tal com és. Per aquest motiu, obté dades d'observatoris d'arreu del món, les analitza, les contrasta i n'extreu conclusions que més endavant es comproven a partir de noves observacions.

Un exemple d'aquest tipus d'investigació la porta a terme l'Institut d'Estudis Espacials de Catalunya (IEEC), que reuneix experts d'astrofísica, cosmologia, gravitació, etc., per estudiar la Terra com a planeta i com a integrant de l'Univers. A més, l'IEEC té com a objectiu difondre la cultura científica.

Actualment l'IEEC participa, entre altres projectes, en la missió Gaia. Aquesta missió de l'Agència Espacial Europea (ESA) té com a objectiu cartografiar més de mil milions d'estrelles de la nostra galàxia per construir un mapa 3D i dinàmic.

Satèl·lit Gaia.

Observatori del Montsec.

Activitats

1. Totes les cultures han donat explicacions mitològiques als llamps i als trons, perquè són manifestacions de llum i so espectaculars, s'esdevenen sovint i poden ser mortals. Coneixes cap de les explicacions mitològiques donades per cultures antigues al fenomen dels llamps i els trons? Sabries donar una explicació científica al fenomen?

2. Què opines dels horòscops? En fas cas? És possible que els astres influeixin en les nostres vides?

3. És una creença bastant estesa que per evitar que una beguda carbònica perdi el gas només cal introduir una cullera al broc de l'ampolla. Com es podria demostrar científicament la veracitat o bé la falsedat d'aquesta creença?

1 Utilitza. Instruments de mesura

a) Fixa't en les quatre provetes de la figura. Determina la sensibilitat de cadascuna i també el volum de líquid que contenen.

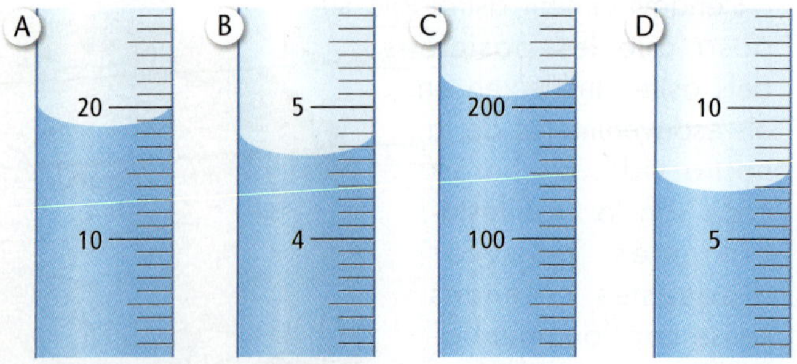

b) La unitat del temps en el sistema internacional és el segon (s).

Per a temps inferiors a 1 s se segueix la pauta general dels submúltiples del sistema mètric decimal (per exemple, 1 ms = 0,001 s), però per a temps més grans es fan servir les unitats tradicionals: el minut (min), l'hora (h) i el dia. Les equivalències són: 1 min = 60 s; 1 h = 60 min; 1 dia = 24 h.

- Calcula quants segons hi ha en una hora.
- Calcula quants mil·lisegons hi ha en un minut.
- Quina sensibilitat té el cronòmetre de la figura?

c) Quan mesuris amb un regle has de fixar-te bé en les unitats de l'escala, perquè molts porten dues escales, una en centímetres (cm) i una altra en polzades (in), i si no t'hi fixes et pots confondre.

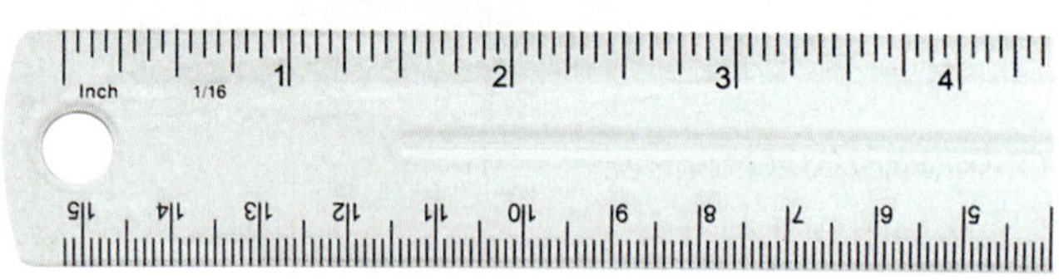

- Per què es fabriquen regles amb doble escala?
- Quantes divisions hi ha en 1 cm? A quin submúltiple correspon cada divisió?
- Quantes divisions hi ha en 1 in?
- A partir de la figura, podries calcular a quants centímetres equival una polzada? I a quantes polzades equival un centímetre?

2 Mesura. Àrees regulars i irregulars

a) Mesurar una superfície amb forma regular (quadrat, rectangle, triangle...) és senzill, només cal mesurar-ne les dimensions i aplicar-hi la fórmula matemàtica corresponent.

Calcula l'àrea de les figures següents:

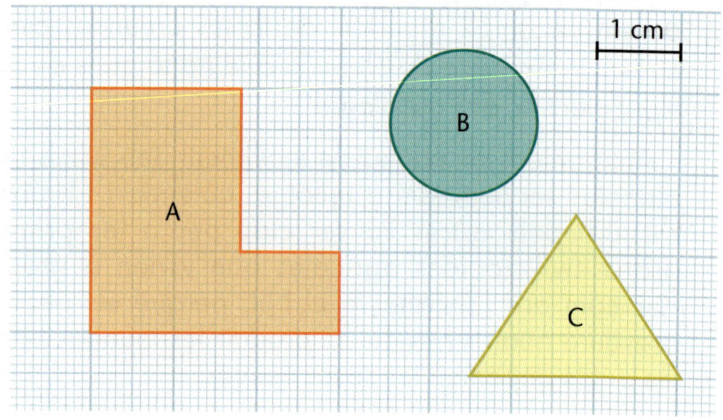

b) Un grup d'alumnes es va proposar mesurar aproximadament la superfície d'una fulla.

1) Primer van dibuixar la silueta de la fulla sobre una quadrícula on la superfície de cada quadradet era d'1 cm^2 i van comptar els quadradets situats al seu interior.

2) Després van comptar els quadradets sencers i també els retallats, però només si la seva superfície superava la meitat d'un quadradet sencer.

3) En tercer lloc els van sumar i van estimar que el resultat era igual a la superfície de la fulla en centímetres quadrats.

- Calcula l'àrea de la fulla de la figura aplicant-hi el mètode descrit.
- Justifica per què es compten com a quadradets sencers els retallats més grans, però no els petits.
- Aplica el mètode per determinar l'àrea del palmell de la teva mà.

3 Efectua. Canvis d'unitats de mesura

Completa les operacions de canvis d'unitats amb els factors de conversió que hi corresponguin:

a) $4{,}67\ \text{km} \cdot \dfrac{\dots\ \text{m}}{\dots\ \text{km}} \cdot \dfrac{\dots\ \text{cm}}{\dots\ \text{m}} = \dots\ \text{cm}$

b) $500\,000\,000\ \text{mm}^2 \cdot \dfrac{\dots\ \text{m}^2}{\dots\ \text{mm}^2} \cdot \dfrac{\dots\ \text{hm}^2}{\dots\ \text{m}^2} = \dots\ \text{hm}^2$

c) $0{,}75\ \text{dm}^3 \cdot \dfrac{\dots\ \text{m}^3}{\dots\ \text{dm}^3} \cdot \dfrac{\dots\ \text{mm}^3}{\dots\ \text{m}^3} = \dots\ \text{mm}^3$

d) $0{,}0053\ \text{hm}^3 \cdot \dfrac{\dots\ \text{m}^3}{\dots\ \text{hm}^3} \cdot \dfrac{\dots\ \text{L}}{\dots\ \text{m}^3} = \dots\ \text{L}$

e) $1\ \text{dia} \cdot \dfrac{\dots\ \text{h}}{\dots\ \text{dia}} \cdot \dfrac{\dots\ \text{min}}{\dots\ \text{h}} \cdot \dfrac{\dots\ \text{s}}{\dots\ \text{min}} = \dots\ \text{s}$

4 Investiga. La ciència a Catalunya

Dins del tema hem esmentat l'IEEC (Institut d'Estudis Espacials de Catalunya), però hi ha molts altres centres i institucions destacats. Per exemple:

a) El sincrotró ALBA, a cerdanyola del Vallès (Barcelona), és la instal·lació científica més gran i complexa d'Espanya.

Busca informació sobre aquesta instal·lació i resumeix-ne breument les característiques i la funció. Pots consultar la pàgina web d'aquesta institució a:

www.tiching.com/732010

b) L'Institut de Ciències Fotòniques (ICFO), que té com a objectiu fer avançar els límits del coneixement de la fotònica, la ciència i la tecnologia de la llum.

Investiga quantes persones hi treballen, en quants grups de recerca i de quines nacionalitats.

5 Calcula. Volum d'un objecte

Quin volum de beguda cap en una llauna de 6,5 cm de diàmetre i 11,5 cm d'altura?

$V = \pi \cdot r^2 \cdot h$

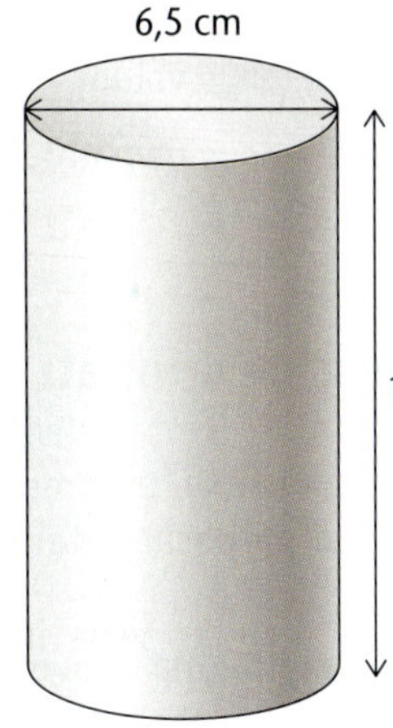

6 Identifica. Substàncies segons la densitat

Copia la taula següent al quadern. Completa-la fent els càlculs necessaris i consultant la taula de densitats de la pàgina 14.

Massa (g)	Volum (cm^3)	Densitat (g/cm^3)	Susbtància
25	25	...	...
100	...	...	or
...	50	0,91	...
...	4000	...	aire

7 Contesta. Veritable o fals

Indica si les afirmacions següents són veritables o falses:

a) La densitat d'un litre d'aigua és més gran que la d'una gota d'aigua.

b) La densitat d'un quilogram d'aigua és més petita que la d'un gram de plom.

c) La densitat d'un quilogram d'aigua és la mateixa que la d'un quilogram de plom.

d) En un quilogram de plom hi ha la mateixa massa que en un quilogram d'aigua.

e) Un quilogram de plom ocupa el mateix volum que un quilogram d'aigua.

8 Compara. Massa i volum

Amb una balança s'han pesat tres esferes, A, B i C, de mides i materials diferents. Al quadern:

a) Ordena-les de més a menys massa.

b) Ordena-les de més a menys volum.

c) Ordena-les de més a menys densitat.

9 Reflexiona. Compara densitats

Un grup d'alumnes van trobar un tros petit de metall de forma irregular i es van proposar determinar-ne la densitat per identificar-lo.

En primer lloc, van omplir una proveta de 100 cm^3 amb una mica d'aigua i la van pesar. A continuació, van introduir la peça a la proveta i la van tornar a pesar.

A partir de les dades experimentals van calcular la densitat del metall i el van identificar consultant la taula de densitats adjunta. Quin metall van descobrir que era?

Metall	Densitat (g/cm^3)
alumini	2,7
coure	8,9
zinc	7,1
ferro	7,8
plom	11,3

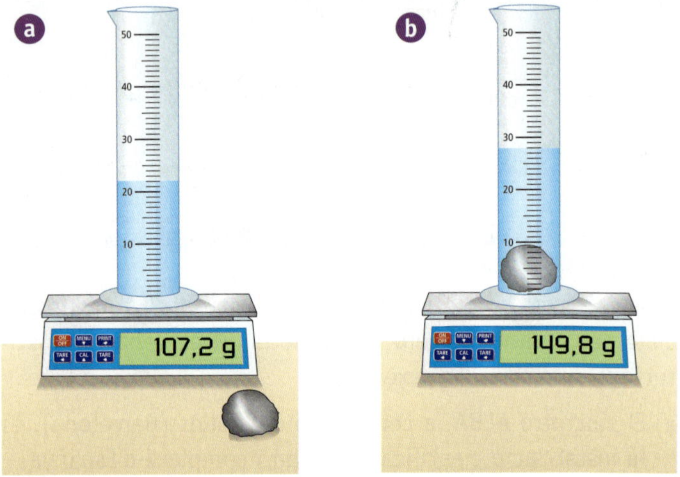

10 Converteix. Altres unitats de mesura

La Irene va anar amb la seva família de vacances als Estats Units i van llogar un cotxe amb la intenció de fer excursions. Els havien dit que la gasolina als Estats Units era més barata que a Espanya, però quan en van veure el preu en una gasolinera van pensar que no era veritat fins que es van adonar que el preu era en dòlars ($) i que no es venia per litres sinó per galons, una unitat de volum que equival a 3,8 L.

a) Quants galons de gasolina han de demanar si en volen comprar 50 L?

b) Calcula els diners en dòlars ($) que hauran de pagar per 50 L de gasolina plus.

c) Calcula l'equivalència d'aquests diners en euros (€) si el canvi és 1 € = 1,09 $.

d) A Espanya el preu de la gasolina de qualitat equivalent a la Plus és aproximadament 1,05 € per litre. La gasolina és més barata o més cara als Estats Units?

Síntesi. La matèria i la seva mesura

La matèria i la seva mesura

- ✔ La **matèria** és tot allò que ocupa un lloc i té massa.
- ✔ Una **magnitud** física és qualsevol qualitat de la matèria que es pugui mesurar.
- ✔ **Mesurar** és comparar un objecte amb la **unitat** i dir el nombre de vegades que la magnitud que mesurem conté aquesta unitat.
- ✔ El **sistema internacional d'unitats** (SI) consta de set **unitats bàsiques**. Les **unitats derivades** es defineixen a partir de la combinació (suma, producto, etc.) de les unitats bàsiques.
- ✔ El **mètode científic** inclou tasques comunes que fan els científics i les científiques, i que dibuixen una manera particular d'investigar.
- ✔ La **sensibilitat** és el valor de la divisió més petita que hi ha a l'escala graduada d'un instrument de mesura.

Principals magnituds

- ✔ La **longitud** és la distància que hi ha entre dos punts. La seva unitat del SI és el metre (m).
- ✔ La **superfície** és la part externa d'un cos. La mida d'una superfície és la seva **àrea**. La seva unitat del SI és el metre quadrat (m^2).
- ✔ La **massa** és la quantitat de matèria que té un cos. La seva unitat del SI és el quilogram (kg).
- ✔ El **volum** és l'espai que ocupa un cos. La seva unitat del SI és el metre cúbic (m^3). La **capacitat** indica la quantitat d'espai que hi ha en un recipient, i es mesura en litres (L).

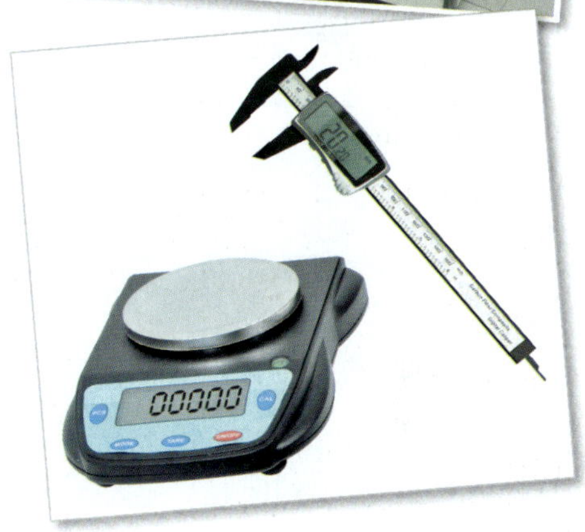

1 REPASSA EL QUE HAS APRÈS

a) Què és la matèria?

b) Què entenem per magnitud física? Quines són les magnituds físiques principals?

c) En què consisteix l'acció de mesurar?

d) Què distingeix les unitats fonamentals de les unitats derivades?

e) Com s'avalua la sensibilitat d'un instrument de mesura qualsevol?

f) En què consisteixen els múltiples i submúltiples de les unitats del SI?

g) Com es converteixen unitats mitjançant factors de conversió?

h) Com treballen els científics i les científiques?

i) Quins elements hi ha d'haver en un laboratori per garantir la seguretat de les persones? Quines normes s'hi han de seguir?

j) Què és un mite? On tenen l'origen la majoria de mites? Què els distingeix de la ciència?

2 DEFINEIX CONCEPTES CLAU

- Matèria
- Magnitud
- Mesurament
- Unitat
- Ciència
- Mite

CONTESTA LA PREGUNTA INICIAL

Després d'haver estudiat aquest tema, pots contestar la pregunta inicial:

Per què és important la mesura en ciència?

Redacta un text d'entre 10 i 20 línies que resumeixi les conclusions a les quals has arribat.

CONSOLIDA EL QUE HAS APRÈS

Per consolidar els coneixements adquirits, pots fer les activitats suggerides a:

www.tiching.com/747740

Aquestes activitats les pots descarregar en un document pdf al final del qual trobaràs les solucions.

QUÍMICA

2 ESTATS DE LA MATÈRIA

Com es presenta la matèria en la natura?

El cicle de l'aigua permet observar-la en els seus tres estats: sòlid, líquid i gas.

Tots els científics, tant si es tracta de biòlegs, de geòlegs, d'astrònoms com de químics, estudien l'univers material que ens envolta, però ho fan des de diferents punts de vista.

Les diferents disciplines científiques enfoquen la seva atenció en el coneixement d'alguna àrea limitada de l'esmentat univers material. L'interès de la química se centra en l'estudi de la composició i de la transformació de la matèria.

El primer pas del coneixement científic és observar el nostre entorn més immediat. Amb els sentits distingim la matèria que ens envolta per la forma, el color, l'olor...

Així, doncs, no és gens estrany que la classificació més elemental de la matèria es faci en funció de l'estat físic en què es presenta: sòlid, líquid o gas, i que les primeres observacions pel que fa als canvis d'estat es refereixin a l'aigua, la substància més estesa de la naturalesa.

Què sabem?

- Explica quina part de l'univers material estudien les anomenades ciències naturals: la biologia i la geologia.
- Intenta explicar a una altra persona què significa que una substància és sòlida, però sense utilitzar mai la paraula *sòlida*. Fes el mateix amb els termes *líquid* i *gas*.
- L'aigua és una substància essencial per a la vida. Descriu allò que s'anomena *cicle de l'aigua* i valora'n la seva importància per al manteniment de la vida.

Què aprendrem?

- **En quins tres estats pot trobar-se una substància.**
- **Com s'estructura internament la matèria en cada estat.**
- **Per què es produeixen canvis d'estat.**
- **Què és la pressió d'un gas i què passa si varia.**

1 Estats de la matèria

1.1. Estats d'agregació

La matèria es presenta en la natura en tres **estats físics** o **estats d'agregació**: *sòlid*, *líquid* i *gas*. Amb els nostres sentits podem diferenciar tots tres estats.

Estats de la matèria

Els **sòlids** presenten una forma permanent i un volum constant.

Els **líquids** no tenen una forma pròpia, però sí un volum constant. Flueixen i adopten la forma del recipient que els conté.

Els **gasos** no tenen forma definida ni tampoc volum propi. Un gas en un recipient tancat ocupa tot l'espai disponible.

Teoria cineticomolecular de la matèria

Per poder explicar els estats de la matèria i els seus canvis, els científics han desenvolupat una teoria general de la matèria anomenada **teoria cineticomolecular**, els postulats principals de la qual són:

- La matèria està formada per partícules tan petites que no es poden veure ni tan sols amb els microscòpics més potents.
- Les partícules estan en un moviment permanent que depèn de la temperatura a la qual es troben: com més alta és la temperatura, més gran és el moviment.
- Les partícules presenten forces d'atracció entre si que en limiten el moviment, però que tenen unes intensitats molt variables. Aquesta diferència d'intensitat de les forces d'atracció explica l'existència dels estats d'agregació.

Postulat

Un **postulat** és un enunciat que s'admet com a veritable sense proves i que serveix de base per raonaments posteriors.

Sòlid	Líquid	Gas
	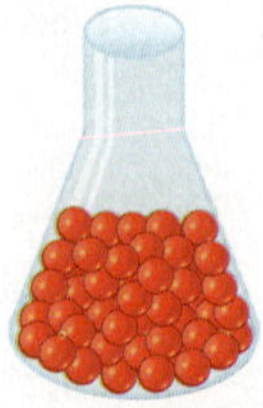	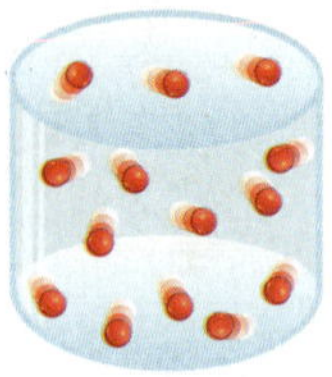
Les partícules dels sòlids es troben unides fortament, subjectes en estructures rígides on les partícules estan en contacte. L'únic moviment que poden fer és una lleugera vibració.	Les partícules dels líquids no es troben tan fortament unides com en els sòlids, per la qual cosa tenen més mobilitat. Rellisquen lliurement entre si sense arribar a formar estructures estables.	Les partícules dels gasos tenen una gran mobilitat; són independents entre elles. Es mouen lliurement en totes direccions, colpejant les parets del recipient que conté el gas.

CANVIS D'ESTAT

La matèria pot canviar d'estat físic. L'exemple més conegut és el de l'aigua, substància que podem trobar en estat sòlid, líquid i gasós.

Segons la teoria cineticomolecular, les partícules d'una substància que canvia d'estat no es modifiquen, però la distància entre si i el seu moviment, sí.

Els canvis d'estat de l'aigua són els més coneguts. L'aigua es troba en estat sòlid (gel), líquid i gasós (vapor).

Efecte de la temperatura

Com més alta és la temperatura a la qual es troba una substància, més es mouen les seves partícules. I a l'inrevés, com més baixa és, es mouen menys.

Per això, les substàncies es troben a més temperatura en estat gas, i a temperatura més baixa en estat sòlid.

Els canvis d'estat de sòlid a líquid i de líquid a gas requereixen calor per produir-se. Per contra, perquè es produeixin els canvis d'estat de gas a líquid i de líquid a sòlid, hem de refredar la matèria, és a dir, treure-li energia.

Efecte de la pressió

Les partícules de qualsevol gas colpegen les parets del recipient que les conté i fan força sobre aquestes parets.

La **pressió** d'un gas és la força que exerceixen les seves partícules dividida entre la superfície del recipient.

Si un gas es comprimeix, hi ha més xocs contra les parets i la pressió augmenta. Gràcies a aquest efecte pot passar que un gas comprimit passi a líquid sense que en variï la temperatura.

L'efecte contrari es pot observar en els líquids quan la pressió de l'aire disminueix, per exemple, amb l'altitud. A mesura que s'ascendeix per l'atmosfera hi ha menys aire i, per això, menys pressió. Les partícules de l'aire no xoquen tant amb la superfície del líquid i passa a gas amb més facilitat.

El butà de les bombones és líquid perquè està sotmès a gran pressió. Al cim de l'Everest l'aigua passa a gas a menys temperatura que al nivell del mar.

Activitats

1. Amb els nostres sentits detectem la matèria que ens envolta, però no la podem veure ni tocar tota. Se t'acut algun exemple de matèria que puguis percebre pel tacte però no per la vista?
2. Quin estat d'agregació té la neu? I la mel? Justifica la resposta.
3. Copia la taula que tens a la dreta al quadern i completa-la.

	Sòlid	Líquid	Gas
Quina distància hi ha entre les partícules?			
Com és el moviment de les partícules?			
Quina intensitat té la força d'atracció entre les partícules?			
Quina forma adopta la matèria segons el seu estat?			

2 Com es produeixen els canvis d'estat?

Cada canvi d'estat té un nom específic i unes característiques que veurem a continuació.

Vaporització

La **vaporització** és el pas d'una substància de líquid a gas. Pot esdevenir-se per *evaporació* o per *ebullició*.

- **Evaporació**: vaporització que passa a qualsevol temperatura, i només en la superfície del líquid.

  Si es deixa al sol un got d'aigua, al cap d'un temps el volum d'aigua ha baixat. L'explicació és que l'escalfament superficial fa que unes quantes partícules assoleixin la velocitat necessària per separar-se del líquid. Per això, l'evaporació és lenta i no té lloc a una temperatura fixa.

- **Ebullició**: vaporització a tot el volum del líquid.

  En escalfar un líquid, les partícules vibren cada vegada més ràpidament. Arriba un moment que l'agitació de les partícules és tan intensa que vencen les forces d'atracció que les mantenien unides i es poden escapar del líquid en forma de gas. S'observen bombolles de gas per tot el líquid que pugen fins a la superfície i exploten a borbolls.

  La temperatura a la qual es produeix aquest canvi d'estat s'anomena **temperatura** o **punt d'ebullició** taula 1.

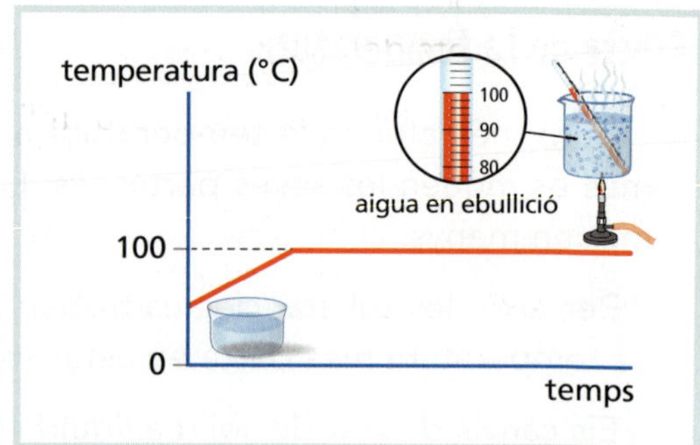

La temperatura es manté constant mentre hi ha aigua líquida per vaporitzar.

Taula 1

PUNTS DE FUSIÓ I PUNTS D'EBULLICIÓ		
Substància	**Punt de fusió (°C)***	**Punt d'ebullició (°C)***
oxigen	−218	−183
butà	−138	0
aigua	0	100
etanol	−114	78
mercuri	−39	357
sofre	115	445
ferro	1538	2862

* Temperatures mesurades a nivell del mar

Condensació

La **condensació** és el pas d'estat gasós a estat líquid; es produeix quan una substància en estat gasós es refreda prou: les partícules es mouen cada cop més lentament i estan més temps juntes. Les forces d'atracció augmenten i finalment retenen les partícules perquè el líquid es formi.

Fusió

La **fusió** és el pas de sòlid a líquid. Quan una substància sòlida s'escalfa, les partícules vibren cada cop més i la seva temperatura augmenta. Si l'escalfament continua, arriba un moment que l'agitació de les partícules és tan intensa que l'estructura del sòlid es desfà i la substància passa de sòlid a líquid.

La temperatura a la qual es produeix aquest canvi d'estat és el que anomenem **temperatura** o **punt de fusió** taula 1.

Si una certa quantitat de substància sòlida pura s'escalfa progressivament, es comprova que, en arribar al punt de fusió, la temperatura es manté constant fins que tot el sòlid que hi havia s'ha fos.

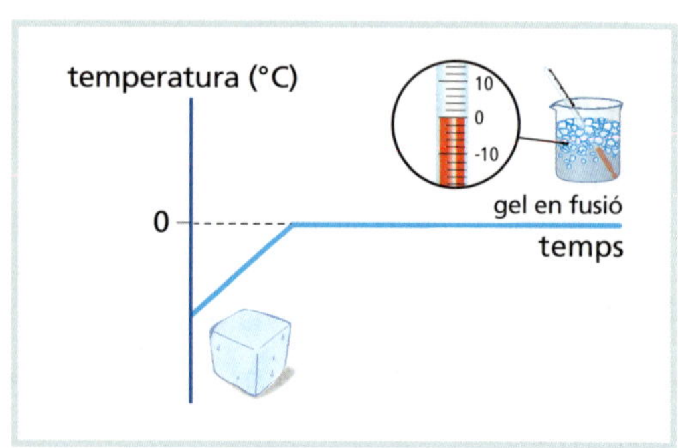

La temperatura es manté constant mentre hi hagi gel per fondre.

Solidificació

La **solidificació** és el pas de líquid a sòlid i es produeix quan una substància en estat líquid es refreda prou. La temperatura a la qual passa aquest fenomen rep el nom de **temperatura** o **punt de solidificació**. El valor d'aquesta temperatura és el mateix que el punt de fusió perquè tots dos processos són inversos l'un de l'altre.

El terme *congelació* s'acostuma a utilitzar com a sinònim de solidificació.

Els caramells es formen quan la neu o el gel es descongelen i les gotes d'aigua que rellisquen es tornen a congelar.

Sublimació

La majoria de sòlids passen de sòlid a gas passant per l'estat intermedi de líquid, però algunes substàncies que tenen forces d'atracció molt febles poden passar directament de sòlid a gas o de gas a sòlid, fenomen anomenat **sublimació**.

L'anomenat glaç sec és diòxid de carboni sòlid. És un sòlid que sublima a gas directament perquè la força entre les seves partícules és molt feble.

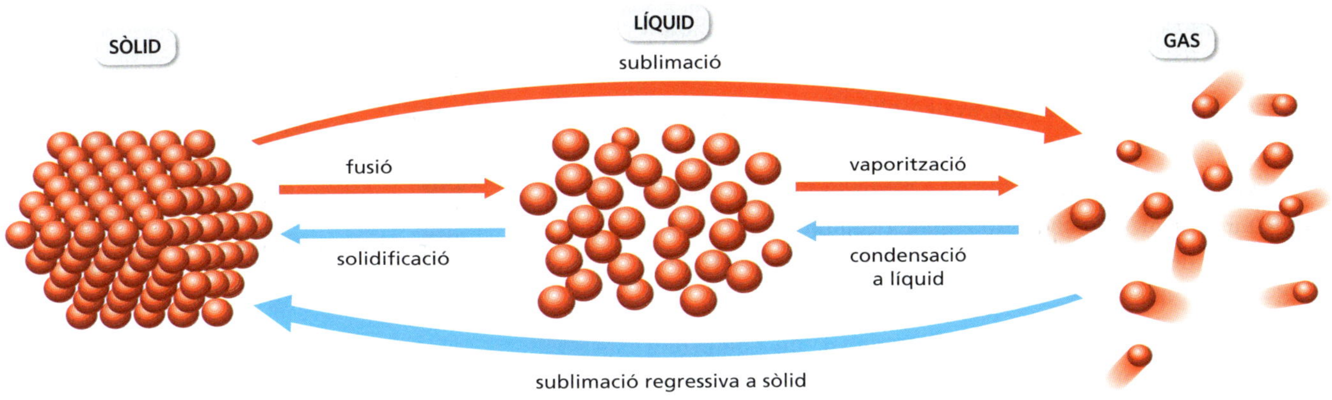

Canvis d'estat de la matèria.

Activitats

1. Explica en què s'assemblen i en què es diferencien els fenòmens d'evaporació i ebullició. Posa exemples de tots dos processos.
2. El punt de vaporització és el mateix que el punt de condensació? Per què?
3. Explica quin canvi d'estat hi ha i com es produeix quan t'humiteges les mans amb colònia.
4. El nucli de la Terra és sòlid encara que la temperatura hi és tan alta que qualsevol matèria hauria d'estar en estat gasós. Com s'explica aquest fet?

3 Experimenta amb els estats de la matèria

Les propietats físiques d'una substància són molt diferents segons si es troba en estat sòlid, líquid o gasós. Les estudiarem experimentalment i les relacionarem amb la seva estructura segons la teoria cineticomolecular de la matèria.

Daniel Bernoulli (1700-1782) va publicar per primer cop l'any 1738 la teoria cinètica dels gasos.

A. COMPRIMIR UN GAS

En els **sòlids**, no hi ha espai entre partícules i per això el seu volum no varia encara que els comprimim. Si la compressió és molt intensa, el màxim que aconseguirem serà deformar-los o trencar-los, però el volum continuarà sent gairebé el mateix.

En els **líquids**, com que les seves partícules estan una mica més separades, una forta compressió pot arribar a variar-ne el volum, però molt poc.

El comportament dels **gasos** és completament diferent: les seves partícules tenen molta separació i el seu volum es pot variar fàcilment.

Material

- Xeringa d'ús alimentari d'un mínim de 100 mL
- Tap

Compressió i expansió de l'aire

1. Agafa la xeringa i desplaça'n l'èmbol fins que el pistó de goma se situï aproximadament en la meitat de la capacitat.
2. Tapa la sortida de la xeringa i així hi tindràs un volum determinat d'aire tancat.
3. Agafa verticalment la xeringa de tal manera que l'extrem tapat estigui en contacte amb la taula.
4. Pitja una mica l'èmbol cap avall i observa què passa. Explica com es comporten les partícules d'aire durant aquest procés.
5. Estira una mica l'èmbol cap amunt i comprova què passa. Explica de quina manera es comporten les partícules d'aire en aquest cas.
6. Comprova fins a quin volum ets capaç de comprimir l'aire. Argumenta si les partícules es toquen.

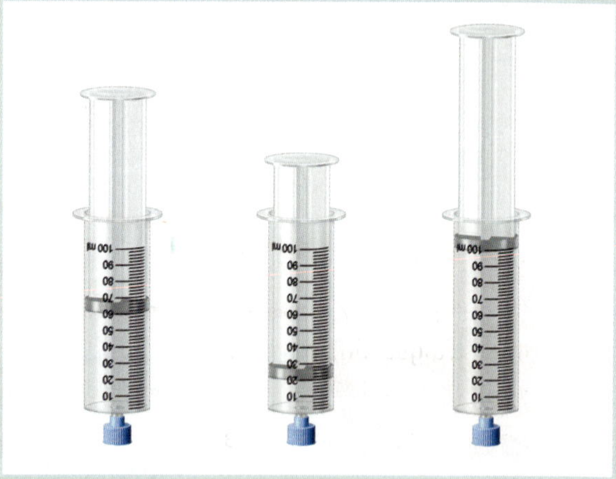

Preguntes

1. Si s'exercís una compressió molt gran, podria passar que el gas deixés d'ocupar volum?
2. Imagina que omples la xeringa amb aigua i fas el mateix experiment. Quin resultat obtindries? Fes una hipòtesi sobre el resultat i comprova-la experimentalment.

B. DILATAR UN LÍQUID

Quan s'escalfa una substància n'augmenta el volum, fenomen que s'anomena **dilatació**, i quan es refreda, el volum disminueix, fenomen anomenat **contracció**.

Tots dos fenòmens són conseqüència del fet que el moviment de les partícules depèn de la temperatura. Si una substància s'escalfa, les seves partícules es mouen més i ocupen més espai. Quan la substància es refreda passa el contrari: les partícules es mouen menys i ocupen menys espai.

Construcció d'un termòmetre basat en la dilatació i contracció d'un líquid

1. Barreja en un vas de precipitats 30 mL d'aigua amb 30 mL d'etanol i una mica de colorant alimentari.
2. Posa-hi el tap amb el tub acoblat i comprova que no hi quedin escletxes per on pugui entrar o sortir aire. Si cal, fes servir plastilina o silicona per segellar-les.
3. Submergeix el matràs en un bany d'aigua amb gel. Veuràs un bombolleig perquè l'aire de l'interior es contraurà i començarà a entrar-hi aire de l'exterior a través del tub de vidre.
4. Una estona després, treu el matràs i deixa'l reposar a temperatura ambient. El líquid puja pel tub fins a arribar a un nivell que marca la temperatura que en aquest moment hi ha al laboratori, i et servirà de referència. Marca'l al vidre amb un retolador indeleble. Explica per què et sembla que el líquid ha pujat pel tub.
5. Introdueix el matràs en aigua calenta o freda de temperatures conegudes i fes-hi més marques. Fes divisions entre les marques.
6. Construeix l'equivalent d'aquest termòmetre amb materials casolans. Trobaràs una proposta d'instruccions a: www.tiching.com/747462

Material

- Matràs de 250 mL amb tap foradat
- Tub de vidre que arribi gairebé al fons del matràs i en sobresurti entre 15 i 20 cm
- Vas de precipitats
- Aigua
- Alcohol farmacèutic (etanol)
- Colorant alimentari
- Retolador indeleble

C. DETERMINAR EXPERIMENTALMENT LA TEMPERATURA DE FUSIÓ

Mesura del punt de fusió del gel

1. Omple el vas de precipitats amb gel picat, afegeix-hi una mica d'aigua líquida i remena. Introdueix el termòmetre al vas de precipitats.
2. Deixa reposar una estona la preparació perquè s'estabilitzi la temperatura. Si abans que passi això es fon tot el gel, afegeix-n'hi més.
3. Anota la temperatura inicial i a partir d'aquest moment mesura la temperatura cada dos minuts. Pren mesures fins que tot el gel s'hagi fos.
4. Elabora una taula amb els mesures obtingudes:

Temps (min)	Temperatura (°C)

5. Fes un gràfic amb els valors de la taula (temps en abscisses i temperatura en ordenades).

Material

- Vas de precipitats
- Termòmetre
- Aigua i gel

Preguntes

1. Ha canviat gaire la temperatura mentre es fonia el gel?
2. A partir de les dades experimentals, dedueix quina és la temperatura de fusió del gel.

Canvis d'estat quotidians

Els canvis d'estat de la matèria són fenòmens quotidians; si parem una mica d'atenció, els podrem descobrir en el nostre entorn.

A FRAGMENTACIÓ DE LES ROQUES

Una de les causes de la fragmentació de les roques a les zones fredes és l'aigua de pluja que s'introdueix en les escletxes de les roques i es congela quan la temperatura baixa de 0 °C.

La majoria de les substàncies disminueixen de volum quan passen d'estat líquid a sòlid, però l'aigua n'és una excepció.

El volum del gel augmenta aproximadament un 9 % respecte del volum de l'aigua líquida.

En augmentar de volum, l'aigua congelada empeny amb força les roques des de dins fins que, a poc a poc, acaba trencant-les, per més dures que siguin.

Aquest fenomen anomenat **gelifracció** és freqüent en zones d'alta muntanya amb canvis de temperatura molt importants.

B REGELACIÓ DE LA NEU

Si agafem una mica de neu i la comprimim per ferne una bola, el que fem és fondre'n una part mitjançant la pressió exercida. En aturar la pressió, l'aigua líquida es congela una altra vegada i aquest gel ocupa l'espai entre els cristalls de neu i, com si fos ciment, consolida la bola de neu.

El mateix fenomen de regelació, tot i que per una causa diferent, es produeix quan traiem algun objecte metàl·lic molt fred del congelador i se'ns enganxa a la mà.

La calor del nostre cos fon una mica el gel que recobreix l'objecte, però al cap d'un moment, quan ja tenim la mà molt freda, l'aigua fosa es torna a glaçar i cimenta l'espai entre la nostra pell i la superfície de l'objecte.

C EIXUGADA DE LA ROBA

La roba s'eixuga per l'evaporació de l'aigua que la humiteja.

El mètode d'eixugar més tradicional és estendre-la i que l'aigua s'evapori per l'acció del sol i del vent. S'eixuga de manera més ràpida com més estirada estiga, perquè l'evaporació és un fenomen que només es produeix a la superfície.

Les assecadores de roba modernes mantenen un flux d'aire calent sobre la roba molla. Aquest aire, quan és humit, es refreda bruscament perquè el vapor d'aigua que conté es condensi en un dipòsit a part.

D GUÈISERS

Els guèisers es produeixen per filtracions naturals d'aigua que omplen escletxes verticals en terrenys volcànics actius.

L'aigua arriba a la zona més profunda de l'escletxa i s'escalfa de tal manera que la temperatura s'incrementa fins que assoleix el punt d'ebullició.

Però llavors encara no es vaporitza perquè les irregularitats de l'escletxa i el pes de l'aigua líquida que hi ha per sobre actuen com la tapa d'una olla de pressió.

I així, l'aigua se sobreescalfa fins que supera la pressió que l'empresona i brolla violentament. L'erupció expulsa una barreja de vapor i gairebé tota l'aigua, i per això no hi ha cap altra erupció fins que l'escletxa no es torna a omplir.

@ Amplia a la Xarxa...

Observa un vídeo i una animació que explica el fenomen a: www.tiching.com/747464 i www.tiching.com/747465

E QUÈ EXHALEM QUAN FA FRED?

L'aire conté oxigen que necessitem per cremar els aliments i, d'aquesta manera, obtenir energia. Quan respirem agafem aire. Quan tot seguit l'expulsem, aquest aire conté diòxid de carboni i aigua, els residus de la combustió.

Si fa molt de fred i no hi ha gaire humitat ambiental, de la boca et sortirà un núvol que sembla fum, però que de fet és aigua que es condensa instantàniament, milions i milions de minúscules gotes d'aigua. Un núvol en miniatura.

Activitats

1. Utilitza el que acabes de veure dels canvis d'estat per explicar els fenòmens següents:
   a. Per què es trenca l'ampolla o la llauna d'un refresc si es deixa gaire temps al congelador?
   b. Per què, en canvi, no es trenca una ampolla d'alcohol farmacèutic en les mateixes circumstàncies?
   c. Per què es forma gebre a les nits molt fredes?
   d. Per què les crispetes peten al microones?
   e. En quin estat es troba l'aigua als núvols?
   f. Què s'aconsegueix en bufar sobre la cullera plena de brou molt calent abans de prendre'l?
   g. Per què es forma baf en alenar sobre un mirall?

2. @ Es pot aconseguir un efecte de boira instantani fent servir glaç sec (diòxid de carboni en estat sòlid). En pots veure una demostració al vídeo:

   www.tiching.com/747466

   Explica de quina manera es produeix la boira blanca que es veu al vídeo.

3. Quan l'aigua bull, es formen bombolles al fons que pugen fins a la superfície i esclaten. Què hi ha dins d'una bombolla d'aigua bullent?

   Representa esquemàticament el fenomen al quadern i indica on hi ha aigua líquida, on aigua en estat gasós, i on mescla d'aigua en estat gasós i aire.

5 Lleis dels gasos

En els gasos, la temperatura, la pressió i el volum estan relacionats. Les lleis principals que descriuen aquestes relacions són les que veurem a continuació.

Llei de Boyle

Robert Boyle (1627-1691) va ser un científic que al segle XVII va estudiar la relació entre el volum d'un gas i la pressió a què es trobava.

L'experiment que va fer es descriu d'una manera simplificada en la figura de la dreta.

Hi pots veure un recipient que conté un gas sotmès a una pressió per l'efecte d'uns pesos que hi ha sobre un èmbol desplaçable.

Al principi hi ha quatre pesos i el gas ocupa un volum determinat *V*. Traient dos pesos, la pressió disminueix a la meitat i s'observa que el volum augmenta el doble, fins a 2*V*. Quan es deixa només un pes s'observa que el volum puja fins a 4*V*.

Tenint en compte aquestes observacions, Boyle va arribar a la conclusió que per a una certa quantitat de gas a temperatura constant, el volum que ocupa és inversament proporcional a la pressió a què es troba.

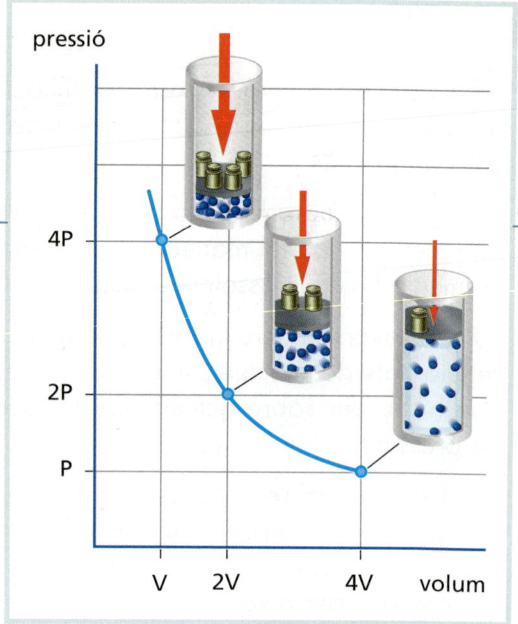

La llei de Boyle, o llei de Boyle-Mariotte, va ser formulada pel físic i químic irlandès Robert Boyle (1662) i pel físic i botànic francès Edme Mariotte (1676) de manera independent.

Globus aerostàtics

A terra, el globus s'omple d'aire mitjançant un compressor.

El pas següent consisteix a escalfar l'aire del globus amb uns cremadors de gas propà situats a la part inferior del globus.

L'aire calent augmenta de volum, per la qual cosa en disminueix la densitat respecte de l'aire fred de l'exterior i, en conseqüència, el globus experimenta una força ascensional i s'enlaira.

Per baixar, s'apaga el cremador i s'obre una mica l'obertura superior perquè vagi sortint aire calent per dalt i el seu lloc l'ocupi un aire fred més dens.

Els germans Montgolfier van idear el primer globus aerostàtic, i sota la seva direcció es va dur a terme, l'any 1783, al palau de Versalles (França), la primera ascensió tripulada.

Llei de Charles

El científic francès Jacques Charles (1746-1823) va descobrir que el volum d'un gas depèn directament de la temperatura.

Si es té certa quantitat de gas a una pressió constant, augmentant la temperatura, el volum del gas s'incrementa en la mateixa proporció, i disminuint la temperatura, el volum de gas disminueix també en la mateixa proporció.

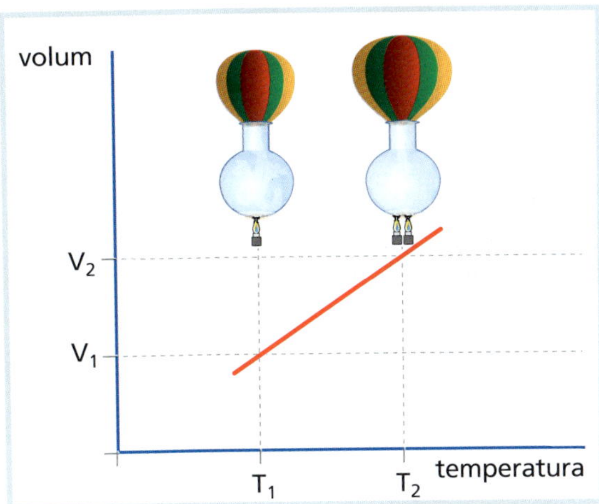

Llei de Gay-Lussac

El científic francès Joseph Louis Gay-Lussac (1778-1850) va descobrir que la pressió d'un gas depèn directament de la temperatura.

Si es té certa quantitat de gas a un volum constant i la temperatura s'augmenta, la pressió del gas s'incrementa en la mateixa proporció; i, en disminuir la temperatura, la pressió del gas disminueix també en la mateixa proporció.

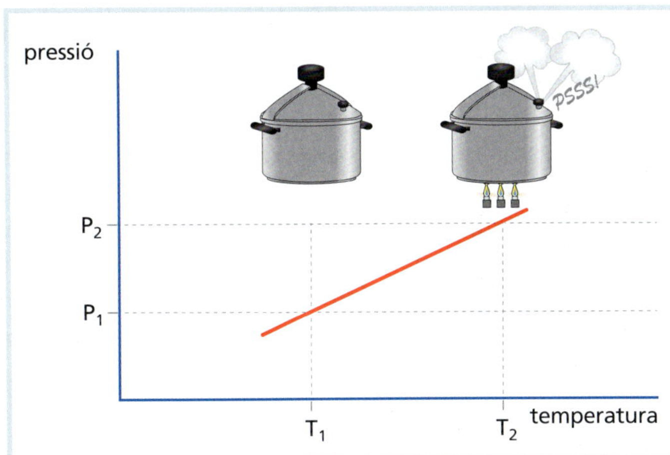

Activitats

1. Dedueix a partir del gràfic que representa la llei de Boyle i que pots veure a la pàgina anterior:
   a. Quin hauria estat el volum del gas si a l'èmbol s'hi haguessin posat tres pesos?
   b. Si es posessin molts pesos, el volum del gas podria arribar a ser zero? Què podria passar abans d'arribar a aquest punt?
2. Explica com es justifica la llei de Boyle segons la teoria cineticomolecular de la matèria.
3. Els submarinistes poden fer immersions durant molt de temps gràcies a les botelles d'aire que porten. Com poden respirar tant de temps amb unes botelles tan petites?
   Investiga i explica quins mecanismes reguladors porten les botelles perquè els submarinistes les puguin utilitzar.
4. Explica com es justifica la llei de Charles segons la teoria cinètica molecular de la matèria.
   Observa el vídeo següent i explica científicament el que passa:
   www.tiching.com/747566
   A continuació, analitza aquest vídeo i explica com es demostra la llei de Charles amb aquest experiment:
   www.tiching.com/747567
5. Explica com es justifica la llei de Gay-Lussac segons la teoria cineticomolecular de la matèria.
   Observa el vídeo següent i explica com es demostra la llei de Gay-Lussac amb aquest experiment:
   www.tiching.com/747568
6. Descriu amb paraules teves la relació entre la temperatura, el volum i la pressió d'un gas.

6 Substància química pura

6.1. Propietats de la matèria

Al nostre voltant hi ha nombrosos tipus de matèria: aigua, aire, vidre, ferro, fusta, marbre..., i generalment els distingim sense dificultat.

Els diferents tipus de matèria, que d'una manera general també anomenem *substàncies*, ens resulten fàcilment identificables perquè cada un presenta una sèrie de propietats que el diferencien de la resta.

Les propietats de la matèria es classifiquen en:

- **Propietats extensives**. Són les comunes a qualsevol tipus de matèria i depenen de la quantitat que n'hi hagi. Així, la massa i el volum són propietats extensives.
- **Propietats intensives**. Són les específiques d'un tipus de matèria determinat i no depenen de la quantitat que n'hi hagi. Algunes propietats intensives són: color, olor, sabor, densitat, punt de fusió...

Les propietats intensives serveixen per distingir una substància d'una altra. Per exemple, l'aigua i l'etanol són dues substàncies que a ull nu es poden confondre perquè són líquids incolors fig. 1. Això no obstant, si els podem olorar resultarà fàcil distingir-los. I si, a més a més, fem una sèrie de mesuraments: densitat, punt de fusió, etc., no tindrem cap mena de dubte que es tracta de dues substàncies totalment diferents taula 1.

Fig. 1 L'aigua i l'etanol tenen un aspecte molt semblant, però es poden distingir fàcilment per l'olor.

Taula 1

Propietats	Aigua	Etanol
Densitat (g/cm^3)	1	0,8
Punt de fusió (°C)	0	−114
Punt d'ebullició (°C)	100	78
Viscositat a 20 °C (m · Pa · s)	1	1,2

Viscositat

La **viscositat** és la resistència que mostra un líquid a fluir. Per exemple, la mel és molt més viscosa que l'aigua.

Exemple

1. **L'estany i el plom presenten un aspecte semblant, però tenen densitats diferents: la de l'estany és de 7,31 g/cm^3 i la del plom és de 11,35 g/cm^3. Per identificar de quin metall és una mostra de forma irregular i massa 80,4 g, se'n determina el volum per immersió en aigua. De quin metall és la mostra?**

   El volum del metall és la diferència entre els dos volums mesurats amb la proveta:

   $V_{metall} = V_{final} - V_{inicial} = 66 \text{ mL} - 55 \text{ mL} = 11 \text{ mL}$

   Ara ja es pot calcular la densitat, *d*, del metall com el quocient entre la massa i el volum que ocupa:

   $$d = \frac{m}{V} = \frac{80,4 \text{ g}}{11 \text{ mL}} = 7,31 \text{ g/mL} = 7,31 \text{ g/cm}^3$$

   Es tracta, per tant, d'estany.

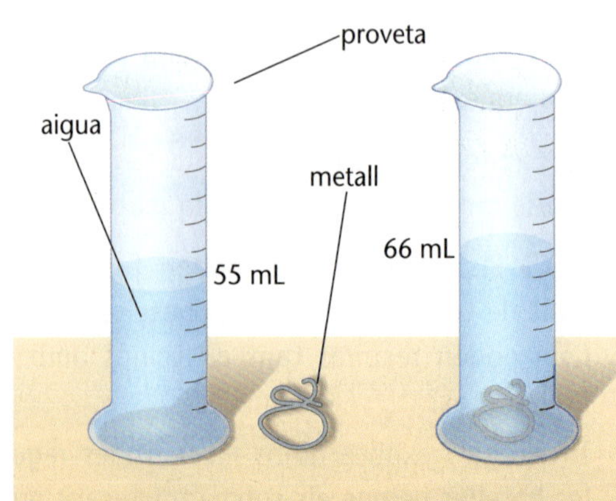

6.2. Substància química pura

Segurament has sentit o utilitzat alguna vegada les expressions *aigua pura de deu* o *mel pura*. Què pretenem dir quan qualifiquem una substància de *pura*?

En el llenguatge corrent, es diu que una substància és pura si és d'origen natural i no conté contaminants o additius artificials. Des d'aquest punt de vista, l'aigua de deu és aigua pura, però l'aigua de l'aixeta no ho és, perquè ha estat tractada químicament per potabilitzar-la; i diem que la mel és pura quan no l'han adulterada amb sucres o melasses d'origen vegetal.

No obstant això, en el llenguatge científic la noció de substància pura és molt diferent.

Una **substància química pura** és qualsevol substància que té una composició química definida i unes propietats intensives invariables.

Per als químics, ni l'aigua de deu ni la mel no són substàncies pures perquè, per més natural que en sigui l'origen, són mescles de diferents substàncies fig. 3.

Només l'aigua destil·lada es pot qualificar de substància química pura perquè només conté aigua. Les altres *aigües* són mescles perquè contenen, a més d'aigua, altres substàncies en més o menys quantitat.

Activitats

1. La *duresa* és una propietat dels sòlids que indica l'oposició que mostren a ser ratllats. Es tracta d'una propietat extensiva o intensiva? Justifica la resposta.
2. Què s'entén per *substància pura* en el llenguatge corrent? I en el llenguatge científic?
3. Tot sovint, en la publicitat dels aliments es garanteix que són productes purs. Busca en diaris, revistes o Internet anuncis de productes que fan servir aquest argument i explica què significa realment segons el cas.
4. Al nostre voltant trobarem molt poques substàncies pures. Podries esmentar-ne alguna que, amb força seguretat, pensis que ho és de debò? Com podries estar-ne completament segur?
5. Una peça de metall de 150 g de massa té un volum de 19,2 cm^3. Quina és la densitat d'aquest metall? Només a partir de la densitat podem saber si es tracta d'un metall pur?
6. @ Investiga com s'obté l'aigua destil·lada.

1 Observa i dedueix. Estats d'agregació

Els alumnes d'una classe classifiquen diferents materials segons el seu estat físic. Tots estan d'acord a classificar un tros de gres (una roca sedimentària constituïda per grans de sorra compactats) com un sòlid, perquè presenta consistència i una forma ben definida i permanent.

Això no obstant, dubten sobre l'estat físic de la sorra de platja perquè observen que, continguda en un rellotge de sorra, adopta la forma del recipient, com si fos un líquid. Què en penses?

2 Reflexiona. Els canvis d'estat

a) Considera els canvis d'estat representats per les lletres A, B, C i D:

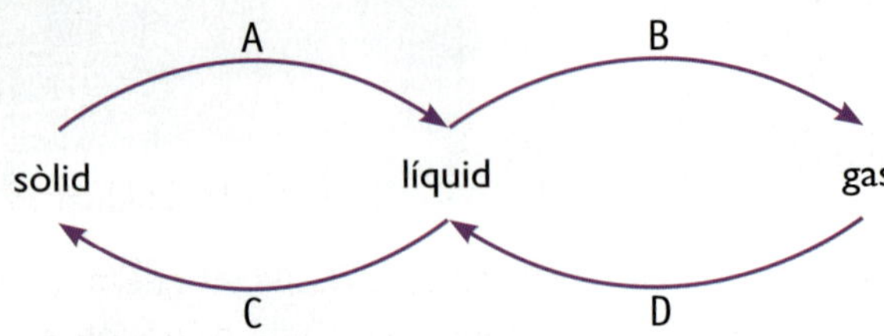

- Indica els noms dels canvis d'estat representats per les lletres A, B, C i D.
- Quins d'aquests canvis s'aconsegueixen per escalfament? I quins per refredament?

b) Copia al quadern la figura que representa l'estat físic de diverses substàncies en funció de la temperatura:

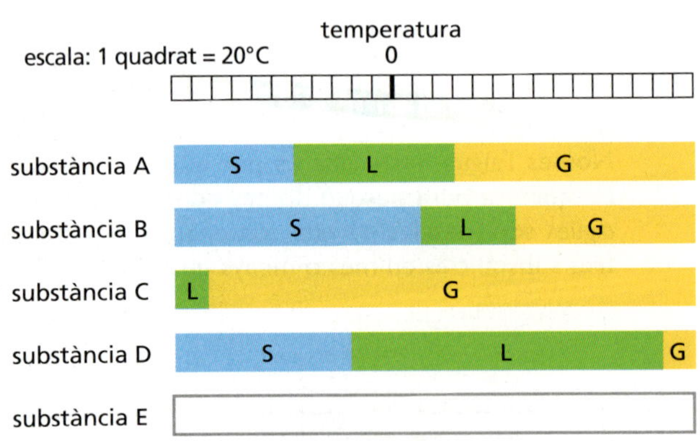

Analitza la informació de la figura i contesta:

- En quin estat es troba cada substància a la temperatura ambient de 20 °C? I a –100 °C?
- Quins són els punts de fusió i d'ebullició de la substància D?
- Alguna de les substàncies mostrades podria ser aigua?
- Completa la figura amb una substància E els punts de fusió i d'ebullició de la qual siguin –80 °C i 200 °C.

3 Llegeix i respon. L'evaporació

Llegeix el text, mira les fotografies i justifica quin recipient serà més eficaç per mantenir freda l'aigua.

Per què es manté freda l'aigua conservada en un atuell de fang?

Els atuells de fang estan fets amb argila, un material molt porós que permet que una mica de l'aigua que conté es vagi filtrant cap a l'exterior. Aquest flux d'aigua és petit, però constant, i quan l'aigua arriba a la superfície de l'atuell s'evapora de seguida, sobretot si l'ambient és sec. Com que el canvi d'estat de líquid a gas necessita absorbir calor, se n'extreu una bona part del recipient, que, per contacte, l'extreu de l'aigua que conté, i per això l'aigua es refreda.

4 Treu-ne conclusions. Canvis físics quotidians

a) Explica per què s'entela el mirall de la cambra de bany quan et dutxes amb aigua calenta. Hi ha altres circumstàncies en les quals també passi el mateix?

b) En moltes terrasses de bars hi ha instal·lats nebulitzadors que funcionen els dies molt calorosos. Explica el fonament científic de la seva utilitat.

c) Explica el benefici que obtens quan sues i què pot passar-te si practiques un esport molt exigent físicament sense beure aigua durant molta estona.

5 Analitza i explica. Efectes quotidians

a) En la fotografia de la dreta es veu una juntura de dilatació situada a la calçada d'un pont. Per a què serveixen, les juntures de dilatació?

b) Per refredar un got d'aigua de l'aixeta s'hi posen uns glaçons. Al cap d'una estona, els glaçons s'han fos i la temperatura de l'aigua ha disminuït.

Explica si estàs o no d'acord amb les afirmacions següents:

- La massa d'aigua que hi ha al principi i al final és la mateixa.
- El volum d'aigua que hi ha al principi i al final és el mateix.
- La densitat que té l'aigua al principi i al final és la mateixa.

c) En les receptes en què es fan servir olles de pressió s'indica el temps que s'ha de coure un aliment, i s'indica el temps a partir del moment que comença a sortir vapor de la vàlvula de seguretat.

- Penses que aquesta és l'única finalitat de les vàlvules de seguretat?
- Què podria passar si en una olla de pressió la vàlvula de seguretat estigués embussada?

6 Analitza un experiment. Canvis d'estat

a) Una classe es va dividir en quatre grups i cada grup va fer un experiment. Van omplir un vas de precipitats amb una substància líquida i en van mesurar la temperatura inicial. Després, van posar el vas al congelador i cada 3 minuts en prenien la temperatura. Van dibuixar el gràfic següent:

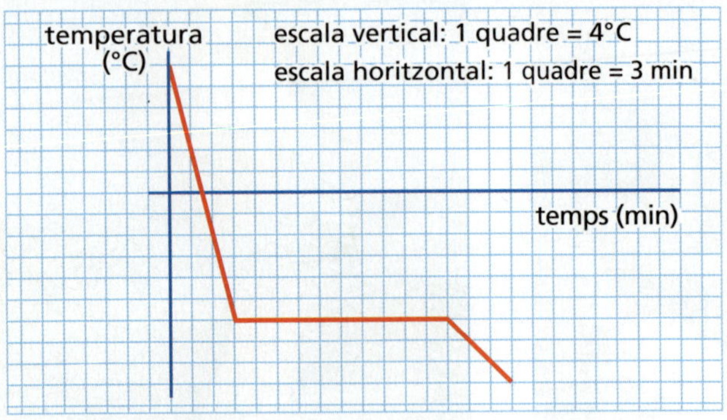

- Quina era la temperatura inicial del líquid?
- Quina és la temperatura de solidificació de la substància? Quant de temps ha durat el procés de solidificació?
- En quin estat físic es troba la substància després de tres minuts d'haver-la ficat al congelador? I al cap de mitja hora?
- Després de quant de temps la substància està totalment congelada?

b) Van escalfar una substància sòlida fins que es va fondre del tot. La van escalfar una mica més, fins a 65 °C, i aleshores van deixar d'escalfar-la. Van introduir-hi un termòmetre i van mesurar la temperatura cada dos minuts. Les dades que els alumnes van prendre es troben a la taula següent:

Temps (min)	0	2	4	6	8	10	12	14	16
Temperatura (°C)	65	60	55	55	55	55	55	52	49

- Dibuixa el gràfic i posa el temps en l'eix de les abscisses i la temperatura en l'eix de les ordenades.
- Explica en quin estat físic es troba la substància en cada un dels tres trams del gràfic.
- Per què la temperatura es manté estable a 55 °C durant tanta estona?

c) Van agafar dos gots plens d'aigua fins a la meitat. En un dels gots hi van posar quatre glaçons i en l'altre només dos. Al principi, els glaçons es van fondre bastant de pressa, però al cap d'una estona van observar que encara quedava gel per fondre i que la temperatura s'havia estabilitzat.

Justifica quina de les explicacions següents descriu millor la situació en aquest moment:

- L'aigua del got A serà una mica més freda que la del got B perquè queda més gel per fondre.
- L'aigua del got B serà una mica més freda que la del got A perquè havent-hi menys gel se n'ha fos més quantitat.
- L'aigua de tots dos gots es troba a la mateixa temperatura perquè encara queda gel per fondre.
- L'aigua del got A serà el doble de freda que la del got B perquè s'hi va posar doble quantitat de gel.

d) Van introduir un globus petit dins una xeringa segellada per un extrem.

Van desplaçar l'èmbol cap avall i van observar que el globus s'anava fent cada vegada més petit.

A continuació, van desplaçar l'èmbol cap amunt i van observar que el globus s'anava fent cada vegada més gros.

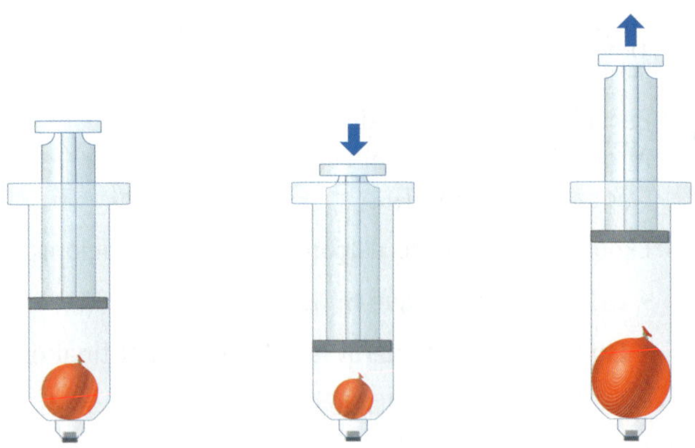

El grup va arribar a la conclusió que allò era una demostració de la llei de Boyle.

Explica els canvis observats en el volum del globus en funció dels canvis de pressió provocats pel desplaçament de l'èmbol.

Pots mirar-te aquest experiment a:

www.tiching.com/747569

Síntesi. Estats de la matèria

Estats d'agregació

- ✔ La matèria es presenta en la natura en tres **estats físics** o **estats d'agregació**.
- ✔ Els **sòlids** tenen forma permanent i volum constant. Les partícules dels sòlids estan fortament unides, subjectes en estructures rígides.
- ✔ Els **líquids** tenen volum constant, però agafen la forma del recipient que els conté. Les seves partícules llisquen lliurement entre elles sense arribar a formar estructures estables.
- ✔ Els **gasos** no tenen forma definida ni volum propi; ocupen tot l'espai disponible. Les seves partícules es mouen lliurement en totes direccions, colpejant les parets del recipient i exercint-hi **pressió**.

Canvis d'estat

- ✔ La **fusió** és el pas d'una substància de sòlid a líquid. La temperatura a la qual té lloc és la **temperatura de fusió**.
- ✔ La **solidificació** és el pas de líquid a sòlid.
- ✔ La **condensació** és el pas de gas a líquid.
- ✔ La **vaporització** és el pas de líquid a gas. L'**ebullició** té lloc a la **temperatura d'ebullició** i en tot el líquid. L'**evaporació** es produeix a qualsevol temperatura, però només en la superfície del líquid.
- ✔ La **sublimació** és el pas directe de sòlid a gas o viceversa.

Substància química pura

- ✔ Una **substància química pura** és qualsevol substància que té una composició química definida i unes **propietats intensives** invariables.

1 REPASSA EL QUE HAS APRÈS

a) En quins estats físics o estats d'agregació es troba la matèria?

b) Quins són els principals postulats de la teoria cinètica molecular de la matèria?

c) Què provoca la pressió d'un gas?

d) Quin nom tenen els diferents canvis d'estat?

e) Quin efecte té la temperatura sobre els canvis d'estat? I la pressió?

f) Quina relació hi ha entre el volum d'un gas i la pressió a què es troba?

g) Com varia el volum d'un gas quan canvia la seva temperatura?

h) Com canvia la temperatura d'un gas en augmentar la seva pressió?

i) Quina diferència hi ha entre les propietats intensives i les propietats extensives de la matèria?

j) Què és una substància química pura?

2 DEFINEIX CONCEPTES CLAU

- Estat d'agregació
- Canvi d'estat
- Pressió
- Substància química pura
- Evaporació
- Ebullició

CONTESTA LA PREGUNTA INICIAL

Després d'estudiar aquest tema, pots contestar la pregunta inicial:

Com es presenta la matèria en la natura?

Redacta un text d'entre 10 i 20 línies que resumeixi les conclusions a les quals has arribat.

CONSOLIDA EL QUE HAS APRÈS

Per consolidar els coneixements adquirits, pots fer les activitats suggerides a:

www.tiching.com/747741

Aquestes activitats les pots descarregar en un document pdf al final del qual trobaràs les solucions.

3 MESCLES

Quantes substàncies formen els materials quotidians?

En les salines s'aprofita l'energia del Sol per separar la sal de taula de l'aigua de mar, però també de les altres sals dissoltes.

L'aire que respirem és una mescla de molts gasos: nitrogen, oxigen, diòxid de carboni... L'oxigen, el segon gas en proporció en l'aire, és el més important per a nosaltres perquè el necessitem per viure.

Gairebé tots els materials naturals o artificials del nostre entorn són mescles de substàncies. Fins i tot les substàncies químiques més pures que es troben als laboratoris contenen petites quantitats d'altres substàncies.

És molt important conèixer la naturalesa de les mescles per desenvolupar tècniques de separació que permetin obtenir substàncies d'interès a partir de les mescles.

Què sabem?

- Si poses una cullerada de sucre dins un got amb aigua i remenes durant una estona, veuràs que el sucre desapareix. Això no obstant, saps que en realitat no ha pas desaparegut, sinó que d'alguna manera es troba a l'aigua, com ho demostra el fet que té un gust dolç.

  Dibuixa uns quants esbossos que representin el procés descrit a nivell microscòpic, d'acord amb el que creguis que passa.

- L'aigua de mar conté moltes sals dissoltes, sobretot clorur de sodi, la sal comuna de cuina. Com s'extreu aquesta sal de l'aigua de mar?

- Als contenidors grocs de reciclatge s'hi posen envasos de plàstic, llaunes de conserva, brics...

  Com es podrien separar les llaunes de conserva de les altres coses?

Què aprendrem?

- **Com poden combinar-se les substàncies per formar-ne substàncies noves.**
- **Quina l'estructura interna té cada tipus de mescla.**
- **Quines tècniques hi ha per separar les substàncies que formen una mescla.**
- **Com es prepara una solució.**

1 Mescles heterogènies i homogènies

1.1. Mescles

La majoria dels materials que fem servir a la vida diària són mescles, malgrat que l'aspecte no sempre ho reveli. Les diverses substàncies que constitueixen una mescla s'anomenen **components** fig. 1.

Les propietats de les mescles són variables perquè depenen de la naturalesa dels components barrejats i les proporcions de cada un.

Així, si es barregen sucre i sal, el gust de la mescla serà entre dolç i salat, però amb més tendència cap a un o l'altre gust segons si té més o menys proporció de sucre i de sal.

Fig. 1 El dentifrici és una mescla de moltes substàncies. La llista dels components és escrita a l'etiqueta.

Mescles heterogènies

En una **mescla heterogènia** se'n poden distingir els components a ull nu o bé amb una lupa, perquè la mida de les partícules disgregades en la barreja és relativament gran.

Mescla heterogènia de sòlids. El granit és una roca composta de tres minerals que es veuen a ull nu.

Mescla heterogènia d'un sòlid i un líquid. Quan es remena terra i aigua es forma una **suspensió**, però si es deixa reposar, la terra es diposita al fons.

Mescla heterogènia de dos líquids. L'oli i l'aigua són **immiscibles**; per aquest motiu, encara que els remenem, acaben formant dues capes clarament separades.

L'aire

Com has llegit en la introducció, els components majoritaris de l'aire són el nitrogen i l'oxigen.

L'oxigen és el gas més important, perquè resulta indispensable per a la respiració. En la respiració, els éssers vius agafen oxigen de l'aire i expulsen diòxid de carboni i aigua.

L'oxigen de l'aire es regenera gràcies a la fotosíntesi de les plantes, que agafa diòxid de carboni de l'aire i hi torna oxigen.

L'equilibri entre respiració i fotosíntesi fa que la proporció d'oxigen en l'aire sigui bastant estable des de fa milions d'anys.

a) L'aire, és una mescla homogènia o heterogènia?

b) Quins dos gasos són fonamentals per a la conservació de la vida a la Terra?

@ Amplia a la Xarxa...

Aprèn més de l'origen de l'aire que respirem a:
www.tiching.com/747572

Mescles homogènies

En una **mescla homogènia** no se'n poden distingir els components, perquè les partícules disgregades són tan petites que no es poden veure ni amb els microscopis òptics més potents.

Les mescles homogènies de dues o més substàncies reben el nom de **solucions**.

El component majoritari d'una solució es diu **dissolvent**; el minoritari s'anomena **solut**. L'estat físic de la solució és el mateix que el del dissolvent.

L'aigua de mar és salada perquè conté força sal dissolta, però la sal no es pot veure perquè es troba disgregada en partícules molt petites. És una mescla homogènia o solució.

Solució de sòlid en líquid. El sucre és un sòlid que es dissol fàcilment en aigua. A més, es pot dissoldre en grans quantitats.

@ Amplia a la Xarxa...

Aprèn més de solucions a:
www.tiching.com/747573

Solució de gasos en líquids. L'oxigen és un gas que es dissol prou en l'aigua per permetre la vida dels peixos.

Solució de líquids. L'aigua i l'alcohol són dos líquids que es mesclen en qualsevol proporció. Per això es diu que són totalment **miscibles**.

Activitats

1. Què és una mescla?
2. Amb quin criteri es classifiquen les mescles?
3. Justifica quina mena de mescla, homogènia o heterogènia, és:
   a. Suc de taronja espremut
   b. Aigua de Colònia
   c. Gasosa
   d. Vinagre
4. Què entenem per líquids immiscibles? I per líquids miscibles? Posa un exemple de dos líquids que siguin miscibles i un altre de dos líquids immiscibles.
5. En una solució, què s'entén per *solut* i què s'entén per *dissolvent*? Posa'n un exemple.
6. Busca algun producte d'ús domèstic que sigui una mescla i que tingui a l'etiqueta la llista dels components. Copia la llista al quadern. Es tracta d'una mescla homogènia o heterogènia?

DESCOBREIX

2 Dispersions col·loïdals

Una **dispersió col·loïdal** o **col·loide** és una mescla heterogènia en la qual la mida de les partícules de la substància disgregada és tan petita que a primera vista sembla que es tracti d'una mescla homogènia, però observada amb un microscopi no gaire potent les partícules es veuen clarament.

Un exemple de dispersió col·loïdal és la llet. A ull nu, és un líquid de color blanc i d'aspecte homogeni; però, si observem una gota de llet amb un microscopi, veurem petites gotes de greix de forma irregular dispersades per l'aigua.

En les dispersions col·loïdals el component minoritari s'anomena **fase dispersa**, i el component majoritari s'anomena **medi de dispersió**.

La mida de les partícules disperses d'un col·loide varia entre 0,000 01 mm i 0,0001 mm, o, dit d'una altra manera, si es posen en filera 10 000 partícules, cobririen una longitud d'entre 0,1 mm i 1 mm.

Algunes dispersions col·loïdals corrents són la maionesa i la merenga.

Got de llet i zoom microscòpic.

A LA MAIONESA

La maionesa és oli que conté al seu interior gotes molt petites de suc de llimona disperses. L'oli i el suc són immiscibles i, en principi, no formen mescles estables.

Per evitar que la maionesa es talli, és a dir, que el suc de llimona se separi de l'oli, cal afegir alguna substància que estabilitzi la mescla.

Aquest tipus de substàncies es diuen **emulsionants**, i en la recepta clàssica de la maionesa aquesta funció la fa el rovell d'ou.

Ingredients de la maionesa tradicional.

B LA MERENGA

La merenga s'obté batent clara d'ou i sucre. Amb el batut s'aconsegueix que pel líquid es dispersin bombolles d'aire i es formi una escuma líquida.

Si es posa la merenga al forn, la clara d'ou agafa, i es forma una estructura sòlida –una escuma sòlida– en la qual les bombolles d'aire queden atrapades.

Les batedores elèctriques fan que les bombolles d'aire siguin més petites i que la merenga sigui més densa i estable.

@ Amplia a la Xarxa...

Aprèn més de les emulsions utilitzades a la cuina a: www.tiching.com/747574

C LA GELATINA

La gelatina és un líquid, que generalment sol ser un suc de fruita, dispers en un sòlid. Es prepara barrejant el suc de fruita amb fulles de gelatina neutra dissoltes en aigua.

En deixar reposar la mescla, la gelatina se solidifica i forma una estructura rígida plena de buits a l'interior dels quals queda atrapat el suc.

La gelatina és, principalment, aigua, encara que presenti un aspecte sòlid.

D EL FUM

El fum és una dispersió de partícules sòlides molt fines en un gas. Normalment, es tracta dels gasos despresos en una combustió.

Quan un material crema d'una manera incompleta, es desprenen partícules molt petites de cendra i de material que no ha acabat de cremar (*carbonissa*).

Aquestes partícules, barrejades amb els gasos de combustió, formen el fum.

Per això, si la combustió és bona no es produeix fum, com passa en qualsevol cuina de gas on l'entrada d'aire estigui ben regulada.

El color negre del fum indica que conté moltes partícules de carbonissa.

E LA BOIRA

La boira es forma a prop o arran de terra quan el vapor d'aigua de l'aire humit es condensa en forma de gotes molt petites que, a causa de la seva lleugeresa, queden suspeses en l'aire.

Els núvols tenen un origen semblant, però es formen a una altura molt superior i la mida de les seves partícules és més gran. A més a més, aquestes partícules també poden ser de gel.

La boira es forma quan l'aire conté molt vapor d'aigua i s'arriba a condensar.

Aliatges, solucions o col·loides?

Els aliatges són mescles, homogènies o heterogènies, de metalls.

En joieria es fa servir l'or, aliat amb plata o coure. Així, la barreja adquireix més duresa i s'aconsegueix una gamma de tonalitats més gran.

Els aliatges d'or són mescles homogènies: no és possible distingir-hi els diferents metalls ni tan sols amb un microscopi potent.

Un cas diferent és l'aliatge d'estany i plom per soldadura, que constitueix una dispersió col·loïdal.

Amb un microscopi es pot veure l'estructura de l'aliatge: capes alternes de composició diferent.

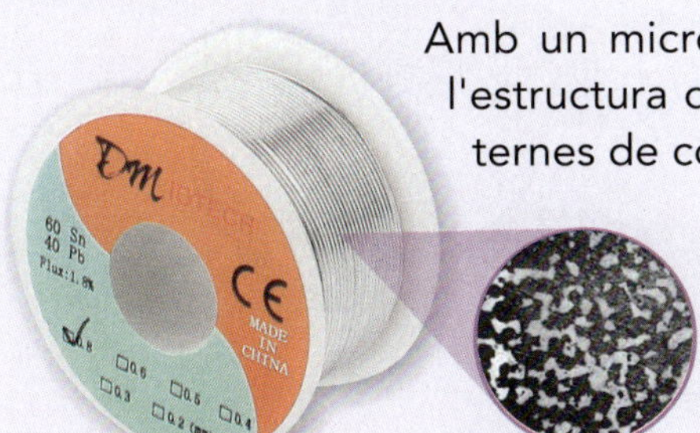

Estructura microscòpica de l'aliatge Sn/Pb 60/40.

Activitats

1. Què és una dispersió col·loïdal? Posa'n algun exemple.
2. Com es diuen els components de les dispersions col·loïdals?
3. Digues quines substàncies són el medi de dispersió i la fase dispersa en aquests col·loides:
   a. Maionesa b. Boira c. Fum
4. La lactonesa és un tipus especial de maionesa sense rovell d'ou. Busca informació sobre com es fa. Quin emulsionant es fa servir en la lactonesa?
5. @ Esbrina i explica quin és *l'efecte Tyndall*. En quines mescles d'aigua es produirà?
   a. Amb alcohol b. Amb sucre c. Amb llet

Separació de mescles de sòlids

Per separar els components d'una mescla cal aprofitar alguna propietat que presenti un dels components, però que no tinguin els altres components.

Materials

- Balança
- Imant
- Vidre de rellotge
- Sedàs
- Vas de precipitats
- Paper de filtre
- Càpsula de porcellana
- Cristal·litzador

A. SEPARAR PER IMANTACIÓ

Alguns metalls, com ara el ferro, el cobalt o el níquel són atrets pels imants, i aquesta propietat es pot aprofitar com a tècnica de separació de materials mesclats.

Separació d'una mescla de sucre i llimadures de ferro

1. Assaja amb alguns metalls: ferro, coure, estany, alumini... Esbrina si són atrets o no per un imant.
2. Mescla una mica de ferro i una mica de sucre. Agafa una petita quantitat d'aquesta mescla i pesa-la.

   Massa de la mescla = ...
3. Posa la mescla en un vidre de rellotge gran. Passa l'imant per damunt de la mescla i veuràs que l'imant atreu el ferro. No intentis fer la separació d'una sola vegada, perquè sempre quedarà sucre entre les llimadures. Més val anar separant petites quantitats cada vegada.
4. Quan hagis separat la mescla, pesa cada component que has obtingut:

   Massa del ferro = ...

   Massa del sucre = ...

B. SEPARAR PER MIDA

Una altra propietat que s'aprofita per separar components és la mida de les partícules.

Separació d'una mescla de sucre i arròs

1. Agafa una certa quantitat de la mescla i pesa-la.

   Massa de la mescla = ...
2. Passa la mescla per un sedàs de cuina. El sucre travessarà la reixeta, però l'arròs hi quedarà retingut.
3. Pesa per separat les masses del sucre i de l'arròs:

   Massa del sucre: ...

   Massa de l'arròs: ...

C. SEPARAR PER SOLUBILITAT

Quan la grandària del gra és semblant, no es pot fer la separació amb un sedàs. Ara bé, es poden fer servir altres diferències.

Separació d'una mescla de sal i sorra fina

1. Agafa una certa quantitat de la mescla i pesa-la:

   Massa de la mescla = ...

2. A continuació introdueix la mescla en un vas de precipitats i afegeix-hi aigua per dissoldre la sal. Procura no afegir-ne gaire. Remena fins que la sal s'hagi dissolt del tot. Comprovaràs que la sorra queda al fons del vas, perquè és indissoluble en aigua i, a més, és més densa.

3. Per separar de la sorra el líquid que sobreneda, pots fer-ho per decantació o per filtració.

   Si la solució de sal és molt transparent, pots fer-ho per **decantació**, tècnica que consisteix a inclinar el recipient i passar la solució sobrenedant a un altre vas.

   Si la solució és una mica tèrbola, això indica que resta una mica de sorra en suspensió, i llavors és millor fer una **filtració**.

   El paper de filtre és un material porós, com un sedàs, però amb els forats molt més fins, raó per la qual deixa passar les partícules d'aigua i sal, però reté la sorra.

4. Un cop hagis separat la sorra, deixa-la en un recipient pla perquè s'assequi a l'aire. Pots accelerar aquest procés si poses la sorra en una càpsula de porcellana i l'escalfes suaument. Un cop estigui seca, pesa-la:

   Massa de la sorra = ...

5. Per recuperar la sal, pots fer-ho mitjançant dos mètodes:

   Un mètode ràpid és la **vaporització**. Posa la solució en una càpsula de porcellana i escalfa-la. Quan l'aigua arribi al punt d'ebullició es vaporitzarà i la sal quedarà com un residu sec de gra fi al fons de la càpsula.

   Un altre mètode es la **cristal·lització**. Aboca la solució dins un recipient de boca ampla i deixa que l'aigua s'evapori. Al cap d'uns quants dies, veuràs que apareixen cristalls de sal que creixen a mesura que l'aigua es va evaporant. Es tracta d'un mètode lent, però permet obtenir cristalls de sal més grans.

   Quan la sal estigui seca, pesa-la:

   Massa de la sal = ...

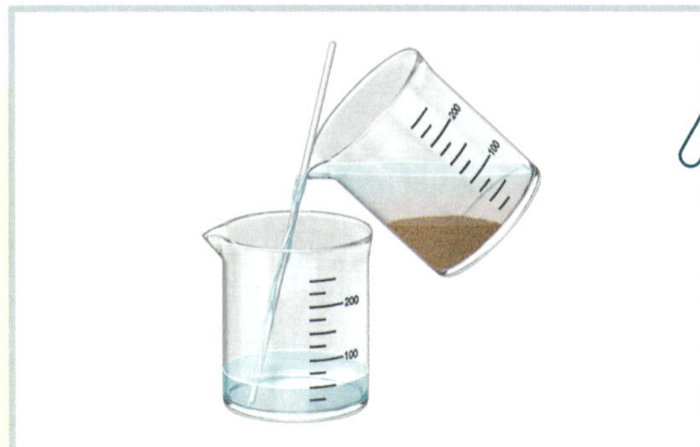

Activitats

1. En els experiments A i B, la suma de les masses dels components és igual a la massa inicial, però en C no passa el mateix. Per què?

2. Les llimadures de ferro barrejades amb sucre es poden separar fàcilment amb un imant. Això no obstant, com ho faries si no en tens cap, d'imant?

3. Explica en què s'assemblen i en què es diferencien la vaporització i la cristal·lització.

4. Explica quin procediment faries servir per separar les mescles sòlides següents:

   a. Serradures i sucre
   b. Llaunes d'alumini i de ferro
   c. Sorra i llenties
   d. Arròs, sal i sorra

LABORATORI

4 Separació de mescles de líquids

Les mescles de líquids poden ser de líquids immiscibles, com l'aigua i l'oli, o miscibles, com l'aigua i l'alcohol.

@ Amplia a la Xarxa...

Coneix més de tècniques de separació a: www.tiching.com/747576

A. SEPARAR PER DECANTACIÓ

Les mescles de líquids que es poden separar més fàcilment són les heterogènies, és a dir, les formades per líquids immiscibles.

Material

- Vas de precipitats de 250 mL
- Vareta de vidre
- Embut de decantació
- Suport i pinces
- Proveta

Separació d'una mescla d'aigua i oli

1. Prepara una mescla amb 50 mL d'aigua i 50 mL d'oli en un vas de precipitats.
2. Remena la mescla amb una vareta de vidre i veuràs que les gotes d'oli queden momentàniament en suspensió, però poc després l'aigua i l'oli se separen en dues capes ben diferenciades. A la capa superior hi trobem l'oli, perquè té menys densitat que l'aigua.
3. Introdueix la mescla en un embut de decantació.
4. Subjecta l'embut de decantació a un suport.
5. Col·loca un vas de precipitats sota l'embut i obre la clau perquè caigui l'aigua. Fes-ho a poc a poc i tanca la clau una miqueta abans que hagis arribat a la capa d'oli.
6. Mesura amb una proveta el volum d'aigua recuperada. Apunta'l.

   Volum de l'aigua = ...
7. Ara agafa un altre vas i deixa caure l'aigua que quedava i una mica d'oli. En aquesta tècnica sempre es perd una mica de la mescla perquè per aconseguir una millor separació cal menysprear la part de la mescla que es troba a la frontera de separació de les dues capes.
8. Agafa un altre vas de precipitats i deixa-hi caure l'oli que queda.
9. Mesura amb una proveta el volum d'oli recuperat i apunta'l.

   Volum de l'oli = ...

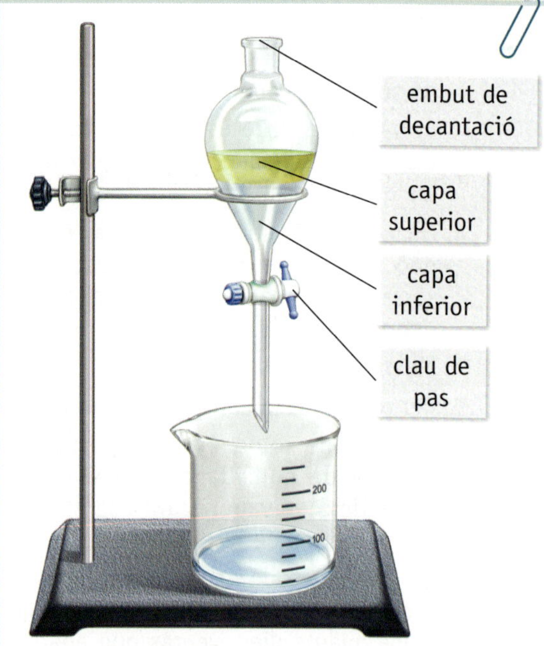

B. SEPARAR PER DESTIL·LACIÓ

El vi és una solució d'aigua i de moltes substàncies, entre les quals hi ha alcohol (etanol).

Per separar l'alcohol de l'aigua es pot aprofitar el fet que el seu punt d'ebullició (78 °C) és menor que el de l'aigua (100 °C). La tècnica de separació que empraràs és la **destil·lació**.

Per portar a terme aquest procés calen dos elements característics: la **columna de destil·lació** i el **refrigerant**. La columna, simple o fraccionada, permet la separació dels components. El refrigerant facilita la condensació del vapor perquè fa circular aigua freda a contracorrent per la camisa externa.

Material

- Matràs
- Escalfador
- Columna de destil·lació
- Termòmetre
- Refrigerant
- Suport i pinces
- Erlenmeyer

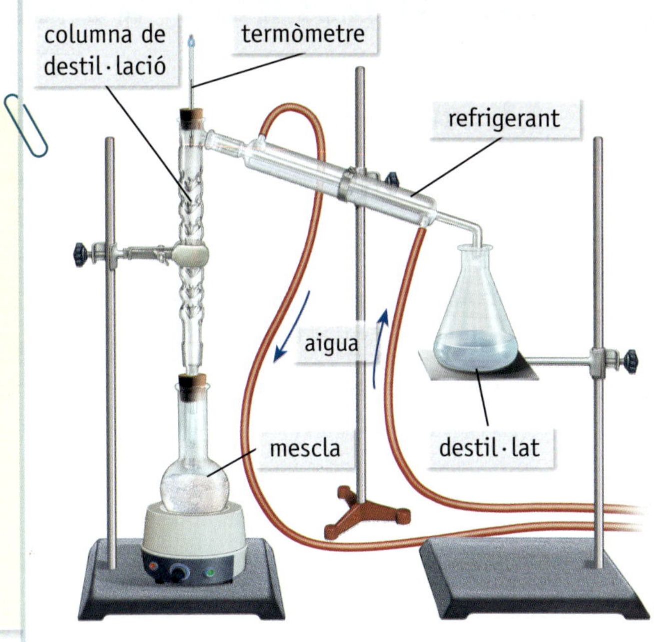

Separació d'aigua i alcohol

1. Munta l'aparell de destil·lació.
2. Aboca al matràs uns 100 mL de vi i escalfa'ls. En arribar a la temperatura d'ebullició de l'alcohol, es vaporitza i arriba en estat gas fins al refrigerant. Allà es refreda i es condensa, i es recupera en forma líquida.
3. Quan hagis aconseguit uns 10 mL de destil·lat, atura la destil·lació perquè un cop vaporitzat l'etanol només queda aigua.
4. Comprova que el destil·lat fa olor d'alcohol. Mulla't les mans amb una mica de destil·lat i notaràs la típica sensació de frescor que produeix l'alcohol.
   El teu professor o la teva professora pot assajar la combustió amb una mica de destil·lat.

C. SEPARAR PER CROMATOGRAFIA

Algunes tintes de retoladors contenen un únic component que els dóna el color, però la major part són mescles. Per tal de separar-les faràs servir la tècnica anomenada **cromatografia en paper**.

Material

- Paper cromatogràfic (o paper de filtre de bona qualitat)
- Llapis
- Alcohol (etanol)
- Vas de precipitats de 250 mL
- Vidre de rellotge
- Retoladors de colors

Separació de tintes de colors per cromatografia

1. Retalla un rectangle de paper cromatogràfic d'uns 6 cm d'amplada i d'una llargada una mica inferior a l'alçada d'un vas de precipitats de 250 mL.
2. Fes amb un llapis una línia recta a 1 cm de l'extrem d'un dels costats curts. Posa una gota de cada tinta que assajaràs sobre la línia. Separa les gotes entre 1-2 cm i procura que les taques siguin concentrades i petites.
3. Posa una mica d'alcohol (etanol) al fons d'un vas de precipitats; procura que el nivell d'alcohol no arribi a les taques de tinta.
4. Doblega el paper per la meitat per sostenir-lo verticalment i introdueix-lo dintre del vas. Tot seguit, tapa el vas amb un vidre de rellotge.
5. El dissolvent puja lentament pel paper i arrossega les gotes de tinta. Com que cada component és arrossegat a una velocitat diferent, al cap d'una estona els components s'hauran separat i al paper hi quedaran una sèrie de taques de colors, tantes com components tingui la tinta assajada.

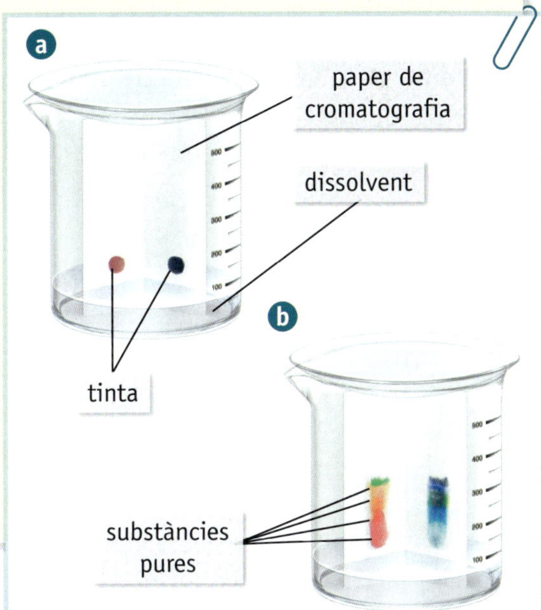

Activitats

1. Explica quin procediment seguiries per separar les mescles de líquids següents:
   a. L'alcohol de la cervesa
   b. Oli i aigua
   c. Benzina i aigua
   d. Aigua i aigua de Colònia

5 Concentració de les solucions

5.1. Solucions diluïdes i concentrades

En una solució, la proporció entre la quantitat de solut i la de dissolvent pot variar força. D'una manera qualitativa, les solucions es classifiquen en:

- **Diluïdes**: si la quantitat de solut dissolt és molt petita per comparació a la quantitat de dissolvent fig. 1a.
- **Concentrades**: si la quantitat de solut dissolt és gran per comparació a la quantitat de dissolvent fig. 1b.

Fig. 1a Solució diluïda

Fig. 1b Solució concentrada.

5.2. Solució saturada

Si agafes un got d'aigua, hi afegeixes una cullerada de sal i remenes, poc temps després observaràs que la sal s'ha dissolt completament a l'aigua.

Si continues afegint-hi cullerades de sal, observaràs que cada vegada costa més que la sal es dissolgui, i arribarà un moment que encara que remenis molt ja no es dissoldrà.

Quan la solució ja no admet més solut, es diu que està **saturada** fig. 2. La quantitat de solut dissolt en aquest moment rep el nom de *solubilitat*.

Fig. 2 El fet que hi hagi sal al fons del got indica que es tracta d'una situació de saturació.

> La **solubilitat** és la quantitat màxima de solut que es pot dissoldre en 100 g de dissolvent a una temperatura determinada.

La solubilitat augmenta amb la temperatura, però la magnitud de l'efecte depèn de la substància. Així la sal comuna (clorur de sodi) amb prou feines canvia de solubilitat amb la temperatura i, en canvi, el sucre comú (sacarosa) és el doble de soluble en aigua calenta que en aigua freda fig. 3.

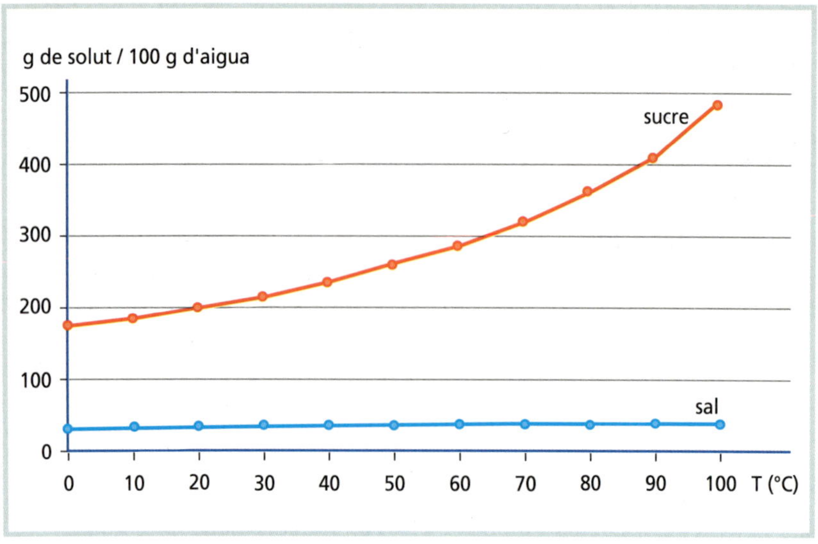

Fig. 3 Corbes de solubilitat de l'aigua i del sucre.

5.3. Concentració d'una solució

Vegem com es pot expressar la concentració de solut.

Tant per cent en massa

Indica la massa de solut, expressada en grams, que hi ha en 100 g de solució. Per exemple, una solució de sal en aigua la concentració de la qual és del 20 % indica que en 100 g de solució hi ha dissolts 20 g de sal.

Per determinar la concentració d'una solució preparada dissolent una massa de solut en una certa massa de dissolvent s'aplica l'expressió:

$$\%\text{ en massa} = \frac{\text{grams de solut}}{\text{grams de solució}} \cdot 100$$

Exemple

1. **Es dissolen 24 g de sal en 410 g d'aigua. Calcula la concentració expressada en tant per cent en massa de la solució preparada.**

   Massa del solut = 24 g de sal

   Massa del dissolvent = 410 g d'aigua

   Massa de la solució = 24 g de sal + 410 g d'aigua = 434 g

   $$\%\text{ en massa} = \frac{m_{\text{solut}}}{m_{\text{solució}}} \cdot 100 = \frac{24\text{ g}}{434\text{ g}} \cdot 100 = 5{,}53\ \%\text{ en massa}$$

Concentració en massa-volum

Indica massa de solut, expressada en grams, que hi ha en un volum de solució (normalment en un litre). Així, en una solució de sucre i aigua la concentració de la qual és 50 g/L indica que en 1 L de solució hi ha dissolts 50 g de sucre fig. 4.

Per determinar la concentració d'una solució preparada dissolent una massa de solut en dissolvent fins a completar un cert volum de solució s'aplica l'expressió:

$$\text{Concentració en massa} = \frac{\text{grams de solut}}{\text{litres de solució}}$$

Exemple

2. **Es dissolen 15 g de sucre en aigua fins que es completa un volum de 250 mL de solució. Calcula la concentració en massa de la solució preparada.**

   Massa del solut = 15 g de sucre

   Volum de la solució = 250 mL = 0,25 L

   $$\text{Concentració en massa} = \frac{\text{grams de solut}}{\text{litres de solució}} = \frac{15\text{ g}}{0{,}25\text{ L}} = 60\text{ g/L}$$

ANÀLISI QUÍMICA / ANÁLISIS QUÍMICO	(mg/l)
Residu sec / Residuo seco	**137**
Calci / Calcio	28,5
Magnesi / Magnesio	4,2
Sodi / Sodio	12,2
Bicarbonat / Bicarbonato	114
Clorur / Cloruro	6
Sulfat / Sulfato	11,2

Fig. 4 Molts productes corrents expressen la seva concentració en l'etiqueta.

Activitats

1. Es prepara una solució dissolent 40 g de sucre en 270 g d'aigua. Quina concentració, expressada en tant per cent en massa, té la solució preparada?
2. Es prepara una solució dissolent 50 g de sucre en aigua fins a completar un volum de 400 mL. Quina concentració, expressada en grams per litre, té la solució preparada?
3. El mar Mort és un llac salat que es troba entre Israel i Jordània. La salinitat de les aigües és força alta, unes deu vegades més que la del mar Mediterrani. Per determinar-la es van prendre 200 mL d'aigua del mar Mort i es van escalfar fins a la vaporització; en va quedar un residu sec de 85 g. Quina concentració de sals, expressada en g/L, té l'aigua del mar Mort?
4. Què entenem per solució diluïda? I per solució concentrada?
5. Què s'entén per solució saturada? Què passaria si s'afegís més solut a una solució saturada?
6. Podria donar-se el cas que una solució sigui alhora saturada i diluïda?

6 Preparació de solucions

Algunes taques queden tan adherides a la roba que per treure-les no n'hi ha prou amb un simple rentat i cal utilitzar un llevataques, és a dir, un líquid que dissol la substància de les taques.

Per fabricar un llevataques, el primer pas consisteix a trobar el dissolvent o la mescla de dissolvents més adequat per a aquesta mena de taques, i, tot seguit, preparar la mescla amb una concentració determinada.

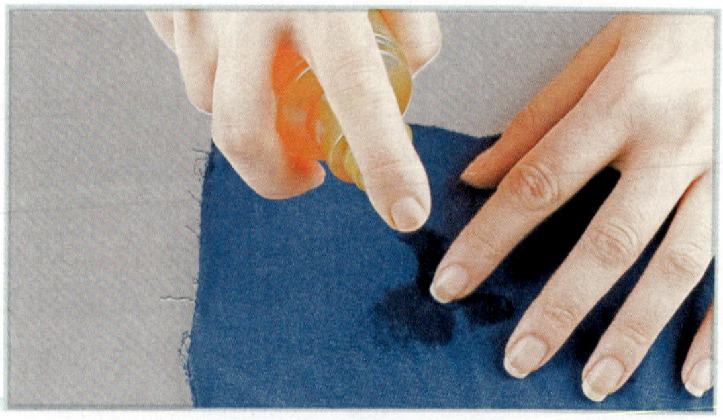

A. COMPROVAR LA SOLUBILITAT

La solubilitat d'un solut depèn del dissolvent que es fa servir. Un solut pot ser molt soluble en un dissolvent i totalment insoluble en un altre.

Material
- Nou tubs d'assaig
- Aigua, alcohol i aiguarràs
- Sal, sucre i oli
- Espàtula o cullera

Assajos de solubilitat

1. Agafa nou tubs d'assaig proveïts de taps de goma que encaixin bé. Posa'ls, nets i secs, en una gradeta. Omple'ls fins a la meitat amb els dissolvents següents:
   a) Tres tubs amb aigua.
   b) Tres tubs amb alcohol.
   c) Tres tubs amb aiguarràs.
2. Assaja la solubilitat de les substàncies següents: sal, sucre i oli.
   Posa una culleradeta de sal en un dels tubs amb aigua, una altra en un dels tubs d'alcohol i una tercera en un dels tubs d'aiguarràs.
   Repeteix l'operació amb el sucre i l'oli en els tubs restants.
   Posa un tap a cada tub per poder sacsejar-los i facilitar, d'aquesta manera, la dissolució del solut.
3. Deixa'ls reposar una estona i observa què ha passat.
4. Quines substàncies s'han dissolt en l'aigua? I en l'alcohol? I en l'aiguarràs?
5. Quin és el millor dissolvent de la sal? I del sucre? I de l'oli?

B. PREPARAR SOLUCIONS

El procediment per preparar una solució depèn de la manera en què et donin expressada la concentració.

Material
- Balança
- Vas de precipitats
- Sal i aigua
- Comptagotes
- Vareta de vidre
- Ampolla

Preparació de 200 g de solució de sal del 12 % en massa

1. En una solució del 12 % en massa hi ha 12 g de sal per cada 100 g de solució. Si s'ha de preparar 200 g de solució, necessitaràs el doble de sal, 24 g.
2. Col·loca un vas de precipitats net i sec a la balança i prem TARA per posar la balança a zero i pesar només la sal.

3. Introdueix al vas 24 g de sal.
4. Afegeix aigua fins a completar 200 g de solució. Al principi, hi pots abocar l'aigua directament des d'un vas o des d'una proveta, però quan t'apropis a la massa de 200 g ho has de fer amb el comptagotes per no excedir-te, tenint en compte que si et passes no podràs esmenar l'error.
5. Agafa una vareta de vidre i remena la solució per dissoldre la sal.
6. Aboca amb compte la solució a l'ampolla prèviament preparada i etiqueta-la amb el nom del solut, la concentració de la solució i la data de preparació abans de guardar-la.

Preparació de 0,5 L de solució de sal de concentració 50 g/L

1. Una concentració de 50 g/L significa que en 1 litre de solució hi ha 50 g de sal. Atès que se'n pretén preparar només 0,5 L, la meitat d'un litre, hauràs de dissoldre la meitat de sal, 25 g.
2. Col·loca un vas de precipitats de 250 mL, net i sec, a la balança i tara'l pitjant TARA.
3. Introdueix sal al vas fins a 25 g.
4. Afegeix-hi uns 200 mL d'aigua.
5. Agafa una vareta de vidre i remena la solució fins que la sal es dissolgui del tot.
6. Fent servir un embut, passa el contingut del vas a un matràs aforat de 0,5 L. Observa que el matràs aforat té una sola marca gravada; aquesta marca assenyala el nivell a què ha d'arribar la solució perquè el seu volum sigui exactament de 0,5 L.
7. Aclareix amb una mica d'aigua el vas de precipitats i afegeix-la al matràs aforat. D'aquesta manera es recuperen les restes de sal que hi poden haver quedat.
8. Afegeix aigua al matràs fins arribar a la marca d'aforament. Al principi, pots afegir l'aigua abocant-la directament des d'un vas o des d'una proveta, però quan t'apropis a la marca hauràs de continuar fent-ho amb un comptagotes per no sobrepassar-la.
9. Aboca la solució preparada dins una ampolla i etiqueta-la indicant el nom del solut, la concentració de la solució i la data de preparació.

Material

- Vas de precipitats
- Sal i aigua
- Vareta de vidre
- Embut
- Matràs aforat de 0,5 L
- Comptagotes
- Ampolla

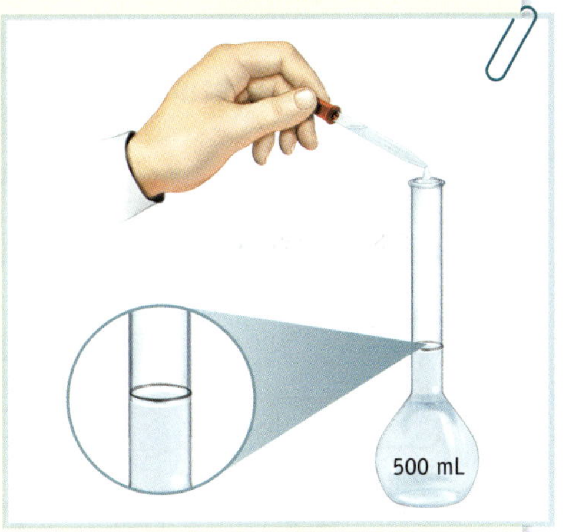

Activitats

1. Explica per què hi ha taques que es poden rentar amb aigua i d'altres que necessiten líquids llevataques especials.
2. @ Hi ha peces de roba que cal rentar en sec. Busca a Internet per què aquestes peces no es poden rentar a casa, quin símbol d'advertiment porten a les etiquetes i en què consisteix el procediment de rentatge en sec.
3. Determina la massa de sucre necessària per preparar 300 g d'una solució de sucre de concentració 30 % en massa. Després, explica pas a pas com faries la mescla.
4. Calcula la massa de sucre necessària per preparar 250 mL d'una solució de sucre en aigua de concentració 40 g/L. A continuació, explica pas a pas com prepararies la solució.

1 Pensa i contesta. Classificació de mescles

Les figures següents representen tres mescles aquoses. Per simplificar la representació, no s'han dibuixat les partícules d'aigua, sinó que només s'han simbolitzat amb un fons blau.

Copia les figures al quadern i col·loca a cada caixa el nom del tipus de barreja (solució, mescla heterogènia o dispersió col·loïdal) que penses que hi correspon. Argumenta la tria.

2 Descriu. Destil·lació

El diagrama mostra un aparell de destil·lació simple per obtenir aigua pura a partir de l'aigua de mar. Dibuixa'n el muntatge al quadern i col·loca a cada caixa la paraula o frase de la llista de la dreta que hi correspongui:

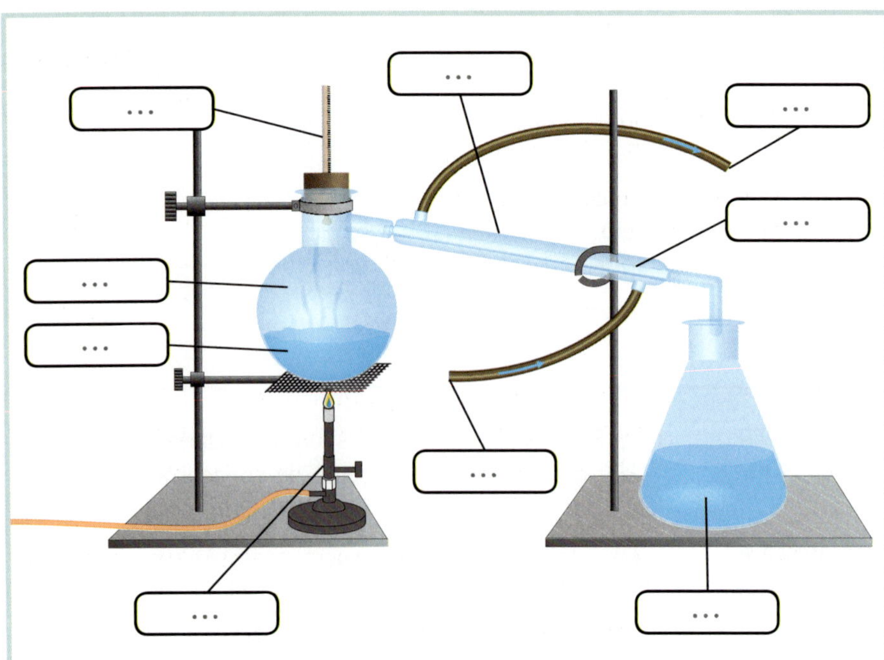

1. Termòmetre
2. Aigua pura
3. Aigua de mar
4. Vapor d'aigua
5. Refrigerant
6. Entrada d'aigua freda
7. Sortida d'aigua calenta
8. Bec de Bunsen
9. Condensació del vapor d'aigua

3 Experimenta i analitza. **Mescles naturals**

A Remolinos (Saragossa) hi ha una de les mines de sal més importants d'Espanya. L'ús principal de la sal de roca és ser escampada per les carreteres per evitar que s'hi formin plaques de gel els dies més freds de l'hivern.

La sal de roca és una mescla de sals, majoritàriament clorur de sodi, i sediments no solubles. Per determinar el tant per cent en massa de sals a la roca, uns quants alumnes es van organitzar en sis grups i van portar a terme el procediment experimental següent:

Camió escampant sal a l'hivern.

1. Van polvoritzar els bocins de roca recollits amb un morter i van remenar la pols per homogeneïtzar-la.

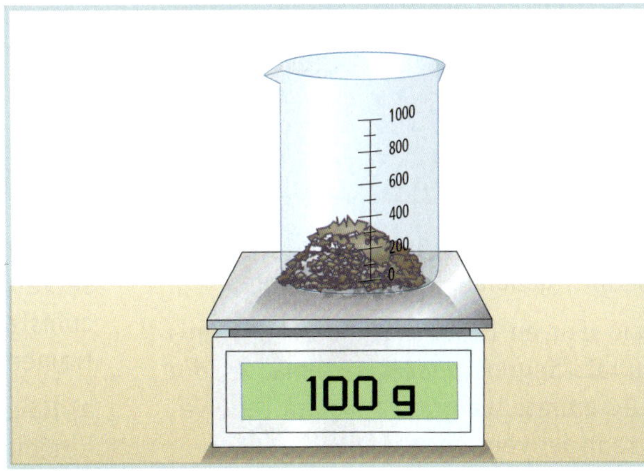

2. Van posar un vas d'1 L de capacitat en una bàscula. Van tarar aquest vas i van pesar 100 g de roca polvoritzada.

3. Van afegir aigua fins a una mica més de la meitat de la capacitat i durant una estona van sacsejar-ho enèrgicament.

4. Van filtrar el líquid i van recollir el material retingut al paper, el van assecar i el van pesar. La massa pesada per cada alumne es troba recollida a la taula de la dreta.

Grup	Massa (g)
A	13
B	19
C	9
D	15
E	11
F	16

a) Per què van afegir aigua a la roca polvoritzada i tot seguit van filtrar el líquid?

b) Quin material ha quedat retingut al paper de filtre? I en el líquid filtrat?

c) Explica com es podria recuperar el material dissolt en el líquid filtrat.

d) Per què et sembla que pot haver-hi tanta diferència en els resultats dels grups?

e) Suposant que tots els grups han treballat amb la mateixa cura i que, per tant, els resultats que han obtingut són exactes, quin grup ha analitzat la mostra amb més contingut en sals?

f) Quin tant per cent en massa de sals conté cadascuna de les mostres?

g) Calcula la mitjana aritmètica de tots els resultats per saber el percentatge mitjà de sals en la roca salina.

4 Analitza un gràfic. **Corbes de solubilitat**

A la gràfica es troben dibuixades les corbes de solubilitat de tres substàncies, A, B i C, en funció de la temperatura de l'aigua.

a) Quina substància és més soluble en aigua a 20 °C?

b) Quina substància és més soluble en aigua a 60 °C?

c) A la solubilitat de quina substància quasi no l'afecta la temperatura de l'aigua?

d) A quina temperatura de l'aigua són igual de solubles les substàncies B i C?

e) Un alumne va descriure la gràfica de la manera següent: "la gràfica mostra clarament que la substància més soluble és A, després B, i una mica menys C". Penses que és veritat el que va dir aquest alumne? Pots descriure amb més precisió el que la gràfica mostra?

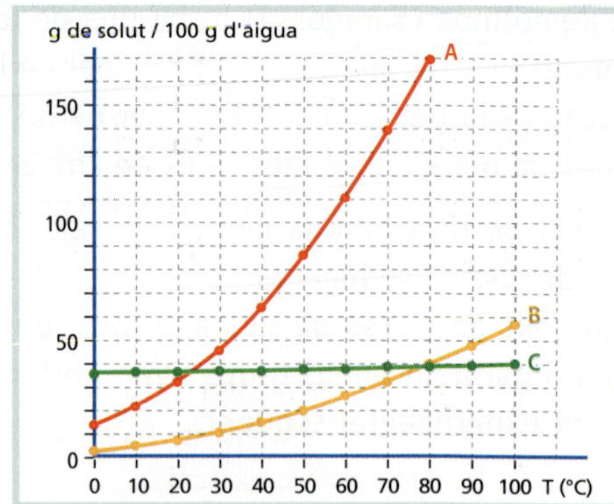

5 Calcula. **Aliatges**

L'or que es fa servir en joieria no és or pur, sinó que està barrejat amb altres metalls, generalment plata i coure.

Per indicar la proporció d'or en l'aliatge s'utilitza una unitat tradicional, el quirat. Segons aquest sistema, es diu que l'or pur és or de 24 quirats. La gràfica mostra l'equivalència entre quirats i tant per cent en massa:

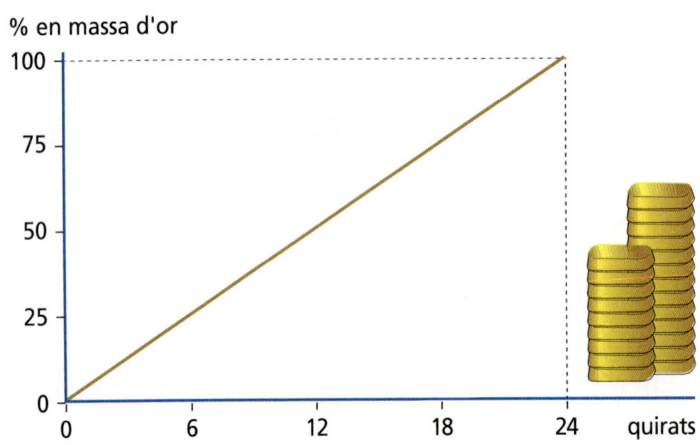

a) Determina de quants quirats és un aliatge que conté un 50 % d'or.

b) L'or més emprat en joieria és de 18 quirats i es diu or de llei o de primera llei. Quin percentatge d'or pur hi ha en un anell d'or de llei?

c) Si es fa un aliatge amb 21 g d'or, 6 g de plata i 3 g de coure, quin percentatge d'or conté aquest aliatge? Quants quirats té l'aliatge preparat?

d) Quina massa d'or pur conté un anell de massa 10 g fet amb or de 18 quirats?

e) Per què és impossible que un anell d'or sigui de 25 quirats?

6 Investiga. **Destil·lador solar**

La imatge mostra un destil·lador solar. Aquests aparells serveixen per obtenir aigua potable en els llocs o circumstàncies en els quals no és possible el seu subministrament.

a) Havent observat l'esquema, explica els principis del funcionament del destil·lador solar.

b) Descriu una situació en la qual pugui ser necessari l'ús de destil·ladors solars.

c) De quins factors penses que depèn la quantitat d'aigua destil·lada que es pot obtenir mitjançant un destil·lador solar?

d) Al vídeo proposat al final, un pagès explica com funciona el destil·lador solar que ha fabricat. Quin volum d'aigua obté cada dia? Et sembla molta o poca? Saps quanta aigua gastes tu cada dia, aproximadament?

Abans de contestar aquestes preguntes, pots mirar el vídeo següent:

www.tiching.com/747578

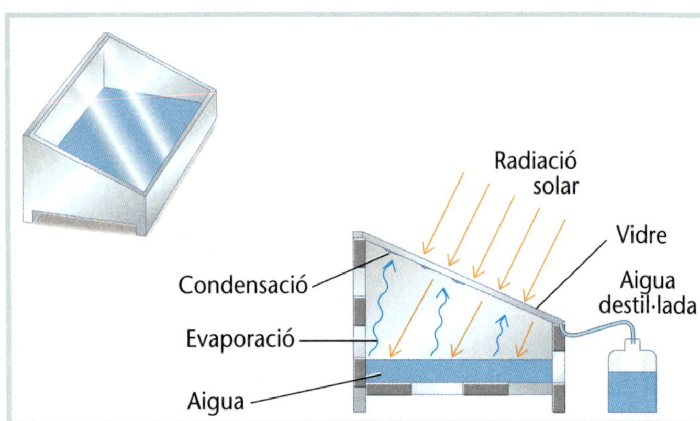

Tipus de mescla

- Una **mescla heterogènia** és aquella en la qual es poden distingir els components a ull nu o bé amb una lupa.
- En una **mescla homogènia** o **solució** no es poden distingir els components, perquè les partícules són molt petites. El component majoritari d'una solució es diu **dissolvent**, i el component minoritari es diu **solut**.
- Una **dispersió col·loïdal** és una mescla heterogènia en la qual només es poden veure clarament les partícules si s'observen amb un microscopi.

Concentració de les solucions

- Les solucions poden ser **diluïdes**, si la quantitat de solut dissolt és petita per comparació a la quantitat de dissolvent; o **concentrades**, si la quantitat de solut dissolt és gran.
- La **solubilitat** és la quantitat màxima de solut que es pot dissoldre en 100 g de dissolvent a una temperatura determinada.
- Una solució està **saturada** si ja no admet més solut.
- El **tant per cent en massa** indica la massa de solut, expressada en grams, que hi ha en 100 g de solució.
- La **concentració en massa-volum** indica la massa de solut, expressada en grams, que hi ha en un volum de solució.

Separació de mescles

- Per separar els components d'una mescla, cal aprofitar alguna propietat que tingui un dels seus components, però que no tinguin els altres.

1 REPASSA EL QUE HAS APRÈS

a) Què distingeix les mescles homogènies de les heterogènies?

b) Què és una solució? I una dispersió col·loïdal?

c) Què vol dir que dos líquids són immiscibles?

d) Quins mètodes hi ha per separar una mescla de sòlids? Quines propietats dels components aprofita cada mètode dels que has anomenat?

e) En què consisteix el mètode de la decantació?

f) Quins elements calen per portar a terme una destil·lació? En què es basa aquest mètode?

g) Què és la cromatografia en paper?

h) Què és allò que distingeix una solució diluïda d'una de concentrada?

i) Quan diem que una solució està saturada?

j) Què és la solubilitat d'una solució?

k) Com s'indica la concentració d'una solució?

2 DEFINEIX CONCEPTES CLAU

- Mescla
- Component
- Solució
- Dissolvent
- Solut
- Col·loide
- Saturació
- Solubilitat
- Concentració

CONTESTA LA PREGUNTA INICIAL

Després d'estudiar aquest tema, pots respondre la pregunta inicial:

Quantes substàncies formen els materials quotidians?

Redacta un text d'entre 10 i 20 línies que resumeixi les conclusions a les quals hagis arribat.

CONSOLIDA EL QUE HAS APRÈS

Per consolidar els coneixements adquirits, pots fer les activitats suggerides a:

www.tiching.com/747743

Aquestes activitats les pots descarregar en un document pdf al final del qual trobaràs les solucions.

4 ELEMENTS I COMPOSTOS QUÍMICS

Com s'organitza la matèria?

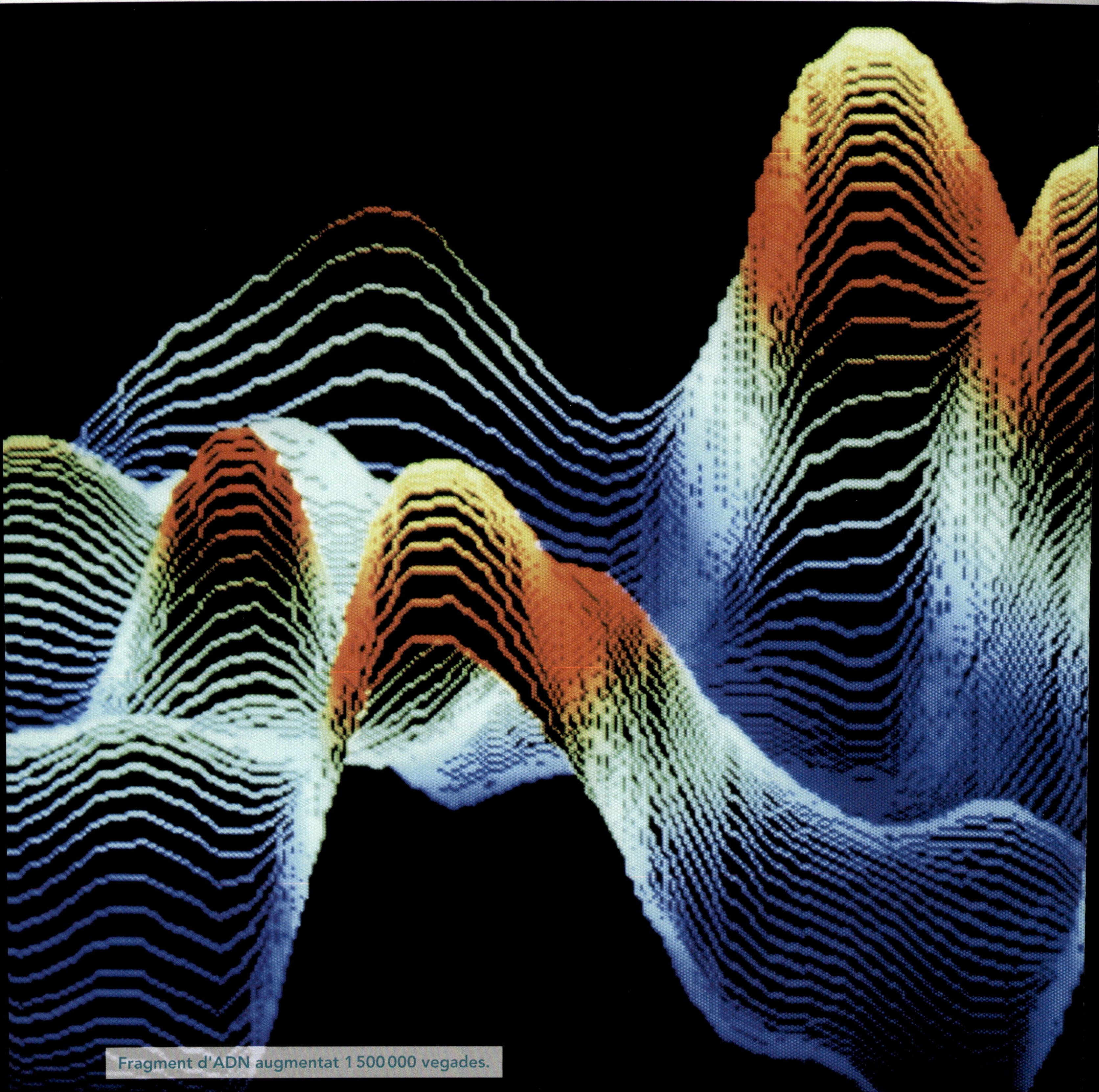

Fragment d'ADN augmentat 1 500 000 vegades.

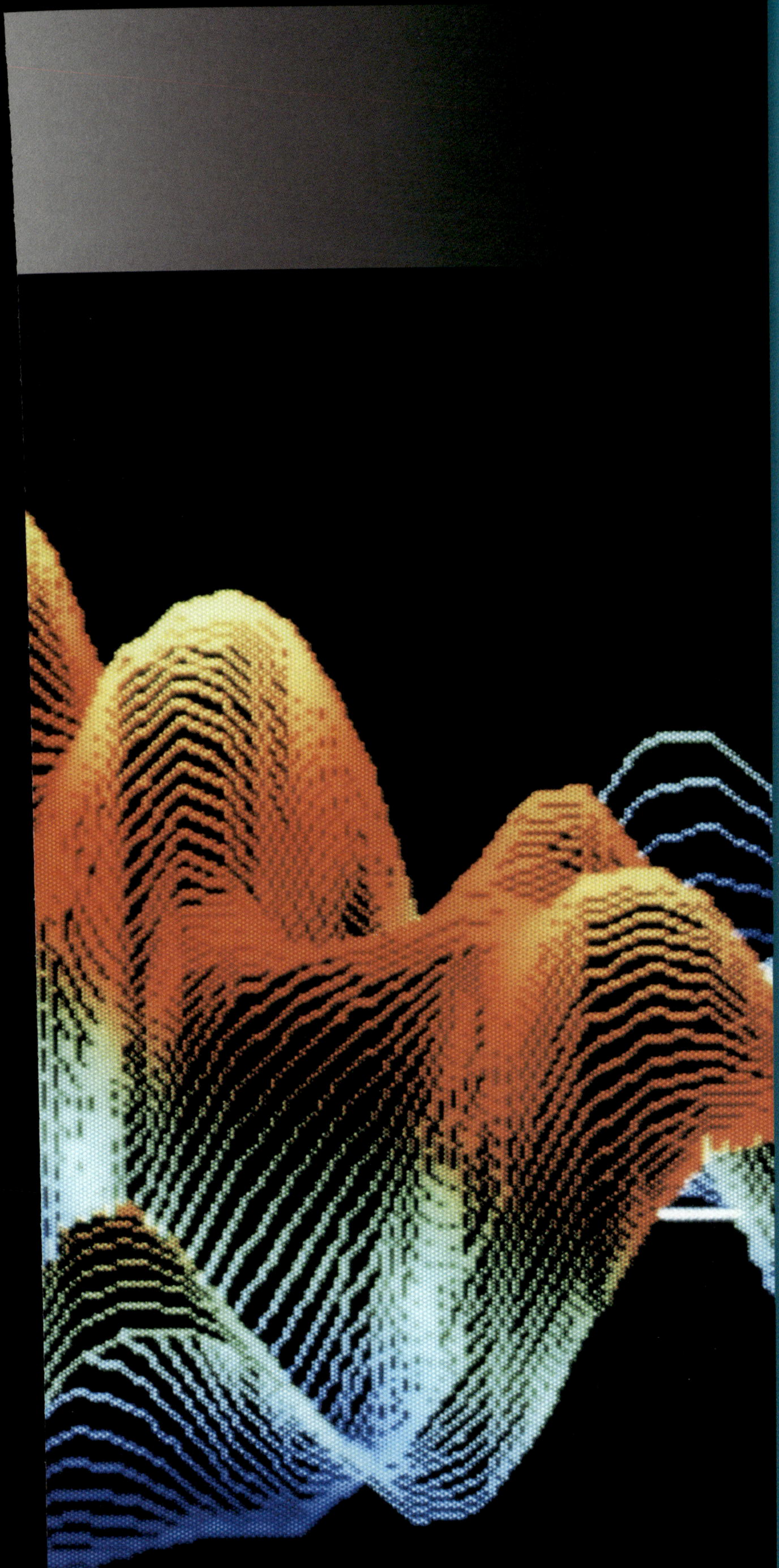

Pots esbocinar fàcilment un full de paper amb unes tisores, i els bocins obtinguts els pots fer, al seu torn, més petits. Pots repetir l'operació moltes vegades, però arribarà un moment que els bocinets seran tan minúsculs que ja no podràs continuar.

Si tinguessis un microscopi extraordinàriament potent i unes tisores increïblement petites, fins quan podries continuar fragmentant el paper?

Fa 2 500 anys alguns filòsofs de l'antiga Grècia van contestar aquesta mateixa pregunta suposant que hi hauria d'haver un límit. A aquell fragment de matèria inimaginablement petit i indivisible el van anomenar àtom, paraula que literalment significa "que no es pot tallar".

Van imaginar un món ple d'àtoms de diferents classes, els *elements*, els quals s'ajuntaven en diferents proporcions per, d'aquesta manera, formar tots els materials que ens envolten.

Què sabem?

La capacitat de combinació d'uns quants elements a l'hora de formar una gran varietat de compostos és comparable a la de les xifres a l'hora de formar nombres o a la de les lletres de l'alfabet per formar paraules.

- Quantes xifres hi ha? I quants nombres?
- Quantes lletres té l'alfabet català? Quantes paraules hi ha al *Diccionari de l'Institut d'Estudis Catalans* (DIEC)?
- Quants elements químics hi ha? I quants compostos químics?
- Quins elements químics coneixes?

Què aprendrem?

- **De què està formada la matèria.**
- **En què consisteix la taula periòdica.**
- **Què distingeix els elements metàl·lics dels no metàl·lics i dels metal·loides, i quines característiques presenta cada grup.**
- **Quins elements componen l'Univers, la Terra i el cos humà.**

1 Elements i compostos químics

1.1. Primeres idees

Fa uns 2 500 anys alguns filòsofs grecs pensaven que tota la matèria estava formada per la combinació de quatre *elements* (aigua, aire, foc i terra). En aquella època també va néixer la idea alternativa que la matèria estava formada per minúscules partícules indivisibles, els *àtoms* fig. 1.

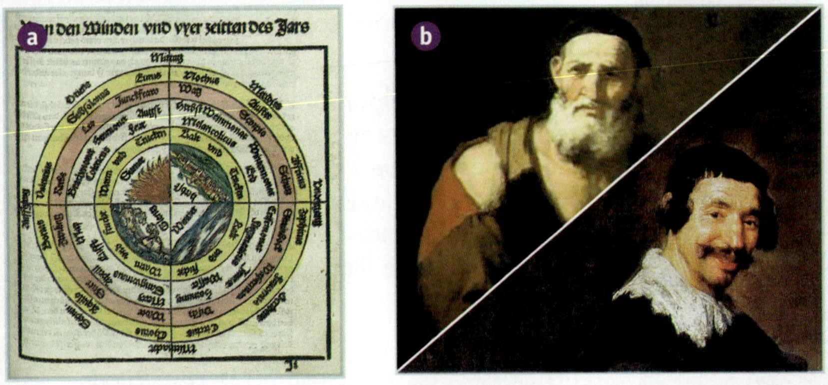

Fig. 1 a) Representació medieval dels elements de l'antiguitat. b) Leucip i Demòcrit, els primers filòsofs atomistes, en una representació al·legòrica.

1.2. La teoria atòmica de Dalton

La primera teoria atòmica de la matèria basada en fets experimentals la va enunciar l'any 1808 el científic anglès John Dalton fig. 2. Els postulats de la seva teoria són:

- La matèria està formada per **àtoms**, partícules molt petites i indivisibles que no es poden crear ni destruir.
- Hi ha diferents tipus d'àtoms, els quals es distingeixen pel fet de tenir masses i propietats característiques.
- Un **element químic** és aquella substància formada per un sol tipus d'àtom.
- Un **compost químic** és aquella substància formada per la unió d'àtoms de diferents elements combinats en una determinada proporció fig. 3.

Per exemple, l'aigua és un compost químic format per dos elements, oxigen i hidrogen, que es troben combinats en la proporció de dos àtoms d'hidrogen per un d'oxigen fig. 4.

Fig. 2 John Dalton (1766-1844).

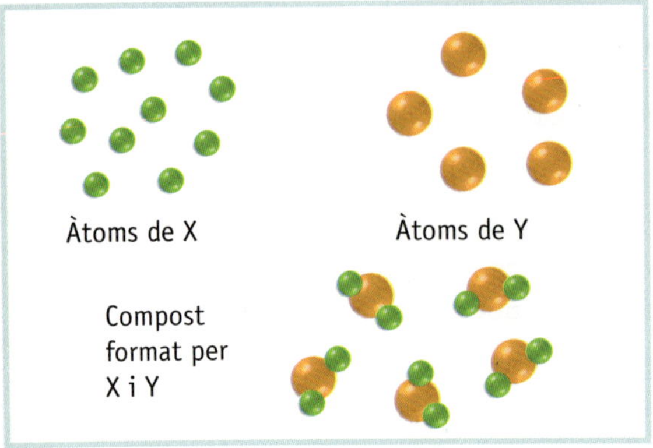

Fig. 3 Elements i compostos.

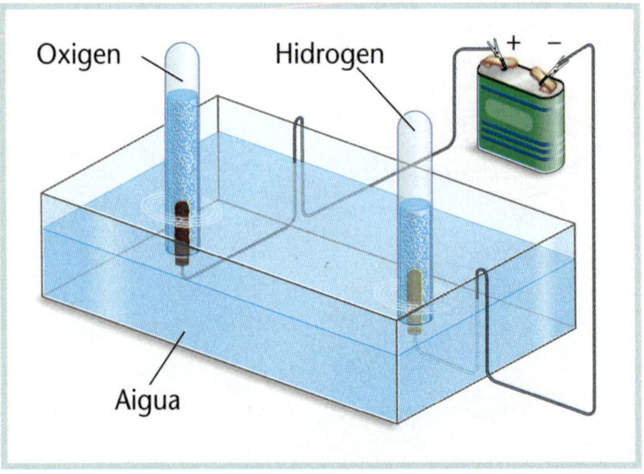

Fig. 4 La descomposició de l'aigua mitjançant corrent elèctric produeix oxigen i hidrogen.

118 elements

Actualment es coneixen 118 elements químics, però a la natura només n'hi ha 90, els anomenats **elements naturals**, que poden trobar-se sols o combinats en compostos.

Els 28 elements restants han estat creats artificialment, i per aquest motiu s'anomenen **elements artificials**.

Cada element té el seu **símbol**, que permet representar-lo d'una manera simplificada. Els símbols consten d'una o dues lletres, la primera de les quals sempre és escrita en majúscula. Per exemple:

- hidrogen: H
- nitrogen: N
- oxigen: O
- ferro: Fe
- sofre: S
- or: Au

Milions de compostos

S'han catalogat més de 100 milions de compostos químics, i cada dia se'n descobreixen milers més entre els que es troben en productes naturals i els sintetitzats en els laboratoris químics.

Els compostos químics se simbolitzen mitjançant una **fórmula** en la qual apareixen els símbols dels elements químics que formen el compost i, en subíndex, la proporció d'àtoms de cada classe que en formen part.

Per exemple, la fórmula de l'amoníac és NH_3, i la de l'aigua, H_2O:

L'amoníac està format per un àtom de nitrogen (N) i tres àtoms d'hidrogen (H).

L'aigua està formada per un àtom d'oxigen (O) i dos àtoms d'hidrogen (H).

Es pot convertir el plom en or?

Els alquimistes medievals es pensaven que es podia convertir el plom i altres elements en or. Avui sabem que això en circumstàncies normals és impossible.

Els àtoms d'un element químic no es poden transformar ni descompondre en altres, excepte en condicions molt extremes, amb costos de producció molt alts i, a més, les quantitats obtingudes són mínimes.

Els alquimistes volien crear or a partir d'altres elements.

Activitats

1. Els antics filòsofs grecs suposaven que la matèria estava formada per quatre elements. Quins?
2. Què significa la paraula *àtom*? Qui la va utilitzar per primera vegada?
3. La primera teoria atòmica basada en l'experimentació científica la va formular Dalton al principi del segle XIX. Quins són els aspectes principals d'aquesta teoria atòmica?
4. Digues quants elements químics es coneixen. I quants compostos? Explica al quadern com és possible que hi hagi tanta diferència entre el nombre d'elements i el de compostos.
5. Què és un símbol químic? I una fórmula química? Posa un exemple de cada cas.
6. Quants àtoms de carboni (C) i d'oxigen (O) formen el diòxid de carboni (CO_2)?

2 La taula periòdica

Tots els elements químics coneguts els aplega i classifica la taula periòdica.

@ Amplia a la Xarxa...

Explora una taula periòdica interactiva a: www.tiching.com/747582

A HISTÒRIA DE LA TAULA PERIÒDICA

La primera taula periòdica la va publicar el 1869 el químic rus D. Mendeléiev. Aleshores tan sols es coneixien 63 elements i l'aspecte de la taula era força diferent de la que utilitzem actualment.

Mendeléiev va utilitzar un criteri doble per ordenar els elements químics: primer de tot, va posar-los en ordre creixent pel que fa a la massa, i després va agrupar en columnes els elements que presentaven propietats químiques semblants.

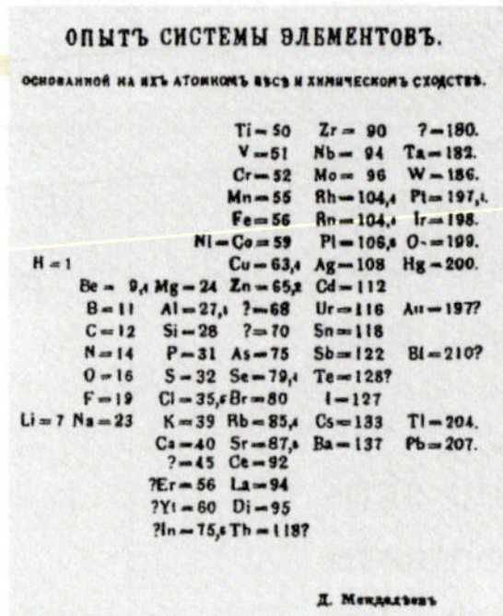

ОПЫТЪ СИСТЕМЫ ЭЛЕМЕНТОВЪ.

ОСНОВАННОЙ НА ИХЪ АТОМНОМЪ ВѢСѢ И ХИМИЧЕСКОМЪ СХОДСТВѢ.

			Ti-50	Zr-90	?-180.
			V-51	Nb-94	Ta-182.
			Cr-52	Mo-96	W-186.
			Mn-55	Rh-104,4	Pt-197,4.
			Fe-56	Rn-104,4	Ir-198.
			Ni-Co-59	Pl-106,6	O-199.
H-1			Cu-63,4	Ag-108	Hg-200.
	Be-9,4	Mg-24	Zn-65,2	Cd-112	
	B-11	Al-27,4	?-68	Ur-116	Au-197?
	C-12	Si-28	?-70	Sn-118	
	N-14	P-31	As-75	Sb-122	Bi-210?
	O-16	S-32	Se-79,4	Te-128?	
	F-19	Cl-35,5	Br-80	I-127	
Li-7	Na-23	K-39	Rb-85,4	Cs-133	Tl-204.
		Ca-40	Sr-87,6	Ba-137	Pb-207.
		?-45	Ce-92		
		?Er-56	La-94		
		?Yt-60	Di-95		
		?In-75,6	Th-118?		

Д. Менделѣевъ

Taula periòdica de 1869.

Dimitri Mendeléiev.

B ORGANITZACIÓ DE LA TAULA PERIÒDICA

La taula periòdica s'organitza en files horitzontals anomenades **períodes** i en columnes verticals anomenades **grups**. Hi ha 7 períodes i 18 grups.

Els elements que pertanyen al mateix grup tenen propietats semblants.

Alguns grups reben noms propis:

Grup 1 = metalls alcalins.

Grup 2 = metalls alcalinoterris.

Grups del 3 al 12 = metalls de transició.

Grup 17 = elements halògens.

Grup 18 = gasos nobles.

Perquè la taula no quedi gaire llarga, els elements situats entre el lantani i el hafni (període 6) i entre l'actini i el rutherfordi (període 7) es col·loquen fora de la taula en dues files en la part inferior. Aquests elements reben el nom de *metalls de transició interna* o *terres rares*.

Gasos nobles.

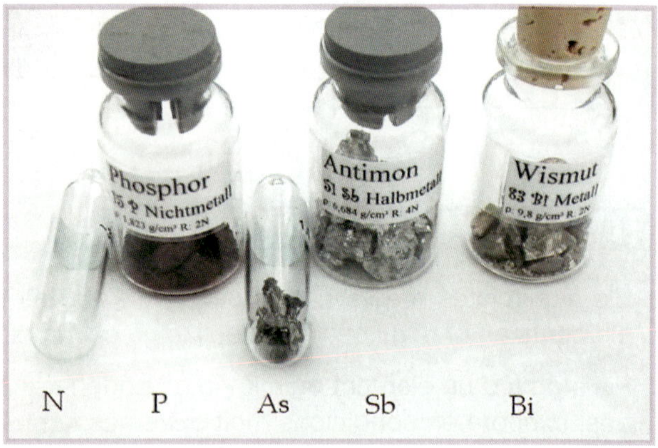

Grup 15 de la taula periòdica, també conegut com a grup del nitrogen.

Òxids de metalls de transició interna o terres rares.

C EL NOM DELS ELEMENTS

Els elements químics coneguts des de l'antigor es representen amb símbols que deriven del nom llatí o grec, i per això no acostumen a coincidir amb el nom comú. Així, per exemple, el plom (Pb) deriva del llatí *plumbum* (pesat), i el mercuri (Hg) deriva del grec *hydrargyros* (*hydros* = aigua i *argyros* = plata).

A mesura que s'anaven descobrint nous elements es batejaven d'una manera poc sistemàtica.

Alguns elements tenen noms que en ressalten alguna característica. Per exemple, els noms del clor (Cl) i del brom (Br) procedeixen, respectivament, de *chloros* (verd) i de *bromos* (olor), perquè el clor és un gas de color verdós i el brom és un líquid d'olor sufocant.

Alguns dels noms dels elements es van batejar en honor dels països originaris dels descobridors. Així, el nom de poloni (Po) honora el país de la descobridora, la científica polonesa Maria Skłodowska (també coneguda com a Maria Curie, el seu nom de casada).

D'altres noms es posen en memòria de científics famosos. Així hi ha un element que es diu einsteini (Es), en memòria d'Albert Einstein.

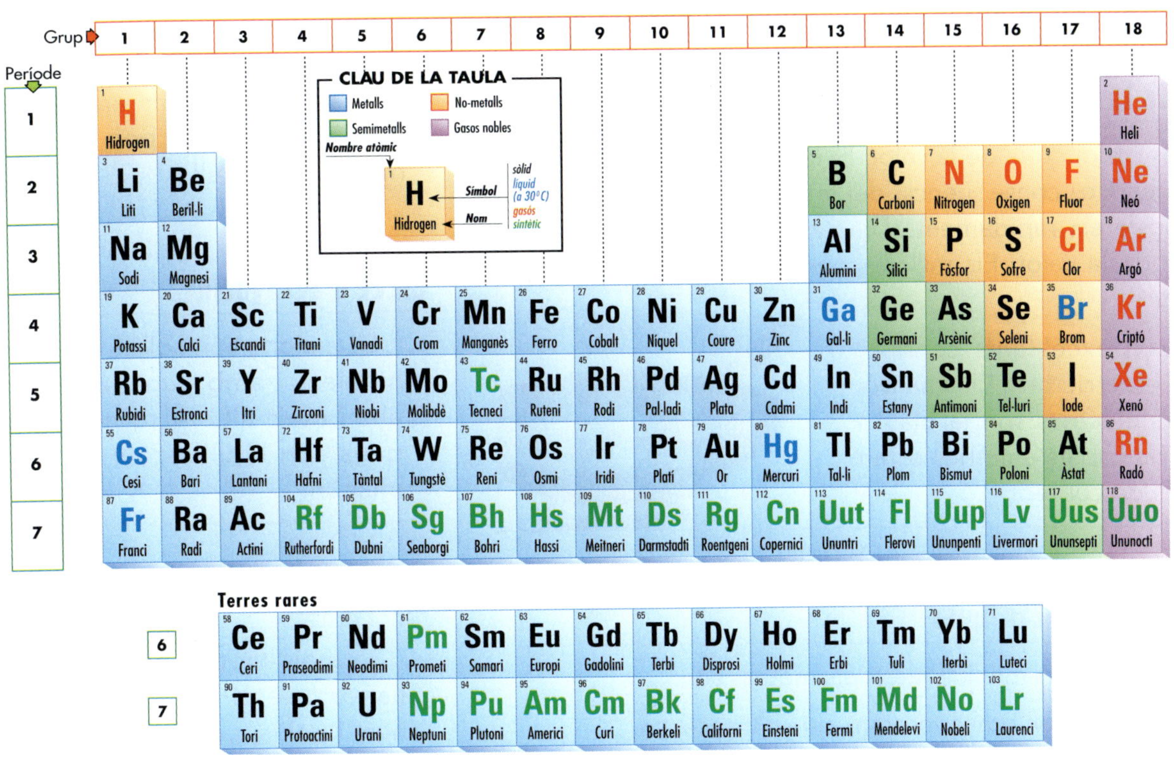

Activitats

1. A-A Busca informació sobre els elements de la taula periòdica i contesta:

a. Quins elements químics són gasos? Escriu-ne els noms i els símbols.

b. Quins elements químics són líquids? Escriu-ne els noms i els símbols.

c. Què és un element artificial? Quants elements artificials hi ha a la taula periòdica?

2. Escriu el nom i el símbol de l'element que es troba en el grup 14 i el període 5.

3. A quin grup i període pertany l'element sofre? I el mercuri?

3 Elements metàl·lics

3.1. Metalls

Gairebé tots els elements químics són **metalls**. Dels 90 elements naturals, 65 són metalls.

Els primers metalls que es van descobrir van ser l'or, la plata i el coure, perquè es troben a la naturalesa en **estat natiu**, és a dir, en estat pur, sense combinar fig. 1.

La majoria dels metalls es troben a la naturalesa combinats en compostos, que anomenem **minerals**. Extreure un metall del mineral que el conté no és pas una tasca fàcil. Molts metalls estan tan sòlidament units amb els altres elements del mineral que per separar-los calen tècniques molt elaborades.

Fig. 1 Plata nativa.

3.2. Propietats dels metalls

Els metalls es caracteritzen per tenir unes propietats semblants, tot i que sempre hi ha excepcions. Algunes d'aquestes propietats característiques són:

Conducció de la calor i l'electricitat

Són bons conductors de la calor. El tacte fred que notem en tocar un metall és conseqüència del fet que la calor del nostre cos es transfereix ràpidament al metall, perquè és molt bon conductor de la calor. Els millors conductors de la calor són l'or i el coure.

També són excel·lents conductors de l'electricitat. Els millors conductors elèctrics són la plata i el coure. Els cables elèctrics estan fets amb fil de coure.

Característiques mecàniques

Algunes propietats mecàniques dels metalls són:

Tenacitat. Suporten grans tensions sense trencar-se.

Elasticitat. Un metall elàstic es deforma quan s'hi aplica una força moderada, però recupera la forma quan es deixa d'aplicar.

Plasticitat. Es deformen per l'acció d'una força gran. Aquesta plasticitat es fa palesa pel fet que s'hi pot donar forma de fils molt fins, propietat anomenada **ductilitat**, o de làmines molt fines, propietat anomenada **mal·leabilitat**.

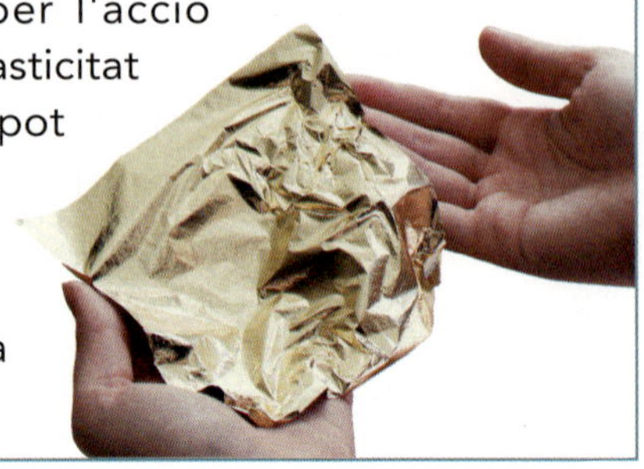

PRECAUCIÓ

Els metalls alcalins reaccionen amb l'aigua. Alguns, com ara el liti, ho fan violentament, raó per la qual no els hauríem de mullar.

Estat d'agregació

La majoria són sòlids a temperatura ambient i amb punts de fusió entre alts i molt alts. Això no obstant, alguns són líquids com és el cas del mercuri.

Brillantor

Tots els metalls relluen (brillantor metàl·lica) quan són nets i polits, però la majoria perden lluïssor amb el temps perquè s'oxiden.

Densitat

Quasi tots són més densos que l'aigua. El més dens és l'iridi, que és gairebé 23 vegades més dens que l'aigua. El menys dens és el liti, la densitat del qual és la meitat de la de l'aigua.

ALGUNS METALLS IMPORTANTS

Ferro

Duresa (Mohs) = 4
Densitat = 7,9 g/cm^3
Punt de fusió = 1 535 °C

Els principals minerals del ferro són l'hematites i la limonita.

El ferro és, i de bon tros, el metall més utilitzat; correspon aproximadament al 95 % en massa de la producció mundial de metalls.

Per la seva duresa, el ferro té múltiples aplicacions: elements estructurals d'edificis, ponts, vaixells, màquines, eines...

El ferro s'oxida amb força facilitat i l'oxidació s'obre pas fins a l'interior de la peça fins a deixar-la esmicolada del tot. Per evitar que el ferro es rovelli, es protegeix amb pintures especials o amb metalls més resistents a l'oxidació.

Alumini

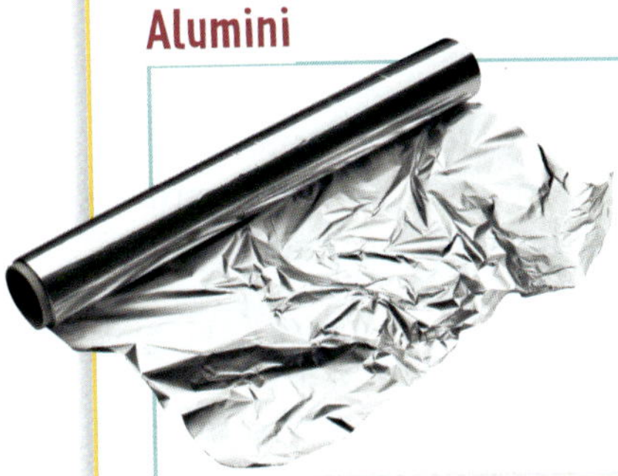

Duresa (Mohs) = 2,8
Densitat = 2,7 g/cm^3
Punt de fusió = 660 °C

És el metall més abundant de l'escorça terrestre i el segon en producció, molt lluny del ferro.

És un metall de baixa densitat, i per aquest motiu es fa servir quan és important que un objecte pesi poc. S'aplica principalment en els bucs dels avions, automoció, trens, mobiliari...

L'alumini s'utilitza com a material per fabricar finestres i mobles d'exterior, perquè aparentment no es rovella. En realitat sí que es rovella, però la capa d'òxid que s'hi forma és tan fina que gairebé és transparent i, a més, és impermeable i impedeix que l'oxidació avanci.

Coure

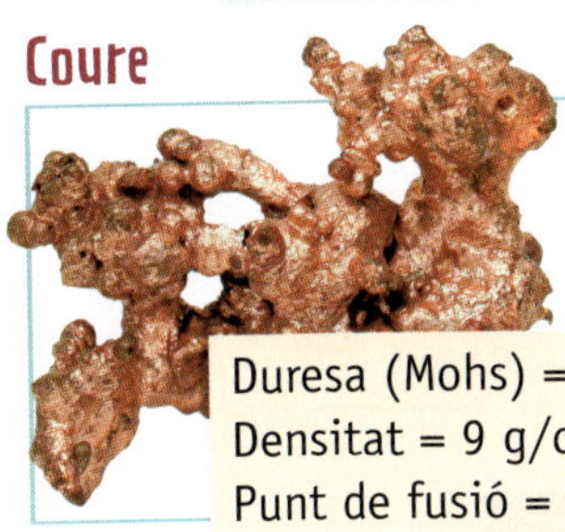

Duresa (Mohs) = 3
Densitat = 9 g/cm^3
Punt de fusió = 1 080 °C

És un metall molt bon conductor de l'electricitat i força dúctil, per la qual cosa és ideal per fabricar cable elèctric.

A causa de la gran resistència a l'oxidació que té, la seva altra aplicació més important és la fabricació de canonades per a la conducció d'aigua potable.

Activitats

1. Els set metalls que es coneixien a l'antigor eren: or, plata, coure, ferro, plom, estany i mercuri. Escriu el símbol químic d'aquests metalls.

2. Escriu el nom i el símbol de cinc metalls que siguin materials d'ús corrent i esmenta exemples de la seva utilització.

3. Esmenta el nom de tres metalls que s'emprin habitualment en joieria.

   Identifica dues propietats d'aquests metalls que els facin adequats a l'ús esmentat.

4. Quin és el metall més utilitzat a escala mundial? I quin és el segon?

5. L'edat del ferro és el període de la humanitat en què es descobreix i desenvolupa la metal·lúrgia del ferro i es fa servir per fabricar armes i eines. Abans de l'edat de ferro, però, hi va haver una edat amb un altre nom: l'edat de bronze. Contesta les preguntes següents i justifica'n les respostes.

   a. Hi ha cap metall amb aquest nom?

   b. Es tractava d'un metall actualment desconegut?

4 Elements no metàl·lics i metal·loides

4.1. Elements no metàl·lics

Els **elements no metàl·lics** són molt pocs si els comparem amb els metalls. Només 11 dels elements naturals són no-metalls.

Propietats dels elements no metàl·lics

Els elements no metàl·lics presenten propietats molt diferents entre si:

Estat d'agregació

La majoria dels elements no metàl·lics són gasos a temperatura ambient (hidrogen, nitrogen, oxigen, fluor i clor), un és líquid (brom) i la resta són sòlids amb punts de fusió i ebullició bastant baixos.

El carboni és un element excepcional en molts aspectes i té un punt de fusió extraordinàriament alt.

Conducció tèrmica i elèctrica

Els elements no metàl·lics són mals conductors tèrmics i elèctrics; però, una vegada més, el comportament del carboni és excepcional.

El carboni es troba en la natura en forma de grafit o de diamant.

El grafit és un bon conductor elèctric, comparable a molts metalls, i per aquesta raó i perquè és un material químicament inactiu es fa servir com a contacte elèctric en les piles.

D'altra banda, el diamant és aïllant elèctric; però, sorprenentment, mostra una gran conductivitat tèrmica, molt superior a la de qualsevol metall.

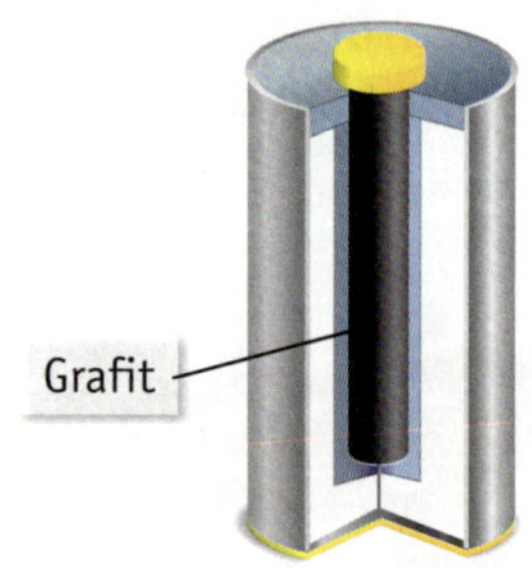

4.2. Metal·loides

Els **metal·loides** o **semimetalls** tenen unes característiques que se situen entre les dels metalls i les dels no-metalls. Algunes d'aquestes característiques els fan d'allò més útils en la fabricació de components electrònics fig. 1.

Fig. 1 El silici i el germani són metal·loides que s'utilitzen en la fabricació de xips.

Activitats

1. Escriu el nom i el símbol dels elements no metàl·lics. Tot seguit, classifica'ls segons en quin estat es trobin a temperatura ambient.
2. A quin grup de la taula periòdica hi ha els gasos nobles? Per què tenen aquest nom?
3. El carboni és un element que en la naturalesa es troba en forma de diamant o de grafit. Descriu les principals característiques de totes dues formes al·lotròpiques i algunes de les seves aplicacions.
Investiga més i explica què és l'al·lotropia.

ALGUNS ELEMENTS NO METÀL·LICS IMPORTANTS

Hidrogen

L'hidrogen és l'element més lleuger de la taula periòdica. És un gas incolor, inodor i molt inflamable. Si s'acumula hidrogen en l'aire, hi ha el perill que exploti espontàniament.

S'obté a partir del gas natural i s'utilitza en la indústria i com a combustible en coets, però darrerament ha despertat força interès el seu possible ús com a carburant en automòbils, ja que no contamina: l'única substància que es desprèn en cremar-lo és vapor d'aigua.

L'hidrogen és un gas unes 15 vegades més lleuger que l'aire, i per això s'emprava per omplir globus dirigits. Es va deixar d'utilitzar arran de l'accident, el 1937, del dirigible alemany *Hindenburg*.

Clor

El clor és un gas de color groc verdós i d'olor sufocant i irritant. Es tracta d'un element abundant perquè forma part de la sal comuna (clorur de sodi), compost que es troba en grans quantitats en l'aigua de mar.

El clor s'obté per descomposició de la sal comuna amb corrent elèctric.

És un element molt important, amb nombroses aplicacions industrials: plàstics, fàrmacs, dissolvents, insecticides, colorants...

El clor s'utilitza per desinfectar l'aigua.

Carboni

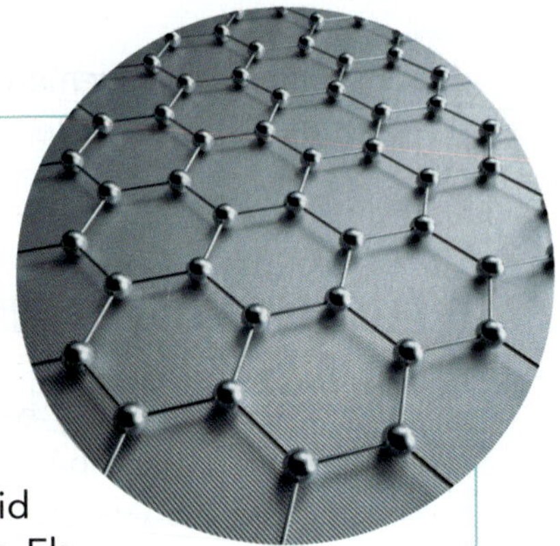

Ja has vist que el carboni és un element que en la natura es presenta amb dos aspectes molt diferents, el grafit i el diamant.

- El diamant és un sòlid transparent i molt dur. Els diamants més perfectes, un cop tallats, es fan servir en joieria; els més imperfectes s'utilitzen per fabricar eines per tallar i polir.
- El grafit és radicalment diferent: un sòlid negre, tou i bon conductor elèctric. S'empra en mines dels llapis i en resistències elèctriques.

Les **formes al·lotròpiques** d'un element són les formes en què es presenta; en el cas del carboni, el diamant i el grafit.

El carboni té més al·lòtrops; el sintetitzat més recent és el grafè, una forma molt lleugera l'estructura de la qual pots veure a la imatge.

Gasos nobles

Els elements del grup 18 reben el nom de *gasos nobles* perquè són força estables i gairebé no formen compostos amb altres elements.

Es troben en forma d'àtoms aïllats en l'aire, on l'argó és bastant abundant. A cada litre d'aire hi ha uns 10 mL d'argó.

Herba dels canonges envasada en atmosfera protectora d'argó.

L'argó té un munt d'aplicacions com a gas que crea una atmosfera protectora. Es fa servir, per exemple, per envasar fruites i verdures, les quals amb menys aire es conserven més temps. També s'utilitza per omplir bombetes i fluorescents.

Per les seves propietats, els gasos nobles no s'assemblen ni als metalls ni als no-metalls i formen una família d'elements molt diferenciada.

5 DESCOBREIX

Els elements en la natura

La distribució dels elements en la natura és molt desigual. Vegem els casos de l'Univers, la Terra i els éssers humans.

A ELS ELEMENTS QUE FORMEN L'UNIVERS

El Sol, com totes les estrelles, està format per hidrogen i heli, i també per petites quantitats dels altres elements coneguts.

Com que el Sol és immens (la seva massa representa si fa no fa el 99,8 % de la massa total del sistema solar), la proporció d'elements en el conjunt del sistema solar és pràcticament la mateixa que al Sol.

En el conjunt de tot l'Univers, la pauta és molt semblant. Aproximadament el 91 % de tots els àtoms de l'Univers són d'hidrogen, i el 8,8 % d'heli. Si això ho traduïm en massa, resulta que l'hidrogen i l'heli constitueixen el 95 % de la massa total dels àtoms de l'Univers.

Mida del Sol en relació amb els planetes.

B ELS ELEMENTS QUE FORMEN LA TERRA

La Terra no és homogènia, té una estructura en capes i la composició química de cada capa és diferent.

A la capa més externa de la Terra es distingeixen diverses parts.

- La **litosfera** o escorça terrestre és la part sòlida, i els continents en són la porció visible.
- La **hidrosfera** és la part constituïda per aigua líquida o gel.
- L'**atmosfera** és la capa fina d'aire que envolta la Terra.

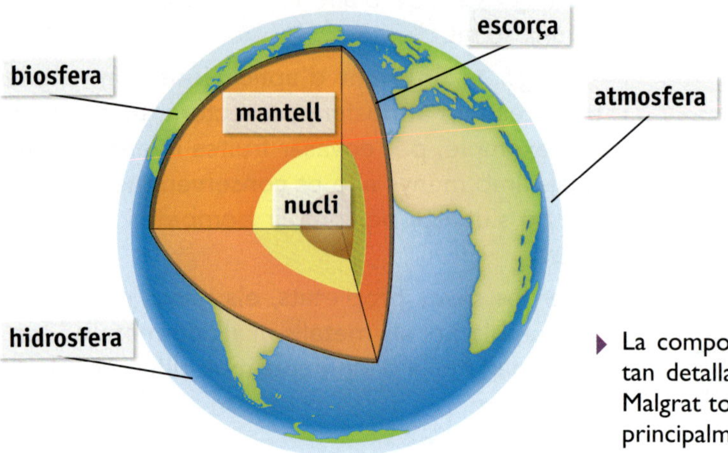

Element	Percentatge en àtoms	Percentatge en massa
oxigen	53,3	49,5
silici	15,9	25,7
hidrogen	15,1	0,9
alumini	4,8	7,5
sodi	1,8	2,6
ferro	1,5	4,7
calci	1,5	3,4
resta	6,1	5,7

Abundància d'elements en l'escorça terrestre (incloent-hi la hidrosfera i l'atmosfera).

La composició de les capes més internes de la Terra no es coneix tan detalladament, perquè no és possible accedir-hi per analitzar-la. Malgrat tot, les proves indiquen que la zona del nucli està constituïda principalment per ferro, al voltant del 90 % en massa.

C ELEMENTS QUE FORMEN EL NOSTRE COS

Al nostre cos hi trobem molts dels elements de la natura. La majoria formen part dels biocompostos habituals en tots els éssers vius, però també hi ha alguns elements sense funció biològica que hem incorporat, com contaminants a través de l'aire que respirem, l'aigua que bevem o els aliments que mengem.

El 99% dels àtoms que formen el nostre cos són de tan sols quatre elements: hidrogen, oxigen, carboni i nitrogen. L'hidrogen i l'oxigen són majoritaris, perquè, a més de ser fonamentals en els biocompostos, entre el 65 i el 75% de la massa d'una persona és aigua (H_2O).

Alguns elements es troben en quantitats mínimes; però, això no obstant la seva presència resulta indispensable perquè les funcions biològiques es facin d'una manera correcta. Els oligoelements són: cobalt, coure, zinc, seleni, fluor...

Element	Percentatge en àtoms	Percentatge en massa
hidrogen	63	10
oxigen	25,2	64,5
carboni	9,5	18,2
nitrogen	1,4	3,1
calci	0,31	2
fòsfor	0,22	1,1
resta	0,37	1,1

Oligoelement: element que es troba en petites quantitats. L'arrel *oligo-* deriva del grec i significa *poc*.

De què estàs fet?

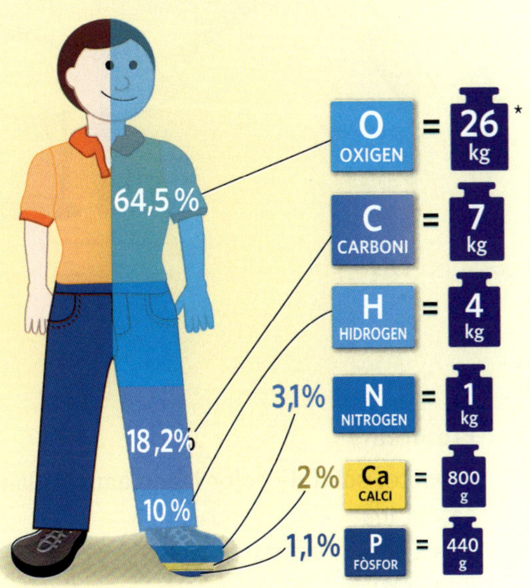

* Masses aproximades calculades sobre un nen d'uns 40 kg.

Al teu cos hi ha uns 70 elements, en quantitat diferent i amb diverses funcions:

LA QUÍMICA DE LA VIDA

BIOELEMENTS PRIMARIS

Imprescindibles per formar els compostos de la vida. L'element comú de tots els compostos és el carboni.

8 O OXIGEN · 6 C CARBONI · 1 H HIDROGEN · 7 N NITROGEN · 16 S SOFRE · 15 P FÒSFOR

BIOELEMENTS SECUNDARIS

Desenvolupen funcions importants, tot i que tenen una proporció és més petita.

12 Mg MAGNESI · 20 Ca CALCI · 11 Na SODI · 19 K POTASSI · 17 Cl CLOR

OLIGOELEMENTS

N'hi ha quantitats molt petites, però són necessaris.

26 Fe FERRO · 25 Mn MANGANÈS · 29 Cu COURE · 30 Zn ZINC · 9 F FLUOR · 53 I IODE · 5 B BOR

14 Si SILICI · 23 V VANADI · 24 Cr CROM · 27 Co COBALT · 34 Se SELENI · 42 Mo MOLIBDÈ · 50 Sn ESTANY

Activitats

1. Indica quins són els dos elements més abundants en l'Univers.
2. Quins són els dos elements més abundants en l'escorça terrestre?
3. Quins són els metalls més abundants en l'escorça terrestre?
4. Explica quins són els tres elements més abundants en el cos humà.
5. Per què la proporció en àtoms dels elements hidrogen i oxigen és tan gran en el cos humà?
6. Quin és el metall més abundant en el cos humà?
7. Què és un oligoelement?

LABORATORI

6 Propietats d'alguns elements

Tots els elements químics presenten propietats característiques que canvien quan es combinen amb altres elements.

A. EL SOFRE

És un element no metàl·lic que es troba en la composició de molts minerals: galena (PbS), pirita (FeS_2), cinabri (HgS), guix ($CaSO_4$), calcopirita ($CuFeS_2$)...

Propietats

Aspecte: sòlid de color groc amb llustre gras
Duresa: 2 (escala de Mohs)
Densitat: 2-2,1 g/cm^3
Punt de fusió: 115 °C
Punt d'ebullició: 445 °C
Conductivitat elèctrica: no conductor

Fusió i solidificació del sofre

1. Agafa un tub d'assaig gruixut i omple'l de sofre en pols (flor de sofre) fins a un terç de la seva capacitat.
2. Escalfa lleument el sofre amb la flama d'un bec de Bunsen. El sofre es fon amb facilitat en un líquid fluid de color groguenc.
3. Si continues escalfant-lo, observaràs que el líquid es torna cada cop més viscós i el color s'enfosqueix fins que adquireix un to castany vermellós.
4. Aleshores, i abans que el color s'enfosqueixi excessivament, buida el sofre fos en un vas de precipitats que contingui aigua freda.
5. En refredar-se ràpidament, el sofre es torna sòlid i pren un aspecte elàstic semblant a la goma: és l'anomenat sofre plàstic. A mesura que passa el temps, el sofre plàstic perd elasticitat i adquireix rigidesa.

Material

- Tub d'assaig gruixut
- Bec de Bunsen
- Vas de precipitats
- Sofre en pols

B. EL MAGNESI

És un metall que abunda en l'escorça terrestre. Forma part de minerals com la dolomita ($CaMg(CO_3)_2$), la magnesita ($MgCO_3$), la carnal·lita ($KMgCl_3$)... És el segon metall més abundant en l'aigua de mar.

Propietats

Aspecte: sòlid de color blanc amb brillantor argentada
Duresa: 2,5 (escala de Mohs)
Densitat: 1,7 g/cm^3
Punt de fusió: 650 °C
Punt d'ebullició: 1 090 °C
Conductivitat elèctrica: conductor

Es pot cremar un metall?

El magnesi és un metall lleuger i tou que se sol trobar en els laboratoris en forma de rotlles de cinta estreta.

1. Talla un tros de cinta de magnesi d'uns 2 o 3 cm. Poleix-la una mica per eliminar la capa d'òxid de magnesi formada i deixar al descobert el magnesi que hi ha ocult a sota.
2. Agafa el tros de cinta amb un pinça de fusta i posa'n un extrem en la flama del bec de Bunsen. Gairebé de seguida, el magnesi s'encén i crema amb una flama blanca molt brillant. Desa les cendres que es formen en una càpsula de porcellana.

Material

- Cinta de magnesi
- Pinça de fusta
- Llana de ferro
- Bec de Bunsen
- Càpsula de porcellana

3. Un cop s'hagi cremat completament el tros de magnesi, observa el residu que en queda: una pols blanquinosa amb aspecte de cendra. Es tracta d'òxid de magnesi.

   El magnesi no és pas cap excepció pel que fa a la capacitat de cremar-lo. També el ferro crema fàcilment, encara que no ho fa d'una manera tan espectacular.

4. Agafa un tros de llana de ferro amb una pinça de fusta i repeteix l'experiment. Descriu-ne els resultats.

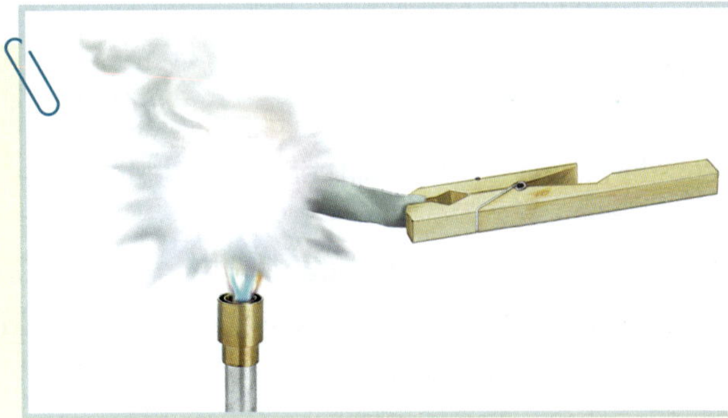

C. EL IODE

És un element no metàl·lic del grup dels halògens. És un element molt poc abundant que es troba en forma de sals dissoltes en l'aigua de mar o d'impureses en jaciments d'altres minerals.

Propietats

Aspecte: sòlid de color violeta fosc
Densitat: 4,9 g/cm^3
Punt de fusió: 83 °C (sublima abans de fondre's)
Punt d'ebullició: 184 °C
Conductivitat elèctrica: no conductor

Solubilitat del iode

1. Agafa dos tubs d'assaig gruixuts i omple'ls fins a la meitat, un amb aigua i l'altre amb etanol (alcohol).
2. Introdueix a cada tub la punta d'una espàtula amb iode. Tapa la boca dels tubs i remena'ls per facilitar la dissolució del iode.
3. Descriu els canvis observats. En quin líquid és més soluble, el iode?

Material

- Iode
- Aigua
- Etanol
- Espàtula
- Vidre de rellotge
- Glaçons
- Matràs de fons rodó
- Dos tubs d'assaig

Sublimació del iode

1. Agafa amb l'espàtula una mica de iode i posa'l al fons d'un matràs de base rodona. Tapa la boca del matràs amb un vidre de rellotge i posa-hi al damunt uns quants glaçons.
2. Escalfa molt lleument el fons del matràs. Si no n'hi ha prou amb la calor de les mans, hi pots acostar molt breument la flama d'una espelma. Observaràs que es desprenen vapors de color violeta que sublimen a sòlid en la part inferior del vidre de rellotge i forma unes agulles de iode.

Activitats

1. @ Completa les fitxes dels elements assajats amb informació sobre les seves aplicacions. Per buscar informació pots consultar la taula periòdica interactiva que trobaràs a:

   www.tiching.com/747582

SEGURETAT

Per fer els assajos hauràs de portar bata de laboratori i ulleres de seguretat.

Els assajos experimentals has de fer-los a la vitrina de gasos, perquè d'aquesta manera no respiraràs vapors o fums.

1 Identifica. Elements

A sota hi ha una llista de materials. Consulta la taula periòdica i identifica els que siguin elements.

- Vidre
- Fusta
- Aire
- Oxigen
- Sofre
- Aigua
- Sal
- Ferro
- Bronze
- Plom
- Llauna
- Fòsfor
- Petroli
- Plata
- Plàstic
- Clor
- Llautó
- Alumini
- Paper
- Arsènic

2 Utilitza. Propietats dels metalls

Observa els objectes metàl·lics de les fotografies. Cada objecte ha estat fabricat aprofitant almenys una de les propietats que caracteritzen els metalls. Explica quina propietat és la més destacada en cada cas.

a

b

c

d

e

f

3 Identifica. Elements i compostos

En les figures de sota es representen elements i compostos. Assigna al quadern cada una de les sis etiquetes del llistat en el dibuix que penses que més hi escau.

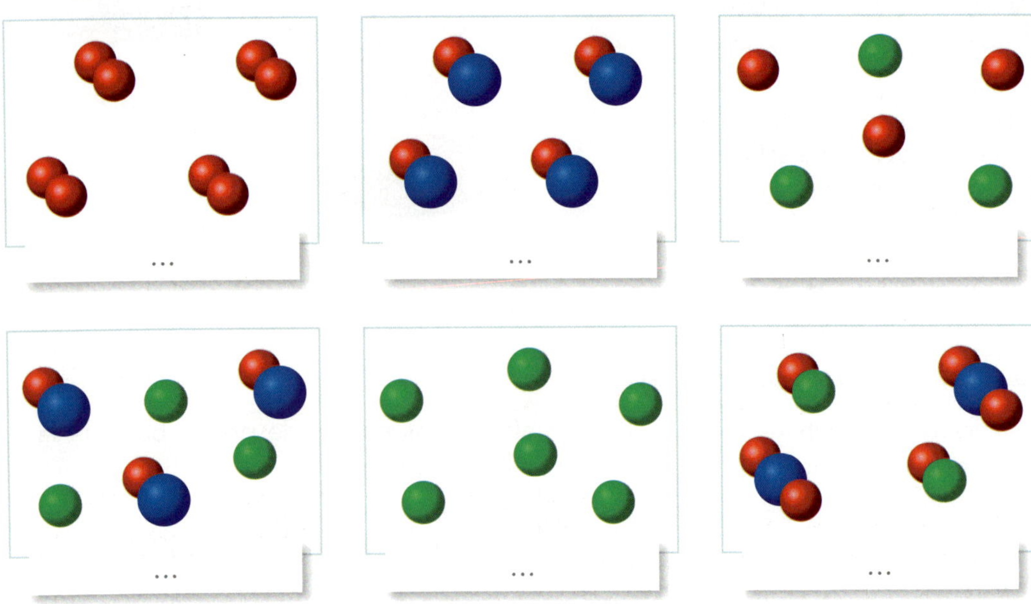

- Element
- Element
- Mescla de dos elements
- Compost
- Mescla de dos compostos
- Mescla d'element i compost

4 Veritable o fals. La matèria

Llegeix les afirmacions següents pel que fa a la constitució de la matèria i indica al quadern si són veritables o falses:

a) Cada element està constituït pel seu propi tipus d'àtoms.

b) A la Terra hi ha 118 elements naturals.

c) Els compostos estan constituïts per àtoms de dos o més tipus diferents.

d) Els elements més importants es recullen a la taula periòdica.

e) La majoria dels elements químics són metalls.

f) Alguns elements han estat sintetitzats artificialment als laboratoris.

5 Fórmula. La sacarosa

La figura representa la molècula de la sacarosa (el sucre comú), un compost format per tres elements: carboni, oxigen i hidrogen.

Completa la fórmula química de la sacarosa al quadern escrivint als requadres els subíndexs corresponents.

C□ H□ O□

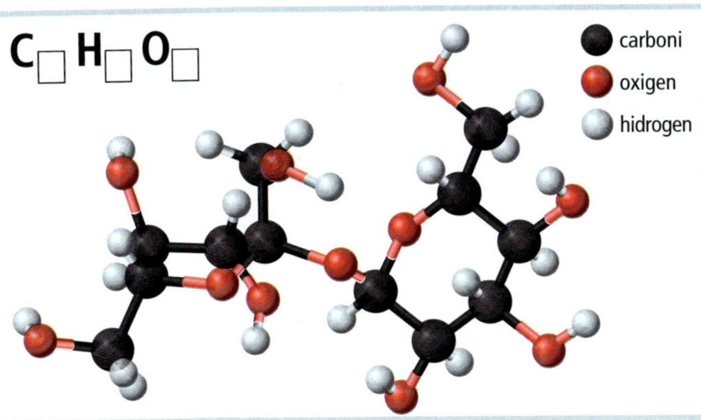

6 Anomena. Els elements químics

Completa la taula al quadern amb el símbol o el nom de l'element, segons escaigui:

Nom	Símbol
oxigen	...
carboni	...
sodi	...
...	Pb
...	Mn
sofre	...
...	P
potassi	...
...	Hg
...	Au

7 Separació. Elements i compostos

Llegeix el text de la dreta i després contesta les preguntes al quadern:

a) Per quin motiu es pot descompondre un compost i no un element?

b) Explica amb detall què es pot obtenir quan es descompon un compost.

c) Si s'aconsegueix descompondre una substància, de ben segur que es tracta d'un compost, però si no s'aconsegueix, podríem afirmar amb tota seguretat que és un element? Per què?

Un compost químic es pot descompondre perquè està format per dos o més tipus d'àtoms.

Quan un compost es descompon s'obté els seus elements o bé compostos més senzills que, al seu torn, també es poden descompondre.

Al final, quan estan separats tots els diferents elements del compost, la descomposició ja no es podrà continuar.

8 Classifica. Elements químics

Consulta la taula periòdica i classifica al quadern els elements següents en metalls, no-metalls i metal·loides:

Sodi, clor, urani, cadmi, oxigen, silici, bari, estany, brom, níquel, fòsfor, manganès, hidrogen, zinc, arsènic i mercuri.

9 Etiqueta. Famílies d'elements

Indica al quadern quina casella correspon a cadascuna de les set etiquetes de la llista següent:

- Gasos nobles
- Alcalins
- Metalls de transició
- Metal·loides
- Terres rares
- Alcalinoterris
- Halògens

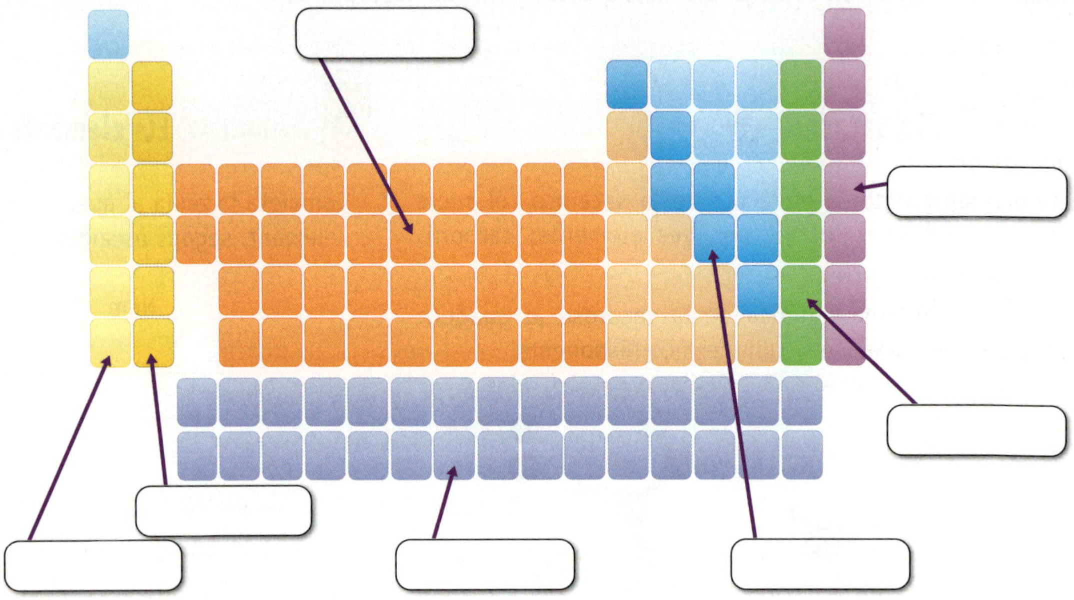

10 Expressa. Composició de l'ésser humà

Consulta a la pàgina 71 la composició en massa del cos humà i fes les activitats següents:

a) Calcula les masses dels elements que hi ha en una persona que pesa 60 kg.

b) Elabora al quadern un diagrama de barres amb els resultats obtinguts en uns eixos com els de la dreta.

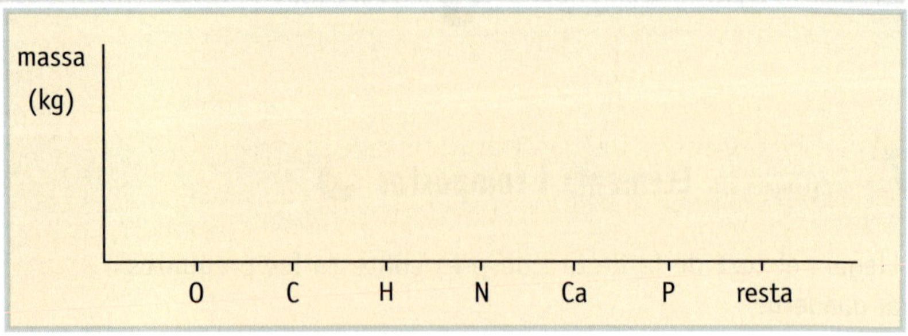

11 Explica. Percentatges

A l'escorça terrestre hi ha una proporció d'àtoms d'hidrogen molt alta; l'hidrogen n'és el tercer element més abundant, però si tenim en compte el percentatge en massa, aleshores ocupa una de les últimes posicions.

Com és possible que l'abundància d'un element en nombre d'àtoms no es correspongui necessàriament amb la seva abundància en massa? Explica'n el motiu i exemplifica aquest fet.

Elements i compostos

- Els **àtoms** són partícules molt petites que formen la matèria i que, segons la teoria atòmica de Dalton, no es poden crear ni destruir. Hi ha diferents tipus d'àtoms, cadascun amb les unes propietats característiques.
- Un **element químic** és aquella substància formada per un únic tipus d'àtoms. Actualment se'n coneixen 118, 90 dels quals són **elements naturals** i 28 són **elements artificials**. Cada element es representa amb un **símbol** format per una o dues lletres.
- Un **compost químic** és aquella substància formada per àtoms de diferents elements combinats en una determinada proporció. Cada compost se simbolitza mitjançant una **fòrmula**.
- La **taula periòdica** aplega i classifica els elements químics. S'organitza en files, anomenades **períodes**, i en columnes, anomenades **grups**.
- Els **metalls** són elements químics que presenten una sèrie de propietats comunes (llustre, conductivitat tèrmica i elèctrica...) que els diferencien dels **no-metalls**. Els **metal·loides** tenen característiques intermèdies.

Elements en la natura

- Aproximadament el 91 % dels àtoms de l'Univers són d'**hidrogen**, i el 8,8 %, d'**heli**.
- Els elements més abundants a la Terra són l'**oxigen** (53,3 %), el **silici** (15,9 %) i l'**hidrogen** (15,1 %).
- El nostre cos està format per molts elements imprescindibles per viure. Els més importants són el **carboni**, l'**hidrogen** i l'**oxigen**.

1 REPASSA EL QUE HAS APRÈS

a) Quins postulats formen la teoria atòmica de Dalton?

b) Quines són les característiques més importants dels àtoms?

c) Que distingeix un element d'un compost?

d) Quants elements hi ha? I quants compostos?

e) Com es representen els elements i els compostos?

f) Com es troben organitzats els elements en la taula periòdica? Quin nom reben les files i les columnes?

g) Quines propietats característiques presenten els elements metàl·lics?

h) Quines característiques tenen els no-metalls?

i) Què és un metal·loide? Quines aplicacions presenten aquests elements?

j) Quins són els elements més abundants a l'Univers? I a la Terra? I en el cos humà?

k) Quines mesures de seguretat cal prendre quan fas assajos al laboratori?

2 DEFINEIX CONCEPTES CLAU

- Àtom
- Element
- Compost
- Taula periòdica
- Període
- Grup
- Metall
- No-metall
- Metal·loide

CONTESTA LA PREGUNTA INICIAL

Després d'estudiar aquest tema, pots contestar la pregunta inicial:

Com s'organitza la matèria?

Redacta un text d'entre 10 i 20 línies que resumeixi les conclusions a les quals hagis arribat.

CONSOLIDA EL QUE HAS APRÈS

Per consolidar els coneixements adquirits, pots fer les activitats suggerides a:

www.tiching.com/747744

Aquestes activitats les pots descarregar en un document pdf al final del qual hi trobaràs les solucions.

5 ESTRUCTURA DE LA MATÈRIA

Com són les peces que constitueixen la matèria?

L'àcid desoxiribonucleic (ADN) constitueix una de les molècules de la vida. Aquesta representació artística ens en fa veure la complexitat.

La matèria està formada per unes partícules molt petites anomenades àtoms. Els àtoms, que al principi es pensava que eren indivisibles, tenen realment una estructura molt complexa formada per partícules encara més petites.

Els àtoms mostren una gran tendència a unir-se entre si i a formar agregats. Els agregats més petits, constituïts per un nombre definit d'àtoms, són les anomenades molècules, i els més grans, formats per un nombre indefinit d'àtoms, són les xarxes cristal·lines o cristalls.

Els coneixements reunits pels científics sobre l'estructura de la matèria han estat adquirits d'una manera indirecta, perquè els àtoms són tan petits que no es poden veure. Malgrat aquesta circumstància, actualment el concepte d'àtom és un dels més sòlidament fonamentats.

Què sabem?

- Les partícules que formen els àtoms, anomenades per aquest motiu *partícules subatòmiques*, són els protons, els neutrons i els electrons. Has sentit esmentar mai aquests noms? Què en saps, d'aquestes partícules?
- En el lèxic comú, els termes *vidre* i *cristall* es fan servir com a sinònims, però per als científics el vidre és la cosa menys semblant al cristall. Busca les definicions científiques dels dos termes –vidre i cristall– i explica les similituds i diferències entre tots dos.

Què aprendrem?

- **Quant fan i quant pesen els àtoms.**
- **De què estan formats els àtoms i quina estructura tenen.**
- **Què distingeix els àtoms dels diferents elements.**
- **Com es combinen els àtoms entre si per formar molècules i xarxes cristal·lines.**
- **Quin llenguatge utilitza la química.**

1 La dimensió dels àtoms

Els àtoms són les partícules més petites d'un element. Són tan petits que no es poden observar ni amb els microscopis més potents. Per aquest motiu, se n'han mesurat indirectament les mides i les masses.

1.1. Mida dels àtoms

Els àtoms no tenen una forma definida, però es representen de manera simplificada com a esferes. La mida d'un àtom s'indica pel radi d'aquestes esferes.

Els àtoms són tan minúsculs que amb prou feines ens podem fer una idea de la seva dimensió encara que en coneguem el valor numèric del radi. Per exemple, el radi d'un àtom de carboni és de 0,000 000 000 077 m.

Aquesta longitud és molt petita. Perquè te'n facis una idea: si tots els habitants d'Espanya (uns 47 milions de persones) tinguessin la mida dels àtoms de carboni i es posessin en filera no arribarien ni a 1 cm de longitud fig. 1.

Per no haver d'escriure nombres amb tants zeros decimals que els fan difícils de manejar, els radis atòmics se solen expressar fent servir un submúltiple especialment petit, el denominat *pico* (símbol p), que equival a:

$$1\ \text{p} = 0{,}000\,000\,000\,001$$

Emprant aquest submúltiple, l'escriptura dels radis atòmics resulta més senzilla fig. 2. Per exemple:

Radi d'un àtom de carboni = 0,000 000 000 077 m = 77 pm

Radi d'un àtom de sodi = 0,000 000 000 186 m = 186 pm

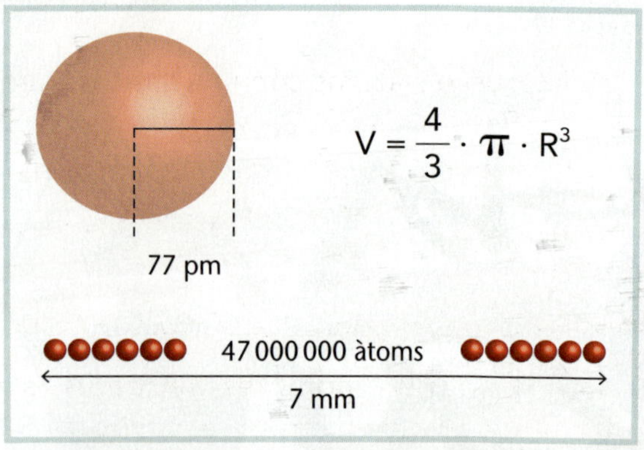

Fig. 1 Amb 47 milions d'àtoms de carboni posats en filera no arribaríem a cobrir ni 1 cm de longitud.

Fixa-t'hi

Per passar de metres a picòmetres es desplaça la coma decimal 12 posicions cap a la dreta, i per passar de picòmetres a metres es fa l'operació inversa: es desplaça la coma 12 posicions cap a l'esquerra.

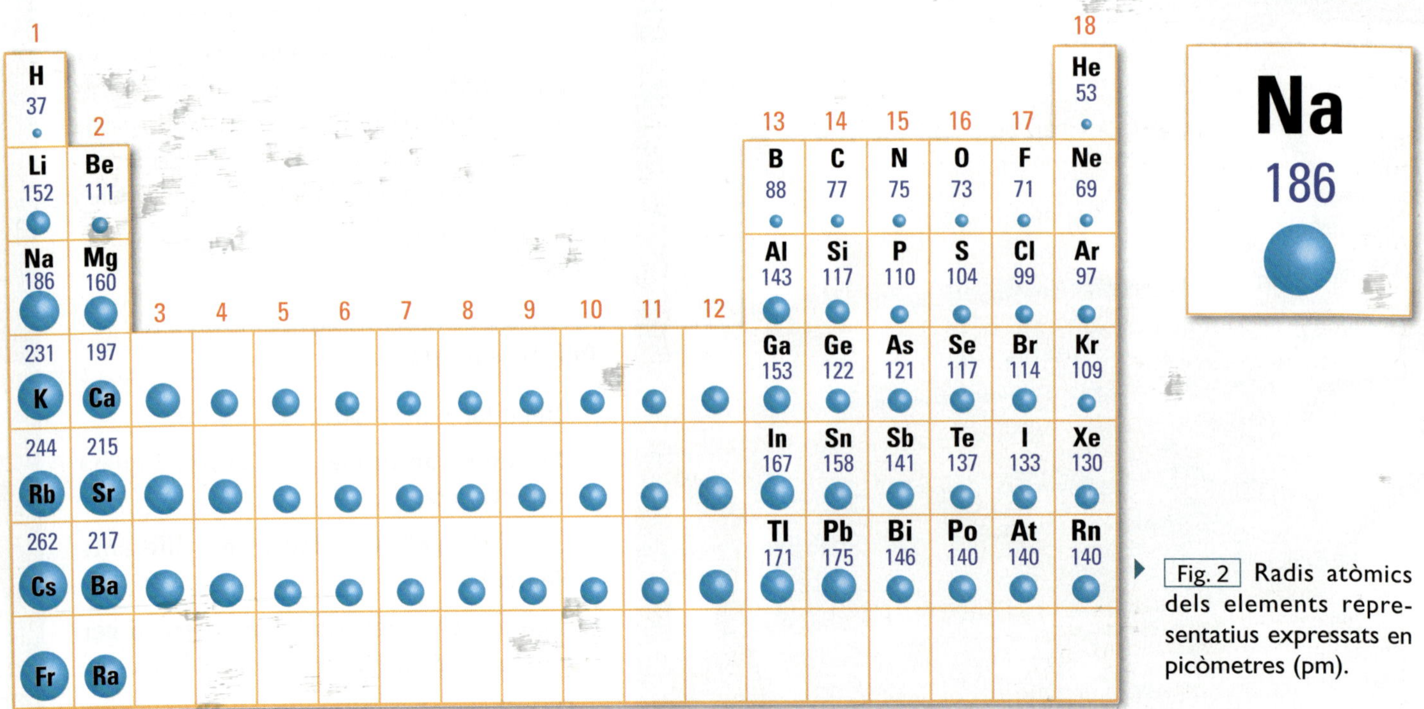

Fig. 2 Radis atòmics dels elements representatius expressats en picòmetres (pm).

1.2. Massa dels àtoms

Com que els àtoms són molt petits, també tenen masses molt petites, i per indicar-les numèricament resulta incòmode utilitzar les unitats de massa habituals.

Per exemple, la massa d'un àtom de sodi expressada en quilograms és:

$$m_{\text{àtom de sodi}} = 0{,}000\,000\,000\,000\,000\,000\,000\,000\,038 \text{ kg}$$

Per no escriure nombres tan petits, s'ha definit per als àtoms una unitat de massa especial, anomenada **unitat de massa atòmica**, simbolitzada per **u**.

L'equivalència de la unitat de massa atòmica en quilograms és:

$$1 \text{ u} = 0{,}000\,000\,000\,000\,000\,000\,000\,000\,001\,66 \text{ kg}$$

Per tant, la massa d'un àtom de sodi expressada en unitats de massa atòmica és:

$$m_{\text{àtom de sodi}} = 23 \text{ u}$$

En la taula periòdica, com en la del final del llibre, la massa dels elements s'indica en unitats de massa atòmica.

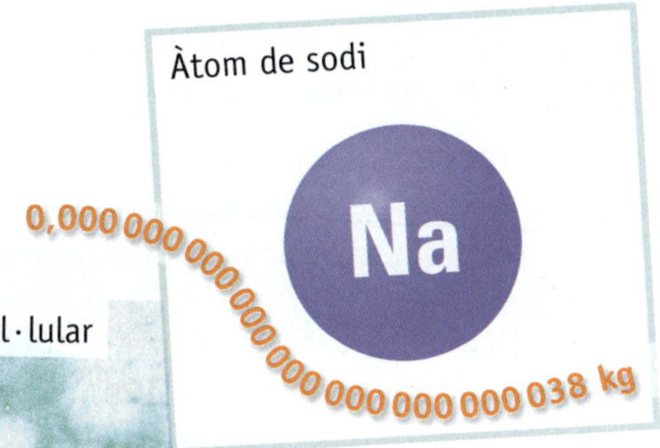

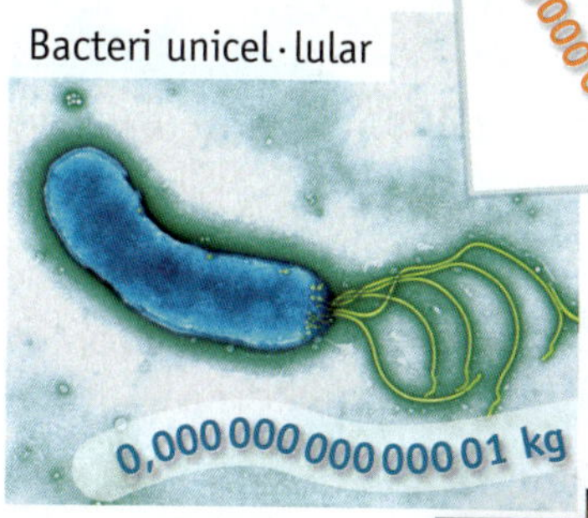

Escales de massa en la natura

Quan intentem comprendre el significat dels valors numèrics, els éssers humans estem limitats per les nostres pròpies dimensions.

Pel que fa a la massa, per exemple, som capaços de copsar sense dificultats els valors que s'apropen a la nostra realitat física, de l'ordre del quilogram, però se'ns escapen les masses molt més petites o molt més grans.

Per això, les dimensions del que és microscòpicament petit o astronòmicament gran ens resulten pràcticament inconcebibles.

Fixa't en els exemples de la dreta, ordenats segons les dimensions de les masses, de més petites a més grans.

Activitats

1. Quin element de la taula periòdica té els àtoms més petits? I els més grans?
2. Escriu el radi d'un àtom d'hidrogen expressat en picòmetres i en metres.
3. Quin element té un radi atòmic de 175 pm?
4. Explica què significa i com se simbolitza la *unitat de massa atòmica*.
5. Quin element té 19 u de massa atòmica?
6. Ordena els elements ferro, alumini, oxigen, calci, carboni i plom de menys a més massa dels seus àtoms.

2 Estructura dels àtoms

2.1. Models atòmics

Tot i que els àtoms no es poden veure directament, els mètodes indirectes han permès saber com són per dins fig. 1.

Una representació dels àtoms és un *model atòmic*.

Els **models atòmics** són diagrames simplificats de l'estructura real dels àtoms.

Vegem com han canviat amb el transcurs del temps.

Fig. 1 Detectors com l'Atlas permeten estudiar l'interior de la matèria.

Model de Dalton

El model atòmic proposat per J. Dalton el 1808 suposava que els àtoms no tenien estructura interna.

Els àtoms eren concebuts com a boles massisses de matèria, semblants a minúscules boles de billar.

Model de Thomson

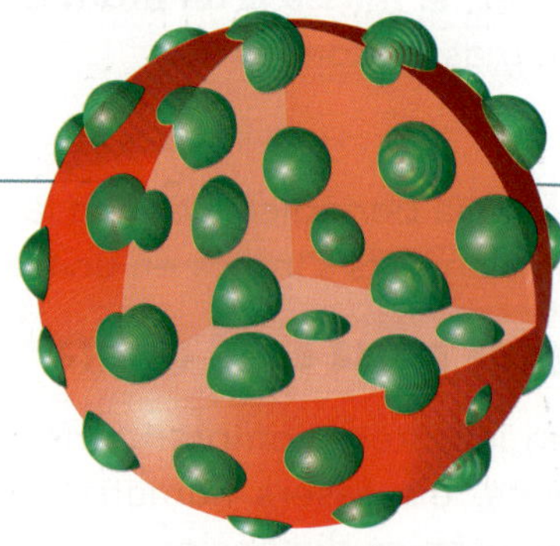

La descoberta dels **electrons**, unes *partícules subatòmiques* (més petites que els àtoms) amb una massa molt petita i càrrega elèctrica negativa, va obligar a modificar el model.

El model atòmic de J. J. Thomson concebia els àtoms com a boles massisses de matèria amb càrrega elèctrica positiva en la qual hi havia embotits els electrons.

Model nuclear

El model atòmic actualment acceptat és l'anomenat model nuclear. El va proposar el físic E. Rutherford l'any 1908 i, originalment, els seus aspectes principals eren:

- Els àtoms tenen dues zones clarament diferenciades: el **nucli** i l'**escorça electrònica**.
- El nucli és molt petit si el comparem amb l'àtom, però s'hi acumula quasi tota la massa de l'àtom en forma de dues partícules: els **protons** i els **neutrons**.
- El protons i els neutrons tenen una massa semblant, aproximadament 1 u, però es diferencien en el fet que els protons tenen una càrrega elèctrica positiva (+) i els neutrons no tenen càrrega.
- Els electrons es troben a l'escorça electrònica, girant al voltant del nucli.
- Els electrons tenen la mateixa càrrega elèctrica que els protons, però de signe contrari (–). En un àtom neutre hi ha el mateix nombre d'electrons que de protons.

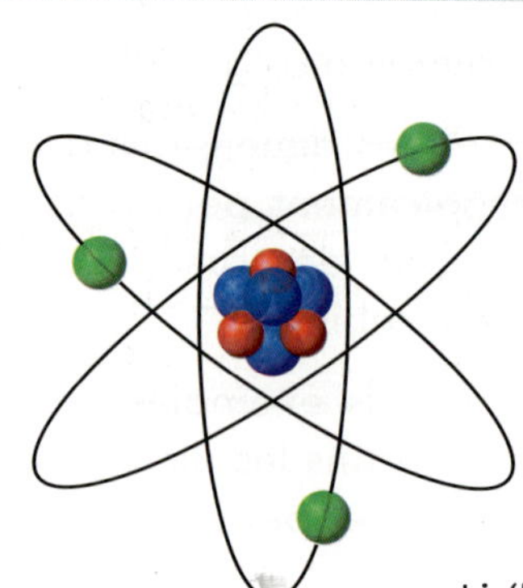

Li (liti)

Partícula subatòmica	Massa (u)	Càrrega elèctrica	Situació
protó	1	+	nucli
neutró	1	0	nucli
electró	0,000 54	–	escorça electrònica

IDENTIFICACIÓ D'ÀTOMS

Què fa que un àtom sigui d'un element o d'un altre?

La característica que fa que un àtom sigui d'un determinat element és el **nombre de protons**. Aquest nombre es diu **nombre atòmic** i se simbolitza amb la lletra ***Z***.

Tots el àtoms d'un mateix element tenen el mateix nombre atòmic. Per exemple, els àtoms d'hidrogen tenen un protó, els de carboni en tenen sis i els de sodi en tenen onze.

En la taula periòdica els elements es troben ordenats segons el nombre de protons.

Els elements químics s'ordenen pel nombre atòmic (bor, 5; carboni, 6; nitrogen, 7...)

Són iguals tots els àtoms d'un element?

Tal com acabem de veure, tots els àtoms d'un element tenen el mateix nombre de protons, però el nombre de neutrons pot ser diferent.

Els àtoms amb el mateix nombre de protons i diferent nombre d'electrons tenen el nom d'**isòtops**.

La suma de protons i neutrons s'anomena **nombre màssic** i se simbolitza amb la lletra ***A***.

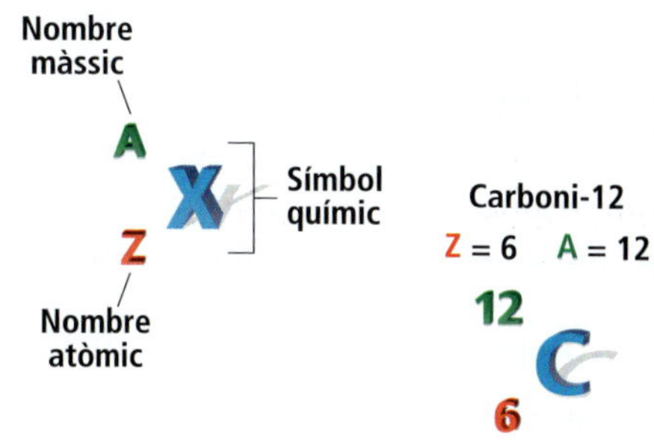

Els isòtops d'un element generalment es designen amb el nom de l'element seguit d'un guió i el nombre màssic.

Per exemple, a la natura hi ha tres isòtops del carboni. El més abundant és el carboni-12, en el nucli del qual hi trobarem sis protons i sis neutrons.

Isòtop	Nombre de protons	Nombre de neutrons	Massa (u)	Abundància (%)
Carboni-12	6	6	12	99
Carboni-13	6	7	13	1
Carboni-14	6	8	14	Molt poca

Què indica la massa atòmica dels elements de la taula periòdica?

La massa atòmica d'un element indicada a la taula periòdica és la mitjana *ponderada* de les masses de tots els isòtops naturals de l'esmentat element.

Per exemple, la massa atòmica del carboni que apareix a la taula periòdica és 12,01, una mica més gran que 12 per la presència del carboni-13, que fa pujar la mitjana.

Ponderació

Que la mitjana de la massa atòmica d'un element sigui *ponderada* significa que es té en compte l'abundància natural de cada isòtop.

Activitats

1. Indica quina partícula subatòmica introdueix el model de Thomson respecte al model de Dalton.
2. Explica quines partícules subatòmiques hi ha en el nucli atòmic. I en l'escorça?
3. Què és el nombre atòmic? Coincideix amb el nombre d'electrons? Defineix nombre màssic.
4. Què és un isòtop?
5. Quants protons té un àtom de nombre atòmic $Z = 15$ i nombre màssic $A = 31$? I quants neutrons? A quin element pertany aquest àtom?
6. Indica el nombre atòmic i el nombre màssic d'un àtom que té 36 protons i 48 neutrons.

3 Estructura dels compostos

3.1. Enllaç químic

Es coneixen milions de substàncies químiques i totes estan formades pels elements, pocs, que hi ha a la taula periòdica.

L'existència d'aquesta gran varietat de substàncies químiques es deu al fet que els àtoms de la majoria dels elements tenen una forta tendència a unir-se a d'altres àtoms, siguin àtoms del mateix element o de diferents elements, per formar els anomenats **enllaços químics**.

El resultat dels enllaços químics són agrupacions d'àtoms que es distingeixen pel nombre i el tipus d'àtoms que les integren i la disposició que adopten en l'espai.

Elements que no formen enllaços

Els **gasos nobles** són un tipus d'element que rarament forma enllaços amb d'altres elements.

El neó és un gas noble que s'utilitza en els anuncis lluminosos.

3.2. Molècules

Una **molècula** és una agrupació que té un nombre definit d'àtoms, que poden ser d'un mateix element o d'elements diferents.

Molècules d'elements	Molècules de compostos
Formades per àtoms iguals.	Formades per àtoms diferents.
	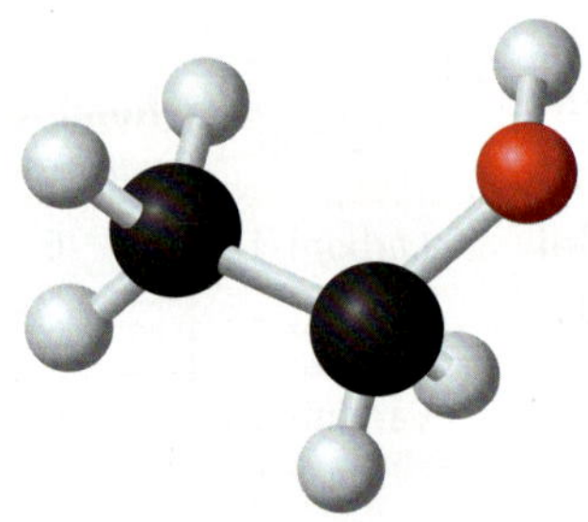
Molècula d'ozó (O_3)	Molècula d'etanol (CH_3CH_2OH)

La importància del tipus d'enllaç

Alguns elements, com ara el carboni, adquireixen característiques molt diferents segons com s'enllacin els seus àtoms.

El grafit d'un llapis està format exactament pel mateix tipus d'àtoms que els diamants.

3.3. Xarxa cristal·lina o cristall

Una **xarxa cristal·lina** o **cristall** és una agrupació indefinida d'àtoms que adopten una estructura que sembla construïda a partir d'un patró repetit infinitament en les tres dimensions.

Cristalls d'elements	Cristalls de compostos
Formades per àtoms iguals.	Formades per àtoms diferents.
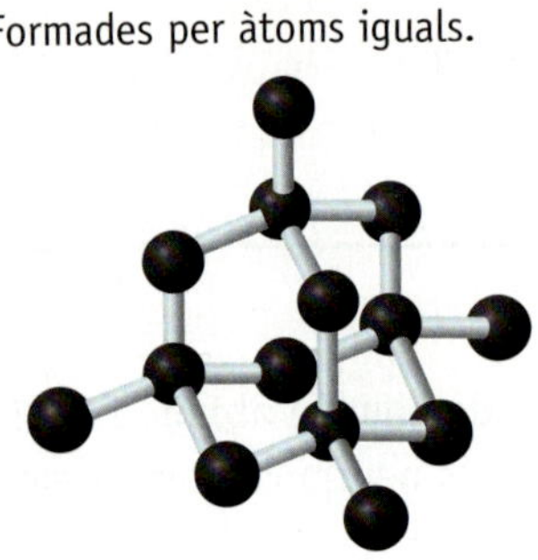	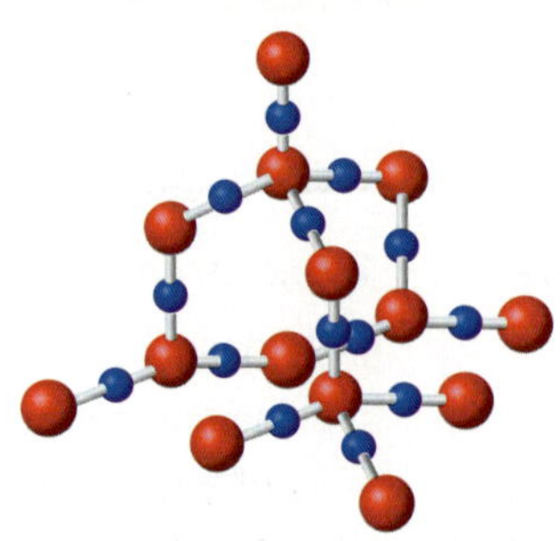
Cristall de carboni diamant (C)	Cristall de sílice (SiO_2)

Representació

Els cristalls estan formats per un nombre indefinit d'àtoms, però quan es representen només se'n dibuixen uns quants, prou perquè es vegi la pauta d'ordenament del cristall.

ESTRUCTURA D'ALGUNES SUBSTÀNCIES COMUNES

Aire

L'aire és una mescla de gasos. Els majoritaris són el nitrogen i l'oxigen, els quals es troben en forma de molècules diatòmiques, i l'argó, que es troba en forma d'àtoms aïllats.

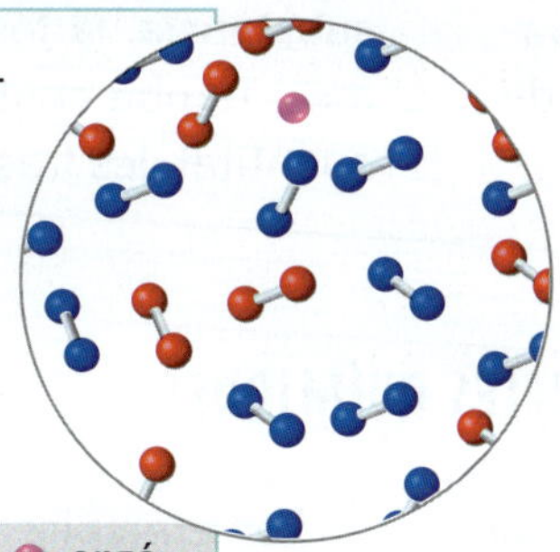

oxigen   nitrogen   argó

Aigua

L'aigua és un compost molecular d'hidrogen i oxigen de fórmula H_2O.

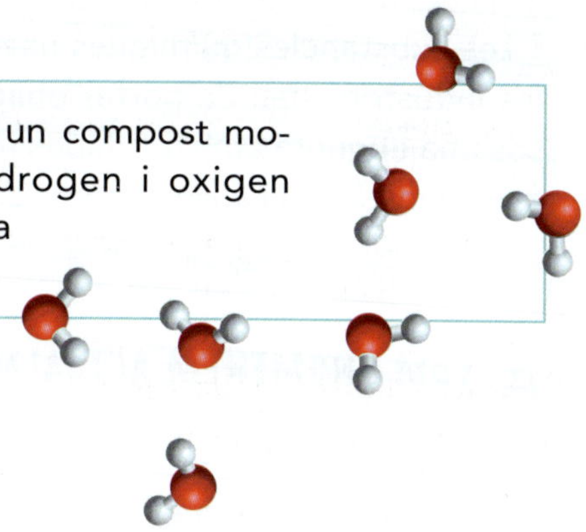

Sucre comú

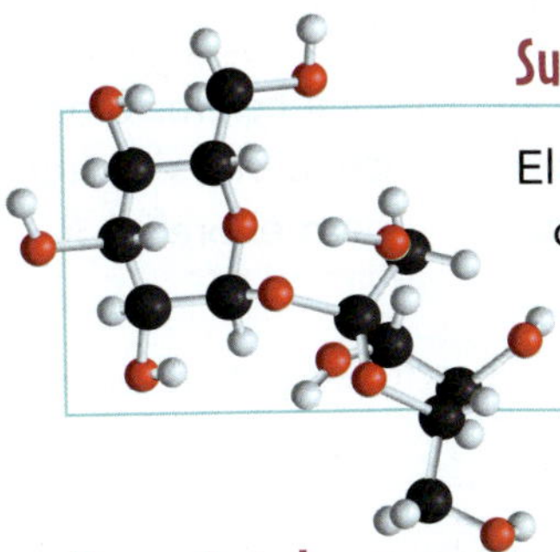

El sucre comú o sacarosa és un compost molecular de carboni, hidrogen i oxigen. La seva fórmula és $C_{12}H_{22}O_{11}$.

Sal comuna

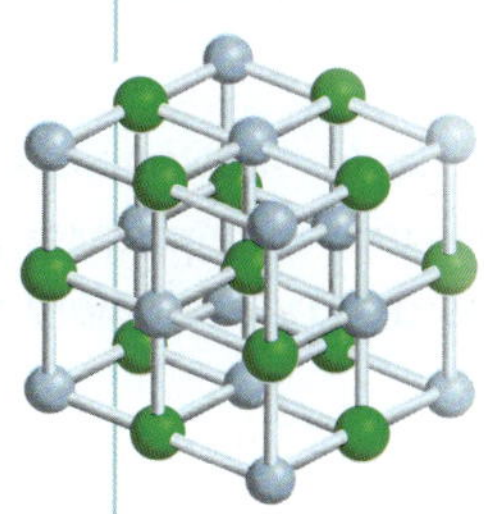

La sal comuna o clorur de sodi està formada per una xarxa cristal·lina de sodi i clor.

La seva fórmula és NaCl, la qual cosa indica que la proporció d'àtoms de sodi i clor en el cristall és d'un a un.

Gas natural

El gas natural és una mescla de diferents compostos moleculars de carboni i hidrogen.

El component majoritari és el *metà*, un compost de fórmula CH_4.

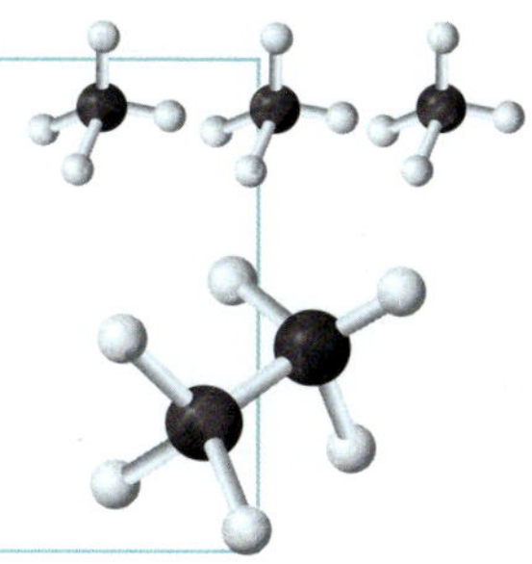

Ferro

El ferro, com tots els metalls, forma una xarxa cristal·lina.

Xarxes iòniques

Els àtoms són neutres, però poden perdre o guanyar electrons i transformar-se en **ions**, és a dir, en àtoms amb càrrega elèctrica.

Els ions poden ser:

- **Anions**, si tenen càrrega **negativa**.
- **Cations**, si tenen càrrega **positiva**.

Es representen amb el símbol de l'element i, com a superíndex, la càrrega elèctrica. De manera que, Cl^- representa un anió de clor i Na^+ representa un catió de sodi.

Molts compostos formen xarxes cristal·lines amb ions. Per exemple, la sal comuna és una xarxa cristal·lina formada per ions Na^+ i Cl^-.

La presència d'ions es comprova experimentalment perquè les solucions de sal condueixen el corrent elèctric.

Activitats

1. Explica què és una molècula i posa'n un exemple.
2. Què diferencia una molècula i una xarxa cristal·lina?
3. Argumenta si poden haver-hi xarxes cristal·lines en estat gasós.
4. Què és un ió? Quantes classes d'ions hi ha?
5. Quants protons i electrons tenen aquests ions: Al^{3+} i O^{2-}?
6. Escriu el símbol d'un ió amb 20 protons i 18 electrons i el d'un altre amb 35 protons i 36 electrons.

El llenguatge de la química

Les substàncies químiques usades als laboratoris i a les indústries han de portar obligatòriament als envasos una etiqueta amb les dades físiques i químiques de cada substància i advertiments de seguretat.

En primer lloc, les etiquetes indiquen el nom de la substància, la fórmula química i la massa molecular. A més, també contenen indicacions sobre la qualitat i la quantitat, les frases H i P i els pictogrames de seguretat.

A COM ANOMENEM ACTUALMENT LES SUBSTÀNCIES QUÍMIQUES

Actualment les substàncies químiques s'anomenen del tal manera que el nom proporciona informació sobre la fórmula. La nomenclatura més senzilla que es fa servir i que compleix aquesta condició és l'anomenada de **composició**.

Aquest sistema forma el nom de la substància amb els noms dels elements que la integren i, mitjançant prefixos, s'indica el nombre d'àtoms de cada element que hi ha a la fórmula.

Cal tenir en compte:

- Generalment s'omet el prefix *mono-*, indicador del nombre u, de la mateixa forma que a la fórmula tampoc no s'escriu 1.
- L'element situat a la dreta de la fórmula es designa amb la terminació *-ur*, excepte si aquest element és l'oxigen, que aleshores rep el nom d'**òxid**.

Nre. àtoms	Prefix
un	mono
dos	di
tres	tri
quatre	tetra
cinc	penta
sis	hexa
set	hepta

Així diem clorur de sodi o hexafluorur de manganès, però òxid d'alumini.

- Alguns noms d'elements s'abreugen o canvien quan formen part de compostos. Per exemple, es diu **hidrur** i no ~~hidrogenur~~; **carbur** i no ~~carbonur~~; **nitrur** i no ~~nitrogenur~~; **fosfur** i no ~~fosforur~~; **sulfur** i no ~~sofrur~~.

Per exemple:

plom — $PbCl_2$ — clor

Hi ha un àtom de plom; per això no es posa el nombre 1 ni el prefix *mono-*

Hi ha dos àtoms de clor; s'indica amb el prefix *di-*

El nom de la substància s'escriu llegint la fórmula de dreta a esquerra.

diclorur de plom

Vegem un altre exemple:

Triòxid de dialumini

3 O 2 Al

La fórmula es compon llegint el nom de dreta a esquerra. S'escriuen els símbols dels elements i, com a subíndexs, els nombres indicats en els prefixos:

Al_2O_3

Número CAS

El número de registre CAS (*Chemical Abstracts Service*) identifica cada una de les més de cent milions de substàncies que es coneixen. Amb aquest número és possible trobar tota la informació sobre una substància.

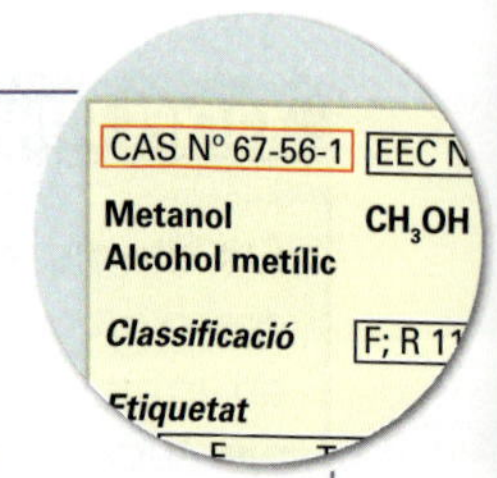

B MASSA MOLECULAR

La **massa molecular** d'un compost és la suma de les masses atòmiques dels elements que el componen, cadascuna multiplicada pel nombre d'àtoms de cada tipus indicats a la fórmula.

Per exemple, per calcular la massa molecular del diclorur de plom, $PbCl_2$, hi identifiquem els elements plom i clor, i en busquem a la taula periòdica les masses atòmiques corresponents:

- Massa atòmica del Pb = 207,2
- Massa atòmica del Cl = 35,45

Per tant, la massa molecular del $PbCl_2$ és:

$$M (PbCl_2) = 1 \cdot 207,2 + 2 \cdot 35,45 = 278,1$$

C INFORMACIÓ DE LA SUBSTÀNCIA

Quantitat

En els compostos purs s'indica la massa o el volum, segons que sigui un sòlid o un líquid. En les solucions, en canvi, s'indica el volum i la concentració.

Qualitat

La qualitat d'una substància (sigui un sòlid, un líquid o una solució) s'indica mitjançant la riquesa expressada en percentatge en massa i l'anàlisi de les impureses que conté.

A més, en les substàncies més pures s'afegeix un codi amb les lletres PA (que signifiquen *per a anàlisi*), que indiquen que la substància presenta prou puresa per ser utilitzada com a reactiu en procediments d'anàlisi química.

Frases H i P

Les frases H (advertiment de perill) són equivalents de les frases R (en desús), mentre que les frases P (consells de prudència) substituiexien les frases S. Cada frase té un codi numèric internacionalment reconegut perquè la frase es pugui entendre encara que es desconegui la llengua en què està escrita.

Pictogrames de seguretat

Els pictogrames de seguretat són un conjunt de deu símbols estandarditzats per la Unió Europea que ens avisen dels riscos que pot comportar l'ús d'una substància per a les persones, però també per al medi ambient.

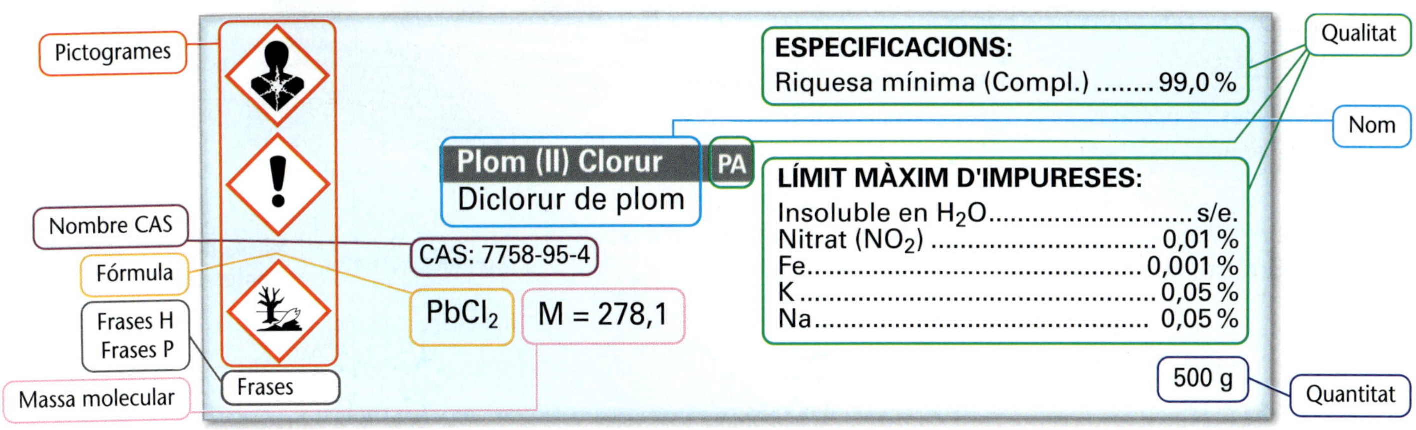

Activitats

1. Escriu la fórmula dels compostos següents:
   a. Diòxid de carboni.
   b. Fluorur de potassi.
   c. Triòxid de sofre.
   d. Sulfur de calci.
2. Escriu el nom dels compostos següents:
   a. Ni_2O_3
   b. LiBr
   c. P_2O_5
   d. ZnO
3. @ Què són les frases H i P? En què es diferencien entre si? Busca informació i posa un exemple de frase H o P amb el número i el significat.
4. Quin significat tenen les sigles PA en l'etiqueta d'un reactiu químic?
5. Si una etiqueta indica que la substància té una riquesa del 97,5 %, quin percentatge d'impureses conté aquesta substància?
6. @ El número CAS d'una substància molt comuna és: 103-90-2. Introdueix al buscador d'Internet "substància química CAS = 103-90-2" per saber de quina substància es tracta. Escriu-ne el nom i la fórmula i explica per a què es fa servir.

LABORATORI

5 Construcció de models moleculars

Les molècules i les xarxes cristal·lines són tridimensionals, però aquesta condició espacial es perd quan es dibuixen sobre paper. Per això, la construcció de models moleculars és una tasca corrent en molts laboratoris d'investigació química, encara que actualment, a causa de la complexitat de les estructures moleculars que es fan servir, es construeixen amb aplicacions informàtiques.

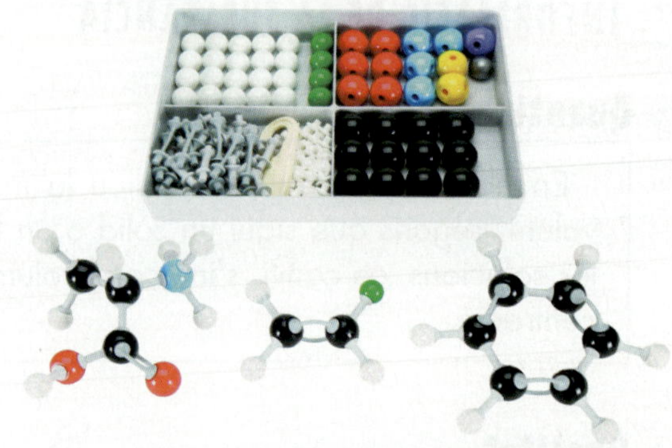

A. CONSTRUIR MODELS MOLECULARS

En primer lloc, construirem uns models moleculars força senzills amb plastilina i després els utilitzarem.

Material

- Plastilina de diversos colors
- Palletes de refresc o escuradents

Modelat de boles de plastilina per representar els àtoms de cada element

1. Assigna un color determinat a cada tipus d'àtom. El codi de colors que es fa servir més habitualment en els models moleculars comercials i en les il·lustracions es troba indicat en la taula 1.

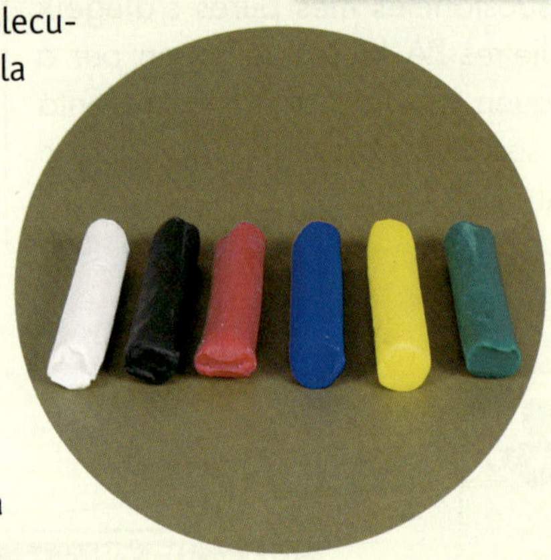

2. Per construir a escala un model molecular, caldria tenir en compte la massa relativa dels àtoms que integren la molècula. Però això no és possible estrictament, perquè hi ha excessiva diferència entre les masses dels àtoms més petits i els més grans.

   Malgrat tot, per respectar aproximadament la diferència de mides, modelaràs cada tipus d'àtom amb una massa determinada de plastilina.

En la taula 1 trobaràs un resum del color i de la massa de plastilina que has d'utilitzar per modelar cada àtom i la quantitat d'àtoms de cada classe que necessites per construir els models.

Taula 1

Element	Color	Massa de les boles (g)	Nombre de boles
hidrogen	blanc	5	9
carboni	negre	15	2
oxigen	vermell	15	6
nitrogen	blau fosc	15	1
sofre	groc	30	1
clor	verd	30	2

Preparació dels enllaços

Per unir els àtoms fes servir com a enllaços trossos de palletes de refresc o escuradents tallats a una mida exacta de 4 cm.

Per construir totes les molècules previstes necessitaràs aplegar 15 enllaços.

Construcció de les molècules

Per construir les molècules cal que en tinguis en compte el tipus, el nombre d'àtoms enllaçats i la disposició espacial que adopten.

En la taula següent tens els noms i les fórmules de les substàncies i la forma geomètrica de les molècules que formen.

Nom	diclor	diòxid de carboni	aigua	amoníac	triòxid de sofre	metà
Fórmula	Cl_2	CO_2	H_2O	NH_3	SO_3	CH_4
Forma de la molècula	lineal 	lineal 	angular 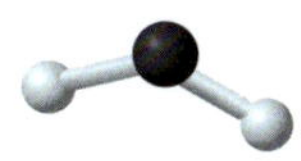	piramidal 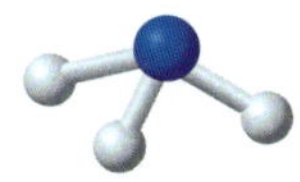	plana triangular 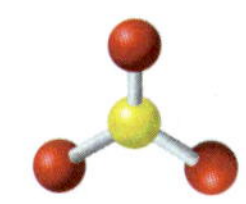	tetraèdrica 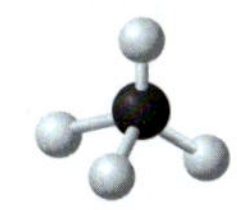

Simulació TIC

Troba una aplicació per construir **models moleculars** i veure'ls en tres dimensions a:

www.tiching.com/747587

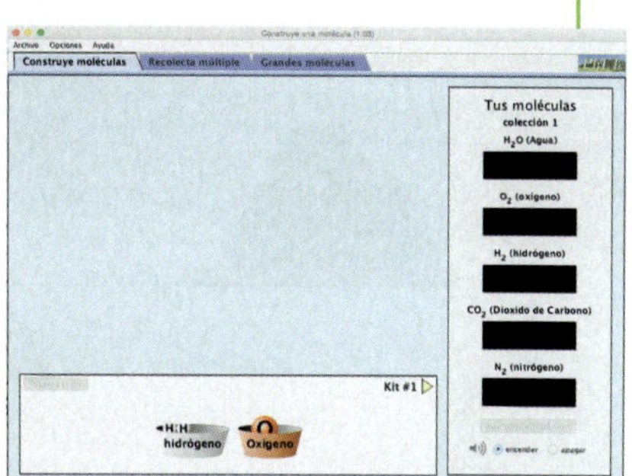

En les pestanyes *Construye moléculas* i *Recolecta múltiple*, et proposen construir una sèrie de molècules.

Quan n'hagis muntada una, hi apareix a sobre un botó de 3D que et permet veure-la en tres dimensions i en dues formes de presentació:

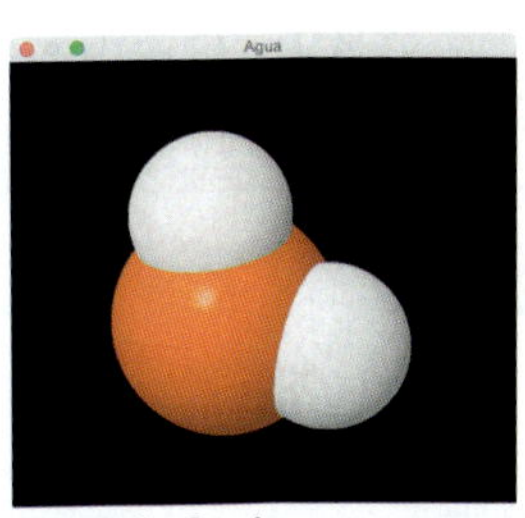

Espai de farciment

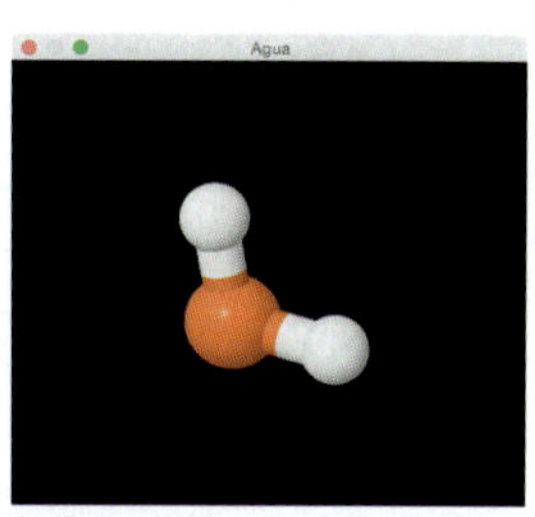

Boles i pals

La tercera pestanya, *Grandes fórmulas*, presenta diversos conjunts d'àtoms; hi pots construir les molècules que vulguis amb l'única limitació que només podràs utilitzar els àtoms disponibles a cada conjunt.

Si la molècula que construeixes existeix, tan bon punt hi posis el darrer àtom t'apareixerà el nom de la substància (en anglès) i l'opció de veure-la en tres dimensions.

Activitats

1. En la figura es mostra el model molecular de l'ibuprofèn, una substància que s'usa com a medicament pels seus efectes antipirètics i antiinflamatoris. En aquest model es fa servir el mateix codi de colors que el que hi ha en la taula de la pàgina anterior.

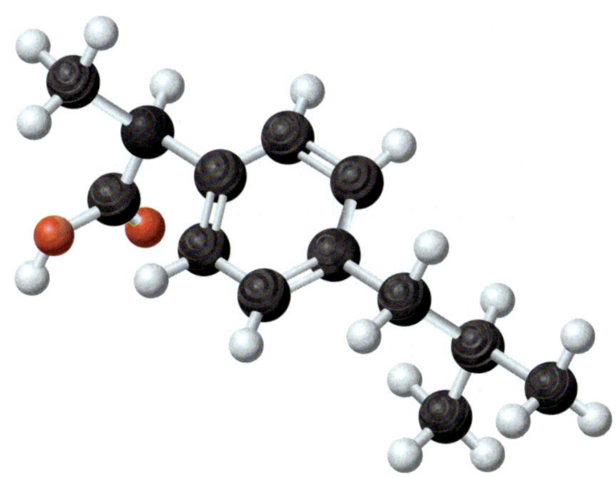

a. Què vol dir que la molècula ibuprofèn té efectes antipirètics?

b. Quins elements constitueixen l'ibuprofèn?

c. Escriu la fórmula molecular de l'ibuprofèn.

d. Calcula la massa molecular de l'ibuprofèn.

2. Defineix els conceptes següents i esmenta un exemple de cadascun:

a. Molècula diatòmica.

b. Molècula d'un element.

c. Molècula d'un compost.

1 Observa. La mida dels àtoms

La figura de la dreta mostra els diagrames a escala d'àtoms dels elements següents:

- Clor
- Heli
- Cesi
- Estronci

Consulta la taula de mides atòmiques dels elements (fig. 2 de la pàgina 80) i identifica'ls.

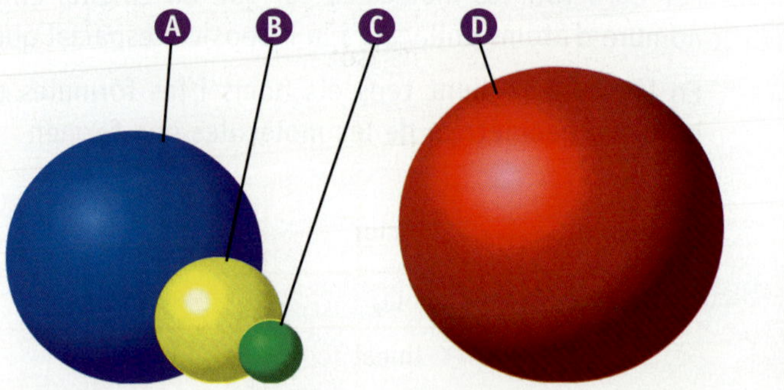

2 Calcula i escriu. Masses atòmiques

a) Les balances de les figures estan equilibrades amb àtoms dels elements següents:

- Sodi
- Sofre
- Hidrogen
- Oxigen

Els colors són arbitraris i no es conformen al codi habitual dels models moleculars. Consulta la taula periòdica per esbrinar la massa atòmica dels elements esmentats i identifica'ls en cada platet de la balança.

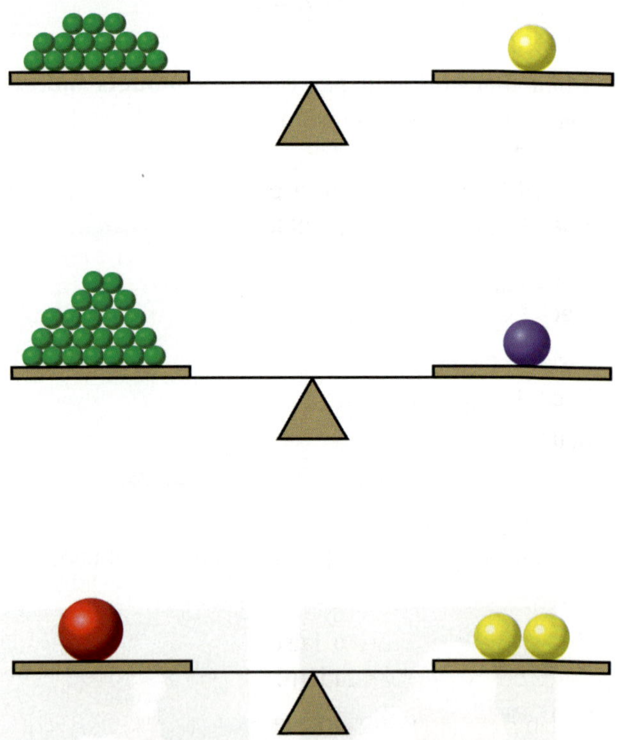

b) Escriu un nombre o paraula per completar les frases següents. Fes-ho al quadern:

- La massa atòmica de l'element níquel és ....
- La massa atòmica de l'element ... és 39,1.
- El nombre atòmic de l'element brom és ....
- El nombre atòmic de l'element ... és 10.
- Tots els àtoms d'un mateix element tenen el mateix nombre de ... en el nucli.
- La suma dels protons i neutrons que té un isòtop al seu nucli es denomina nombre ....
- En un àtom neutre hi ha el mateix nombre de protons que de ....

3 Identifica. Estructura atòmica

Copia a la llibreta la figura de la dreta, que representa un diagrama de l'àtom de bor. Col·loca les etiquetes següents als requadres segons la part de l'àtom on corresponguin:

- Protó
- Electró
- Nucli
- Neutró
- Escorça electrònica

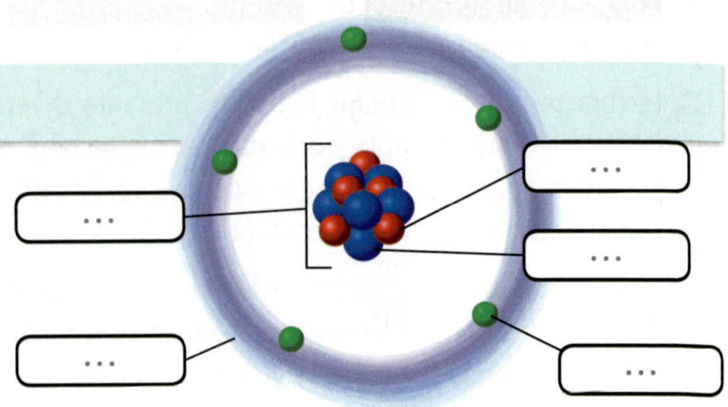

4 Completa i dibuixa. Estructura atòmica i isòtops

a) Completa al quadern una taula com aquesta que mostra les característiques d'alguns isòtops:

Isòtop de l'element...	Nombre de protons	Nombre de neutrons	Nombre atòmic (Z)	Nombre màssic (A)
carboni	6	6		
		12	11	
			4	9
sofre		16		
alumini				27

b) Pren com a model el diagrama de l'àtom de liti que es troba a la pàgina 82 per dibuixar els diagrames dels àtoms següents:

- Un àtom de carboni amb 6 protons i 7 neutrons.
- Un àtom amb $Z = 9$ i $A = 10$.

5 Ordena. La massa en els àtoms

Col·loca a les caselles corresponents, segons un ordre creixent de massa, les partícules següents:

- Àtom de carboni
- Electró
- Protó
- Nucli de carboni
- Neutró

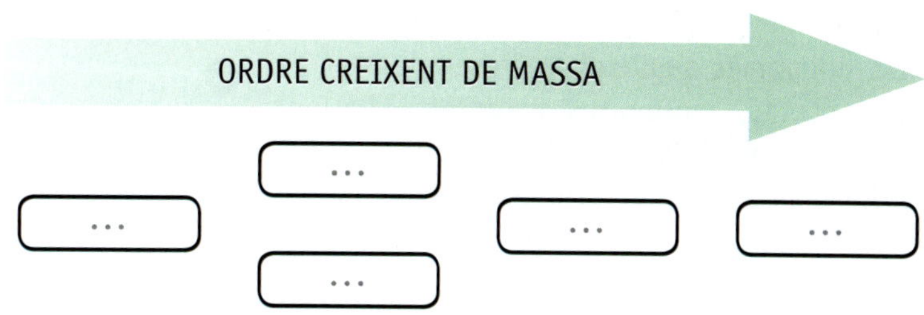

6 Classifica. Àtoms, molècules i ions

a) Indica si són certes o falses les següents afirmacions relatives als ions. Fes-ho al quadern:

- Un àtom que ha perdut electrons és un anió.
- Un àtom amb més protons que electrons és un catió.
- El símbol Mg^{2+} representa un catió.
- Un catió es forma quan un àtom guanya protons.
- Els ions es formen per guany o pèrdua d'electrons.

b) Copia aquestes fórmules al quadern i classifica-les segons que representin àtoms, molècules, cations o anions:

– H_2O	– Br	– Ca^{2+}	– He
– Na^+	– NH_3	– S^{2-}	– N_2
– O_3	– SO_2	– Si	– Ni^{3+}

Alguns elements com el manganès (Mn) tenen una gran capacitat de combinació i formen ions diferents.

7 Analitza. Seguretat en els productes químics

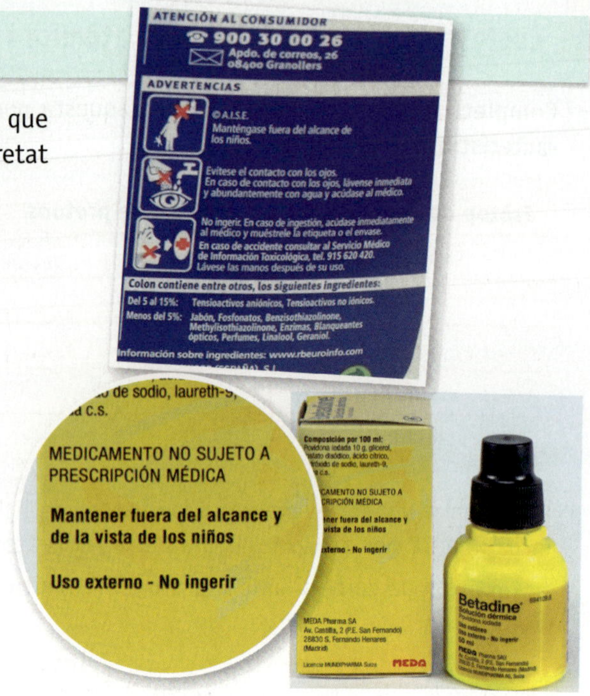

En les etiquetes dels productes químics hi ha una sèrie de frases breus que adverteixen sobre riscos específics (frases H) o donen consells de seguretat (frases P).

Classifica les frases següents segons siguin del tipus H o P:

a) Inflamable.

b) Mantenir fora de l'abast dels infants.

c) Conservar lluny de la calor.

d) Irrita els ulls.

e) En cas de contacte amb els ulls, cal rentar-los immediatament amb molta aigua i visitar un metge.

f) En cas d'ingesta, cal visitar immediatament un metge i mostrar-li l'etiqueta o l'envàs.

g) No llençar els residus per l'eixidiu de la pica.

h) Tòxic per inhalació.

8 Elabora. Formulació i nomenclatura

a) Els diagrames següents representen àtoms, molècules i xarxes cristal·lines. Relaciona al quadern cada diagrama amb l'etiqueta que més hi escaigui:

- Cristall de compost iònic
- Àtoms d'element
- Molècules de compost
- Cristall de compost
- Molècules d'element
- Cristall d'element

a

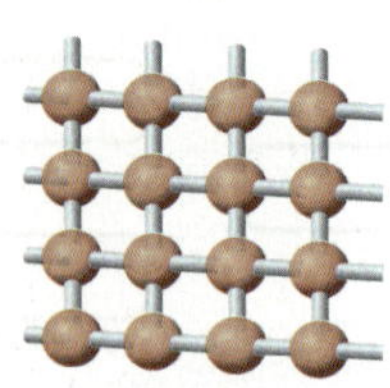

b

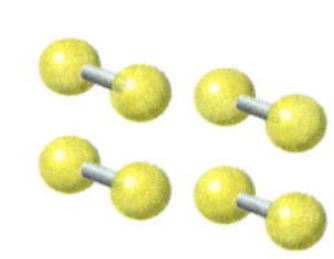

c

d

e

f

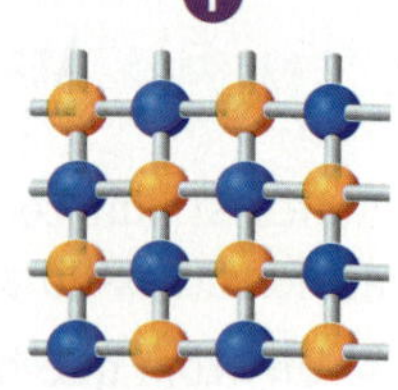

b) Escriu la fórmula dels compostos següents al quadern i calcula'n les masses moleculars:

- Òxid de disodi
- Monòxid de nitrogen
- Triòxid de diferro
- Pentaclorur de fòsfor
- Tetraclorur de carboni
- Monòxid de carboni
- Sulfur de calci
- Hidrur de liti
- Diòxid de sofre

c) Escriu el nom de cadascun dels compostos següents al quadern i calcula'n les masses moleculars:

- MgS
- PbO_2
- CaF_2
- K_2S
- SiO_2
- Cu_2O
- N_2O_3
- CS_2
- BeH_2
- PF_3
- H_2O
- $SnCl_2$

Síntesi. Estructura de la matèria

Àtoms

- Els **àtoms** són les partícules més petites d'un element. No tenen una forma definida, però es representen de manera simplificada com a esferes. La mida d'un àtom s'indica mitjançant el radi d'aquestes esferes.
- Els **models atòmics** són diagrames simplificats de l'estructura real dels àtoms.
- Els àtoms consten de **nucli** i **escorça electrònica**. En el nucli es troben els protons i els neutrons; en l'escorça electrònica hi ha els electrons.
- El nombre de protons es denomina **nombre atòmic** i se simbolitza amb la lletra ***Z***. Tots el àtoms d'un mateix element tenen el mateix nombre atòmic, el qual és diferent del dels altres elements.
- Dos àtoms amb el mateix nombre de protons (i, per tant, del mateix element) i diferent nombre de neutrons es denominen **isòtops**.
- La suma de protons i neutrons es denomina **nombre màssic** i se simbolitza amb la lletra ***A***.

Agrupacions d'àtoms

- Els àtoms de la majoria dels elements tendeixen a unir-se a d'altres àtoms, ja siguin del mateix element o d'elements diferents, bo i originant els anomenats **enllaços químics**.
- Una **molècula** és una agrupació d'un nombre definit d'àtoms, ja siguin d'un mateix element o d'elements diferents.
- Una **xarxa cristal·lina** o cristall és una agrupació indefinida d'àtoms que adopten una posició ordenada i regular en l'espai.

1 REPASSA EL QUE HAS APRÈS

a) Quina mida tenen els àtoms? Per què es fan servir submúltiples com el picòmetre?

b) Què és la unitat de massa atòmica, com se simbolitza i amb quines masses se sol utilitzar?

c) Què diferencia el model atòmic de Thomson del model atòmic de Dalton? I què els diferencia del model nuclear?

d) Són iguals tots els àtoms d'un element? Què els caracteritza?

e) Què indica la massa atòmica dels elements que apareix en la taula periòdica?

f) Què és un ió? Quins tipus d'ions existeixen?

g) En què es diferencia una molècula d'una xarxa cristallina?

h) Com es calcula la massa molecular d'un compost?

i) En què consisteix la nomenclatura dels compostos químics? És possible conèixer la fórmula química d'un compost a partir del seu nom?

j) Què són i per a què serveixen els models moleculars?

2 DEFINEIX CONCEPTES CLAU

- Àtom
- Element
- Compost
- Isòtop
- Molècula
- Ió
- Massa atòmica
- Xarxa cristal·lina
- Massa molecular

RESPON LA PREGUNTA INICIAL

Després d'estudiar aquest tema, pots respondre la pregunta inicial:

Com són les peces que constitueixen la matèria?

Redacta un text d'entre 10 i 20 línies per resumir les conclusions a les quals hagis arribat.

CONSOLIDA EL QUE HAS APRÈS

Per consolidar els coneixements adquirits, pots fer les activitats suggerides a:

www.tiching.com/747746

Aquestes activitats les pots descarregar en un document pdf al final del qual trobaràs les solucions.

6 TRANSFORMACIÓ DE LA MATÈRIA

Com canviem les substàncies que ens envolten?

La profunda transformació de la fusta en cremar-se s'ha conegut i utilitzat des de l'antiguitat.

Amb el pas del temps, els éssers humans hem après a transformar els materials disponibles en la natura per tal de fer-los més aprofitables.

La matèria es pot transformar de forma superficial o profunda. Fer llenya amb les branques d'un arbre o tallar posts d'un tronc és només un canvi aparent de la fusta, perquè només en cavia l'aspecte físic, però no pas la naturalesa química.

No obstant això, quan es crema fusta en una foguera, el canvi que es produeix és radical. La cendra i el fum han deixat de ser fusta.

Quan les substàncies experimenten transformacions molt profundes de la seva naturalesa i es converteixen en altres substàncies diferents, es diu que experimenten canvis químics o **reaccions químiques**.

Què sabem?

Els materials que trobem en la natura es poden classificar segons el seu origen animal, vegetal o mineral.

Per exemple, el paper imprès que llegeixes es compon principalment de fibres de cel·lulosa d'origen vegetal, tot i que també conté quantitats petites d'additius i de tintes d'origen mineral.

- Confecciona una llista d'objectes d'ús corrent i classifica'ls segons l'origen del material majoritari que continguin.
- Identifica entre aquests materials els que hagin experimentat alguna transformació química.

Què aprendrem?

- **Com pot canviar la matèria.**
- **Quins canvis hi ha en les substàncies en una reacció química.**
- **Quines reaccions químiques es produeixen al voltant nostre.**
- **Per què cal reduir la quantitat de residus que generem i fomentar la reutilització i el reciclatge.**

1 Canvis físics i químics de la matèria

1.1. Canvi físic

Si poses una mica de sucre en un morter i el tritures, aconseguiràs transformar els cristalls en una pols semblant a la farina. El sucre ha canviat d'aspecte, però encara és sucre. Ho saps perquè continua sent igual de dolç.

Si agafes una cullerada d'aquesta pols i la barreges amb aigua, el sucre desapareix. Ara bé, es tracta d'una desaparició aparent: el sucre s'ha dissolt en l'aigua. Les molècules del sucre s'han dispersat per l'aigua, i la prova és que l'aigua té un gust dolç.

Aquests canvis són dos exemples de *canvis físics*.

Un **canvi físic** té lloc quan una substància experimenta alguna transformació que en canvia l'aparença, però no n'altera la naturalesa química.

Un altre exemple el constitueixen els canvis d'estat, que, a més, són **reversibles** segons les condicions:

Sentit progressiu (escalfament): sòlid → líquid → gas

Sentit regressiu (refredament): gas → líquid → sòlid

Canvi reversible

Un canvi és **reversible** si es pot produir en un sentit o en el sentit contrari segons les condicions.

1.2. Canvi químic

Si escalfes una mica de sucre, al cap d'una estona es fon i es transforma en caramel. Si el continues escalfant, el sucre es fa més espès, s'enfosqueix i se'n desprenen gasos que fan pudor de cremat.

Si el continues escalfant, al final el sucre desapareix convertit en gas i queda un residu carbonitzat de color negre amb unes propietats completament diferents de les del sucre original: el gust ja no és dolç ni es dissol en aigua.

La carbonització del sucre és un exemple de *canvi químic*.

Un **canvi químic** o **reacció química** té lloc quan una substància experimenta una transformació tan profunda que en modifica la naturalesa química.

Nombroses reaccions químiques són **irreversibles**, com ara la carbonització del sucre. Un cop el sucre s'ha transformat en un residu carbonós, ja no és possible tornar enrere i convertir-lo una altra vegada en sucre.

No obstant això, la majoria de les reaccions químiques són **reversibles**, perquè s'esdevenen en un sentit o l'altre segons les condicions establertes en el procés.

Canvi irreversible

Un canvi és **irreversible** si un cop s'ha produït no es poden recuperar les substàncies inicials.

1.3. Equació química

Les substàncies que es transformen en una reacció química s'anomenen **reactius**, i les que en resulten, **productes**.

Una **equació química** és l'expressió simbòlica d'una reacció química. A l'esquerra es representen els reactius, i a la dreta, separats per una fletxa, s'escriuen els productes.

Reactius ⟶ Productes

Els reactius i els productes se solen indicar pel nom o la fórmula. Per exemple:

aigua + monòxid de carboni ⟶ hidrogen + diòxid de carboni

$$H_2O + CO \longrightarrow H_2 + CO_2$$

Moltes vegades, també s'indica en l'equació els estats físics de les substàncies que hi intervenen taula 1:

$$H_2O\ (l) + CO\ (g) \longrightarrow H_2\ (g) + CO_2\ (g)$$

Interpretació atomicomolecular de la reacció química

Una reacció química s'interpreta a escala atomicomolecular pel trencament dels enllaços dels reactius i la formació de nous enllaços en els productes.

La ruptura dels enllaços permet que els àtoms dels reactius quedin separats i es puguin reagrupar d'una manera diferent, amb la qual cosa es formen productes nous fig. 1.

@ Amplia a la Xarxa...

Mira una animació de la reacció de formació d'aigua a: www.tiching.com/747590

Taula 1

Estats físics i el seu significat	
(s)	sòlid
(l)	líquid
(g)	gas
(ac) o (aq)	solució aquosa

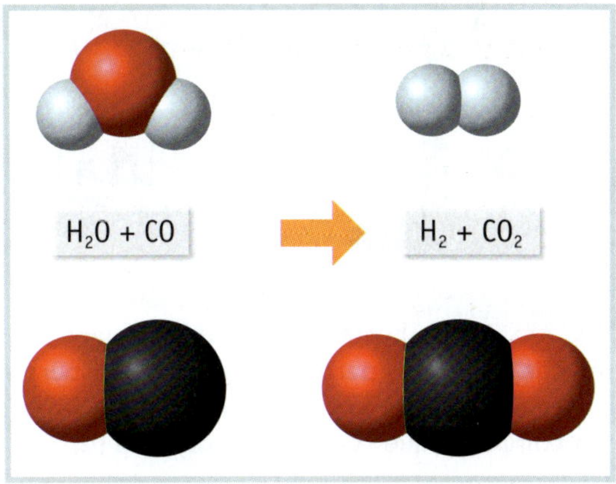

Fig. 1 Les propietats físiques i químiques dels reactius i els productes divergeixen completament perquè són substàncies diferents.

Activitats

1. Explica la diferència principal entre un canvi físic i un de químic.

2. Les accions següents produeixen transformacions en la matèria. Classifica-les segons si són canvis físics o reaccions químiques:
   a. Cremar un paper.
   b. Netejar amb aiguarràs una taca de pintura.
   c. Encendre un llum elèctric.
   d. Enfornar pa.
   e. Congelar aigua.
   f. Elaborar iogurt a partir de llet.

3. Les substàncies que apareixen en l'equació química següent són: triòxid de sofre (SO_3), aigua (H_2O) i àcid sulfúric (H_2SO_4):

$$SO_3 + H_2O \longrightarrow H_2SO_4$$

   a. Quins elements químics apareixen en aquesta equació química?
   b. És veritat que aquesta reacció química representa la dissolució del triòxid de sofre en aigua?
   c. Quines substàncies són els reactius en aquesta equació? I els productes?
   d. Dibuixa un diagrama atomicomolecular semblant al de la fig. 1 per a aquesta equació química.

2 Característiques de la reacció química

2.1. Conservació de la massa

A la darreria del segle XVIII, el químic francès A. Lavoisier fig. 1 va portar a terme una sèrie d'experiments en els quals va mesurar amb cura la massa de les substàncies que reaccionaven i la dels productes que es formaven.

Els resultats de tots aquests meticulosos experiments el van dur a formular l'anomenada **llei de la conservació de la massa** o **llei de Lavoisier**:

En qualsevol reacció química, la **massa dels reactius** que han reaccionat és la **mateixa** que la **massa dels productes** que s'han format.

Aquesta llei és una conseqüència del fet que en una reacció química els àtoms se separen en els reactius i es tornen a unir en els productes, però durant la reacció els àtoms ni desapareixen ni es creen, només canvien de posició fig. 2.

Fig. 1 Antoine Lavoisier (1743-1794).

Fig. 2 Si la combustió es fa en un recipient obert (a), hi ha una pèrdua aparent de massa (b) perquè els gasos es dispersen per l'aire; però si la combustió es fa en un recipient tancat (c), els gasos es mantenen en el recipient i es comprova que la massa es conserva (d).

2.2. Calor de reacció

Quan els aliments es couen es produeixen reaccions químiques que transformen algunes de les substàncies de l'aliment cru en d'altres que el fan més saborós. Perquè aquestes reaccions tinguin lloc cal proporcionar-hi calor.

Una reacció és **endotèrmica** si perquè es produeixi necessita una aportació de calor.

D'altra banda, hi ha reaccions que desprenen calor quan es produeixen.

Per exemple, el gas que es crema a la cuina produeix la calor necessària per coure els aliments fig. 3.

Una reacció és **exotèrmica** si quan es produeix desprèn calor.

Fig. 3 La combustió del gas és una reacció exotèrmica que produeix la calor necessària perquè tinguin lloc les reaccions endotèrmiques que transformen l'ou cru en un de ferrat.

2.3. Velocitat de reacció

Les reaccions químiques tenen lloc a velocitats molt diferents. Algunes són tan lentes que fins i tot sembla que no passin, com ara l'oxidació del ferro. D'altres, en canvi, són tan ràpides que semblen instantànies, com ara les explosions.

La velocitat depèn de la naturalesa de la reacció, però també de com es produeix. Vegem-ne alguns dels factors.

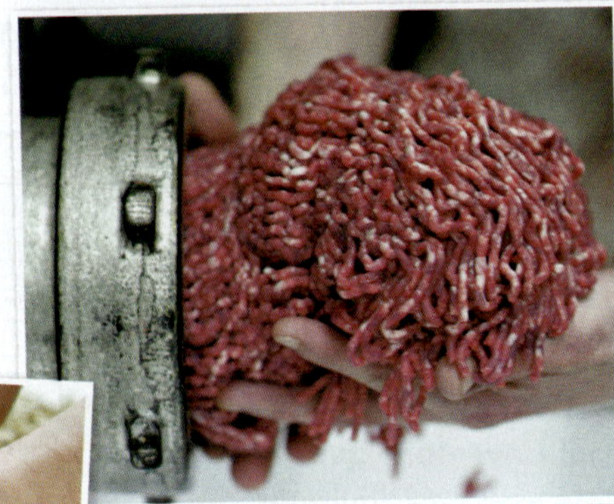

La carn picada es conserva molt menys temps que la peça sencera.

Superfície de contacte

Per cremar un tros de fusta el millor és fragmentar-lo en encenalls. Així, augmenta la superfície de contacte entre la fusta i les molècules d'oxigen de l'aire, la qual cosa en facilita la reacció.

> Com més gran sigui la superfície de contacte entre els reactius, amb més rapidesa es produirà la reacció.

Pèl·lets de fusta. La fusta es processa en forma de pèl·lets per fer-la servir com a combustible en estufes i calderes.

Temperatura

Per tal de conservar els aliments en bon estat durant més temps, es refrigeren o congelen.

A temperatures baixes les reaccions de descomposició són molt més lentes, encara que continuen produint-se.

> La velocitat d'una reacció química disminueix quan la temperatura baixa i puja si s'incrementa.

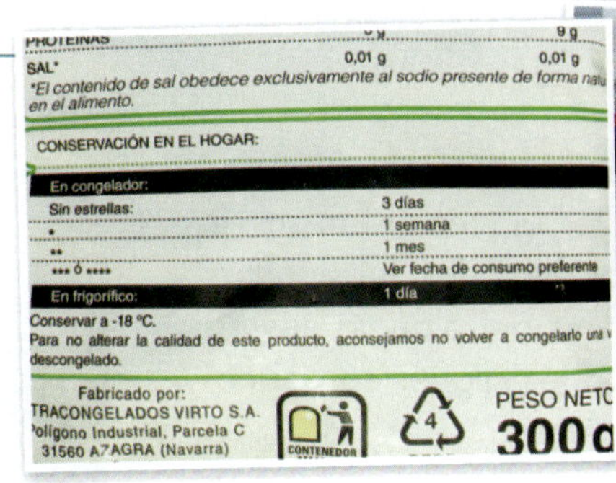

Etiqueta que indica els terminis de caducitat d'un aliment congelat en funció de la temperatura.

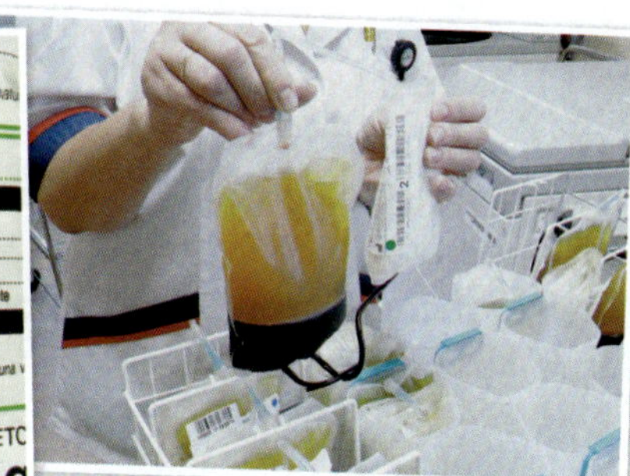

La sang, el plasma, els teixits biològics i bona part del material biomèdic es necessiten conservar en fred.

Activitats

1. Com es classifiquen les reaccions químiques des d'un punt de vista energètic? Posa exemples dels diferents tipus de reaccions.

2. Els residus dipositats en els abocadors es descomponen a ritmes diferents. Ordena els residus següents segons la velocitat de descomposició: un full de paper, un tros de carn, una ampolla de vidre, una ampolla de plàstic, una llauna de refresc.

3. Explica dos factors que influeixen en la velocitat d'una reacció i esmenta'n algun exemple.

4. El clorur de sodi (NaCl) fos es pot descompondre en els seus elements (clor i sodi) mitjançant l'acció del corrent elèctric, en un procés anomenat *electròlisi*.

a. Argumenta si la descomposició del clorur de sodi en els seus elements és un canvi físic o químic.

b. La descomposició del clorur de sodi és un procés exotèrmic o endotèrmic? Per què?

c. Quina massa de clor s'obté si es parteix de 100 g de clorur de sodi i s'obtenen 39,3 g de sodi?

DESCOBREIX

3 Reaccions químiques quotidianes

Les reaccions químiques no passen només als laboratoris i a les universitats, sinó que les trobem per tot arreu. Són reaccions químiques la respiració cel·lular, les transformacions que expliquen el funcionament de les piles elèctriques o els canvis que experimenten els aliments quan es cuinen. Vegem-ne unes quantes.

@ Amplia a la Xarxa...

Observa unes reaccions químiques vistes amb microscòpic a: www.tiching.com/747591

A CALOR PER CUINAR I ESCALFAR-SE

L'ús del foc es va generalitzar fa uns dos-cents mil anys, tot i que hi ha indicis clars de fogueres molt més antigues.

La fusta va ser el primer material que els éssers humans vam cremar per cuinar i escalfar-nos. Actualment continuem utilitzant quotidianament aquesta reacció, encara que hem ampliat els materials que cremem.

Les reaccions de combustió són exotèrmiques i produeixen diòxid de carboni i aigua.

Una **reacció de combustió** es produeix quan una substància **combustible** (fusta, carbó, gas natural, butà...) reacciona amb una substància **comburent**, normalment l'oxigen de l'aire.

B EL PROBLEMA DEL CO_2

El diòxid de carboni (CO_2) és un gas necessari per a la vida, perquè les plantes i les algues el fan servir per fabricar, mitjançant la **fotosíntesi**, les substàncies que necessiten. Tots els éssers vius del planeta ens en beneficiem, perquè les plantes i les algues són el començament de la cadena alimentària.

En els darrers anys, es crema cada cop més carbó i petroli. La producció de diòxid de carboni és tan accelerada que el planeta no pot absorbir-lo pels mecanismes naturals, de tal manera que l'excés s'acumula en l'atmosfera.

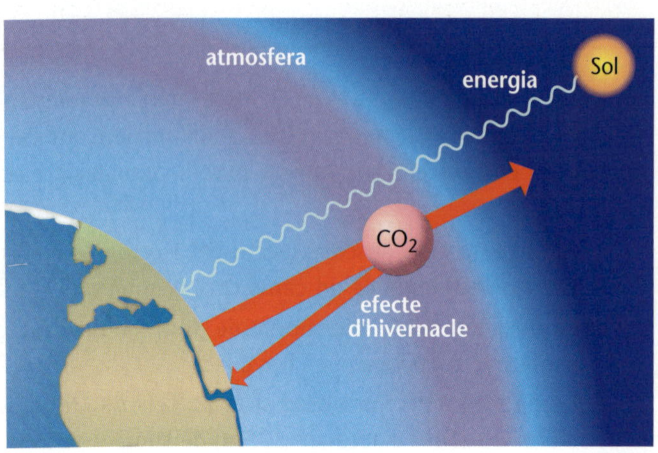

Aquest augment de la concentració de diòxid de carboni en l'atmosfera té efectes sobre el clima, perquè es tracta d'un gas que absorbeix la calor, i per aquest motiu la temperatura mitjana del planeta es va incrementant.

Els científics disposen de proves que demostren que aquest escalfament provoca un canvi climàtic que afecta les persones i els ecosistemes.

C PILES I BATERIES

Telèfons mòbils, ordinadors portàtils, tauletes... Vivim envoltats d'una gran varietat de dispositius electrònics portàtils que necessiten energia elèctrica per funcionar.

Les piles i bateries elèctriques contenen substàncies químiques que, en reaccionar, mitjançant un tipus de reaccions químiques anomenades **redox**, generen corrent elèctric. Algunes reaccions d'aquest tipus són reversibles (els reactius es poden regenerar), la qual cosa permet construir piles recarregables.

Els reactius de les piles contenen metalls: zinc, mercuri, plom, cadmi... que són molt tòxics per a les persones i el medi ambient. Per això, hem de dipositar les piles exhaurides en contenidors especials, perquè tinguin un tractament adequat.

D OXIDACIÓ DELS METALLS

Els metalls reaccionen amb l'oxigen de l'aire i es recobreixen amb els productes d'aquesta reacció.

El ferro, el metall més utilitzat, s'oxida amb una gran facilitat, sobretot si en l'ambient hi ha aigua. L'oxidació del ferro comença a la superfície, però s'estén a l'interior del metall perquè la capa d'òxid que es forma és molt porosa.

Per evitar l'oxidació, el ferro es recobreix amb materials com ara pintures impermeables o altres metalls els òxids dels quals no siguin porosos.

Per exemple, la llauna es fabrica amb làmines de ferro recobertes d'estany.

E BENGALES ESTRELLADES

Les bengales que quan cremen emeten guspires estrellades són fetes de pólvora aglutinada amb goma i estan recobertes de pols de ferro.

Per acció de la calor, un component de la pólvora es descompon i desprèn oxigen. A més, com que la temperatura és alta i el ferro està en forma de pols, la reacció d'oxidació del ferro s'accelera tant que arriba a ser tan ràpida i lluminosa com una combustió. Les estrelles que es desprenen de les bengales són els granets de ferro que es cremen.

F PRODUCTES DE NETEJA DE LA LLAR

Hi ha una gran varietat de productes que es fan servir en la neteja de la llar: detergents sòlids o líquids, netejavidres, lleixiu, salfumant... Són mescles de substàncies que eliminen la brutícia per dissolució o per reacció química.

Els productes més suaus, com ara els sabons o els netejavidres, netegen els greixos per dissolució; però els més enèrgics, com ara el lleixiu o el salfumant, contenen substàncies químiques que reaccionen amb les substàncies de la brutícia i les destrueixen.

Els productes desembussadors de desguassos i canonades són solucions concentrades de substàncies força corrosives, com ara l'hidròxid de sodi o l'àcid sulfúric.

4 Evidències de la reacció química

Les reaccions químiques es produeixen a escala atomicomolecular i, per tant, no es poden veure directament. Ara bé, moltes vegades es donen canvis observables que permeten deduir que s'han produït.

A. PRODUIR UN GAS EN LA REACCIÓ

Producció de diòxid de carboni per reacció entre bicarbonat i vinagre

1. Introdueix 20 mL de vinagre dintre del matràs.
2. Posa uns 5 g de bicarbonat dins el globus.
3. Acobla el globus a la boca del matràs; fes-ho amb cura per no deixar caure bicarbonat dintre del matràs durant el procés.
4. Quan tinguis ben agafat el globus a la boca del matràs, deixa caure el bicarbonat dins del matràs perquè reaccioni amb el vinagre.
5. Descriu què passa quan barreges el bicarbonat amb el vinagre.

La reacció és: bicarbonat (s) + vinagre (aq) ⟶ acetat de sodi (aq) + aigua (l) + diòxid de carboni (g)

Material

- Hidrogenocarbonat de sodi (bicarbonat comercial)
- Vinagre
- Matràs de 250 mL
- Globus

Preguntes

1. En quin estat físic es troben els reactius i els productes d'aquesta reacció?
2. Què hi ha dintre del globus al final de l'experiment?

B. FORMAR UNA SUBSTÀNCIA INSOLUBLE

Producció de diòxid de carboni en la respiració

1. Posa uns 100 mL d'aigua de calç en el vas de precipitats.
2. Introdueix la palleta dins l'aigua de calç i bufa suaument perquè es produeixi un bombolleig, però evita que esquitxi. Repeteix aquesta operació unes quantes vegades.
3. La solució s'enterboleix perquè l'aire que expulses quan respires conté diòxid de carboni, producte de l'**oxidació bioquímica** dels aliments. Aquest gas reacciona amb l'hidròxid de calci i produeix carbonat de calci, substància que, com que és insoluble, provoca la terbolesa de l'aigua.

La reacció que té lloc és: hidròxid de calci (aq) + diòxid de carboni (g) ⟶ carbonat de calci (s) + aigua (l)

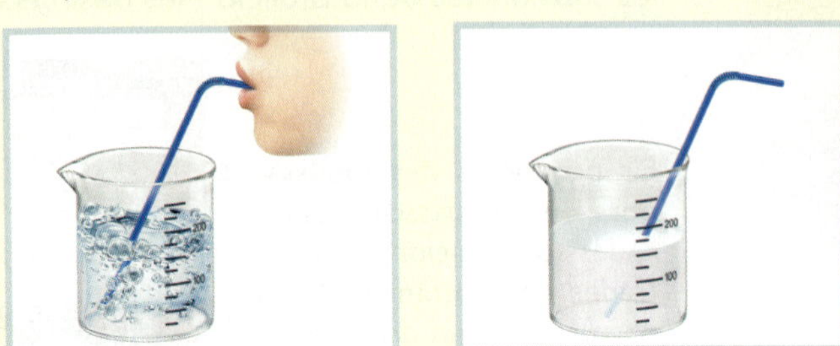

Material

- Aigua de calç (solució saturada d'hidròxid de calci)
- Vas de precipitats de 250 mL
- Palleta de refresc

Preguntes

1. La massa del contingut del vas augmentarà, disminuirà o es mantindrà igual?

C. CANVIAR LA TEXTURA D'UNA SUBSTÀNCIA

Ou cuit en alcohol

1. Treu la clofolla d'un dels ous i posa'l en un dels vasos de precipitats.
2. Aboca l'alcohol sobre l'ou fins que el cobreixi. Deixa'l actuar almenys una hora. Es produeix una reacció que s'anomena **desnaturalització** de les proteïnes, un canvi d'estructura que fa les molècules més rígides, la qual cosa produeix el canvi de textura.
3. Deixata l'altre ou amb energia, com si volguessis fer una truita. Un cop batut, afegeix-hi alcohol i barreja-ho bé. Deixa-ho reposar i al cap d'una estona observa què ha passat.

Material

- Etanol (alcohol farmacèutic)
- Dos ous crus
- Dos vasos de precipitats de 250 mL

Preguntes

1. Minuts després d'abocar l'alcohol, hi observaràs els primers canvis. Per què deixem que actuï almenys 1 h?
2. Quan s'utilitza ou batut, quina diferència s'observa respecte del primer experiment? Com argumentes el que has observat?

D. CANVIAR EL COLOR

Tinta invisible

Per a la pràctica et caldrà paper de filtre, un pinzell i diverses substàncies per fer la prova: suc de llimona, solució de sal o de sucre, vinagre...

1. Agafa un pinzell fi, mulla'l amb suc de llimona com si fos tinta i escriu un missatge al paper de filtre.
2. Deixa assecar el paper a l'aire i el missatge deixarà de ser visible.
3. Agafa el paper amb una pinça de fusta i acosta'l a la part superior de la flama d'una espelma o d'un bec de laboratori. Fes-ho amb compte per no cremar el paper. El missatge es revelarà, tot prenent un color terrós a causa de l'oxidació de les substàncies dissoltes en el suc de llimona.
4. Repeteix l'experiment amb solucions d'altres substàncies. Descriu el que passa en cada cas.

Activitats

1. El vinagre és una solució aquosa d'àcid acètic. Busca'n la concentració a l'etiqueta.
2. Per què necessitem respirar?
3. L'oxidació dels aliments és un procés exotèrmic o endotèrmic? Esmenta alguna evidència que fonamenti la teva resposta.
4. La desnaturalització de les proteïnes dels aliments normalment s'aconsegueix per escalfament. Quina mena de procés és la desnaturalització de les proteïnes, exotèrmic o endotèrmic?
5. Explica les diferències en la prova de la tinta invisible segons la substància assajada.

5 El cicle dels materials

5.1. Recursos naturals

Un **recurs natural** és aquell bé material que proporciona la natura i que és valuós per a les persones perquè contribueix directament o indirectament al seu benestar.

Alguns dels recursos naturals més importants són l'aigua, la terra, l'energia solar, la fusta, el petroli, els minerals...

Els recursos naturals generalment es sotmeten a transformacions físiques i químiques per fer-los més aprofitables.

Una **matèria primera** és un recurs que es transforma per obtenir materials més elaborats.

Els productes obtinguts de les matèries primeres solen ser materials de partida d'altres productes. La seqüència de transformacions físiques i químiques d'aquests productes intermedis (els **productes de procés**) continua fins que s'obtenen els productes acabats i en condicions de ser utilitzats: els **béns de consum** fig. 1.

Recursos renovables i no renovables

Els recursos naturals es classifiquen segons la seva capacitat de renovació:

- Un **recurs renovable** es reposa en el medi ambient en períodes de temps curts.
- L'energia solar n'és un exemple, perquè, tant si s'aprofita com si no, cada dia arriba a la Terra en la mateixa quantitat.
- Un **recurs no renovable** no es reposa en el medi ambient o, si ho fa, va a un ritme tan lent que es pot considerar inapreciable dins l'escala temporal humana.
- Per exemple, el petroli, perquè per generar-se necessita milions d'anys.

Fig. 1 Diagrama del procés de fabricació de les canonades de plàstic PVC.

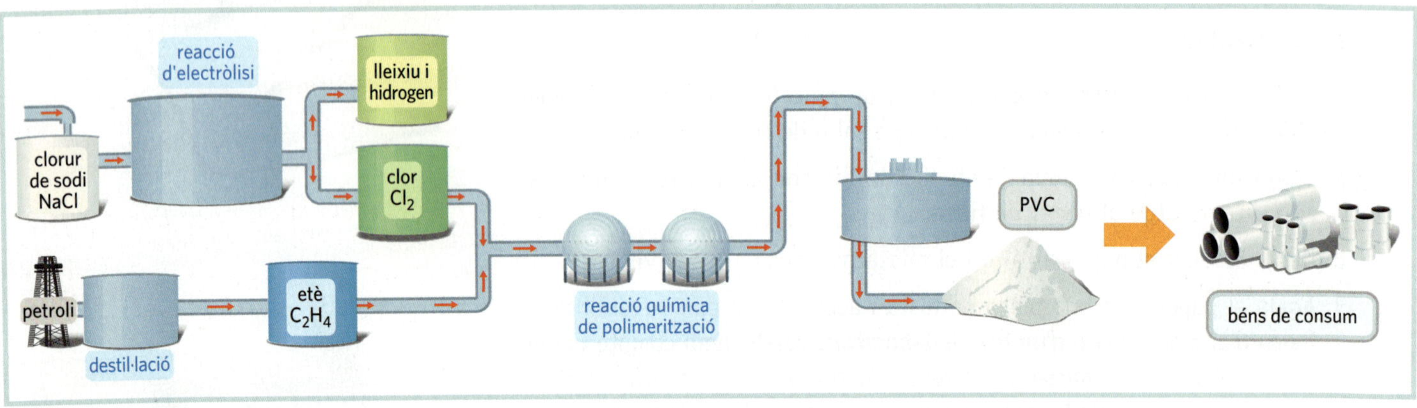

5.2. Cicle de vida dels materials

El **cicle de vida d'un material** queda establert quan s'identifiquen i es descriuen detalladament totes les etapes que condueixen a la seva obtenció a partir de les seves matèries primeres, la producció de béns de consum amb aquest material i la gestió dels residus.

El cicle de vida ideal d'un material qualsevol és un cicle totalment tancat en el qual s'aprofiten totes les deixalles dels productes en desús com a matèries primeres fig. 2.

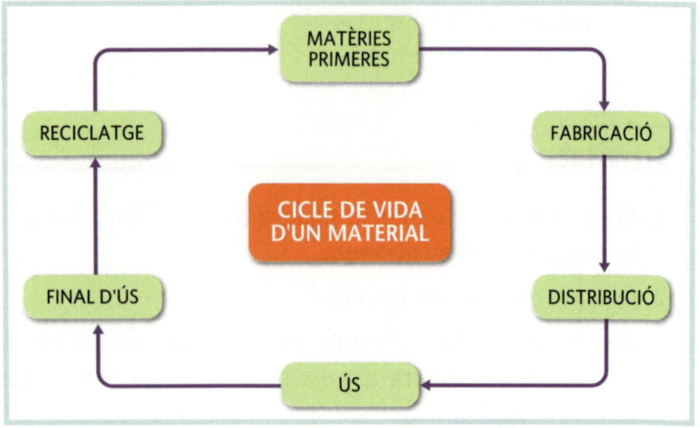

Fig. 2 Cicle de vida ideal d'un material.

LA REGLA DE LES TRES R

El model de desenvolupament econòmic i de consum adoptat per les societats tecnològicament més avançades, juntament amb l'augment de la població mundial, porta el planeta a una situació d'exhauriment dels recursos naturals i de degradació accelerada del medi ambient.

Les tres erres (RRR) són unes regles molt simples i fàcils d'aplicar, especialment adreçades als consumidors perquè redueixin amb la seva actuació quotidiana les conseqüències no desitjables d'un model de desenvolupament clarament insostenible.

@ Amplia a la Xarxa...

Aprèn a reciclar amb el joc del reciclatge a:

www.tiching.com/747592

Reduir

La reducció en el consum de productes té un efecte directe d'estalvi, tant de diners per als consumidors com de recursos naturals per al planeta.

A més, hi ha un benefici indirecte, perquè es fabriquen menys productes i es disminueix la contaminació que hi va associada, des de la fase de fabricació fins al rebuig.

Reciclar

El reciclatge consisteix a recuperar els materials dels productes que es llencen per utilitzar-los una altra vegada com a matèries primeres.

Això es tradueix en un estalvi important de recursos i en una disminució del volum d'escombraries que es dipositen als abocadors. Una conseqüència immediata és la reducció dels problemes mediambientals que aquestes instal·lacions generen.

Reutilitzar

La reutilització dels productes fa que siguin útils durant més temps i redueix la necessitat de consumir un producte similar.

Per allargar la vida d'un producte cal que en tinguem cura, que el conservem i que el reparem. També s'ha d'afavorir la compra i la venda de productes de segona mà.

Una altra manera d'allargar la vida útil d'un objecte és donar-hi un ús diferent del que tenia. Per exemple, una ampolla es pot convertir en un gerro per posar-hi flors.

Activitats

1. Mira el procés de fabricació de PVC a la fig. 1 i contesta:
   a. Quines són les matèries primeres utilitzades?
   b. Quins productes de procés es fan servir?
   c. Quines altres substàncies s'obtenen en el procés?
   d. Esmenta béns de consum fabricats amb PVC.
   e. Què se'n fa, dels objectes de PVC quan ja no es fan servir?
2. Per què un cicle de vida ideal seria un cicle totalment tancat?
3. Què és un recurs renovable? I un de no renovable? Posa'n exemples de cada.
4. Formeu grups de quatre o cinc persones. Cadascú explicarà el que fan a casa seva per complir la regla de les tres R i, tot seguit, el grup elaborarà un informe que reculli les diferents possibilitats.

Els materials del nostre entorn

DESCOBREIX

Els éssers humans sempre han aprofitat els recursos naturals disponibles per obtenir materials que els faciliten la vida.

Actualment el nombre de materials que utilitzem és immens i no para de créixer.

A METALLS I ALIATGES

S'obtenen dels minerals, compostos naturals on hi ha els metalls, encara que uns quants es troben en estat natiu, és a dir, com a elements sense combinar.

Aleacions	Principals components
Acer	Ferro i carboni
Bronze	Coure i estany
Llautó	Coure i zinc
Alpaca	Zinc, coure i níquel
Or blanc	Or i plata, pal·ladi o níquel
Constantà	Coure i níquel
Magal	Magnesi i alumini
Nicrom	Níquel i crom
Peltre	Estany, coure, antimoni i plom

Propietats
- Bons conductors elèctrics i tèrmics
- Punts elevats de fusió i ebullició
- Durs i resistents
- Mal·leables i dúctils

Aplicacions
- Eines
- Maquinària
- Fil elèctric
- Canonades

B PLÀSTICS

La majoria dels plàstics s'obtenen a partir de substàncies que es troben en el petroli.

Propietats
- Aïllants elèctrics i tèrmics
- Lleugers
- Resistents
- Elàstics
- Emmotllables

Aplicacions
- Parament de la llar
- Teixits
- Mobles
- Tubs
- Envasos

Plàstics	Símbol
Tereftalat de polietilè (PET)	1
Polietilè d'alta densitat (HDPE)	2
Clorur de polivinil (PVC)	3
Polietilè de baixa densitat (LDPE)	4
Polipropilè (PP)	5
Poliestirè (PE)	6

C VIDRE

S'obté per escalfament fins a la fusió de materials d'origen mineral: sorra de sílice (SiO_2), carbonat de sodi (Na_2CO_3) i carbonat de calci ($CaCO_3$).

Els vidres especials contenen altres components que en milloren les propietats.

Vidres especials	Component	Propietat
Cristall de plom	Plom	Dens i transparent
Borosilicat (Pyrex)	Bor i alumini	Resistent als canvis bruscos de temperatura

Propietats
- Aïllants elèctrics i tèrmics
- Densos
- Resistents
- Fràgils
- Durs

Aplicacions
- Parament de la llar
- Ampolles
- Finestres
- Lents

D PAPER I CARTRÓ

Es fabriquen a partir de la polpa de cel·lulosa que s'obté de la fusta.

Les fibres de cel·lulosa es barregen amb substàncies minerals i aglutinants que donen consistència al material.

Propietats	Aplicacions
• Lleugers • Poc densos • Emmotllables	• Llibres i premsa • Embalatges • Envasos • Llibretes • Higiene

E NOUS MATERIALS

Bioplàstics: materials fabricats a partir de recursos renovables (per exemple, el midó o la cel·lulosa).

Tenen les mateixes qualitats que els plàstics obtinguts del petroli, però amb l'avantatge que són biodegradables, és a dir, que serveixen d'aliment a microorganismes que els descomponen fàcilment i originen substàncies innòcues per al medi ambient.

Fibra òptica: fils d'un vidre especial molt pur de silici amb petites quantitats de germani i fòsfor. Transmeten la llum de la mateixa manera que els cables elèctrics condueixen l'electricitat. Es fan servir en xarxes informàtiques i en telecomunicacions.

Silicones: materials semblants als plàstics però que contenen silici i oxigen en lloc de carboni, i per aquesta raó són molt més resistents físicament i químicament. Es fan servir per a revestiments exteriors, per segellar escletxes, per fabricar pròtesis, etc.

Activitats

1. Copia i relaciona al quadern cada producte de la llista (a) amb el recurs del qual s'obté (A).

Productes:

a. Gas butà
b. Ferro
c. Gasolina
d. Sal de cuina
e. Plàstic
f. Oxigen
g. Diamants
h. Paper
i. Cuir
j. Vidre
k. Cartró
l. Fusta
m. Mercuri
n. Cotó
o. Suro

Recursos:

A. Petroli, carbó i gas natural
B. Minerals
C. Éssers vius
D. Aire
E. Aigua de mar

1 Treballa. Canvis físics i químics

Classifica aquestes transformacions segons si són canvis físics o químics:

a) Fregir una hamburguesa.

b) Cremar un paper.

c) Evaporació de la colònia en contacte amb la pell.

d) Putrefacció dels aliments.

e) Explosió d'un petard.

f) Oxidació d'una clau de ferro.

g) Formació de gel a la calçada d'una carretera.

h) Combustió de la gasolina a l'interior d'un motor.

i) Dissolució de sal en aigua.

j) Enfosquiment d'un tros de poma tallat quan es deixa a l'aire.

k) Obtenció d'oli per premsat en fred en un trull.

l) Descomposició de la sal comuna en clor i sodi mitjançant corrent elèctric.

m) Fermentació del most per obtenir vi.

n) Obtenció de vinagre perquè el vi s'ha tornat agre.

o) Fabricació de teixit a partir de fil de seda.

2 Representa. Canvi químic

El metà (CH_4) és el principal component del gas natural, el combustible domèstic més corrent. La seva combustió amb oxigen (O_2) produeix diòxid de carboni (CO_2) i aigua (H_2O). A continuació pots veure la representació atomicomolecular inacabada. Copia-la al quadern i completa-la seguint aquestes pautes:

a) Identifica el codi de colors amb què es representen els àtoms de carboni, d'hidrogen i d'oxigen i completa la llegenda situada a la dreta.

b) No hi ha el mateix nombre d'àtoms en els reactius que en els productes. Com que sempre es compleix la llei de conservació de la massa, dibuixa les molècules que falten en els productes.

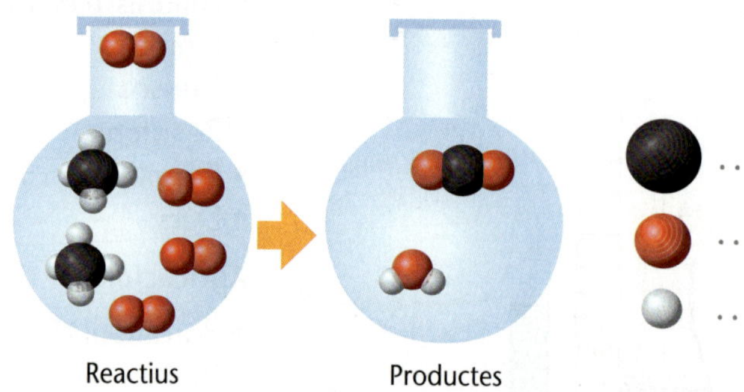

3 Experimenta. L'oxidació del ferro

Un grup d'alumnes porta a terme un experiment per determinar les causes de l'oxidació del ferro. Agafen quatre claus de ferro corrent (no inoxidable) i els netegen amb sabó per treure'n qualsevol pel·lícula de greix. Després els assequen. Agafen quatre tubs d'assaig (A, B, C, D) i els preparen com s'especifica a la dreta.

Tub A
Hi van posar només un clau de ferro.

Tub B
Hi van posar aigua i un clau de ferro.

Tub C
Hi van posar aigua acabada de bullir i un clau de ferro.

Tub D
Hi van posar aigua acabada de bullir, oli i un clau de ferro.

Deixen passar uns quants dies i avaluen el grau d'oxidació de cada clau. Els resultats són:

Tub A	Tub B	Tub C	Tub D
No s'hi aprecia oxidació	Està bastant oxidat	Està una mica oxidat	No s'hi aprecia oxidació

a) Per què van netejar amb sabó els claus abans d'utilitzar-los?

b) Amb quin element es combina el ferro quan s'oxida?

c) Quines condicions faciliten l'oxidació del ferro?

d) Per què l'oxidació és més gran en el tub B que en el C?

e) Per què no s'aprecia oxidació en els tubs A i D?

4 Investiga. La combustió

Segurament penses que una espelma encesa és una cosa molt simple: es crema la cera i poca cosa més. No obstant això, en aquest fenomen s'esdevenen processos que pots descobrir amb una observació atenta i reflexiva.

Un grup d'alumnes es proposa estudiar el fenomen de la combustió que té lloc en una espelma, i per fer-ho porten a terme el procediment experimental següent:

a) Per **reconèixer els canvis físics** que es produeixen en una espelma encesa, decideixen que en primer lloc s'han d'esforçar a veure què passa.

Ajuda'ls i descriu amb paraules el que vegis en una espelma encesa:

- Parts de l'espelma.
- Estat físic dels materials abans i després d'encendre l'espelma.

b) Un cop observat el fenomen, arriba el moment d'**interpretar** el que s'ha vist. Explica els canvis físics que tenen lloc en una espelma encesa.

c) El canvi químic que s'hi esdevé és la combustió de la cera; però, realment és així de simple? Per comprovar-ho, fan l'experiment següent:

> Posen en un plat un tros de cera sense ble i intenten que cremi acostant-hi un misto encès. L'únic que aconsegueixen és que la cera es fongui una mica en lloc que cremi una flama.

Un dels alumnes del grup, en Didac, proposa l'explicació següent per interpretar l'experiment:

> El que de veritat crema és el ble i no la cera. L'únic que fa la cera és sostenir el ble. La cera desapareix perquè es vaporitza en gasós per la calor que es desprèn en cremar el ble.

- Què et sembla aquesta explicació?
- Com es podria demostrar experimentalment que és falsa?

d) L'Ariadna proposa una altra explicació.

> El que es crema és la cera transformada en gas. El ble facilita la combustió perquè està format per fibres buides que condueixen el gas i contribueixen a barrejar-lo amb l'aire.

- Com s'explica que la cera cremi molt més en estat gasós que en estat sòlid?

e) Per apagar una espelma n'hi ha prou amb bufar-la, però cal bufar fort, perquè si ho fas fluixet encara avivaràs més la flama.

- Per què la flama revifa quan bufes fluixet?
- Segons l'explicació de l'Ariadna, com es pot argumentar que una espelma s'apagui bufant fort?

5 Llegeix i contesta. **Els recursos naturals**

Llegeix aquest text sobre l'exhauriment dels recursos naturals i contesta les preguntes:

L'exhauriment dels recursos naturals és un problema que afecta la societat en general.

La solució és principalment responsabilitat dels governs i de les grans corporacions, però no hem d'oblidar el paper essencial que ha d'assumir la ciutadania en aquest tema.

Aquesta responsabilitat és doble:

- En primer lloc, cal exigir als poders polítics i econòmics que prenguin decisions concretes per resoldre el problema.
- En segon lloc, en la vida quotidiana podem fer moltes petites accions que, sumades, es tradueixen en grans efectes, com ara:
  - Caminar, anar amb bicicleta i utilitzar transports públics.
  - Consumir productes agrícoles i ramaders de proximitat.
  - Aplicar les regles del consum responsable: reduir, reutilitzar i reciclar.

a) L'actuació dels governs s'estén a l'àmbit central, autonòmic i local. Posa exemples d'actuacions que podrien correspondre a cada àmbit.

b) Quins mecanismes permeten als ciutadans influir en els governs? I en les grans corporacions econòmiques?

c) Suposa que ets el responsable municipal de mobilitat pública. Explica algunes mesures que fomentin l'ús de la bicicleta o del transport públic per anar a l'escola.

d) Quins beneficis aporta el consum de productes agrícoles i ramaders de proximitat?

e) Quines mesures de la regla de les tres R apliques regularment al teu dia a dia?

6 Investiga i respon. **El cicle del paper**

A la dreta tens el cicle de vida del paper.

a) Copia el diagrama al quadern i completa'l posant els blocs de text explicatius allà on correspongui.

b) És tancat, el cicle del paper que es mostra en el diagrama? Argumenta la resposta.

c) En l'animació informàtica següent t'expliquen el significat d'una sèrie de pictogrames relacionats amb el reciclatge:

www.tiching.com/747593

Havent-te-la mirat, identifica i dibuixa els pictogrames que poden trobar-se en productes de paper i cartró, i explica'n el significat.

d) Elabora una llista d'uns quants productes que tinguis a casa teva i que continguin paper com a component principal. Busca en els embolcalls quins pictogrames relacionats amb el reciclatge porten impresos.

Fabricació de la polpa de cel·lulosa a partir de fusta o paper reciclat.

Consum de paper: premsa, embalatge, higiènic...

Recollida selectiva per al reciclatge.

Fabricació del paper.

Tala d'arbres.

Residu no reciclable pel fet d'estar molt tacat o de ser d'ús higiènic.

Síntesi. Transformació de la matèria

Canvis en la matèria

- Un **canvi físic** s'esdevé quan una substància experimenta alguna transformació que n'altera l'aparença, però no la naturalesa química.
- Un **canvi químic** o **reacció tèrmica** s'esdevé quan una substància experimenta una transformació que en canvia la naturalesa química.
- Un canvi és **reversible** si es pot produir en tots dos sentits, i és **irreversible** si en cap cas no es poden recuperar les substàncies inicials.

Reaccions químiques

- Les substàncies que es transformen en una reacció química s'anomenen **reactius**; les substàncies que s'hi formen s'anomenen **productes**.
- En qualsevol reacció química, la **massa dels reactius** que han reaccionat és la mateixa que la **massa dels productes** que s'han format.
- Una reacció és **endotèrmica** si necessita una aportació de calor perquè es produeixi, i és **exotèrmica** si desprèn calor quan es produeix.
- La **velocitat** d'una reacció química depèn de la naturalesa de la reacció, però també d'altres factors, com ara la **superfície de contacte** i la **temperatura**.

Recursos naturals

- Un **recurs natural** és un bé material que proporciona la natura i que contribueix al benestar de les persones.
- Un **recurs renovable** es reposa en el medi ambient en períodes de temps curts. Un recurs **no renovable** no es reposa o bé ho fa molt lentament.

1 REPASSA EL QUE HAS APRÈS

a) Quina diferència hi ha entre un canvi físic i un canvi químic?

b) Què és una reacció química?

c) Què vol dir que una reacció química sigui irreversible? I que sigui reversible?

d) En què consisteix una equació química?

e) Què diu la llei de Lavoisier?

f) Què distingeix una reacció endotèrmica d'una reacció exotèrmica?

g) Quins factors influeixen en la velocitat de reacció?

h) Què és un recurs natural? I una matèria primera?

i) Què és el que permet distingir entre els recursos renovables i els no renovables?

j) En què consisteix el cicle de vida dels materials?

k) Què diu la regla de les tres R?

l) Què és un aliatge?

2 DEFINEIX CONCEPTES CLAU

- Canvi físic
- Reacció
- Reversibilitat
- Conservació de la massa
- Velocitat de reacció
- Calor de reacció

CONTESTA LA PREGUNTA INICIAL

Després d'estudiar aquest tema, pots contestar la pregunta inicial:

Com canviem les substàncies que ens envolten?

Redacta un text d'entre 10 i 20 línies que resumeixi les conclusions a les quals has arribat.

CONSOLIDA EL QUE HAS APRÈS

Per consolidar els coneixements adquirits, pots fer les activitats suggerides a:

www.tiching.com/747747

Aquestes activitats les pots descarregar en un document pdf al final del qual hi ha les solucions.

FÍSICA

N
S

7 FORCES

Què fa que els objectes es moguin o es deformin?

Aquesta excavadora ha de fer una força molt gran per carregar i aixecar roques enormes amb la seva pala.

Quan empenyem i movem una cadira, o quan premem amb les mans un bloc d'argila i el deformem, estem aplicant canvis a la matèria.

En el primer cas, es tracta d'un canvi de posició, i en el segon cas, d'un canvi de forma.

De totes maneres, aquestes situacions tenen una cosa en comú: en tots dos casos hem aplicat una força.

A la natura i a la vida quotidiana trobem diversos tipus de forces. Per exemple, en el nostre cas el pes és la força amb la qual la Terra atreu els objectes, i depèn de la massa d'aquests objectes.

Què sabem?

- Observa l'excavadora de la imatge. Com ha de ser la força que exerceix per aixecar la pala carregada amb roques?
- Saps què és el pes? En què es diferencien el *pes* i la *massa*?
- De què depèn el pes? On et sembla que pesa més una persona, a la superfície de la Terra o a la la superfície de la Lluna?
- Per què l'excavadora circula per la sorra amb erugues?

Què aprendrem?

- **Quines són les causes de les deformacions i dels canvis en els moviments.**
- **De quina manera es representen i es mesuren les forces.**
- **Com se sumen forces paral·leles i forces perpendiculars.**
- **Quins exemples de forces observem a la nostra vida quotidiana.**
- **Per què els objectes pesen, els planetes giren al voltant del Sol i les estrelles s'agrupen formant galàxies.**
- **Què significa que un objecte estigui en equilibri o no.**
- **Què és la pressió.**

1 Les forces

1.1. Què són les forces?

Les forces intervenen en totes les accions quotidianes. Per llançar una pilota, moure una cadira, arrossegar un carretó o deformar un tros de plastilina han d'actuar forces.

En tots aquests exemples, les forces, encara que no les puguem veure, canvien el moviment dels objectes o els deformen.

Les **forces** aplicades als objectes en causen els **canvis de moviment** i les **deformacions**.

El **newton** (N) és la unitat de força del sistema internacional d'unitats (SI).

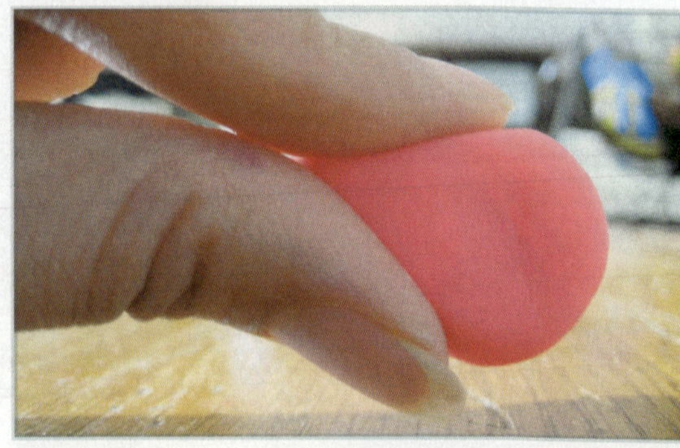

Els dits deformen la plastilina més o menys depenent de la força que hi apliquen.

Tipus de forces

Les forces poden aplicar-se **per contacte** o **a distància**, depenent de si els objectes que exerceixen la força necessiten tocar els objectes sobre els quals l'exerceixen o no.

@ Amplia a la Xarxa...

Aprèn més de les forces que causen deformacions a: www.tiching.com/748240

Forces per contacte

Les forces exercides entre les boles de billar, entre el peu i la pilota, i a la corda que aguanta l'estel són forces per contacte.

Forces a distància

La força de la gravetat o la força magnètica són forces a distància.

COM MESUREM LES FORCES?

Per mesurar forces fem servir uns aparells anomenats **dinamòmetres** que apliquen la **llei de Hooke**.

Com funciona un dinamòmetre

Un dinamòmetre consta bàsicament d'una molla amb un extrem fix i un altre de lliure al qual es poden aplicar forces.

L'extrem lliure va unit a un índex que recorre una escala graduada situada al costat de la molla.

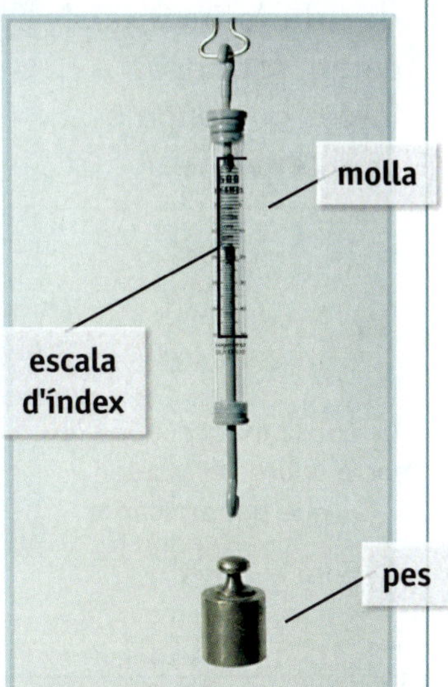

Una pesa de 100 g exerceix una força aproximada d'1 N.

La llei de Hooke

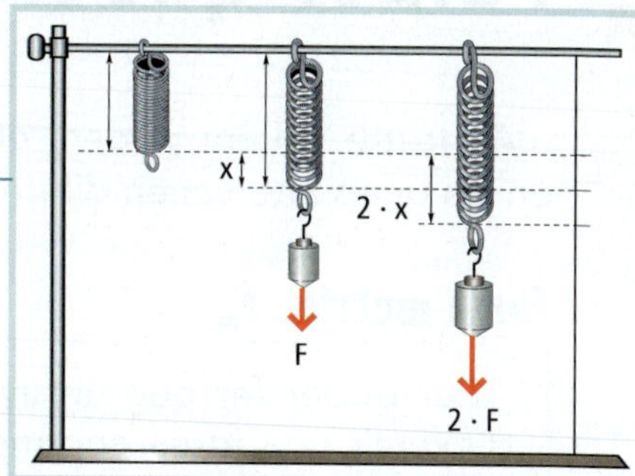

En aplicar una força sobre una molla:

- La molla s'allarga o es contreu segons quin sigui el sentit de la força.
- La longitud de la deformació (allargament o contracció) és més gran com més gran sigui el valor de la força aplicada.
- En desaparèixer la força que hi actua, la molla torna a la longitud inicial.

Segons la **llei de Hooke**:

> Les forces són directament proporcionals a les deformacions: $F = k \cdot x$.

La **constant d'elasticitat, *k***, depèn del material de què està feta la molla; si fa falta molta força per deformar-lo, *k* tindrà un valor gran, i a l'inrevés.

La unitat del SI en què es mesura *k* és el newton per metre (N/m).

Exemples

1. **Determina la constant d'elasticitat, *k*, de la molla d'un dinamòmetre que s'allarga una longitud de 3 cm en aplicar-hi una força de 60 N.**

   Expressem la deformació en metres:

   $$x = 3\ \text{cm} = 3\ \cancel{\text{cm}} \cdot \frac{1\ \text{m}}{100\ \cancel{\text{cm}}} = 0{,}03\ \text{m}$$

   Apliquem l'expressió de la llei de Hooke, en la qual substituïm els valors de *F* i de *x* per, després, aïllar la *k*:

   $$60\ \text{N} = k \cdot 0{,}03\ \text{m} \Rightarrow k = \frac{60\ \text{N}}{0{,}03\ \text{m}} = 2\,000\ \text{N/m}$$

2. **Calcula el valor de la força aplicada sobre una molla sabent que la constant d'elasticitat és *k* = 30 N/cm i que s'ha allargat 0,04 m.**

   Expressem la constant d'elasticitat en el SI:

   $$k = 30\ \text{N/cm} = 30\ \frac{\text{N}}{\cancel{\text{cm}}} \cdot \frac{100\ \cancel{\text{cm}}}{1\ \text{m}} = 3\,000\ \text{N/m}$$

   Apliquem l'expressió de la llei de Hooke per calcular el valor de *F* després de substituir els valors de *k* i de *x*:

   $$F = k \cdot x = 3\,000\ \text{N/m} \cdot 0{,}04\ \text{m} = 120\ \text{N}$$

Activitats

1. Posa exemples d'accions que causen les forces.
2. Indica si les forces següents són per contacte o a distància:
   a. La força amb la qual llancem una pilota cap a la porteria.
   b. La força per moure els pedals d'una bicicleta.
   c. La força amb què puja un ascensor.
   d. La força que exerceix un imant.
   e. Les forces que fan que un got caigui i es trenqui.
3. Calcula la força necessària perquè un dinamòmetre de constant d'elasticitat $k = 200$ N/m s'allargui 10 cm.
4. Determina la constant d'elasticitat d'una molla que es comprimeix 2 cm en aplicar-hi una força de 50 N.

2 Forces quotidianes

Al nostre voltant podem observar nombrosos exemples en els quals intervenen diferents tipus de forces.

Força motriu, F_m

Per poder fer que un avió s'enlairi, els motors han d'exercir una força enorme. Cada motor d'un Airbus A380 com el de la fotografia fa forces de 350 000 N.

La **força motriu**, F_m, és la que fa que un objecte qualsevol es mogui.

Tensió, T

Els objectes que es troben agafats amb cables o cordes (com l'escalador de la imatge) estan sotmesos a forces que anomenem **tensions**, T.

La corda exerceix una tensió sobre l'escalador que pot arribar a 1 000 N.

Força de fregament, $F_{freg.}$

La **força de fregament**, $F_{freg.}$, es produeix entre les superfícies en contacte de dos objectes que es mouen l'un respecte a l'altre (o d'un objecte amb l'aire).

Aquesta força sempre té la direcció del moviment i el sentit oposat a ell.

El fregament mai no deixa d'existir encara que les superfícies en contacte siguin molt polides, o una d'elles estigui gelada.

En superfícies com el gel també es genera la força de fregament, tot i que és petita.

Força normal, N

Un objecte situat sobre una superfície horitzontal no cau a terra perquè la superfície l'aguanta.

La força que exerceixen les superfícies horitzontals sobre els objectes per evitar que caiguin es diu **força normal**, N, i sempre és perpendicular a la superfície (és a dir, vertical) i cap amunt.

El valor de la força normal en aquest tipus de superfícies és igual al del pes dels objectes que hi recolzen.

En una superfície horitzontal, la força normal és igual al pes.

CONSEQÜÈNCIES DE LA GRAVETAT: MASSA I PES

Hi ha una força que ens afecta a tots constantment: el **pes**.

Aquesta força fa que els objectes caiguin a terra si els deixem anar i que ens mantinguem enganxats a la Terra si no exercim una força per contrarestar-ho.

Això passa perquè el planeta Terra (com els altres astres de l'Univers) atreu tots els cossos amb una força vertical i de sentit cap a terra: la **força de la gravetat**.

El pes *p* d'un cos de massa *m* és igual al producte d'aquesta massa per una magnitud, anomenada **gravetat**, *g*:

$$p = m \cdot g$$

A la superfície de la Terra $g = 9{,}8\ \text{m/s}^2$. Per tant, el pes d'un objecte de 0,25 kg és:

$$0{,}25\ \text{kg} \cdot 9{,}8\ \text{m/s}^2 = 2{,}45\ \text{N}$$

No s'ha de confondre **massa** i **pes**:

- La massa d'un cos és la quantitat invariable de matèria que té, i es mesura en quilograms.
- El pes és la força amb la qual la Terra l'atreu, i es mesura en newtons.

Gravetat lunar

Per què a la Lluna un astronauta és capaç de fer grans salts tenint en compte tot l'equip que porta? Això es deu al fet que la gravetat de la Lluna és de 1,6 m/s², és a dir, una sisena part que a la Terra.

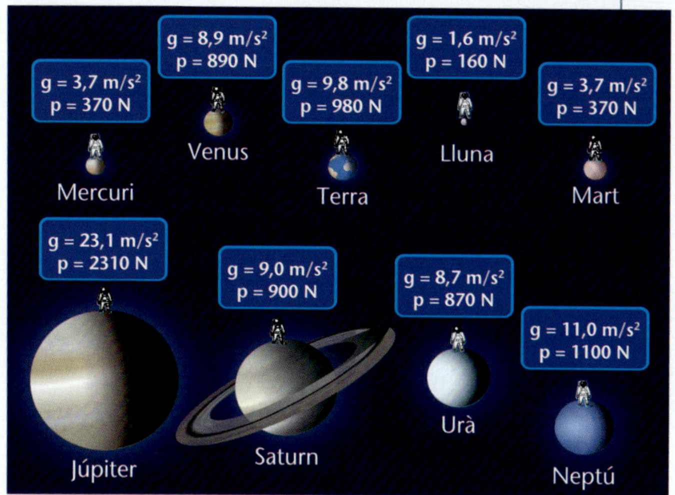

Encara que la massa de l'astronauta i del seu equip (100 kg) no ha canviat, el seu pes variarà segons el planeta on es trobi.

Exemples

1. Determina el pes de quatre objectes de masses: 200 kg, 500 kg, 700 kg i 1 200 kg.

$p = 200\ \text{kg} \cdot 9{,}8\ \text{m/s}^2 = 1\,960\ \text{N}$

$p = 500\ \text{kg} \cdot 9{,}8\ \text{m/s}^2 = 4\,900\ \text{N}$

$p = 700\ \text{kg} \cdot 9{,}8\ \text{m/s}^2 = 6\,860\ \text{N}$

$p = 1\,200\ \text{kg} \cdot 9{,}8\ \text{m/s}^2 = 11\,760\ \text{N}$

2. Calcula les masses corresponents a aquests pesos: 9 800 N i 4 000 N.

$$m = \frac{p}{g} = \frac{9\,800\ \text{N}}{9{,}8\ \text{m/s}^2} = 1\,000\ \text{kg}$$

$$m = \frac{p}{g} = \frac{4\,000\ \text{N}}{9{,}8\ \text{m/s}^2} = 408{,}16\ \text{kg}$$

Activitats

1. Posa exemples amb ajuda de dibuixos de:
   a. Força motriu.
   b. Força de fregament.
   c. Tensió.
   d. Força normal.
   e. Pes.
2. Explica a què es deu el fet que els objectes que deixem anar caiguin a terra.
3. Indica els noms de totes les forces que actuen en cadascun dels casos següents:
   a. Trineu arrossegat per una corda.
   b. Escalador que penja d'un cable.
   c. Cotxe de joguina llançat sobre una taula.
4. Determina el pes de les masses següents:
   a. 5 kg b. 60 kg c. 400 kg
5. Determina la massa corresponent als pesos següents:
   a. 25 N b. 300 N c. 1 200 N

3 Representació i suma de forces

3.1. Característiques de les forces

Quan volem indicar la massa d'un objecte n'hi ha prou indicant-ne el valor en quilograms (per exemple, 1 kg).

En el cas de les forces, però, ja hem vist que haurem de donar-ne més informació.

Suposa que t'indiquen que una persona aplica una força de 100 N sobre una taula. N'hi hauria prou amb aquesta informació o necessitaríem saber res més?

A més del seu valor, hauríem de saber on s'aplica la força, si s'aplica cap a la dreta o cap a l'esquerra...

Per expressar correctament una força hem d'indicar-ne les característiques:

- El **valor** (**mòdul**) de la força (en newtons).
- La **direcció** en què s'aplica (verticalment, horitzontalment, amb un cert angle respecte a l'horitzontal...).
- El seu **sentit** (si és cap a la dreta o cap a l'esquerra, cap amunt o cap avall).
- El seu **punt d'aplicació**, és a dir, el punt en què s'aplica la força.

Les forces són magnituds vectorials

Generalment les forces es representen mitjançant una fletxa fig. 1:

- Amb l'origen situat en el punt d'aplicació.
- Amb una longitud equivalent al seu valor, dibuixada sobre la direcció que s'aplica.
- Amb la punta de la fletxa que n'indica el sentit.

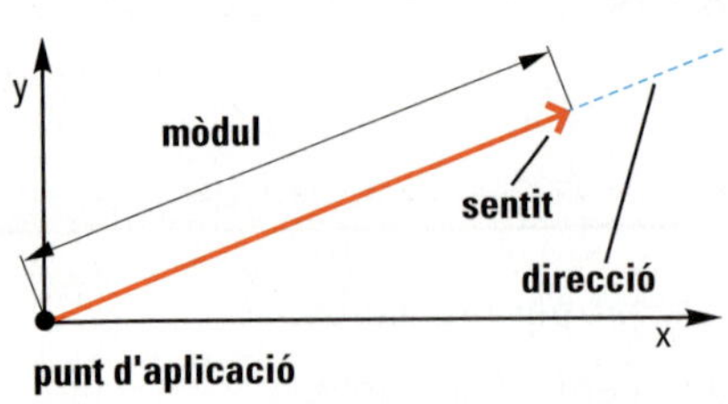

Fig. 1 Elements d'un vector.

Diem que les forces són **magnituds vectorials** i les representem mitjançant **vectors**.

La magnitud vectorial *força* es representa com a $\vec{F}$ i el seu valor com a F (sense la fletxa).

Com representar una força

Per representar gràficament una força hem de seguir uns quants passos. Per exemple, per representar l'aplicació d'una força de 8 N en el llom d'un llibre, amb un angle de 30° i cap a la dreta, seguirem aquests passos:

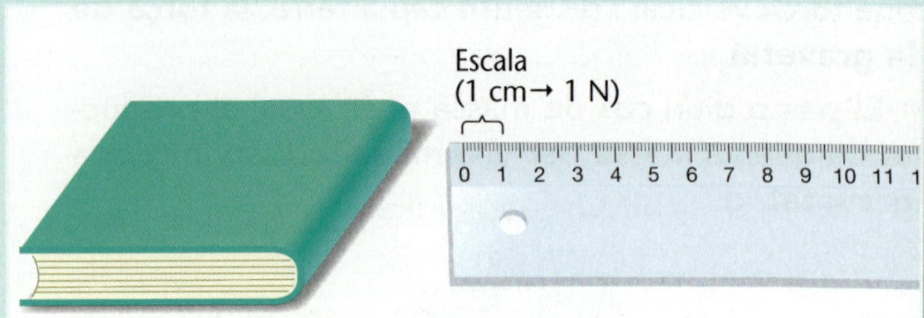

1. Es tria una escala adequada. En aquest cas, 1 cm = 1 N.

2. Es dibuixa la direcció de la força (amb un angle de 30° amb l'horitzontal).

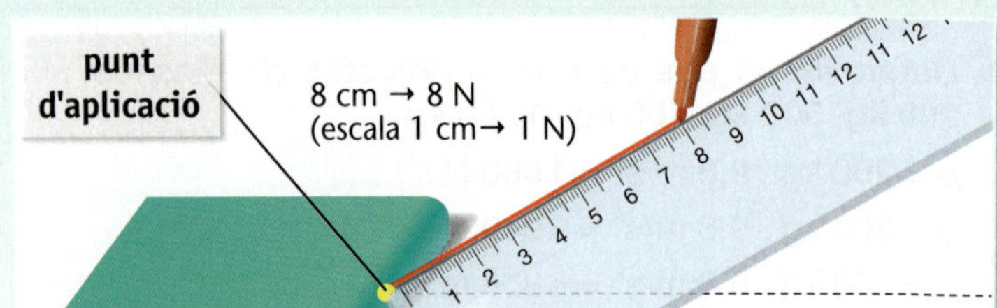

3. Es dibuixa sobre la recta una línia amb una longitud igual al valor de la força (segons l'escala).

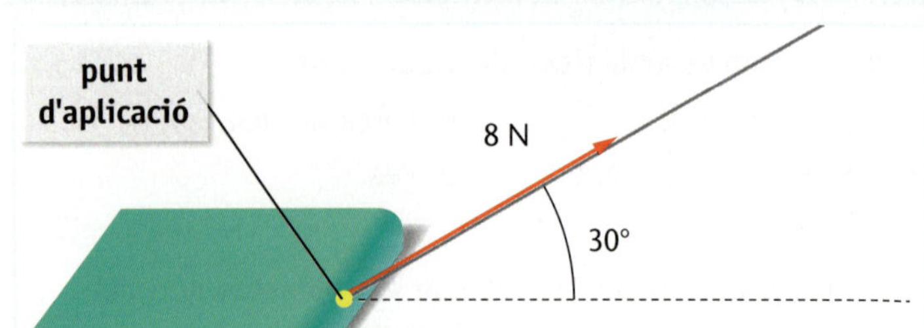

4. S'indica el sentit de la força afegint-hi una punta de fletxa.

3.2. Suma de dues forces

Què passarà si apliquem més d'una força sobre un mateix objecte? El resultat dependrà de les característiques de cadascuna de les forces.

Els casos més senzills de suma de dues forces són els següents:

- **Forces amb la mateixa direcció i el mateix sentit.** És el cas de dues persones que empenyen una taula des del mateix costat i en el mateix sentit fig. 2a.

  El resultat és una força que correspon a la *suma* de les forces aplicades.

- **Forces amb la mateixa direcció, però sentit oposat.** És el cas, per exemple, de dues persones que empenyen una taula des de costats oposats (una cap a la dreta i l'altra cap a l'esquerra) fig. 2b.

  En aquest cas, el resultat és una força que correspon a la *diferència* de les forces aplicades, i que tindrà com a sentit el de la força de mòdul més gran.

Fig. 2 Dues persones empenyen una taula: a) amb la mateixa direcció i el mateix sentit; b) amb la mateixa direcció però sentits oposats.

Forces perpendiculars

En la situació que il·lustra la figura de sota, dos nois estiren una caixa amb una corda cadascun, de manera que les cordes formen un angle de 90°.

El resultat de la suma és una altra força la direcció de la qual és la diagonal del rectangle que formen i amb el sentit que veiem a la figura. El seu valor l'obtindrem aplicant el teorema de Pitàgores.

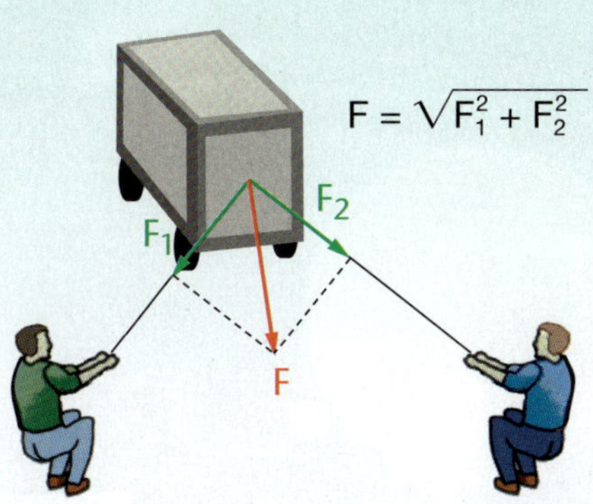

Exemple

1. Calcula el valor de la suma de dues forces de valors 10 N i 15 N en els casos següents:
   a) Si són paral·leles i del mateix sentit.
   b) Si són paral·leles i de sentits oposats.
   c) Si són perpendiculars.

   a) En sumem els valors: 10 N + 15 N = 25 N

   b) Restem la força major menys la menor:
   15 N – 10 N = 5 N

   c) Apliquem-hi el teorema de Pitàgores:
   $F = \sqrt{10^2 + 15^2} = 18$ N

Activitats

1. Quines característiques presenta la magnitud força? Què distingeix aquesta magnitud d'altres com la temperatura o el temps?
2. Representa al quadern una força horitzontal de 15 N amb sentit cap a l'esquerra.
3. Calcula el valor de la suma de dues forces, de valors 25 N i 50 N, en els casos en què siguin paral·leles i del mateix sentit, quan són de sentit oposat i quan són perpendiculars.

DESCOBREIX

4 L'Univers: la llei de la gravitació universal

L'Univers és immens: té un diàmetre de prop de 10^{25} km. És tan gran que un raig de llum trigaria 100 000 milions d'anys a travessar-lo.

Hi trobem nombrosos cossos celestes, com ara galàxies, estrelles i planetes, que s'agrupen en diferents sistemes com a conseqüència de les forces d'atracció que es produeixen entre ells.

Aquesta força d'atracció és responsable que:

- Els objectes experimentin la força pes.
- La Lluna giri al voltant de la Terra.
- Els planetes girin al voltant del Sol.
- Les estrelles s'agrupin en galàxies.
- Les galàxies s'agrupin en cúmuls de galàxies.

Llei de Newton de l'atracció gravitatòria

Basant-se en molts experiments, el físic anglès Sir Isaac Newton (1642-1727) va establir la **llei de l'atracció gravitatòria**.

Aquest llei estableix que el valor de les forces amb la qual s'atreuen dos cossos:

- És directament proporcional al producte dels valors de les seves masses m_1 i m_2.
- És inversament proporcional al quadrat de la distància, d, que les separa.

La constant de gravitació se simbolitza amb G.

Matemàticament escrivim:

$$F = G \cdot \frac{m_1 \cdot m_2}{d^2}, \text{ on } G = 6{,}67 \cdot 10^{-11} \frac{N \cdot m^2}{kg^2}$$

El terme 10^{-11} indica que el valor de G és extremadament petit:

$$10^{-11} = 0{,}000\,000\,000\,01$$

Tenint en compte aquest valor tan petit, les forces d'atracció només es perceben en el cas que almenys una de les dues masses que es considerin sigui molt gran.

La **Terra** és el tercer planeta del Sistema Solar. Té un diàmetre de 12 742 km.

Any llum

L'Univers és tan gran que, per indicar distàncies i mides dins seu, hem de fer servir una unitat de longitud més gran que el quilòmetre.

Aquesta unitat és l'**any llum**, que rep aquest nom perquè correspon a la longitud que recorre la llum en un any: $9{,}46 \cdot 10^{12}$ km (la llum recorre $3 \cdot 10^8$ m cada segon).

El **Sistema Solar** està format pel Sol i 8 planetes, i té un diàmetre aproximat de 0,000 95 anys llum (agafant l'òrbita de Neptú).

La **Via Làctia**, a la qual pertany el Sistema Solar (situat prop de la part exterior), conté entre 200 000 i 400 000 estrelles i té un diàmetre d'uns 150 000 anys llum.

La Via Làctia forma, conjuntament amb unes 40 galàxies més, un cúmul de galàxies (anomenat **grup local**) que té un diàmetre aproximat de 6 milions d'anys llum.

El cúmul de galàxies en el qual es troba la Via Làctia és un dels milions que formen l'**Univers** conegut.

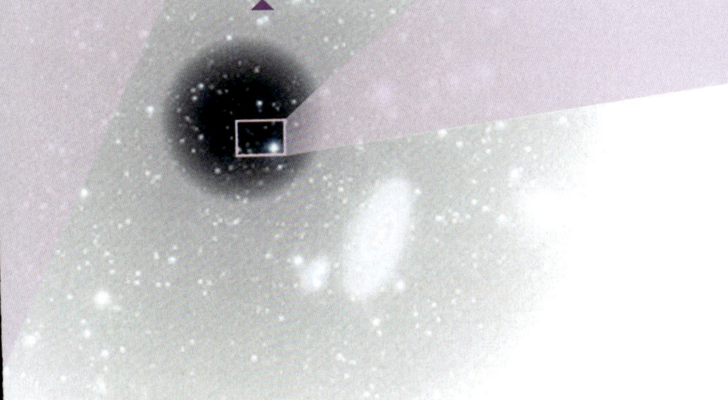

Univers	100 000 milions anys llum	$9{,}5 \cdot 10^{23}$ km
Cúmul de galàxies	6 milions anys llum	$5{,}7 \cdot 10^{19}$ km
Via Làctia	150 000 anys llum	$1{,}4 \cdot 10^{18}$ km
Sistema Solar	$9{,}5 \cdot 10^{-4}$ anys llum	$9{,}0 \cdot 10^{9}$ km
Sol	$1{,}5 \cdot 10^{-7}$ anys llum	$1{,}4 \cdot 10^{6}$ km
Terra	$1{,}3 \cdot 10^{-9}$ anys llum	$1{,}3 \cdot 10^{4}$ km
Lluna	$3{,}7 \cdot 10^{-10}$ anys llum	$3{,}5 \cdot 10^{3}$ km

Activitats

1. Suposa que vols muntar una maqueta del Sistema Solar a escala fent servir una bala d'1 cm de diàmetre per representar la Terra i mantenint les proporcions reals entre longituds i distàncies.

a. Quin diàmetre ha de tenir la bala que representa la Lluna?

b. I la que representa el Sol?

c. A quina distància de la bala que representa el Sol hauràs de posar la bala que representa Neptú, l'últim planeta del Sistema Solar?

d. És factible fer una maqueta com aquesta?

5

LABORATORI

Relacions entre magnituds

El físic anglès Robert Hooke (1635-1703) va desenvolupar la llei que porta el seu nom a partir de les experiències fetes amb molles i de l'anàlisi de les gràfiques obtingudes en representar parelles de valors *força-deformació* en dos eixos perpendiculars diferents.

La representació de parelles de valors relacionades s'utilitza en moltes ocasions per analitzar les relacions entre magnituds.

A. REPRESENTAR RELACIONS ENTRE MAGNITUDS

Per entendre les relacions entre magnituds les acostumem a representar gràficament.

En primer lloc, s'elabora una taula amb parelles de valors de les magnituds que volem relacionar. Per fer-ho es repeteix el mateix experiment diverses vegades, però cada cop es canvia una mica una de les dues magnituds. Després es representen les parelles de valors en uns eixos *OX* i *OY*. En unir els punts obtinguts veurem si el resultat és una línia recta o una corba coneguda.

Suposa que volem estudiar la relació entre massa i pes. En primer lloc, calculem el pes de diferents masses i escrivim el resultat en una taula. Amb aquestes dades dibuixarem la gràfica.

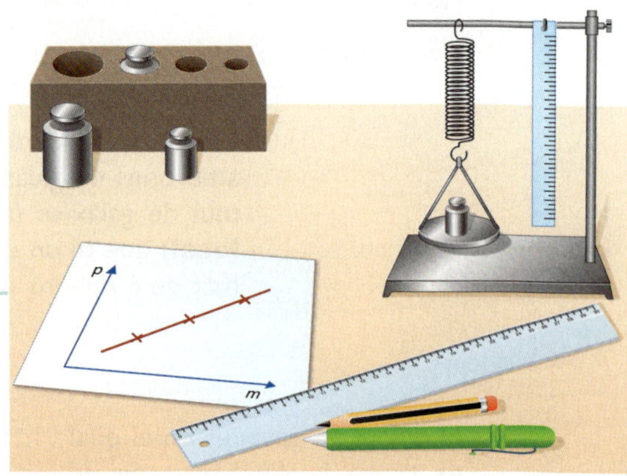

Treball al laboratori

Aquesta activitat també la pots fer utilitzant les dades que hagis obtingut tu mateix al laboratori si disposes dels materials següents: pesos de diferents valors, un dinamòmetre i un suport.

Establiment de la gràfica i representació de les dades

1. Dibuixa, sobre un paper mil·limetrat, els eixos de la gràfica. A l'eix *OX* es representarà la massa (*m*, en quilograms) i a l'eix *OY* es representarà el pes (*p*, en newtons).
2. Determina l'escala dels eixos. Tingues en compte els valors màxims i mínims de cadascun dels paràmetres, per poder representar-los sobre el paper.
   - Eix *OX*. El valor mínim és 0 i, el màxim, 5 kg. Per tant, pots establir una escala en la qual 1 cm correspongui a 1 kg (tindràs un eix *OX* amb una longitud de 5 cm).
   - Eix *OY*. El valor mínim és 0 i el màxim és 49 N. En aquest cas no resulta pràctica una escala 1 cm : 1 N; és millor una escala en la qual 1 cm correspongui a 10 N, de forma que l'eix *OY* tingui una longitud de 5 cm.
3. Dibuixa un punt per a cada parella de valors de la taula tenint en compte les escales triades.
4. Traça una línia que uneixi els diferents punts.
5. Quin tipus de línia s'ha obtingut?

Massa (kg)	Pes (N)
0	0
1	9,8
2	19,6
3	29,4
4	39,2
5	49,0

Preguntes

1. Què hauria passat si haguessis utilitzat una escala 1 cm : 1 N? Quina mida tindria el gràfic?
2. En el cas de l'eix *OX*, podries haver fet servir una escala 1 cm : 0,5 kg?

B. OBTENIR INFORMACIÓ D'UNA GRÀFICA

L'ús de gràfiques també ens permet entendre la relació entre força i allargament d'una molla.

Ús de gràfiques per entendre la relació entre força i allargament

1. Si en aplicar-hi una força d'1 N una molla s'allarga 2 cm, quin valor té la constant *k* d'aquesta molla?
2. Determina quant s'allargarà en aplicar-hi les forces de la taula següent:

Força (N)	1	2	3	4	5	6
Allargament (cm)	2	...	...	...	...	...

3. Representa els resultats obtinguts dels allargaments a l'eix *OX* i els valors de les forces a l'eix *OY*.
4. Traça una línia que passi per aquests punts. Descriu la gràfica que has obtingut i relaciona-la amb l'expressió que coneixes entre força i allargament: $F = k \cdot x$.

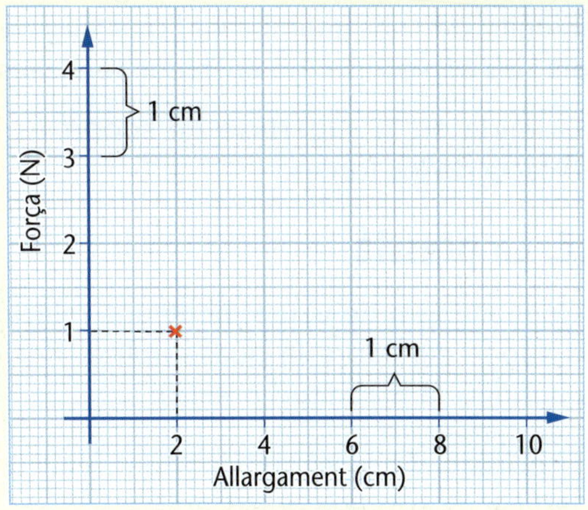

Simulació TIC @

Per saber més sobre la diferència entre massa i pes practica amb la simulació següent: www.tiching.com/748241

a. Comença treballant a la Terra. Penja la massa de 250 g a la molla 1 i veuràs que oscil·la durant un cert temps. Quan s'aturi, mou el regle i observa i anota la deformació que ha experimentat. Calcula i anota el valor de *k*, segons les relacions:

$$p = m \cdot g \quad \text{y} \quad F = k \cdot x \Rightarrow m \cdot g = k \cdot x \Rightarrow k = m \cdot \frac{g}{x}$$

b. Després, penja de la mateixa molla la massa de 100 g. Anota l'allargament de la molla. Repeteix el procés activant el botó de Lluna, i anota l'allargament.

c. Amb el valor de k que coneixes de l'apartat anterior, calcula i anota el valor de la gravetat a la Lluna. Consulta, a la pàgina 121, el valor de la gravetat a la Lluna. Coincideix amb el que has obtingut? Reflexiona i escriu quin pot ser el motiu de les diferències.

d. Repeteix el procés anterior activant el botó de Júpiter per calcular el valor de la gravetat en aquest planeta.

e. Anota la deformació que experimenten les molles si hi pengem el pes de 100 g i activem el botó g = 0. Explica'n el perquè.

f. Calcula els pesos i les masses dels pesos de colors a partir de les deformacions que produeixen a la molla 1.

g. Repeteix els mateixos passos amb la molla 3 variant-ne el valor de la suavitat (k). Abans de fer les simulacions, pensa quins valors han de coincidir amb els obtinguts amb la molla 1. Coincideixen realment? A què poden ser degudes les diferències?

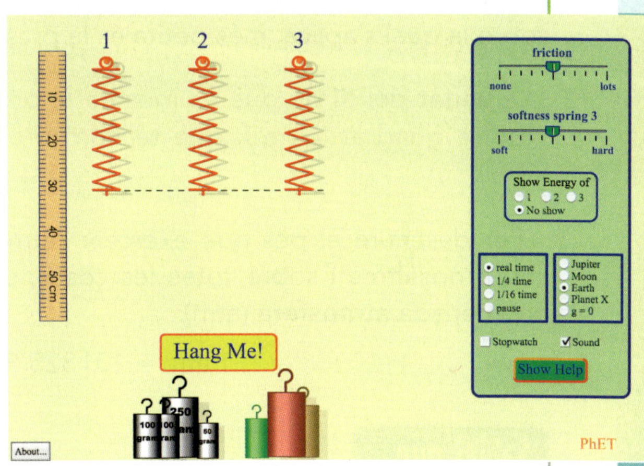

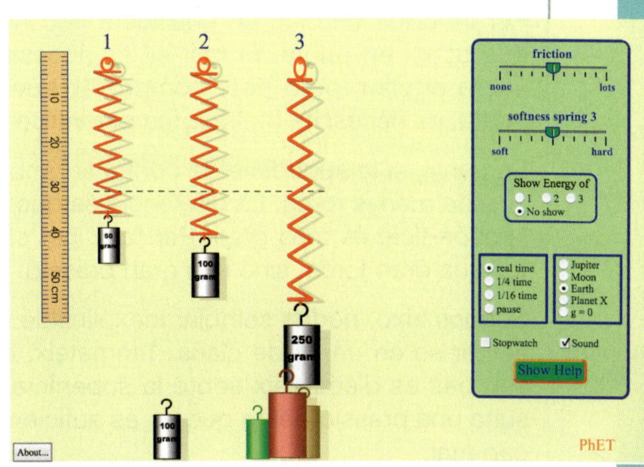

6 Pressió

6.1. Eficàcia de la força

Per desplaçar-se millor sobre la neu es fan servir els esquís i les raquetes. En augmentar la superfície de suport, la persona que els porta evita enfonsar-se a conseqüència del seu pes.

A la natura trobem exemples d'aquest fet: els ocells que es desplacen sobre la sorra o el fang tenen els dits de les seves potes units per una membrana, que augmenta la superfície de suport i els serveix per no enfonsar-se a causa del pes fig. 1.

La mida de la *superfície de suport* és important perquè varia l'eficàcia de les forces.

Fig. 1 Tant l'oca com l'excavadora es recolzen sobre superfícies grans (les potes palmípedes i les erugues, respectivament) per no enfonsar-se en el terreny.

6.2. La pressió

Com acabem de veure, hi ha una relació entre la força aplicada i la superfície sobre la qual s'aplica. Per establir aquesta relació es defineix la magnitud *pressió*:

La **pressió**, *P*, és el quocient entre la força aplicada, *F*, i la superfície, *S*, sobre la qual s'aplica:

$$P = \frac{F}{S}$$

És a dir, per a una mateixa força, com més gran és la superfície sobre la qual s'aplica, més petita és la pressió que s'hi exerceix.

La unitat del SI en què es mesura la pressió és el newton per metre quadrat (N/m^2), que té nom propi i s'anomena **pascal** (Pa).

Per descriure el pes que exerceix l'atmosfera que ens envolta, sobre nosaltres i sobre totes les coses, s'utilitza una altra unitat anomenada **atmosfera** (atm):

$$1 \text{ atm} = 101\,325 \text{ Pa}$$

Sabies que...

Per introduir un clau en una fusta necessites un martell i un clau que acabi en punta. El martell és necessari per exercir una força sobre el clau, però pots comprovar que, si el clau no acaba en punta, es necessita molta força per introduir-lo a la fusta.

En canvi, si la superfície de contacte amb la fusta és petita, es necessita menys força. La diferència és que la *pressió* exercida sobre la superfície és més gran. Per tant, per clavar un clau no necessites una gran força, sinó una gran pressió.

Segons això, podria semblar inexplicable el fet que un faquir pugui estirar-se en un llit de claus. Tanmateix, com que quan s'estira el seu pes es distribueix sobre la superfície de tots els claus, en resulta una pressió petita que no és suficient perquè els claus li facin cap mal.

APLICACIONS DE LA PRESSIÓ

Hi ha un gran nombre d'aplicacions tecnològiques relacionades amb la pressió. Una de les més conegudes és la **premsa hidràulica**, que es basa en la transmissió de la pressió per mitjà d'un líquid. Aquesta premsa serveix per pujar grans pesos mitjançant forces petites.

A la imatge es mostra un esquema del seu funcionament: en exercir una força F_A a l'èmbol *A*, la pressió generada arriba a l'èmbol *B*, que exercirà una força F_B.

Però com és aquesta força F_B? Per calcular-la fem servir la fórmula següent:

$$F_B = \frac{F_A \cdot S_B}{S_A}$$

Per tant, com més gran sigui la superfície gran (S_B) respecte a la petita (S_A), pesos més grans podrem pujar.

@ Amplia a la Xarxa...

Treballa amb una simulació d'una premsa hidràulica a: www.tiching.com/748242

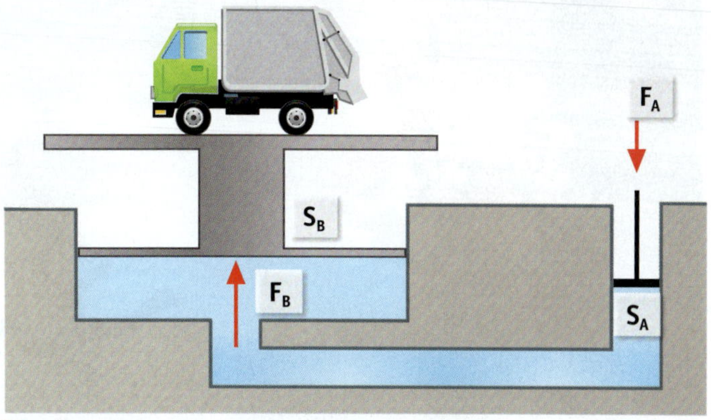

Esquema d'una premsa hidràulica.

Noves aplicacions

Últimament han anat apareixent noves aplicacions tecnològiques relacionades amb la pressió, com ara:

- Telèfons intel·ligents (*smartphones*) les pantalles dels quals són sensibles a la pressió, de manera que, segons la pressió que hi fem, s'activaran unes opcions o unes altres, o podrem dibuixar simulant la pressió sobre un paper (així, com més gran sigui la pressió, més gruixut serà el traç dibuixat).
- Rajoles que fan servir les petjades de la gent que hi camina per generar electricitat.

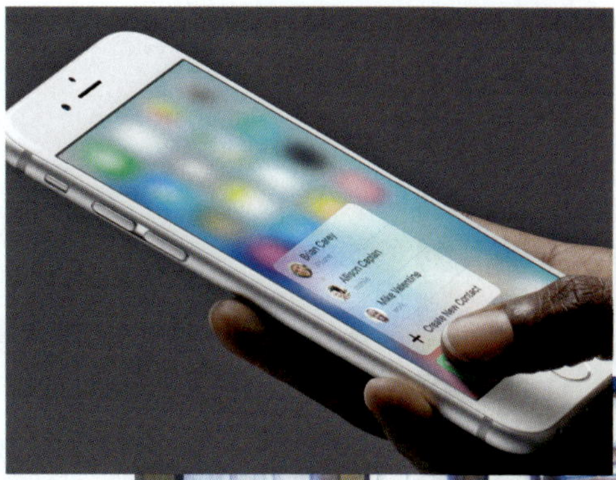
Telèfon amb pantalla sensible a la pressió.

Rajoles desenvolupades per transformar els nostres passos en energia elèctrica.

Activitats

1. Calcula la pressió que exerceix un vent amb una força de 72 000 N sobre una vela de vaixell de 12 m^2.
2. En una premsa hidràulica s'exerceixen 20 000 N de força sobre un èmbol de 10 m^2. Calcula la força que exercirà l'altre èmbol si la seva superfície és de 4 m^2.
3. Explica per què penses que:
   a. Un clau ha de tenir la punta fina perquè es clavi a la fusta amb més facilitat.
   b. Les bicicletes de muntanya tenen les rodes més amples que les de carretera.
   c. Les excavadores amb erugues s'enfonsen menys que les que tenen rodes.

1 Observa i analitza. **Tipus de forces**

Explica l'origen i les accions que exerceixen les forces que apareixen a les imatges següents:

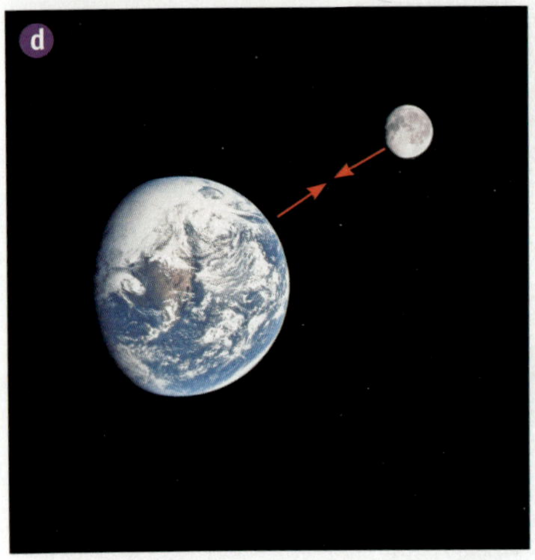

2 Calcula i contesta. **Mesura de forces**

a) Determina la constant d'elasticitat, *k*, de la molla d'un dinamòmetre que s'allarga 6 cm en aplicar-hi una força de 30 N.

b) Determina el valor, la direcció i el sentit de la força que hem d'aplicar a l'extrem d'una molla que penja en vertical si volem que s'allargui 5 cm. La constant de la molla és $k = 2\,500$ N/m.

c) Calcula la suma de dues forces de 3 N i 4 N si són:

- Paral·leles i del mateix sentit.
- Paral·leles i de sentits oposats.
- Perpendiculars.

d) Determina el pes de tres objectes les masses dels quals són les següents:

20 kg   5 000 kg   0,03 kg

e) Calcula el que indicarà una balança quan hi col·loquem, successivament, els tres pesos següents:

60 N   300 N   2 500 N

f) Tenint en compte que la gravetat a la Lluna és de 1,6 m/s^2, determina quant hi pesa:

- Un astronauta de 80 kg.
- Una astronauta que a la Terra pesa 616 N.

3 Analitza un text. Avantatges i desavantatges del fregament

El fregament, com hem vist, és degut al contacte entre dues superfícies i també al contacte amb l'aire. Per més llises que siguin les superfícies, sempre hi ha una mica de fregament, que pot ser un avantatge o un inconvenient.

Alguns dels **avantatges** són:

- El fregament va permetre l'obtenció del foc a la prehistòria per cuinar i escalfar-se.
- El fregament dels nostres peus o del nostre calçat amb el terra ens permet caminar i enfilar-nos. Pensem com les superfícies gelades i mullades ens fan relliscar i de vegades caure.
- El fregament amb el terra també permet avançar en el ciclisme i el patinatge, mentre que el fregament dels frens ajuda a aturar-se quan calgui.
- Tots els frens dels vehicles basen el seu efecte en el fregament d'alguna peça amb les rodes perquè girin més a poc a poc o s'aturin.
- El fregament del paracaigudes amb l'aire permet reduir la velocitat de la caiguda i aterrar sense fer-se mal.

  Els parapents també utilitzen el fregament amb l'aire per volar durant un cert temps sense caure a terra.

Alguns dels **desavantatges** són:

- El fregament dels vehicles amb el terra o amb l'aire fa que, sense motor, no puguin continuar movent-se. Si no fos per això, un objecte en moviment no s'aturaria mai i no farien falta motors.
- El fregament entre les peces mòbils de les màquines fa que s'escalfin i es desgastin, cosa que s'evita greixant aquestes peces per disminuir-ne el fregament.

a) Imagina un dia sense fregament. Descriu com passarien les coses.

b) Busca informació i explica com i quan van descobrir el foc els nostres avantpassats.

c) Esmenta més exemples en els quals intervingui el fregament, explicant si hi és útil o perjudicial.

4 Raona. Les forces

Indica si les afirmacions següents són certes o falses. A continuació, torna a escriure les falses correctament al quadern:

- Perquè un cos exerceixi força sobre un altre han d'estar en contacte.
- Per descriure una força no n'hi ha prou de conèixer-ne el valor o mòdul, també cal saber sobre quin objecte s'aplica.
- Per mesurar les forces fem servir una molla calibrada, que anomenem dinamòmetre.
- La suma de dues forces de 5 N i de 3N, amb la mateixa direcció i el mateix sentit, és una altra força de 8 N.
- En física no hem de confondre la massa i el pes, encara que al supermercat sí que es confonen.
- Un objecte té la mateixa massa a la Terra que a la Lluna, però el seu pes és diferent.
- El pes d'un objecte a la Lluna és la força amb la qual la Terra l'atreu.

5 Busca a la Xarxa. Llei de Hooke

Accedeix a la simulació que trobaràs a la direcció següent i que et permet experimentar amb la llei de Hooke, calcular la constant d'elasticitat mitjançant una sèrie de pesos i determinar forces:

www.tiching.com/748243

Segueix les instruccions de la simulació i omple al teu quadern els buits d'una taula com la següent:

Massa	20 g = 0,02 kg	40 g = ... kg	60 g = ... kg
Pes	0,02 kg · 9,8 m/s^2 = 0,196 N	... N	... N
Allargament	x_1 = ... mm = ... m	x_2 = ... mm = ... m	x_3 = ... mm = ... m
$k = p/x$	k_1 = ... N/m	k_2 = ... N/m	k_3 = ... N/m

Tenint en compte que en els tres casos es tracta de la mateixa molla, com expliques els resultats obtinguts per al valor de la seva constant d'elasticitat?

6 Calcula i contesta. Forces i acceleracions

La suma de totes les forces que actuen sobre un cos és la força resultant. Amb l'ajuda de dibuixos, indica el valor, la direcció i el sentit de la força resultant de les situacions següents:

a) El motor d'una motocicleta exerceix una força motriu de 1200 N cap a la dreta, i la força de fregament dels seus pneumàtics amb la carretera és de 600 N cap a l'esquerra.

b) Una grua puja mitjançant un cable una caixa de maons de 400 kg. La tensió del cable és de 4320 N.

c) La situació il·lustrada a la figura de la dreta.

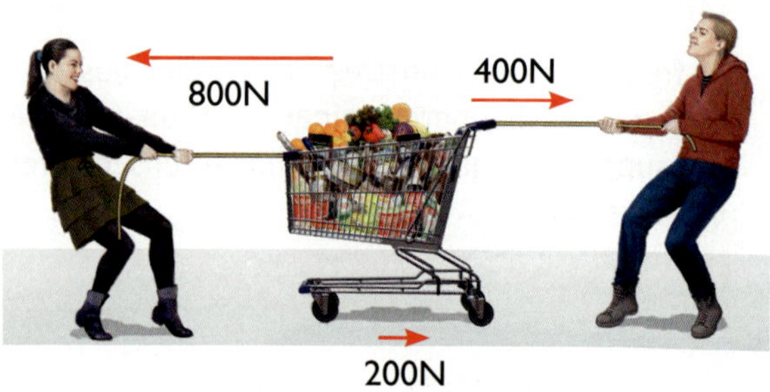

7 Calcula i contesta. Forces i pressions

a) La massa d'un ànec és d'1 kg i la superfície sobre la qual recolzen les seves dues potes és de 50 cm^2. Calcula el pes de l'ànec i la pressió que exerceix sobre el terra.

b) Amb un martell exercim una força de 25 N sobre un clau la punta del qual té una àrea de 0,00000008 m^2. Calcula la pressió que hi exercim. Com deu variar el resultat si la punta es trenca i la seva superfície és de 0,00005 m^2?

c) Sabent que la superfície d'un nen estirat és de 0,8 m^2 i que la seva massa és de 40 kg, calcula'n el pes i la pressió que exerceix sobre un llit amb matalàs.

d) Volem alçar un pes de 10000 N amb una premsa hidràulica. Si la superfície de l'èmbol gran d'aquesta premsa és 50 vegades superior a la del petit, quin és el valor de la força que hem d'exercir a l'èmbol petit de la premsa hidràulica per alçar un pes de 10000 N?

Forces

- Les **forces** produeixen canvis en el moviment i la forma dels objectes. Hi ha forces **per contacte** i **a distància**.
- Mesurem les forces amb **dinamòmetres** que, com que són molles, basen el funcionament en la **llei de Hooke**.
- Són forces quotidianes la **força motriu**, la **tensió**, la **força de fregament** i la **força normal**.

Càlcul de forces

- Les forces són magnituds vectorials. N'hem de conèixer el **valor**, la **direcció**, el **sentit** i el **punt d'aplicació**.
- Per sumar dues forces que tenen la mateixa direcció i el mateix sentit hem de sumar-ne els valors. Si tenen sentits oposats, hem de restar els valors i mantenir el sentit de la força més gran.
- La **pressió** és el quocient entre la força aplicada i la superfície sobre la qual s'aplica: $P = F / S$.

Pes i gravetat

- El **pes** d'un objecte és la força amb la qual la Terra l'atreu, i és proporcional a la seva **massa** i a la gravetat: $F = m \cdot g$.
- El valor de la **gravetat** a la Terra és de 9,8 m/s^2.
- Qualsevol parell de masses s'atreu amb forces el valor de les quals el determina la llei de Newton de l'**atracció gravitatòria**.

1 REPASSA EL QUE HAS APRÈS

a) Quins efectes poden tenir les forces i en quina unitat es mesuren?

b) A què és proporcional l'allargament d'una molla segons la llei de Hooke?

c) Quines característiques hem de conèixer d'una força per expressar-la correctament?

d) Com se sumen dues forces?

e) Quins efectes tenen la força motriu, la tensió, la força de fregament i la força normal?

f) Què és el pes d'un objecte? De què depèn?

g) Són iguals el pes i la massa dels objectes al nostre planeta i a la Lluna?

h) De què depèn la força d'atracció entre dues masses? Quina llei descriu aquesta atracció?

i) Què és un any llum?

j) De quines magnituds depèn la pressió?

2 DEFINEIX CONCEPTES CLAU

- Força
- Valor
- Direcció
- Sentit
- Pes
- Massa
- Gravetat
- Pressió
- Univers

CONTESTA LA PREGUNTA INICIAL

Després d'estudiar aquest tema, pots contestar la pregunta inicial:

Què fa que els objectes es moguin o es deformin?

Redacta un text d'entre 10 i 20 línies que resumeixi les conclusions a les quals hagis arribat.

CONSOLIDA EL QUE HAS APRÈS

Per consolidar els coneixements adquirits, pots fer les activitats suggerides a:

www.tiching.com/747749

Aquestes activitats les pots descarregar en un document pdf al final del qual trobaràs les solucions.

8 EL MOVIMENT

Com podem descriure un moviment?

Els trens de gran velocitat (TGV) poden circular a 300 km/h.

Al voltant nostre podem observar nombrosos objectes en moviment: els automòbils, les bicicletes, els avions...; fins i tot a nosaltres mateixos.

També els planetes del sistema solar es mouen contínuament al voltant del Sol i alhora, tot el sistema es mou en l'Univers.

En tot moviment podem establir una sèrie de paràmetres que ens permetran caracteritzar-lo, com ara l'origen i la destinació, la velocitat o el camí que ha seguit, és a dir, la trajectòria.

A partir de l'estudi i de l'anàlisi del moviment i de les seves característiques podrem extreure relacions matemàtiques per calcular la posició i la velocitat d'un objecte que es mou.

Què sabem?

- Observa el tren de la imatge. Quin element ens permet determinar-ne fàcilment la trajectòria?
- Quina magnitud relaciona la distància recorreguda per un mòbil amb el temps que ha trigat a recórrer-la?
- Quant de temps triga el TGV a fer el trajecte París-Lió? En quant el fa un tren convencional?
- Què volem dir quan diem que un automòbil accelera?

Què aprendrem?

- **Quines característiques hem de conèixer per entendre un moviment.**
- **Quines trajectòries poden seguir els moviments.**
- **Què són i quina diferència hi ha entre velocitat i acceleració.**
- **Com s'elaboren i com s'interpreten les gràfiques dels diferents tipus de moviment.**

DESCOBREIX

1 El moviment

Un estel fugaç és un meteor, una petita partícula procedent d'un cometa, que en el seu moviment a través de l'atmosfera es crema, cosa que permet observar-ne la trajectòria.

Un objecte està en moviment quan la seva posició canvia amb el pas del temps. L'objecte que es mou s'anomena **mòbil**.

A EL MOVIMENT ÉS RELATIU

Observa els passatgers del tren de la fotografia. Per a la dona, el nen no està en moviment, perquè no es mou en relació amb ella.

Això no obstant, per a qualsevol observador que fos fora del tren, el nen sí que està en moviment, tenint en compte que es desplaça amb el tren.

Per aquest motiu, es diu que el **moviment és relatiu**, perquè depèn d'on l'observem, és a dir, del **sistema de referència** que adoptem.

Un sistema de referència està constituït per uns eixos i un origen respecte del qual referim la posició d'un objecte.

B TIPUS DE MOVIMENT

El moviment d'un objecte es pot classificar segons la forma del recorregut que fa.

Per exemple:

- **Moviment rectilini**. El mòbil segueix una línia recta. És el cas d'un atleta en una carrera de 100 m llisos.
- **Moviment circular**. El mòbil descriu una circumferència. És el cas de les cabines d'una roda de fira.
- **Moviment parabòlic**. El mòbil descriu una paràbola. És el cas d'una pilota de bàsquet en un llançament a cistella.

C DESCRIPCIÓ DEL MOVIMENT

Per descriure un moviment fem servir una sèrie de termes amb els quals t'hauràs de familiaritzar. Perquè ho vegis més clar, utilitzarem l'aplicació Google Maps, que ens permet buscar localitzacions i calcular recorreguts.

- **Posició, x**. És el lloc que ocupa el mòbil respecte de l'origen marcat pel sistema de referència. En aquest cas, prenem com a origen (posició inicial) el punt 1 del mapa, i com a destinació (posició final), el punt 2.
- **Trajectòria**. És la línia que uneix totes les posicions ocupades pel mòbil durant el seu recorregut. Així, en el mapa veiem dibuixat amb traç continu la trajectòria seguida per un automòbil i, amb traç discontinu, la trajectòria que segueix un vianant.
- **Distància recorreguda, *d***. És la longitud del camí recorregut sobre la trajectòria seguida. En aquest cas, el cotxe ha recorregut 450 m, i el vianant, 260 m.
- **Desplaçament, *D***. És la distància més curta entre les posicions inicial i final. En el nostre exemple, és de 260 m.

Com pots observar, pel que fa a l'automòbil la distància recorreguda no coincideix amb el desplaçament.

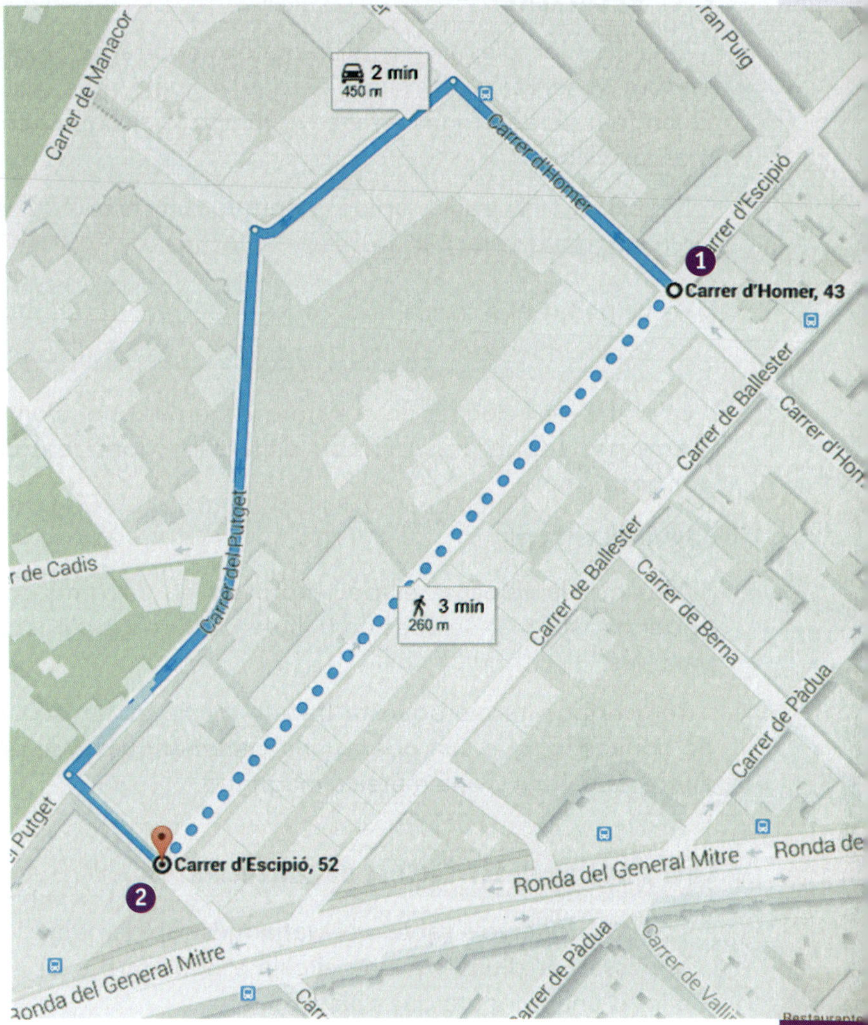

D TEMPS

En l'estudi dels moviments, de les trajectòries i dels desplaçaments, també cal que tinguem en compte el temps que transcorre.

Pel que fa al temps, distingim dos conceptes:

- **Instant de temps, *t***. Es refereix a un moment determinat.
- **Interval de temps, $t_2 - t_1$**. Es refereix al que mesura el cronòmetre o el rellotge entre dos instants.

La unitat del SI en què es mesura el temps és el **segon** (s).

@ Amplia a la Xarxa...

Aprèn a distingir entre trajectòria i desplaçament a: www.tiching.com/748244

Activitats

1. A què anomenem mòbil? Posa exemples de mòbils.
2. Indica les trajectòries que segueixen els cavallets d'una fira, la pilota que projecta una raqueta de tennis, la pilota que cau des d'una finestra, els punts del pneumàtic d'una bicicleta, la javelina llançada en una competició.
3. Explica què entenem per aquests conceptes: posició d'un mòbil, desplaçament i interval de temps. Quines en són les unitats en el SI?

2 Velocitat

2.1. Velocitat

Quan fem en dies diferents un mateix recorregut amb bicicleta, podem observar que hi ha dies que triguem més que d'altres. Quan fem el recorregut en menys temps, diem que hem circulat més ràpidament.

Per saber amb quina rapidesa hem fet un recorregut es fa servir la magnitud *velocitat* fig. 1.

> La **velocitat** ens indica la distància que recorre un mòbil per unitat de temps.

La unitat de velocitat en el sistema internacional d'unitats és el **metre per segon** (m/s). També es fa servir força el **quilòmetre per hora** (km/h).

Fig. 1 Com més alta sigui la velocitat de la bicicleta, menys temps trigarà la ciclista a fer el seu recorregut.

Canvi d'unitats

Atès que la velocitat es pot expressar en diferents unitats, cal poder transformar-ne unes en d'altres perquè sigui possible comparar-les.

Per portar a terme aquesta transformació es fan servir **factors de conversió**, que són operacions matemàtiques que relacionen diferents unitats d'una mateixa magnitud.

Com s'apliquen els factors de conversió

Suposa que vols saber qui viatja més ràpidament, el passatger d'un AVE que circula a 300 km/h o el pilot d'una avioneta que vola a 63 m/s.

No ens resulta possible comparar les dues velocitats si no estan en les mateixes unitats.

Per passar la velocitat de l'avioneta de metres per segon a quilòmetres per hora, apliquem els següents factors de conversió:

$$v_{avioneta} = 63\,\frac{\cancel{m}}{\cancel{s}} \cdot \frac{1\ km}{1000\ \cancel{m}} \cdot \frac{60\ \cancel{s}}{1\ \cancel{min}} \cdot \frac{60\ \cancel{min}}{1\ h} = 226{,}8\,\frac{km}{h}$$

És a dir, l'AVE circula més ràpidament que l'avioneta.

Observa que el primer factor de conversió ens permet passar de metres a quilòmetres (1 km = 1 000 m), el segon ens permet passar de segons a minuts (1 min = 60 s) i el tercer de minuts a hores (1 h = 60 min).

Tingues en compte la posició de les unitats en els factors de conversió, i com se simplifiquen quan es multiplica (les unitats ratllades). Al final només ens queda la unitat que buscàvem: quilòmetres per hora (km/h).

2.2. Velocitat mitjana i velocitat instantània

En algun viatge en cotxe et deus haver fixat en el que marca el velocímetre, i deus haver observat que els valors canvien durant tot el recorregut, segons si es circula per autopista, per ciutat... fig. 2.

> La velocitat d'un mòbil en cada moment s'anomena **velocitat instantània**, *v*.

Això no obstant, si et pregunten a quina velocitat has anat, segurament l'expressaràs dient la mitjana de la velocitat durant tot el recorregut, és a dir, la *velocitat mitjana*:

> La **velocitat mitjana**, v_m, és el quocient entre la distància recorreguda i el temps utilitzat en el recorregut:
>
> $$v_m = \frac{d}{t}$$

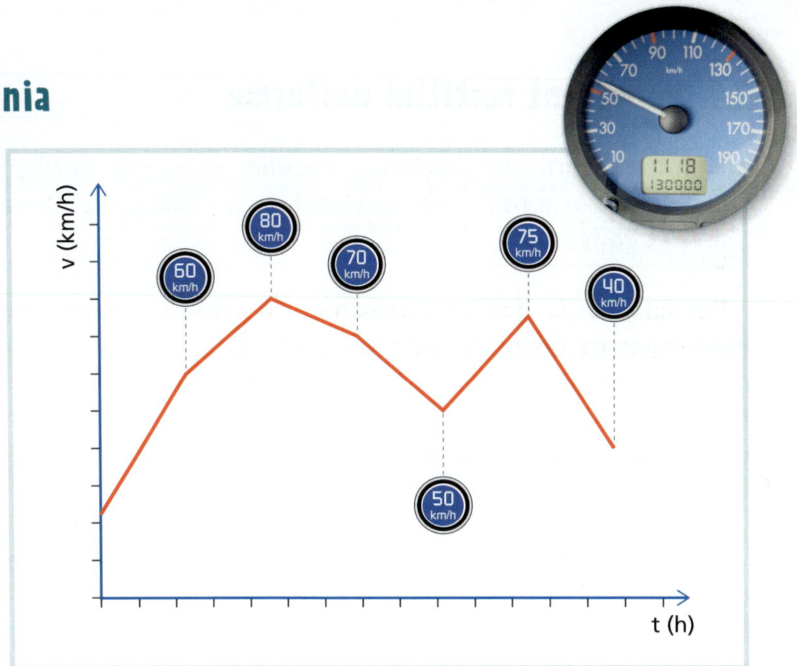

Fig. 2 El velocímetre del cotxe marca la velocitat instantània.

Exemple

1. Un nen circula en bicicleta a velocitat constant i recorre 6 km en 20 minuts per una carretera rectilínia.
   a) Calcula la velocitat mitjana a què ha pedalat, i expressa-la en km/h i m/s.
   b) Determina la distància que recorrerà si manté la mateixa velocitat mitjana durant mitja hora.

Expressem les dades en unitats del SI:

$$20 \text{ min} = 20 \cancel{\text{min}} \cdot \frac{60 \text{ s}}{1 \cancel{\text{min}}} = 1\,200 \text{ s}$$

$$\frac{1}{2} \text{ h} = 30 \text{ min} = 30 \cancel{\text{min}} \cdot \frac{60 \text{ s}}{1 \cancel{\text{min}}} = 1\,800 \text{ s}$$

$$6 \text{ km} = 6 \cancel{\text{km}} \cdot \frac{1\,000 \text{ m}}{1 \cancel{\text{km}}} = 6\,000 \text{ m}$$

a) Calculem la velocitat mitjana i l'expressem en km/h:

$$v_m = \frac{6\,000 \text{ m}}{1\,200 \text{ s}} = 5 \text{ m/s}$$

$$v_m = 5 \frac{\cancel{\text{m}}}{\cancel{\text{s}}} \cdot \frac{1 \text{ km}}{1\,000 \cancel{\text{m}}} \cdot \frac{3\,600 \cancel{\text{s}}}{1 \text{ h}} = 18 \text{ km/h}$$

b) Si en una hora recorre 18 km, en mitja hora en recorrerà:

$$d = \frac{18 \text{ km}}{2} = 9 \text{ km}$$

La velocitat és una magnitud vectorial

Si una persona et diu que camina a 4 km/h, sabràs si va gaire de pressa, però no pas cap a on es dirigeix. Per saber a on va, cal que sàpigues també quina direcció porta i el sentit del desplaçament.

La velocitat és una **magnitud vectorial** (com la força). Es representa amb una fletxa, i n'hem de conèixer:

- El **valor** o **mòdul**. Indica la rapidesa amb què es desplaça el mòbil (per exemple, 4 km/h).
- La **direcció**. És la trajectòria per la qual es mou.
- El **sentit**. Cap a la dreta o cap a l'esquerra.

Activitats

1. És el mateix velocitat mitjana que velocitat instantània? Posa'n algun exemple.
2. Calcula, en m/s i en km/h, la velocitat mitjana d'un patinador que recorre 4 km en 20 min.
3. Un ciclista recorre 50 m per una pista rectilínia en un interval de temps de 20 s. Tot seguit, retrocedeix 20 m en un interval de 15 s. Determina:
   a. La distància total recorreguda.
   b. La velocitat mitjana i la que porta en cada desplaçament (en m/s i en km/h).

3 Moviment rectilini uniforme

3.1. Moviment rectilini uniforme

Un mòbil porta un **moviment rectilini uniforme** (MRU) si té una **trajectòria rectilínia** (es desplaça en línia recta) i una **velocitat constant.**

@ Amplia a la Xarxa...

Treballa el moviment rectilini i uniforme (MRU) a: www.tiching.com/743266

Per calcular la distància que recorre un mòbil que es desplaça amb un MRU, tenim en compte que la velocitat és constant; això fa que la seva velocitat instantània sempre sigui igual a la mitjana fig. 1:

$$v = v_m \Rightarrow v = \frac{d}{t} \Rightarrow d = v \cdot t$$

La distància i el temps són directament proporcionals; si el temps es duplica, la distància es duplica... És a dir, si en 1 s el mòbil recorre 5 m, en 2 s haurà recorregut 10 m, en 3 s haurà recorregut 15 m, etc.

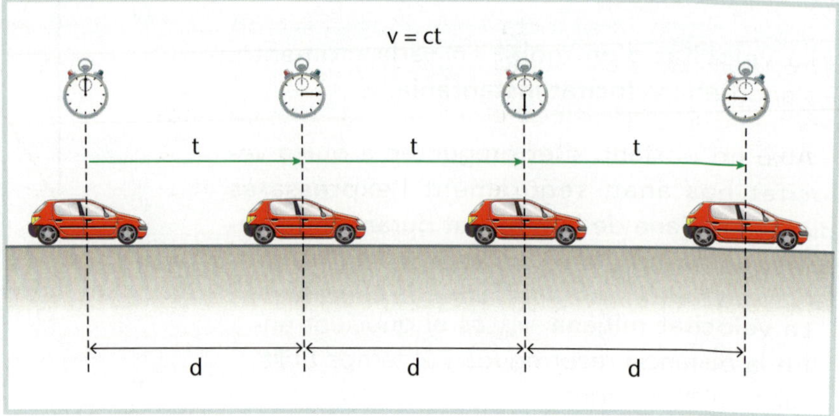

Fig. 1 En un MRU la velocitat és constant.

Per a un mòbil que comenci el moviment a x_0, la seva posició a l'instant *t* serà:

$$x = x_0 + d \Rightarrow x = x_0 + v \cdot t$$

Exemple

1. Un corredor es desplaça en una trajectòria rectilínia a 7,2 km/h. Si surt de $x_0 = 0$, troba la seva posició després de 5 s, 10 s, 15 s i 20 s.

   Fes una taula amb les parelles de valors distància-temps, *x-t*, i representa aquestes parelles en uns eixos de coordenades. Uneix els punts obtinguts i analitza la forma de la gràfica. Representa també els valors de la velocitat en uns eixos *v-t*.

En primer lloc expressem la velocitat en m/s:

$$v = 7{,}2\ \frac{\cancel{km}}{\cancel{h}} \cdot \frac{1\ \cancel{h}}{3600\ s} \cdot \frac{1000\ m}{1\ \cancel{km}} = 2\ m/s$$

t	$x = x_0 + v \cdot t$
$t_1 = 0$ s	$x_1 = 2 \cdot 0 = 0$ m
$t_2 = 5$ s	$x_2 = 2 \cdot 5 = 10$ m
$t_3 = 10$ s	$x_3 = 2 \cdot 10 = 20$ m
$t_4 = 15$ s	$x_4 = 2 \cdot 15 = 30$ m
$t_5 = 20$ s	$x_5 = 2 \cdot 20 = 40$ m

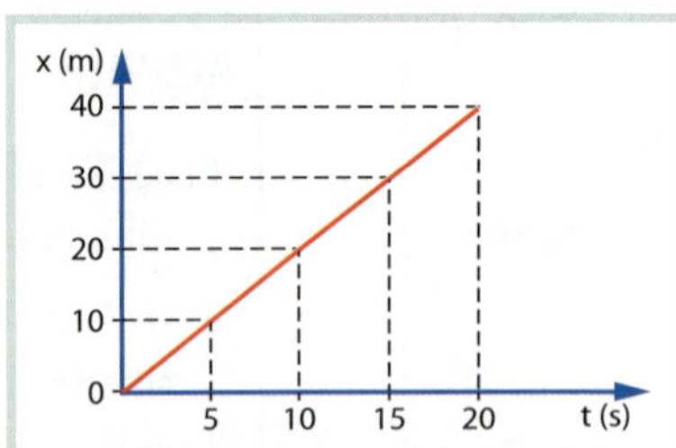

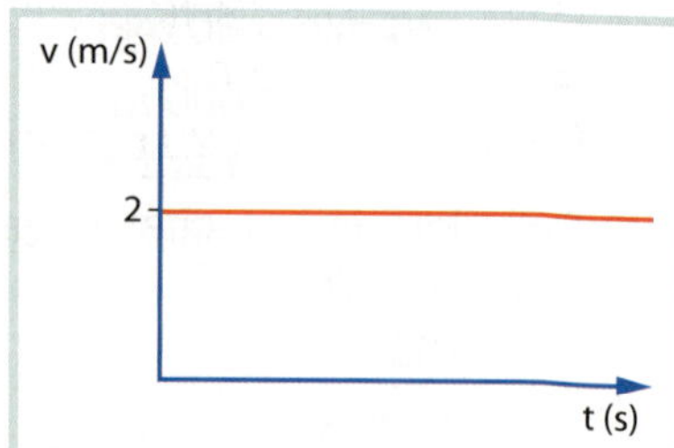

Quan s'uneixen els punts corresponents a les parelles *x-t*, en resulta una línia recta inclinada. En unir els de les parelles *v-t*, com que la velocitat sempre és igual a 2 m/s, la gràfica resulta una recta horitzontal.

Aquesta és la característica de les gràfiques distància-temps, *x-t*, i velocitat temps, *v-t,* en el MRU.

Gràfiques del moviment rectilini uniforme

Coneixem les característiques d'aquestes gràfiques a partir de les equacions de la posició ($x = x_0 + v \cdot t$) i de la velocitat (v = constant).

Gràfica posició-temps (x-t)

Com que la posició canvia de forma constant, la gràfica és una línia recta inclinada amb un pendent que correspon a la velocitat del mòbil.

Si agafem l'origen de coordenades a $x = 0$, la posició coincidirà amb la distància recorreguda i la recta inclourà l'origen de coordenades. En qualsevol altre cas, la recta tallarà l'eix OX a $x = x_0$.

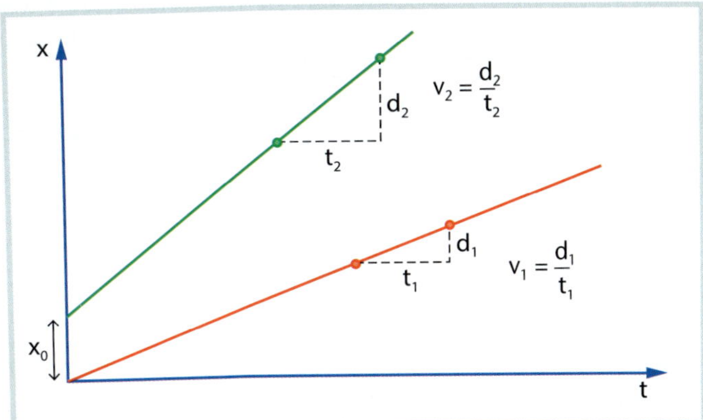

Gràfica velocitat-temps (v-t)

Com que la velocitat és constant, la representació de la velocitat en relació amb el temps serà una línia horitzontal.

Aquesta línia serà per damunt de l'eix si la velocitat és positiva (el mòbil es desplaça cap a la dreta) i per sota si és negativa (el mòbil es desplaça cap a l'esquerra).

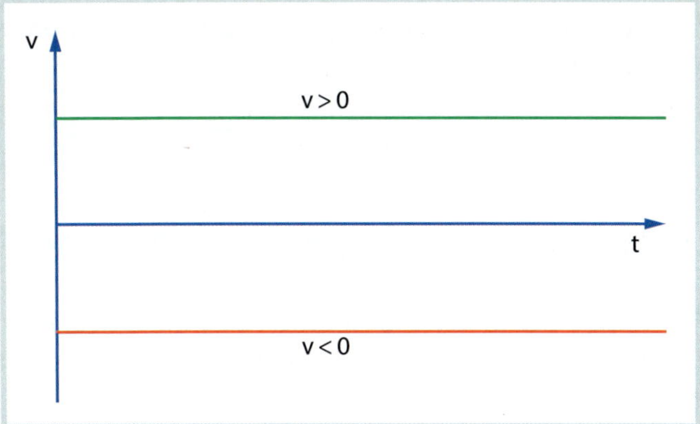

Exemple

2. Una ciclista es desplaça cap a l'esquerra per un camí rectilini. Una altra persona mesura el temps i apunta els desplaçaments cada segon.

   Un cop representades les parelles de valors x-t en una gràfica i units els punts corresponents, s'obté la recta de la dreta.

   Calcula la velocitat de la ciclista a partir de la gràfica.

   Per la forma de la gràfica, deduïm que la ciclista s'ha desplaçat seguint un MRU. A partir de l'expressió de la velocitat i les parelles de dades x-t, tenim que:

$$v = \frac{x}{t} = \frac{-10\text{ m}}{2\text{ s}} = \frac{-20\text{ m}}{4\text{ s}} = \frac{-30\text{ m}}{6\text{ s}} = \frac{-40\text{ m}}{8\text{ s}} = -5\text{ m/s}$$

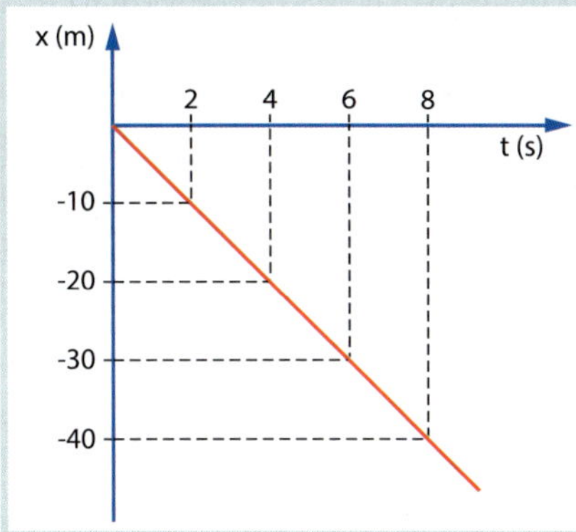

Activitats

1. Què caracteritza un moviment rectilini uniforme?
2. Calcula la distància que recorre una corredora en línia recta, amb una velocitat constant de 18 km/h, durant 10 minuts. Expressa el resultat en metres i en quilòmetres.
3. Prepara i representa al quadern les gràfiques x-t i v-t d'un mòbil que circula a una velocitat constant de 12 m/s per una carretera rectilínia i que ha sortit de la posició x = 26 m.

   Quina posició ocuparà quan hagi passat 1 minut?

4 Moviment rectilini uniformement accelerat

4.1. Acceleració

Quan circules en cotxe no sempre vas a la mateixa velocitat. Quan augmentem la velocitat, diem que *accelerem*; quan la disminuim, diem que *frenem*.

L'**acceleració** ens indica la variació de la velocitat per unitat de temps.

La unitat del SI amb què es mesura l'acceleració és el **metre per segon al quadrat** (m/s^2).

Tal com ho hem fet per a la velocitat, podem definir el concepte d'*acceleració mitjana* i calcular-la com la variació de la velocitat ($v - v_0$) dividida entre el temps transcorregut:

L'**acceleració mitjana**, a_m, és el quocient entre la variació de velocitat i el temps utilitzat:

$$a_m = \frac{v - v_0}{t}$$

Signes de l'acceleració

L'acceleració mitjana és positiva quan la velocitat del mòbil augmenta, i és negativa quan la velocitat disminueix. Això darrer correspon al cas de la *frenada*.

Per exemple, si la velocitat d'un motorista augmenta des de 4 m/s fins a 8 m/s en un interval de temps de 2 s, l'acceleració mitjana del motorista serà:

$$a_m = \frac{v - v_0}{t} = \frac{8\ m/s - 4\ m/s}{2\ s} = 2\ m/s^2$$

En el cas que la velocitat disminueixi de 40 m/s a 10 m/s en 10 s, l'acceleració mitjana serà:

$$a_m = \frac{v - v_0}{t} = \frac{10\ m/s - 40\ m/s}{10\ s} = -3\ m/s^2$$

4.2. Moviment rectilini uniformement accelerat

Un mòbil porta un **moviment rectilini uniforme accelerat** (MRUA) si té una **trajectòria rectilínia** i una **acceleració constant** fig. 1.

Per calcular la velocitat que ateny i la distància que recorre un mòbil en desplaçar-se amb un MRUA, tenim en compte que en tot moment la seva acceleració és l'acceleració mitjana:

$$a = a_m = \frac{v - v_0}{t} \Rightarrow \quad v = v_0 + a \cdot t$$

Aquesta és l'**equació de la velocitat**, en la qual v és la velocitat final que s'ateny, v_0 és la velocitat inicial, a és l'acceleració i t és l'interval de temps transcorregut.

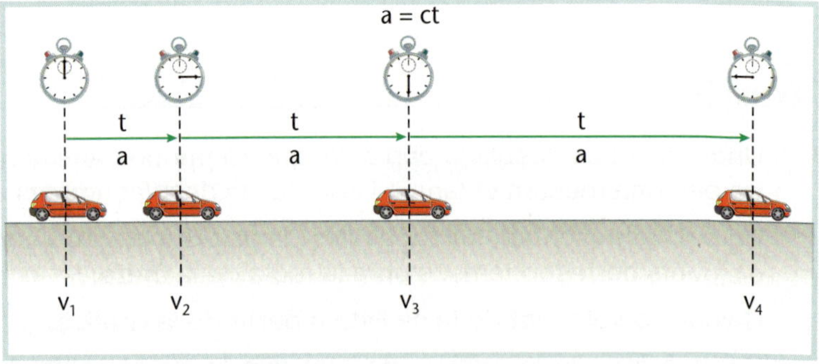

Fig. 1 En un MRUA la velocitat del mòbil varia uniformement.

La posició que ocupa aquest mateix mòbil es calcula mitjançant l'**equació del moviment**:

$$x = x_0 + v_0 \cdot t + \frac{1}{2} \cdot a \cdot t^2$$

En els casos en què el mòbil parteix de $x_0 = 0$, la posició en cada moment coincidirà amb la distància recorreguda.

En els casos en què el mòbil parteix del repòs, $v_0 = 0$, les equacions de la velocitat i la posició són:

$$v = a \cdot t \qquad x = x_0 + \frac{1}{2} \cdot a \cdot t^2$$

@ Amplia a la Xarxa...

Treballa el MRUA i compara'l amb el MRU a:

www.tiching.com/748245
www.tiching.com/748246
www.tiching.com/748247

Exemple

1. Una esquiadora que es desplaça en línia recta porta una velocitat de $v_0 = 2$ m/s. Si accelera amb $a = 1$ m/s^2:

   a) Escriu les equacions de la velocitat i el moviment.

   b) Donant al temps els valors 2 s, 4 s, 6 s i 8 s, determina els corresponents valors de la velocitat i de la posició utilitzant les equacions corresponents.

   c) Representa en eixos *a-t*, *v-t* i *x-t*, les parelles de valors obtingudes i analitza les gràfiques que resulten d'unir els punts corresponents.

a) Considerem $x_0 = 0$ i substituïm les dades a les equacions de la velocitat i del moviment:

$$v = v_0 + a \cdot t = 2 + 1 \cdot t = 2 + t$$

$$x = x_0 + v_0 \cdot t + \frac{1}{2} \cdot a \cdot t^2 = 0 + 2 \cdot t + \frac{1}{2} \cdot 1 \cdot t^2 = 2 \cdot t + \frac{1}{2} \cdot t^2$$

b) $t_1 = 2$ s; $v_1 = 2 + 2 = 4$ m/s; $x_1 = 2 \cdot 2 + \frac{1}{2} \cdot 2^2 = 4 + 2 = 6$ m

$t_2 = 4$ s; $v_2 = 2 + 4 = 6$ m/s; $x_2 = 2 \cdot 4 + \frac{1}{2} \cdot 4^2 = 8 + 8 = 16$ m

$t_3 = 6$ s; $v_3 = 2 + 6 = 8$ m/s; $x_3 = 2 \cdot 6 + \frac{1}{2} \cdot 6^2 = 12 + 18 = 30$ m

$t_4 = 8$ s; $v_4 = 2 + 8 = 10$ m/s; $x_4 = 2 \cdot 8 + \frac{1}{2} \cdot 8^2 = 16 + 32 = 48$ m

	$t_1 = 2$ s	$t_2 = 4$ s	$t_3 = 6$ s	$t_4 = 8$ s
a (m/s^2)	1	1	1	1
v (m/s)	4	6	8	10
x (m)	6	16	30	48

c)

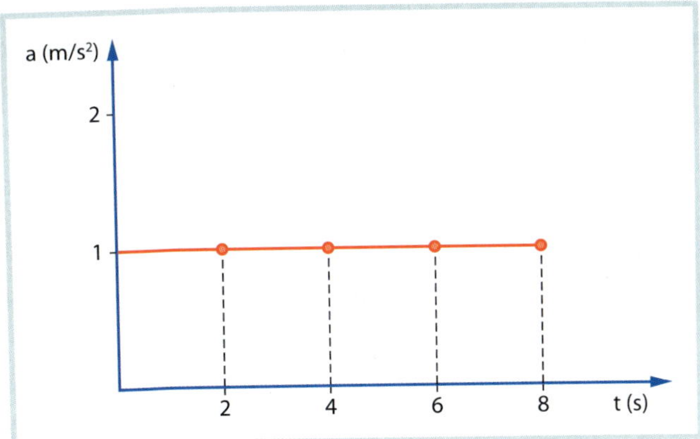

La gràfica de l'acceleració, *a-t*, del MRUA és una recta horitzontal; en aquest cas per damunt de l'eix, perquè l'acceleració és positiva.

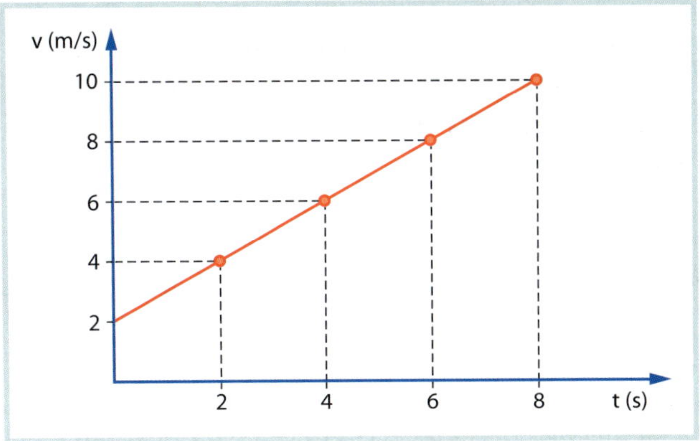

La gràfica de la velocitat, *v-t*, del MRUA és una recta inclinada cap a dalt, perquè l'acceleració és positiva.

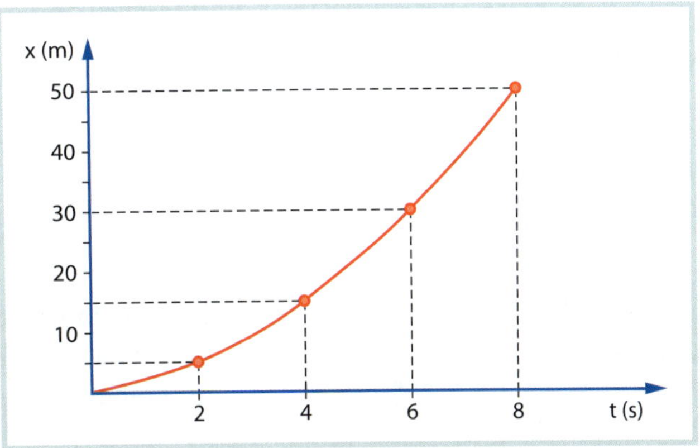

La gràfica de les posicions, *x-t*, del MRUA és una corba en forma de paràbola.

4 Moviment rectilini uniformement accelerat

Gràfiques del moviment rectilini uniformement accelerat

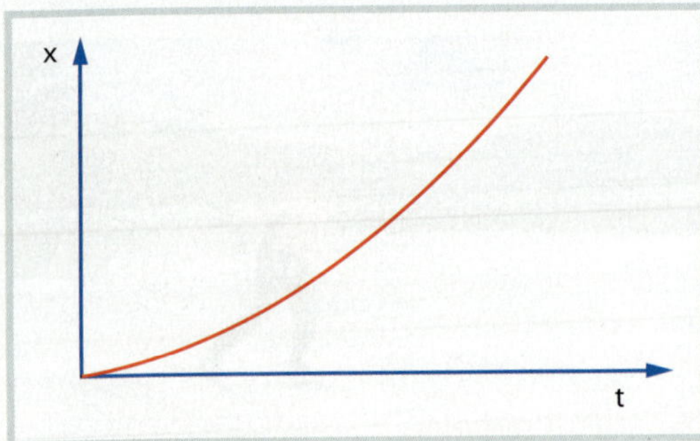

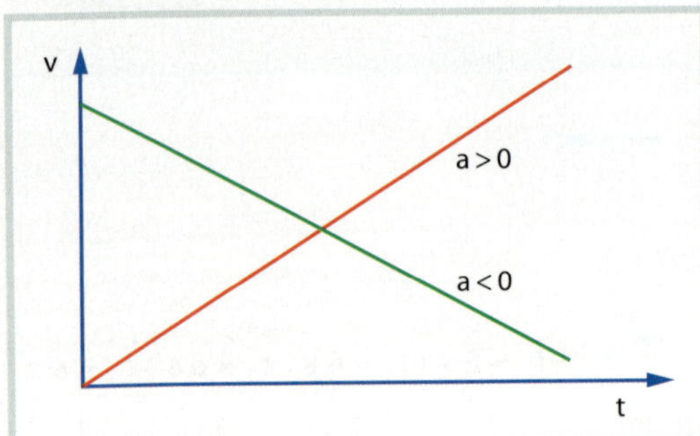

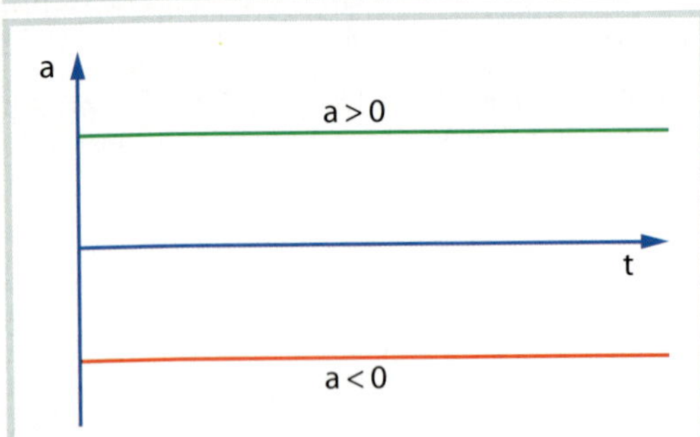

Coneixem les característiques d'aquestes gràfiques a partir de les equacions de la posició $\left(x = x_0 + v_0 \cdot t + \frac{1}{2} \cdot a \cdot t^2\right)$, de la velocitat ($v = v_0 + a \cdot t$) i de l'acceleració ($a$ = constant).

Gràfica posició-temps (x-t)

És un moviment amb velocitat que varia. Per tant, la variació de la posició no serà constant (és a dir, la posició no varia uniformement), per la qual cosa la gràfica és una línia corba en forma de paràbola. L'origen dependrà de la posició inicial.

Gràfica velocitat-temps (v-t)

Atès que l'acceleració és constant, la velocitat varia de forma uniforme. Per tant, la seva representació donarà lloc a una línia recta inclinada.

La recta estarà inclinada cap a dalt en cas d'acceleracions positives, i cap a baix en cas d'acceleracions negatives (o de frenada).

Gràfica acceleració-temps (a-t)

Com que en aquest cas l'acceleració és constant, la representació de l'acceleració en relació al temps serà una línia horitzontal.

En el cas de les acceleracions positives, la línia se situarà per damunt de l'eix *OX*, mentre que si les acceleracions són negatives, se situarà per sota de l'eix.

Activitats

1. Explica la diferència entre velocitat, acceleració positiva i acceleració negativa.
2. Una pilota de golf accelera de 0 m/s fins a 30 m/s en 0,1 s. Calcula l'acceleració que ha experimentat la pilota.
3. La gràfica correspon a la velocitat de dos ciclistes, 1 i 2.
   a. A partir de la gràfica, quin dels dos ciclistes té més acceleració? Justifica la resposta.
   b. Quin és el valor de l'acceleració de cada ciclista?

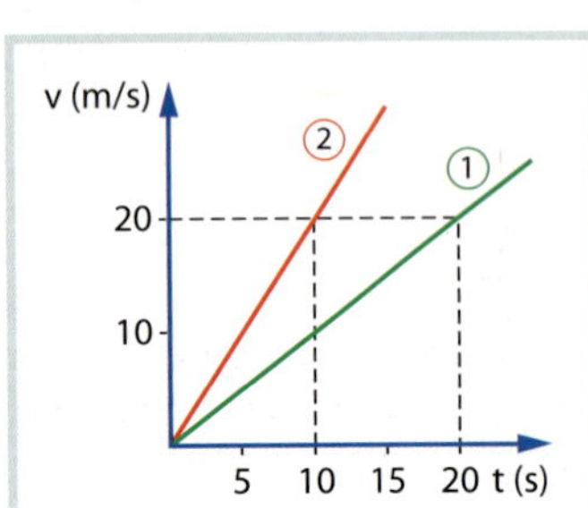

4. Una nena que circula amb la bicicleta a 10 m/s frena fins a 0 m/s en 2 s. Calcula l'acceleració i explica'n el signe.
5. Des d'un semàfor, un cotxe parteix del repòs amb una acceleració de 2 m/s^2 i es desplaça per una carretera rectilínia.
   a. Escriu les equacions de la velocitat i de la posició d'aquest moviment.
   b. Donant al temps els valors 1 s, 2 s, 3 s i 4 s, determina els valors corresponents de la velocitat i de la posició.
   c. Representa gràficament al quadern en uns eixos *a-t*, *v-t* i *x-t* les parelles de valors obtingudes. Analitza les gràfiques que resulten d'unir els punts corresponents.

MOVIMENT CIRCULAR

La majoria dels moviments no mantenen constant la direcció; no són rectilinis. Un tipus de moviment la direcció del qual canvia constantment és justament el *moviment circular*.

El **moviment circular** és aquell que porta un mòbil que descriu una trajectòria en forma de circumferència.

Hi ha nombrosos mòbils que descriuen aquest tipus de trajectòria: la Lluna i els satèl·lits artificials al voltant del nostre planeta, la Terra quan gira al voltant del Sol, algunes atraccions de fira com ara rodes i cavallets...

Hi ha acceleració en els moviments circulars?

Per canviar el valor de la velocitat cal una acceleració que la faci augmentar o disminuir.

Per canviar la direcció, l'acceleració ha de modificar la direcció del vector velocitat.

En el cas de la Terra, per exemple, gira al voltant del Sol per l'acció d'una acceleració anomenada *centrípeta*, amb la direcció que en cada moment segueix la línia recta d'unió entre la Terra i el Sol i amb el sentit cap al Sol.

La llançadora de martell gira la bola en estirar cap a ella. L'acceleració que aplica també té la direcció de la recta d'unió i el sentit cap a ella. Aquesta també s'anomena *acceleració centrípeta*.

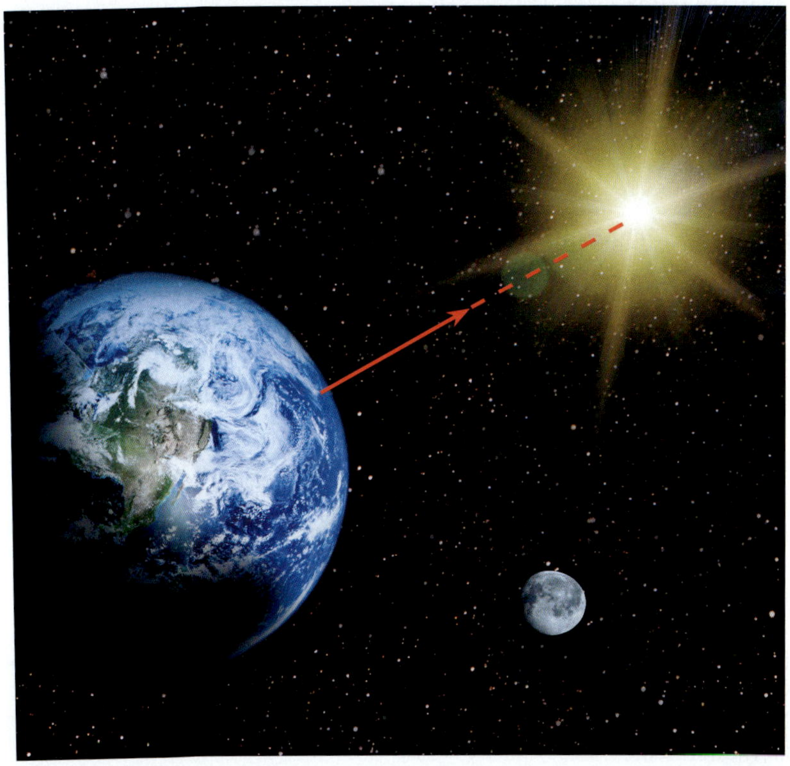

Es diu que la Terra "cau" contínuament cap al Sol, però està tan lluny que manté la distància.

Representació de l'acceleració centrípeta en el llançament de martell.

LABORATORI

5 Anàlisi del MRU i el MRUA

Una bona forma d'estudiar els moviments rectilinis uniformes i uniformement accelerats és mitjançant simulacions interactives. A Internet pots trobar-hi diverses simulacions d'aquesta mena, com la que t'indiquem tot seguit:

www.tiching.com/748248

A. TREBALLAR EL MRU

Un mòbil és desplaça amb moviment rectilini uniforme quan porta una velocitat constant, és a dir, una acceleració zero.

Material

- Paper mil·limetrat

Estudi del moviment rectilini uniforme

1. Indica que el valor de l'acceleració és de 0 m/s². Escriu una velocitat inicial (per exemple, 5 m/s) i deixa la posició inicial tal com està (0 m).
2. Sobre la guia per on es desplaça el mòbil es poden veure un parell de marques (una de verda i l'altra de vermella) que ens permetran marcar els punts on volem mesurar el temps.

   Copia la taula de la dreta al quadern. Col·loca les guies a cada un dels punts que s'indiquen i aleshores prem el botó *Iniciar* (després de cada experiència, pitja *Restablecer* per començar un altre cop). Apunta el temps esmerçat en abastar les marques.
3. Representa gràficament els valors de la taula i descriu la gràfica que n'obtens. És igual que la que mostra la simulació?
4. Repeteix l'experiment per a diferents valors de la velocitat.

Temps (s)	Posició (m)
0	0
...	5
...	10
...	15
...	20
...	25

Preguntes

1. Com són les tres gràfiques que dibuixa el programa per a cada experiment virtual?
2. Quines condicions inicials hauríem d'aplicar en la simulació per obtenir les gràfiques següents?

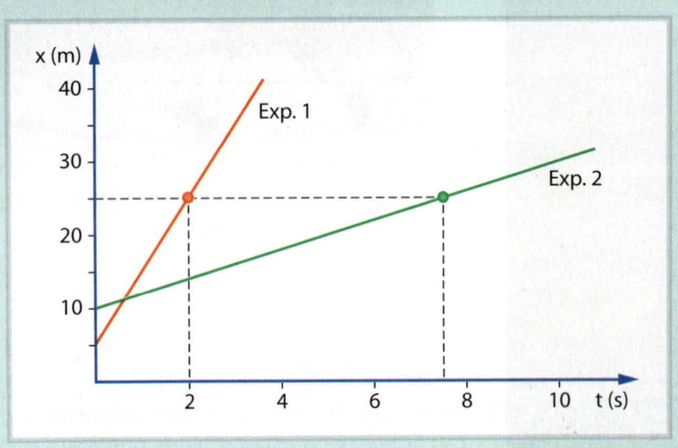

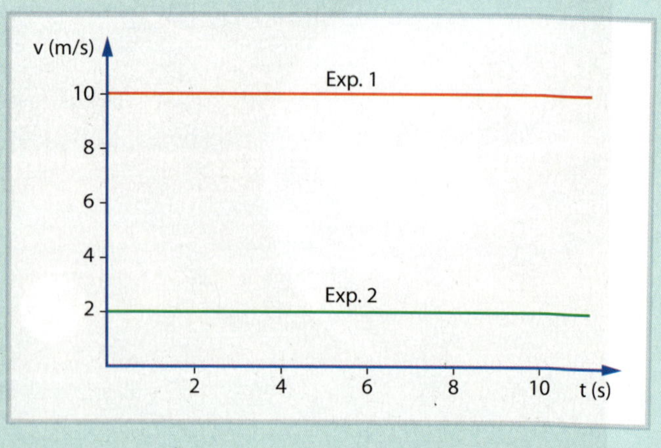

3. Quin dels dos experiments correspon a una velocitat més alta del mòbil?

B. TREBALLAR EL MRUA

Ara podem treballar el moviment rectilini uniformement accelerat, per la qual cosa en la simulació indicarem un valor per a l'acceleració diferent de 0 m/s^2.

Estudi del moviment rectilini uniformement accelerat

1. Per treballar en la simulació amb un MRUA, repeteix els passos de la pàgina anterior, però ara canvia el valor de l'acceleració de 0 m/s^2 a 1 m/s^2. Fixa una velocitat inicial de 0 m/s.
2. Pren les dades corresponents al temps per als 5 punts indicats, i apunta-les en una taula al quadern. Afegeix una altra columna a la taula en la qual indicaràs la velocitat (en m/s) que té el mòbil en cada un dels punts.

Temps (s)	Posició (m)	Velocitat (m/s)
0	0	0
...	5	...
...	10	...
...	15	...
...	20	...
...	25	...

3. Representa en paper mil·limetrat les gràfiques *a-t*, *v-t* i *x-t* per a aquestes dades.
4. Repeteix l'experiment per a altres valors de l'acceleració.

Material

- Paper mil·limetrat

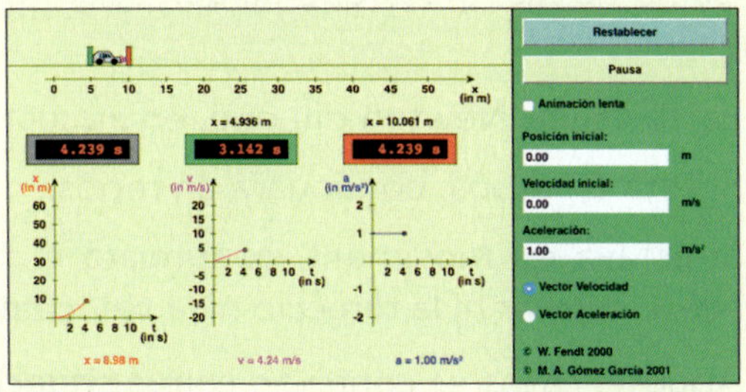

Preguntes

1. Descriu com són les tres gràfiques obtingudes en cada experiment.
2. Fes algun experiment amb acceleracions negatives. Quina diferència observes en les gràfiques obtingudes?

C. DISSENYAR UN EXPERIMENT PER ESTUDIAR EL MOVIMENT

Ara et proposem dissenyar una activitat experimental al laboratori amb la finalitat de treballar els moviments rectilinis uniforme i uniformement accelerat.

Preparació d'una pràctica de laboratori

1. En grups, penseu en un experiment que permeti estudiar en el laboratori tant el moviment rectilini uniforme com el moviment rectilini uniformement accelerat.
2. Per fer-ho, podeu seguir aquests passos:
   - Dissenyeu el muntatge.
   - Determineu el material que necessitareu.
   - Anoteu els paràmetres que voleu estudiar.
3. Un cop el professorat hagi supervisat i hagi aprovat l'activitat, porteu a terme l'experiment i apunteu-ne els resultats que n'obtingueu. Per tal de minimitzar els errors, val més repetir l'experiment tres vegades.

Material

- Fes una llista del material que et cal per construir un muntatge semblant al dels dos experiments virtuals juntament amb el teu grup de laboratori.

Preguntes

1. Els resultats obtinguts són tan exactes com els dels experiments virtuals? Per quin motiu?
2. Explica els avantatges i els inconvenients dels experiments virtuals i dels reals.

6 Causes del moviment

Quan vam estudiar les forces, vam veure que causaven deformacions i canvis en el moviment dels cossos.

Les **lleis de Newton**, establertes pel físic i matemàtic anglès Sir Issac Newton (1643 - 1727), relacionen les característiques i els canvis dels moviments amb les forces que els produeixen.

6.1. Primera llei de Newton

La primera llei de Newton fa referència als casos en què la suma de les forces que actuen sobre un objecte és zero fig. 1.

La 1a llei de Newton diu que, en aquest cas, l'objecte:

- Si està en repòs, continuarà en repòs.
- Si estava en moviment, continuarà el mateix moviment sense canviar ni la direcció ni la velocitat (MRU).

Aquests casos es coneixen com a **situacions d'equilibri**.

6.2. Segona llei de Newton

La segona llei de Newton fa referència als casos en què la suma de les forces que actuen sobre un objecte no és zero fig. 2.

La 2a llei de Newton diu que, en aquest cas, l'objecte:

- Si estava en repòs, es posa en moviment (MRUA si és una força constant).
- Si estava en moviment, modifica la velocitat, la trajectòria o totes dues.

En tots aquests casos diem que l'objecte accelera i que **no està en equilibri**.

La relació entre la suma de forces que actuen sobre un objecte, F, la massa, m, i l'acceleració, a, que produeix és:

$$F = m \cdot a$$

Fig. 1 a) La nena no es mou perquè $N = p$. b) Com que $F_m = F_{freg.}$, la bicicleta es mou a velocitat constant.

La gravetat és una acceleració

Observa aquestes dues expressions:

$$F = m \cdot a$$

$$p = m \cdot g$$

El pes és una força, així que la gravetat, g, ha de ser una acceleració.

És precisament l'acceleració que tenen els objectes que cauen en vertical en els quals només actua el pes.

@ Amplia a la Xarxa...

Coneix més coses de la força que fa girar els satèl·lits al voltant del nostre planeta a: www.tiching.com/748249

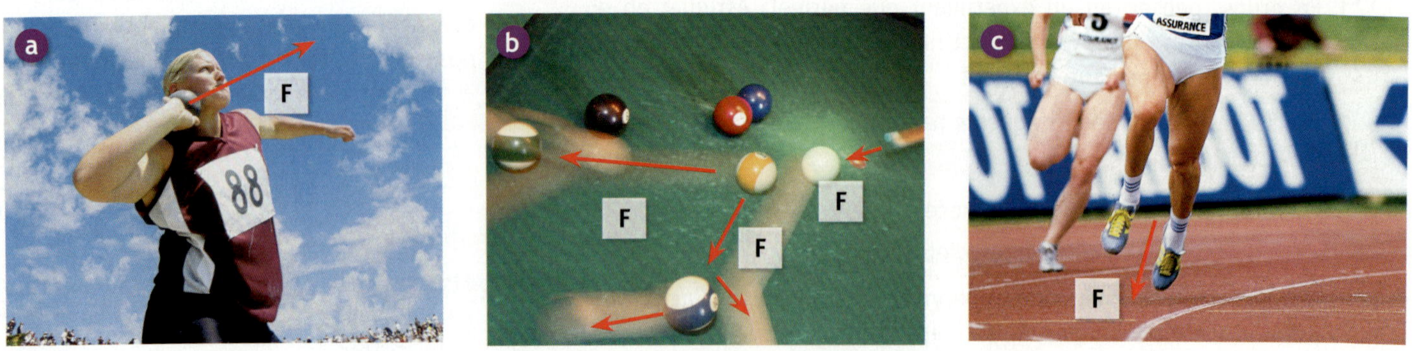

Fig. 2 a i b) La força exercida sobre la bola d'acer o la bola de billar fa que es posin en moviment. c) Per guanyar la carrera, l'atleta exerceix més força per accelerar i augmentar la velocitat.

6.3. Tercera llei de Newton

Quan un cos exerceix una força, o **acció**, sobre un altre cos, apareix una força d'igual valor, paral·lela i de sentit contrari a la primera, o **reacció**, que s'exerceix sobre el primer cos.

La 3a llei de Newton s'ha de tenir en compte per conèixer totes les forces que actuen sobre els cossos.

Per entendre millor els parells de força acció-reacció, observa els exemples figs. 3, 4 i 5:

ATENCIÓ

Les forces d'acció i reacció no s'anul·len perquè s'exerceixen sobre dos cossos diferents.

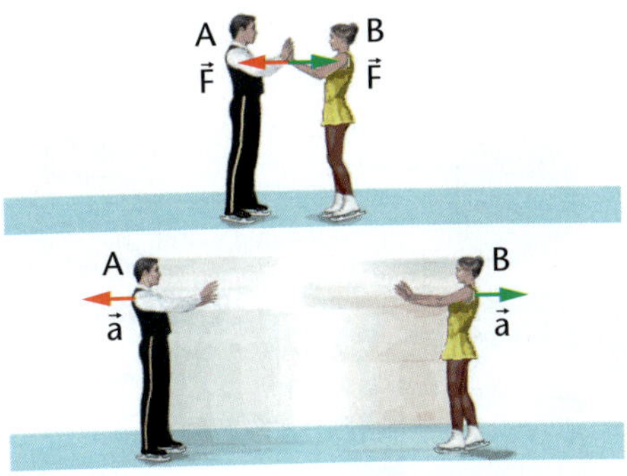

Fig. 3 L'acció i reacció entre els patinadors fa que tots dos es desplacin en sentits oposats.

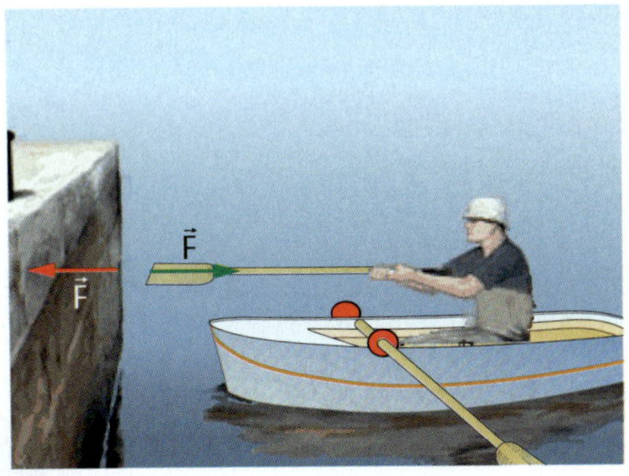

Fig. 4 La reacció de la força que exerceix el tripulant de la barca sobre el moll fa que la barca es desplaci.

Fig. 5 La reacció de la força que exerceix el coet en expulsar els gasos fa que surti propulsat.

Exemples

1. En un cotxe de 400 kg de massa hi actua la força motriu del motor i la força de fregament dels pneumàtics amb la carretera.

   Si la força motriu val 1 000 N i la força de fregament val 200 N, calcula l'acceleració del cotxe.

   Tenint en compte que la força del motor i la força de fregament són paral·leles i de sentits oposats, la resultant l'obtenim restant-les:

   $F = 1000\ \text{N} - 200\ \text{N} = 800\ \text{N}$

   Substituïm els valors coneguts en l'expressió corresponent:

   $$F = m \cdot a \Rightarrow a = \frac{F}{m} = \frac{800\ \text{N}}{400\ \text{kg}} = 2\ \text{m/s}^2$$

   L'acceleració del cotxe és de $2\ \text{m/s}^2$.

2. Un paracaigudista de 80 kg de massa salta des d'un avió i baixa, abans d'obrir el paracaigudes, amb una acceleració de $7{,}5\ \text{m/s}^2$.

   Calcula la força de fregament que exerceix l'aire sobre el paracaigudista.

   La diferència entre el pes del paracaigudista i la força de fregament serà igual a la massa del paracaigudista multiplicada per l'acceleració amb què baixa.

   És a dir:

   $$p - F_{freg.} = m \cdot a$$

   $$F_{freg.} = p - m \cdot a = m \cdot g - m \cdot a = m \cdot (g - a)$$

   $$F_{freg.} = 80\ \text{kg} \cdot (9{,}8\ \text{m/s}^2 - 7{,}5\ \text{m/s}^2) = 184\ \text{N}$$

   La força de fregament és de 184 N.

Activitats

1. Una corredora de 65 kg de massa exerceix una força motriu de 300 N amb les cames. La força de fregament de les vambes amb la pista és de 170 N. Calcula l'acceleració que porta.

2. Un ciclista amb la bici té una massa de 100 kg. Pedala amb una força motriu de 500 N. Sabent que té una acceleració de $4\ \text{m/s}^2$, calcula el valor de la força de fregament de les rodes amb la carretera.

7 Seguretat viària

DESCOBREIX

COMPORTAMENT SEGUR DEL VIANANT A LA CIUTAT

Les persones que van a peu són la part més vulnerable del sistema de circulació de les poblacions. Per això tenen molts accidents de trànsit que es podrien evitar si tant ells com els conductors i les conductores dels vehicles complissin les normes que regulen el trànsit.

NORMES DE SEGURETAT VIÀRIA

Algunes de les normes més elementals que has de complir quan vagis pel carrer són les següents:

- Has de desplaçar-te per la part dreta de la vorera, al costat dels edificis i lluny de la calçada.
- Per passar d'una vorera a l'altra, cal que ho facis pels llocs previstos: passos de vianants i semàfors.
- En el cas que hi hagi semàfors, has de travessar el carrer quan sigui verd, mai vermell ni groc.
- No has de baixar a la calçada de cap manera.
- Per baixar d'un vehicle o per pujar-hi hauràs de fer-ho pel costat de la vorera.

Activitats

1. Indica les mesures que s'han de prendre en els casos següents:
   - Quan es baixa d'un autobús i s'ha de travessar la vorera.
   - Quan es passa pel costat d'un automòbil que ha de fer marxa enrere per aparcar.
   - Quan s'acompanya una criatura.
   - En veure una persona gran, cega o impossibilitada que necessita travessar la vorera.
   - En veure que el semàfor es posa groc o pampallugueja a mig travessar.

L'ÚS DE LA BICICLETA A LA CIUTAT

L'ús de la bicicleta, en lloc del cotxe o de la moto, redueix la contaminació atmosfèrica, perquè evita l'emissió a l'aire dels gasos de combustió dels motors. Alhora, permet fer exercici, no es gasta combustible i es redueix la contaminació acústica.

La coexistència de les bicicletes amb els vehicles de motor i amb els vianants és possible, però cal regular-la per evitar accidents.

- En primer lloc, cal destinar unes vies pròpies i exclusives a les bicicletes. Són els anomenats *carrils bici*, el nombre dels quals es va incrementant.
- Cal regular l'ús del casc per a ciclistes de totes les edats.
- També cal regular l'enllumenat del davant i del darrere de la bicicleta, necessaris tant per veure'ns-hi com perquè ens vegin.

@ Amplia a la Xarxa...

Aprèn com evitar riscos quan es va en bicicleta a: www.tiching.com/748250

Activitats

2. Fes una llista dels avantatges i inconvenients que té per a tu l'ús de la bicicleta.
3. Et sembla útil que hi hagi *carrils bici*?
4. Consideres que, malgrat la incomoditat que pot comportar, portar casc per anar amb bicicleta ha de ser obligatori?
5. Explica el que et suggereixen les imatges de la dreta.

1 Analitza un text. Distància de seguretat a la carretera

Anomenem **distància de seguretat** a la carretera la distància mínima que ha de separar un vehicle del que va davant per tal que, en el cas d'haver de frenar i parar, no xocar-hi.

Aquesta distància és la suma d'aquestes dues: la *distància de frenada* i la *distància de reacció*.

- **Distància de frenada**. És la distància que recorre un vehicle des del moment que el conductor acciona el fre fins que s'atura. El valor d'aquesta distància depèn de diversos factors: la velocitat que porti (com més alta sigui, més distància recorre fins que s'atura), l'estat de la carretera (seca, molla, nevada, etc.), l'estat dels frens i dels pneumàtics.
- **Distància de reacció**. És la distància que recorre el vehicle durant l'interval de temps que triga el conductor a adonar-se que ha de frenar. Aquesta distància també depèn de diversos factors: la visibilitat (boira, pluja), la capacitat de reacció del conductor (cansament, somnolència, distracció...).

a) Digues què és la distància de seguretat i de què és la suma.

b) Explica com afecta la carretera molla a la distància de frenada.

c) Quines precaucions cal prendre quan hi ha boira a la carretera?

d) Què ha de fer un conductor quan està cansat perquè fa moltes hores que condueix?

2 Representa. Gràfica velocitat-temps

Les dades de la taula corresponen a les velocitats a què va un corredor. Observa que els valors van canviant. Representa les parelles de valors en una gràfica sobre els eixos *v-t* i contesta les preguntes d'una manera raonada:

Temps (s)	0	1	2	3	4	5	6	7	8	9	10
Velocitat (m/s)	0	1	2	4	5	7	8	8	9	10	10

a) Hi ha cap moviment dels que has estudiat?

b) Per fer-nos una idea de la cursa d'aquest atleta, què resulta més útil, la taula de dades o la gràfica?

c) Expressa les velocitats en km/h.

3 Busca a la xarxa. Drons

Busca informació sobre què són i quines aplicacions tenen uns vehicles anomenats *drons*. Contesta les preguntes següents al teu quadern:

a) Enumera cinc aplicacions dels *drons*.

b) Quina o quines et semblen més interessants i per què?

c) Explica si algú va dintre del *dron* i com el dirigeixen.

d) Què porta incorporat aquest petit robot per permetre veure les imatges?

Abans de començar pots mirar el vídeo següent:

www.tiching.com/748251

4 Raona. Tipus de moviment

Indica si les frases següents són veritables o falses, i escriu correctament al quadern les falses:

- El moviment rectilini és aquell la gràfica de desplaçament del qual és una línia recta.
- El MRU té la velocitat i l'acceleració constants.
- En el MRUA l'acceleració varia constantment.
- En el moviment rectilini i uniforme coincideix la velocitat mitjana amb la velocitat instantània.
- La gràfica del desplaçament del MRUA és una línea corba, en forma de circumferència.

5 Raona. Estudi del moviment

Una noia es desplaça amb el monopatí del tal manera que fa diferents tipus de moviments al llarg del temps. En la gràfica *d-t* es troben representades les posicions en diferents punts temporals.

A partir de la gràfica que pots observar a la dreta, contesta les preguntes següents:

a) Quins tipus de moviment ha fet?

b) Què significa el tram horitzontal que s'hi veu?

c) Quina és la distància total que ha recorregut?

d) I el temps total, expressat en segons, que ha estat en moviment?

e) Quina és la velocitat en cada tram?

f) Quina és la velocitat mitjana que ha portat en tot el recorregut expressada en m/s i km/h?

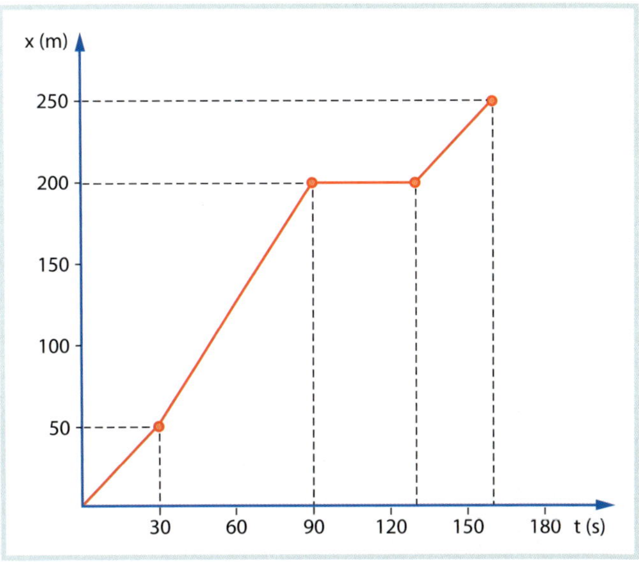

6 Relaciona. Gràfiques del moviment

Les gràfiques velocitat-temps següents corresponen al moviment d'un autobús. Observa-les amb atenció i indica en cada cas si l'autobús accelera, frena o es mou amb velocitat constant. Fes-ho al quadern.

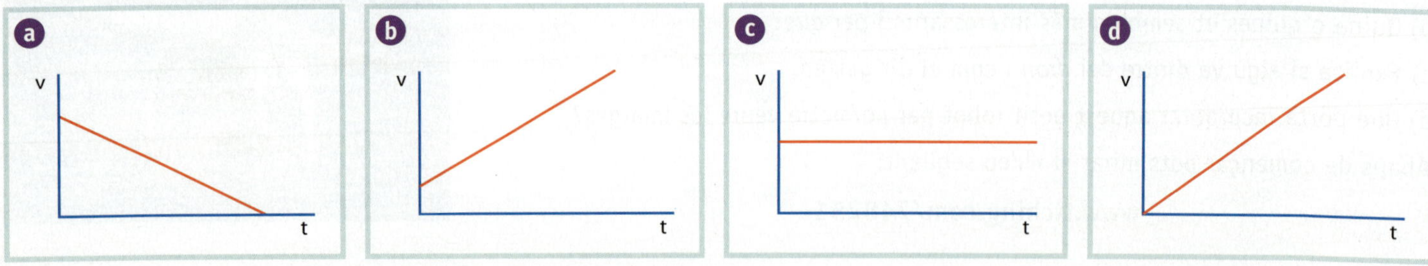

7 Calcula i respon. Anàlisi de moviments

a) Una patinadora va a una velocitat constant de 7,2 km/h per una carretera rectilínia. Expressa la velocitat en metres per segon i calcula la distància que recorre en 1 min.

b) Determina la velocitat mitjana d'un ciclista que ha recorregut 3 km en línia recta en 6 minuts. Expressa el resultat en m/s i en km/h.

c) Si viatgem en un tren que porta una velocitat constant de 108 km/h i es desplaça per una via recta, quin valor té el desplaçament que fem en 25 s? Representa les gràfiques *x-t* i *v-t*.

d) Un ciclista parteix de la posició de repòs ($v_0 = 0$) des de casa seva, que prendrem com a origen i, pedalant amb una acceleració de 2 m/s^2, arriba a la velocitat de 36 km/h. Determina el temps que ha trigat a abastar aquesta velocitat i el desplaçament efectuat mentrestant. Representa les gràfiques *x-t*, *v-t* i *a-t*.

e) Un autobús que va a una velocitat de 5 m/s frena fins que s'atura en 2 s. Determina l'acceleració de frenada i la distància recorreguda fins que s'atura. Representa les gràfiques *x-t*, *v-t* i *a-t*.

8 Raona. El moviment

Indica si són veritables o falses cadascuna de les frases següents, bo i escriu correctament al quadern les que siguin falses.

- En el moviment rectilini uniforme, la gràfica *v-t* és una línia recta inclinada.
- Per calcular la velocitat cal saber la distància i la força aplicada.
- El MRUA té velocitat constant.
- En el MRUA la velocitat varia constantment.
- Amb el temps total esmerçat en un moviment i la distància total recorreguda calculem la velocitat mitjana.
- En el MRUA la velocitat mitjana és igual a la instantània.
- Les unitats en què es mesuren la velocitat i l'acceleració són km/h i N.
- La gràfica de velocitat-temps en el MRUA és una recta paral·lela a l'eix *x*.
- El moviment circular té una trajectòria en forma de circumferència i no presenta acceleració.

Síntesi. El moviment

Moviment

- Un objecte està en **moviment** quan la seva posició canvia amb el temps.
- La **posició**, *x*, és el lloc que ocupa un mòbil respecte a un origen. La **distància recorreguda**, *d*, és la longitud del camí recorregut sobre la trajectòria.

Moviment rectilini uniforme (MRU)

- La **velocitat** és la distància recorreguda per unitat de temps. La **velocitat mitjana**, v_m, és el quocient entre la distància recorreguda i el temps esmerçat: $v_m = d/t$.
- El **MRU** es caracteritza per tenir una trajectòria rectilínia i una velocitat constant. L'equació del moviment és: $x = x_0 + v \cdot t$.

Moviment rectilini uniformement accelerat (MRUA)

- L'**acceleració** és la variació de la velocitat per unitat de temps.
- El **MRUA** segueix una trajectòria rectilínia amb acceleració constant. Les equacions de velocitat i del moviment són:

$$v = v_0 + a \cdot t \ ; \quad x = x_0 + v_0 \cdot t + \frac{1}{2} \cdot a \cdot t^2$$

Lleis de Newton

- Un cos està en **equilibri** quan està en repòs o es mou a velocitat constant. Això passa si la suma de forces que hi actuen és zero.
- Si la suma de les forces que actuen sobre un cos no és zero, **accelera** proporcionalment a la seva massa: $F = m \cdot a$.
- Cada força exercida, **acció**, té una **reacció** de valor i de direcció iguals, però de sentit oposat.

1 REPASSA EL QUE HAS APRÈS

a) Què entenem per trajectòria d'un mòbil?

b) Per què és important fixar un sistema de referència per estudiar un moviment?

c) Quina diferència hi ha entre distància recorreguda i desplaçament?

d) Què és la velocitat? En quines unitats es mesura?

e) Quines característiques té un MRU? Com és l'equació que descriu distàncies recorregudes en un interval de temps? Com són les gràfiques *x-t* i *v-t*?

f) Què és l'acceleració? En quines unitats es mesura?

g) Quines característiques té un MRUA? Quines equacions el descriuen? Com són les gràfiques *x-t*, *v-t* i *a-t*?

h) Com és la trajectòria que descriu un mòbil amb moviment circular? Té acceleració?

i) Quan està en equilibri un cos?

j) Què indica cada llei de Newton?

2 DEFINEIX CONCEPTES CLAU

- Moviment
- Posició
- Trajectòria
- Distància recorreguda
- Desplaçament
- Velocitat
- Acceleració
- MRU
- MRUA

CONTESTA LA PREGUNTA INICIAL

Després d'haver estudiat aquest tema, pots contestar la pregunta inicial:

Com podem descriure un moviment?

Redacta un text d'entre 10 i 20 línies que resumeixi les conclusions a què hagis arribat.

CONSOLIDA EL QUE HAS APRÈS

Per consolidar els coneixements adquirits, pots fer les activitats suggerides a:

www.tiching.com/747753

Aquestes activitats les pots descarregar en un document pdf al final del qual hi trobaràs les solucions.

9 FORCES ELÈCTRIQUES I MAGNÈTIQUES

Hi ha cap relació entre una llanterna i un imant?

Les forces magnètiques, igual que les elèctriques, s'exerceixen a distància. A la imatge hi podem veure els efectes de les forces magnètiques que genera un imant sobre llimadures de ferro.

Els fenòmens elèctrics i magnètics es coneixen des de l'antiguitat. Ara bé, és van estudiar per separat fins que al segle XIX es va observar que estaven relacionats estretament.

Aquell mateix segle, concretament l'any 1897, es van descobrir els electrons, les partícules carregades negativament el moviment de les quals constitueix el corrent elèctric.

El moviment dels electrons provoca efectes molt variats: que els objectes es carreguin (s'electritzin), que els aparells elèctrics funcionin, que hi hagi imants que només ho siguin si hi circula corrent elèctric (electroimants), que els imants generin corrent elèctric...

Al voltant teu hi pots trobar una gran quantitat d'aparells que fas servir diàriament i que necessiten l'existència de l'electricitat i del magnetisme.

Què sabem?

- Saps que vol dir electritzar un objecte? Has vist mai un cos electritzat?
- Per on circula el corrent elèctric a casa teva? Per a què serveixen els endolls, les piles i les bateries?
- Coneixes cap aplicació dels imants?
- Saps per què cauen llamps quan hi ha tempesta?

Què aprendrem?

- **Com interaccionen les càrregues elèctriques.**
- **Quina importància tenen els electrons en l'estil de vida al qual estem acostumats.**
- **Per què és necessari el corrent elèctric, i quina és la utilitat de les piles, dels endolls i dels cables perquè els aparells elèctrics funcionin.**
- **Quina és la utilitat dels imants i com es fabriquen.**
- **Com és l'estreta relació que hi ha entre l'electricitat i el magnetisme.**

1 Fenòmens elèctrics

Si després de fregar un globus amb un jersei de llana, l'acostem als nostres cabells, veurem que és capaç d'atreure'ls i d'eriçar-los fig. 1.

De la mateixa manera, pot atreure bocins de paper o desviar el raig d'aigua de l'aixeta.

Es tracta de **fenòmens electrostàtics**, que passen perquè el globus està carregat elèctricament.

Ara bé, per què hi ha determinats materials que quan els freguem es carreguen elèctricament?

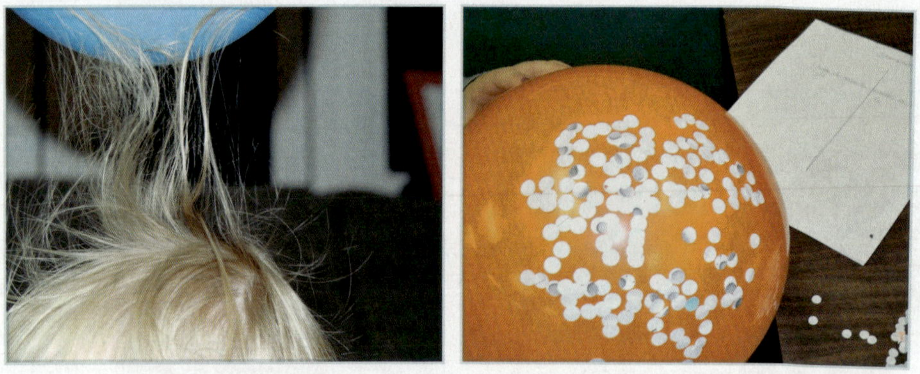

Fig. 1 Els cossos electritzats són capaços d'atreure cabells, bocinets de paper...

1.1. Dos tipus de càrregues

Si freguem dues varetes de vidre amb una tela i les acostem, observarem que es **repel·leixen**, perquè entre totes dues hi apareix una força de repulsió fig. 2a.

En canvi, si freguem una vareta de vidre i una altra de plàstic i les apropem, veurem que s'**atreuen**, perquè entre totes dues es produeix una força d'atracció fig. 2b.

D'aquestes observacions en deduïm que hi ha dos tipus d'objectes carregats i, per extensió, dos tipus de càrregues: **positives** i **negatives**.

Les varetes de vidre es repel·leixen perquè tenen el mateix tipus de càrrega, mentre que la de vidre i la de plàstic s'atreuen perquè tenen tipus de càrrega diferents.

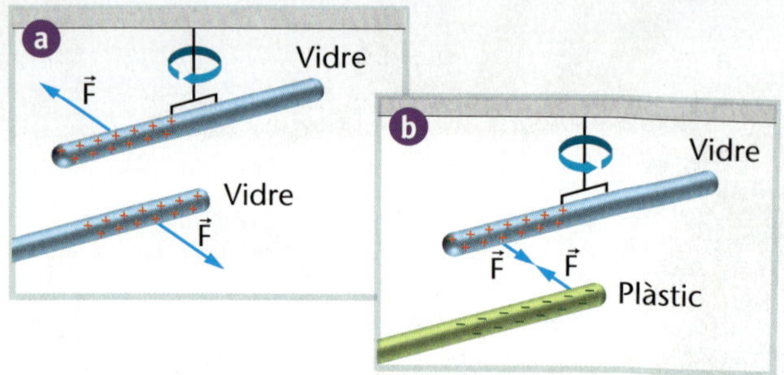

Fig. 2 a) Les varetes de vidre es repel·leixen. b) Les varetes de vidre i plàstic s'atreuen.

Amplia a la Xarxa...

Treballa amb una simulació de forces entre càrregues a:
www.tiching.com/748252

Forces entre càrregues i entre masses

Les forces entre càrregues i les forces entre masses presenten similituds i diferències.

- S'*assemblen* en:
  - Són directament proporcionals a les càrregues, en un cas, i a les masses, en l'altre.
  - Són inversament proporcionals al quadrat de la distància que les separa. És a dir, si allunyem les càrregues o les masses entre si, la força entre elles disminuirà.
- Es *diferencien* en:
  - Les càrregues es poden atreure o bé repel·lir (les del mateix signe es repel·leixen i les de signe oposat, en canvi, s'atreuen), mentre que les masses s'atreuen sempre.
  - Les forces que hi ha entre càrregues són molt més grans que les que hi ha entre masses.

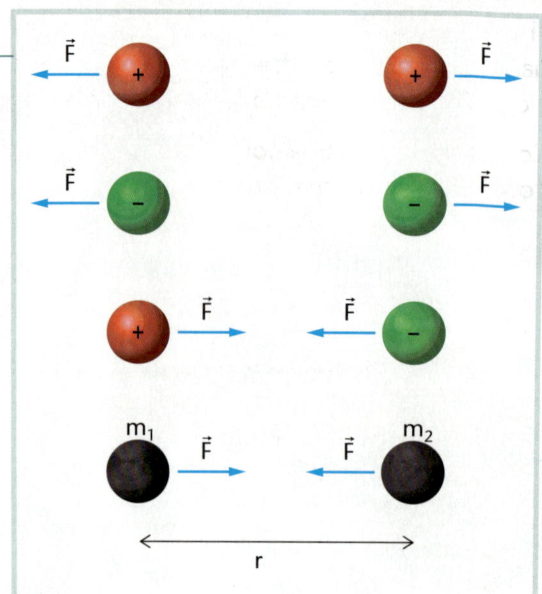

1.2. La matèria i les càrregues

Tots els objectes que ens envolten: els arbres, l'aigua, l'aire..., estan formats per matèria que, al seu torn, està formada per **àtoms**.

Càrregues elèctriques als àtoms

Els àtoms estan formats per **protons**, **neutrons** i **electrons**. Els protons tenen càrrega positiva, els electrons negativa i els neutrons no tenen càrrega.

Els protons i els neutrons són al centre de l'àtom i en formen el **nucli**, metre que els electrons es mouen a l'**escorça**. Els electrons més externs poden arribar a moure's entre àtoms diferents.

La majoria d'àtoms són neutres perquè la quantitat d'electrons i la de protons és la mateixa. Si això no passa, s'ha produït un **ió**.

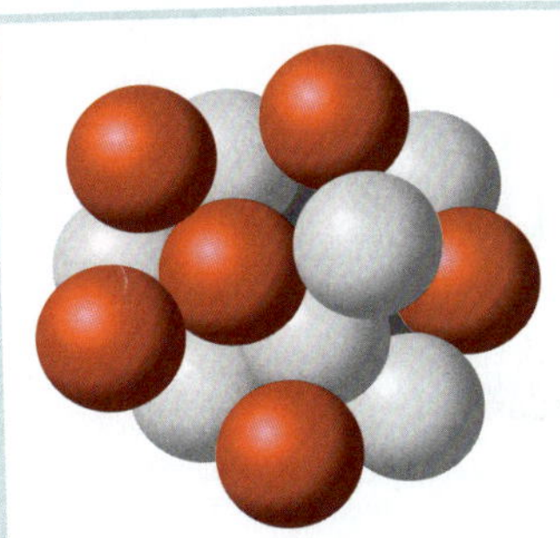

El nucli de sodi té 11 protons i 12 neutrons.

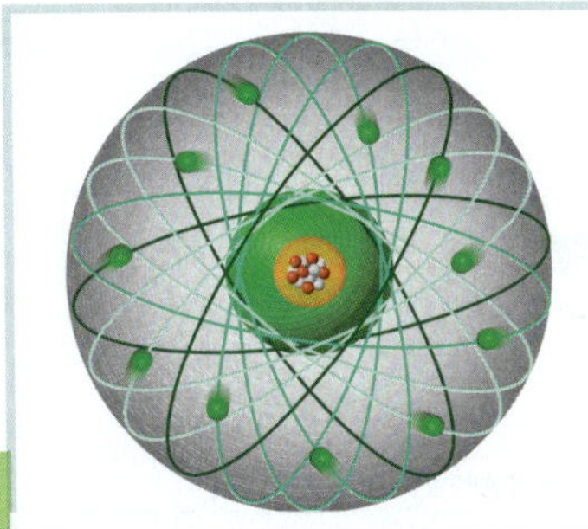

Un àtom de sodi té 11 electrons a l'exterior.

Un gra de sal conté bilions d'àtoms.

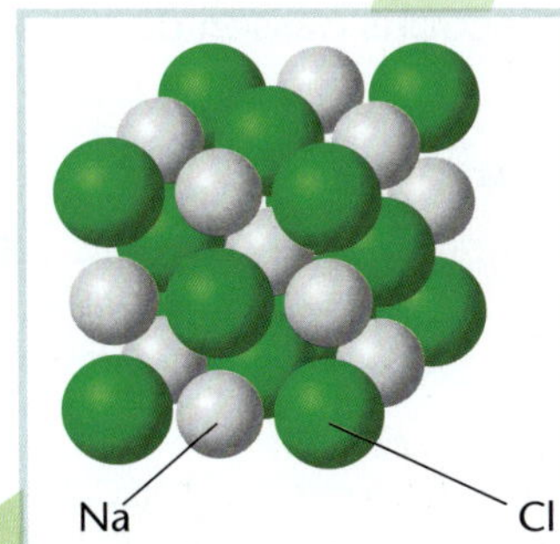

La sal està formada per ions sodi i ions clor.

Unitat de càrrega elèctrica

El valor de la càrrega d'un protó és igual que el de la càrrega d'un electró, per bé que de signe oposat. Aquest valor, que es simbolitza amb la lletra *e*, és molt petit.

Com que fer servir *e* com a unitat no és pràctic, la unitat de càrrega del sistema internacional és el **coulomb** (C):

$$1\ C = 6{,}25 \cdot 10^{18}\ e$$

El coulomb

El **coulomb** es va batejar d'aquesta manera en honor del físic francès Charles Coulomb (1736-1806).

Al SI és una unitat derivada, que es defineix segons la intensitat del corrent.

Activitats

1. Quants tipus de càrrega hi ha?
2. Explica les similituds i les diferències entre les forces que exerceixen entre si les càrregues i les masses.
3. Esmenta les partícules que es troben a l'interior dels àtoms. Digues quines tenen càrrega elèctrica i quin n'és el signe.
4. Explica per què l'àtom és neutre.
5. Dues càrregues del mateix signe, s'atreuen o es repelleixen? I dues càrregues de signes oposats?
6. En quin cas són més grans les forces entre càrregues, quan són molt a prop entre si, o bé quan són molt separades?

2 Càrrega elèctrica i electricitat

2.1. La càrrega elèctrica en els objectes

Generalment, els àtoms són neutres perquè tenen el mateix nombre de càrregues positives que de negatives fig. 1a. Tot i així, alguns electrons es poden moure d'uns àtoms a altres, de manera que pot passar:

- Que un àtom perdi un electró o més i es converteixi en un ió positiu o **catió** fig. 1b.
- Que un àtom guanyi un electró o més i es converteixi en un ió negatiu o **anió** fig. 1c.

Quan es frega la vareta de vidre amb un tros de tela, alguns electrons passen de la vareta a la tela; en canvi, si la vareta és de plàstic, alguns electrons passen de la tela a la vareta fig. 2.

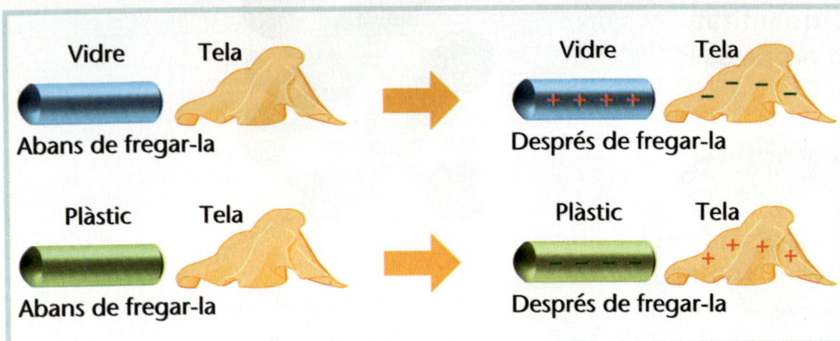

Fig. 2 Les varetes i les teles estan carregades perquè es carreguen en fregar-les.

Al final, qualsevol objecte té una càrrega, positiva o negativa. Ara bé, cada conjunt de tela i vareta és neutre perquè la càrrega es desplaça, però no es crea ni es destrueix.

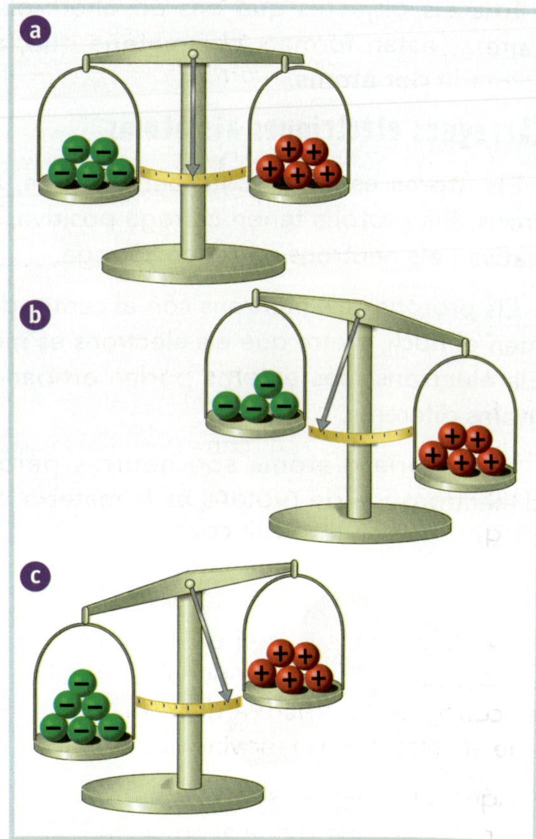

Fig. 1 Els àtoms estaran carregats positivament o negativament segons que perdin o guanyin electrons.

2.2. Aïllants i conductors

Les càrregues amb què hem treballat fins ara es troben en materials **aïllants** com la tela, el vidre i el plàstic. Aquests materials es caracteritzen perquè les càrregues no es poden desplaçar pel seu interior, de manera que queden fixes allà on es produeixen.

Els materials **conductors**, com ara els metalls, es caracteritzen perquè els electrons s'hi poden moure per l'interior. Les càrregues es distribueixen de manera que quedin tan allunyades com sigui possible les unes de les altres.

@ Amplia a la Xarxa...

Observa diversos experiments d'electricitat estàtica a: www.tiching.com/748254

Activitats

1. Quan freguem una vareta de vidre amb un bocí de tela: què queda carregat, el vidre o la tela? Amb quin signe?

   I si fos una vareta de plàstic?

2. Digues si els materials següents són conductors o aïllants:

   a. Fusta
   b. Plata
   c. Suro
   d. Plàstic
   e. Or
   f. Coure
   g. Vidre
   h. Paper

2.3. Corrent elèctric

Els electrons es mouen a l'atzar en els materials conductors i s'allunyen els uns dels altres tant com poden. Quan aquest moviment s'ordena, s'obté *corrent elèctric* fig.3 :

> Anomenem **corrent elèctric** el moviment ordenat d'electrons al llarg d'un cable conductor.

Però, com s'aconsegueix aquest moviment?

Generadors de corrent

Sabem que un telèfon sense bateria o un rellotge sense piles no funcionen. Per obtenir corrent elèctric, s'ha de disposar d'un generador de corrent, com ara les bateries o les piles.

Els generadors proporcionen als electrons l'energia necessària perquè recorrin el circuit complet.

Sentit del corrent

Avui dia sabem que el corrent elèctric és degut al moviment de les càrregues negatives (els electrons). No obstant això, abans que es conegués l'estructura de la matèria es va prendre per conveni que el corrent era el moviment de càrregues positives.

Aquest conveni se segueix utilitzant i estableix que el corrent va del pol positiu de la pila al pol negatiu fig. 4 .

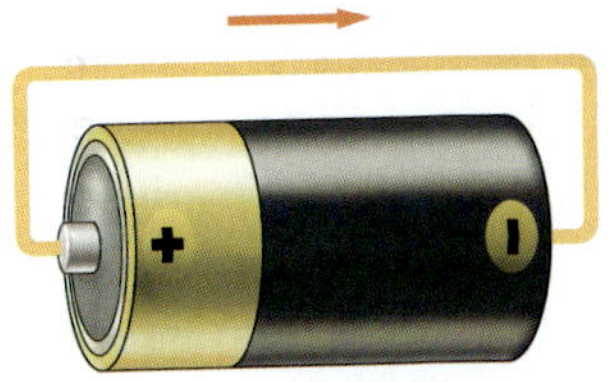

Fig. 4 El moviment dels electrons és del pol negatiu al pol positiu de la pila. El corrent elèctric va del positiu al negatiu.

2.4. El corrent elèctric a les nostres llars

L'electricitat arriba als nostres habitatges en forma de corrent elèctric; es fa servir en aparells com ara el televisor, l'ordinador, la rentadora, els llums…

L'electricitat arriba a cada aparell, bombeta, motor, pantalla, etc., gràcies a cables elèctrics aïllats del medi, els quals tenen a l'interior fils de coure (conductors) i estan recoberts de plàstic (aïllant) fig. 5 .

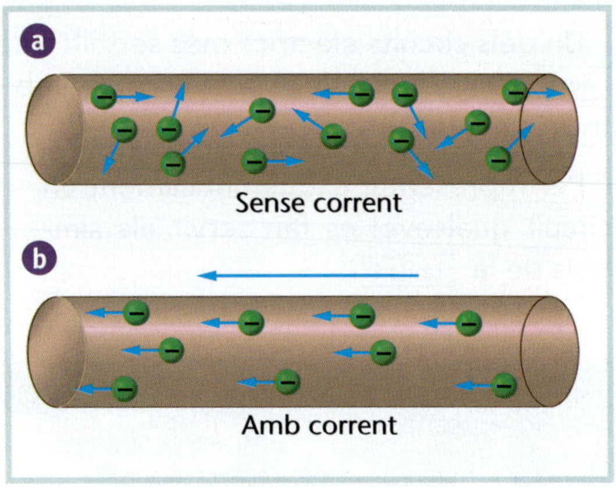

Fig. 3 a) Moviment d'alguns electrons del coure sense crear corrent. b) Moviment ordenat dels electrons creant corrent elèctric.

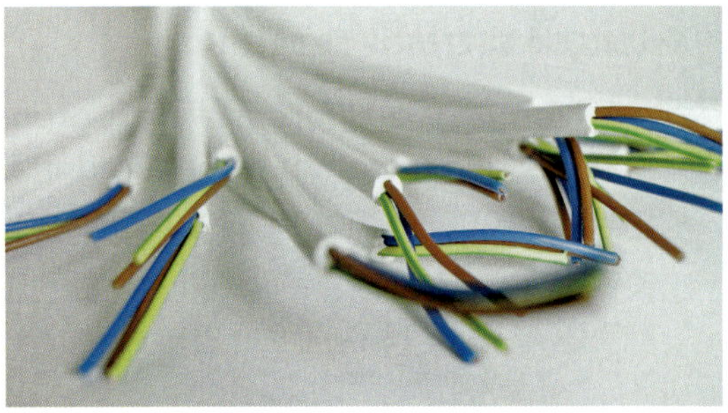

Fig. 5 Cables elèctrics de coure recoberts de plàstic.

Activitats

3. Defineix què és el corrent elèctric i esmenta exemples de com es fa servir.
4. Estudia l'electricitat d'un habitatge: quins aparells elèctrics hi ha connectats al corrent?
5. A més a més de l'electricitat que arriba de l'exterior per mitjà dels cables elèctrics fins als endolls, a l'habitatge hi ha més maneres d'obtenir l'electricitat? Els rellotges, per exemple, d'on l'obtenen?

3 Circuits elèctrics

L'electricitat arriba a cada aparell, bombeta, motor, pantalla, etc., gràcies als **circuits elèctrics**.

Un dels circuits elèctrics més senzills que pots construir és el d'una llanterna fig. 1. Aquest circuit el pots muntar amb una pila, una bombeta, cables elèctrics i un interruptor.

Per representar esquemàticament un circuit qualsevol es fan servir els símbols de la taula 1.

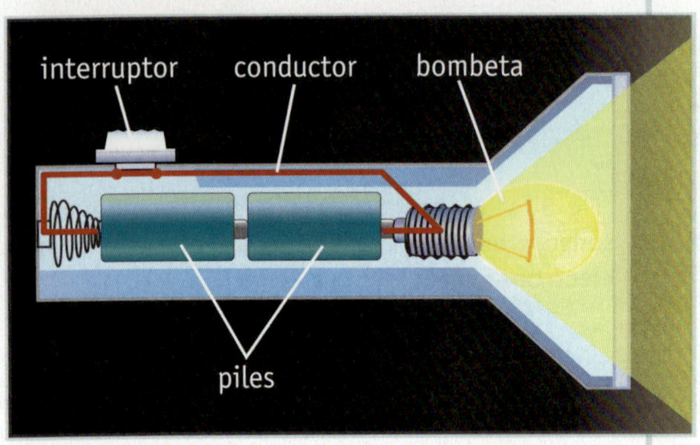

Fig. 1 Una llanterna té un circuit elèctric molt senzill.

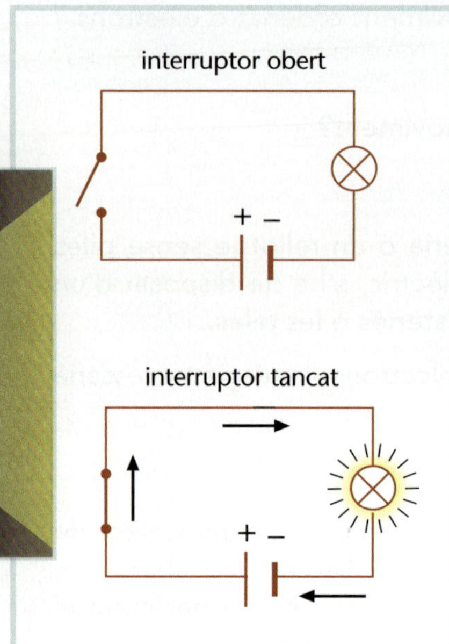

Taula 1

Element	Símbol
conductor	
bombeta	
pila	
resistència	
resistència variable	
interruptor	
amperímetre	A
voltímetre	V
generador	G
motor	M

Magnituds en els circuits elèctrics

Les magnituds que fan variar les característiques dels circuit són les següents: *diferència de potencial, intensitat de corrent* i *resistència.*

Voltatge o diferència de potencial

El **voltatge** o **diferència de potencial** (*V*) és l'impuls que transmet el generador a les càrregues perquè es moguin contínuament.

La diferència de potencial es mesura amb *voltímetres* i la unitat és el **volt** (V).

Intensitat de corrent

La **intensitat de corrent** (*I*) és la quantitat de càrrega que circula cada segon per un cable conductor.

Els instruments amb què es mesura s'anomenen *amperímetres* i la seva unitat és l'**ampere** (A). També es fa servir el *mil·liampere* (mA) per a intensitats petites.

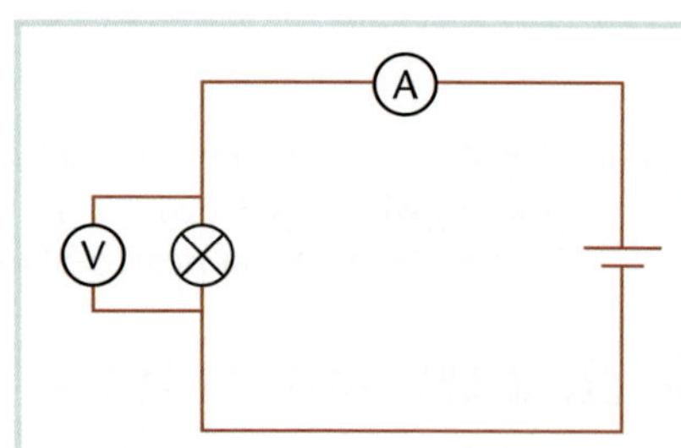

Per mesurar la diferència de potencial s'utilitzen els voltímetres, i per mesurar la intensitat, disposem d'amperímetres.

Resistència

La **resistència** (*R*) d'un circuit la podem comparar amb la força de fricció en el moviment dels electrons.

És l'oposició que ofereixen els cables i els altres elements del circuit al pas de les càrregues elèctriques.

La unitat amb què es mesura és l'**ohm** (Ω).

Mitjançant la llei d'Ohm, podem conèixer el valor de la resistència d'un circuit que tingui un amperímetre i un voltímetre.

3.1. Llei d'Ohm

La llei d'Ohm diu que el voltatge d'un generador és directament proporcional a la intensitat que circula pel circuit i a la resistència que ofereix. Com que la resistència depèn de cada mena de circuit, un mateix voltatge produeix intensitats diferents:

$$V = I \cdot R$$

- Com més gran sigui el voltatge, més intensitat de corrent hi circula:

$$\mathbf{V} = \mathbf{I} \cdot R$$

- Com més gran sigui la resistència, menys intensitat hi circula:

$$\mathbf{V} = I \cdot \mathbf{R}$$

@ Amplia a la Xarxa...

Practica com es compleix la llei d'Ohm en els circuits a: www.tiching.com/748255

Exemples

1. La intensitat que circula per un circuit és de 0,2 A i la seva resistència és de 20 Ω. Calcula el voltatge de la pila a la qual està connectat.

Apliquem la llei d'Ohm:

$V = I \cdot R = 0{,}2\ \text{A} \cdot 20\ \Omega = 4\ \text{V}$

2. Donat el circuit de la figura, calcula la intensitat que hi circula.

Apliquem la llei d'Ohm:

$$V = I \cdot R \Rightarrow I = \frac{V}{R} = \frac{25\ \text{V}}{10\ \Omega} = 2{,}5\ \text{A}$$

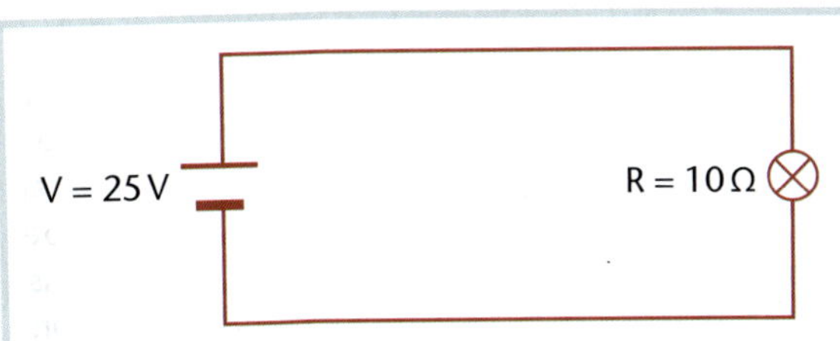

Naturalesa dels llamps

Els llamps són corrents elèctrics que es produeixen entre determinats tipus de núvols, anomenats cumulonimbus, i el sòl, o bé entre núvols. Tenen tanta intensitat que escalfen l'aire a temperatures molt i molt altes, la qual cosa produeix la resplendor del llampec i el so del tro.

Els llamps s'originen en la separació de càrregues positives i negatives que es produeix als núvols; la separació que es deu a forts corrents d'aire formats a l'interior dels núvols.

Aquests moviments de l'aire creen, per fregament, càrregues positives a la part superior i negatives a la inferior.

A la part del sòl situada sota cada núvol es creen càrregues positives. Aquesta diferència de càrregues genera el corrent elèctric que constitueix el llamp.

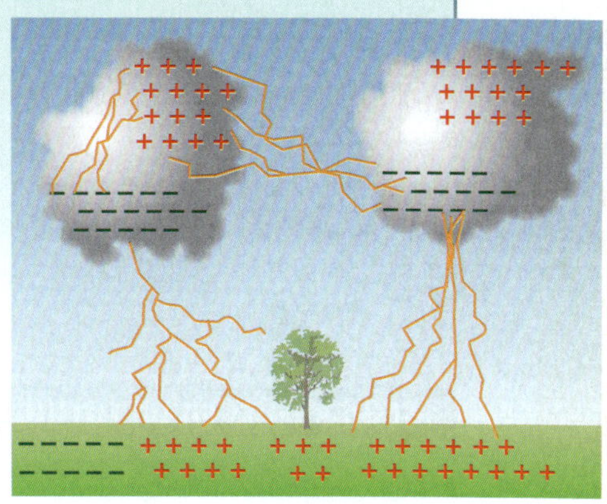

Activitats

1. Esmenta els elements que poden formar part d'un circuit. Indica quins són imprescindibles.
2. Representa mitjançant símbols el circuit d'un ventilador, i explica quin és cada element que representes.
3. Per què diries que la llanterna només fa llum amb l'interruptor tancat?
4. Dibuixa un circuit que tingui una pila, una bombeta i un motor. Quins altres elements falten?
5. N'hi ha prou sabent la quantitat de càrrega que passa per un circuit per conèixer la intensitat del corrent?
6. Les piles tenen diferents formes i mides. Totes tenen, però, el mateix voltatge?
7. Calcula el voltatge d'una pila si, connectada a un circuit que té una resistència de 2 Ω, hi fa circular un corrent de 4 A.
8. En un circuit elèctric hi ha connectats un amperímetre que indica 2 mA i un voltímetre que indica 50 V. Calcula el valor de la resistència del circuit.
9. Què marcarà l'amperímetre del circuit anterior si augmentem la diferència de potencial a 75 V?

4 Circuits elèctrics en sèrie i en paral·lel

La majoria de circuits elèctrics de les nostres llars, de les poblacions, de la indústria... consten de molts components.

Per fer un primer estudi, considerarem el cas simplificat de circuits amb dues bombetes. La connexió entre si pot ser de dos tipus: *en sèrie* i *en paral·lel*.

Connexió en sèrie

En una **connexió en sèrie**, els elements del circuit es troben l'un a continuació de l'altre.

Es compleixen les propietats següents:

- La intensitat de corrent, *I*, que circula per tots és la mateixa.
- El voltatge total, V_T, és igual a la suma dels voltatges dels elements:

$$V_T = V_1 + V_2$$

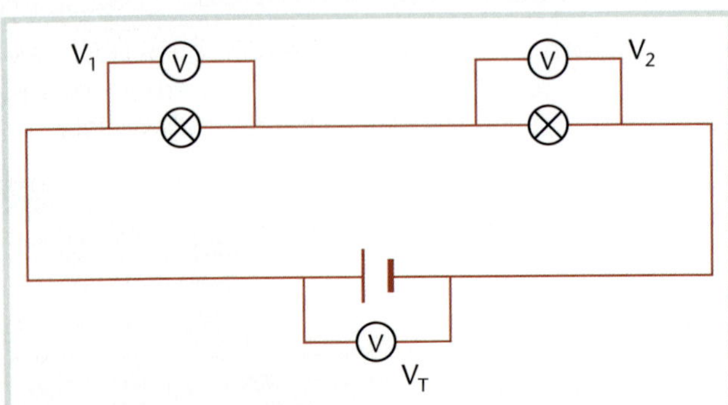

Connexió en paral·lel

En una **connexió en paral·lel**, els elements del circuit es troben situats de tal manera que tenen els extrems comuns.

Les característiques d'aquestes connexions són:

- El voltatge, *V*, és el mateix en tots.
- La intensitat total, I_T, és la suma de les intensitats que circulen per cada element:

$$I_T = I_1 + I_2$$

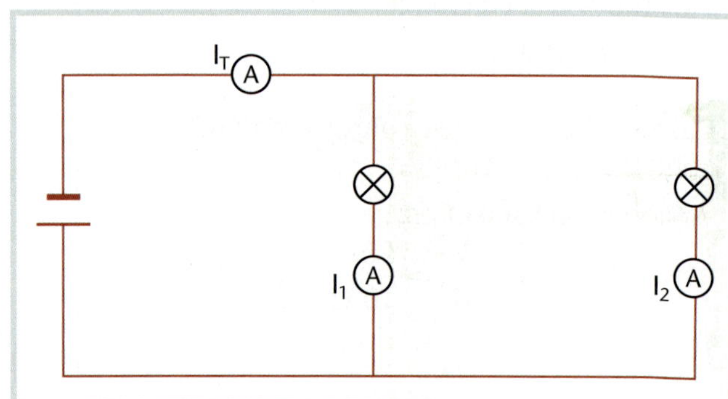

Mesuraments en un circuit

Per conèixer la intensitat de corrent que circula per un circuit hi hem de connectar un amperímetre en sèrie (a).

Per conèixer la diferència de potencial entre dos punts del circuit, hi hem de connectar un voltímetre en paral·lel (b).

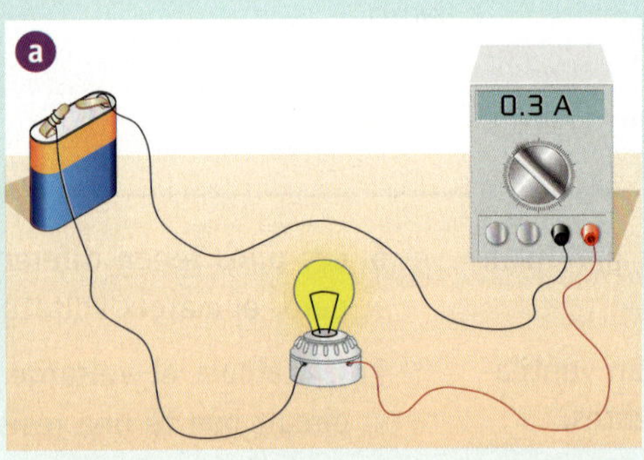

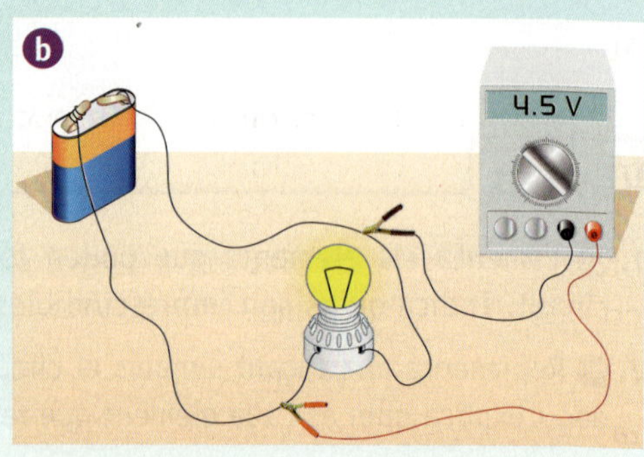

Si coneixem el voltatge i la intensitat d'un circuit, podem trobar-ne la resistència total mitjançant la llei d'Ohm.

Per exemple, la resistència del circuit de la dreta és:

$$V = I \cdot R \Rightarrow R = \frac{V}{I} = \frac{4{,}5\ \text{V}}{0{,}3\ \text{A}} = 15\ \Omega$$

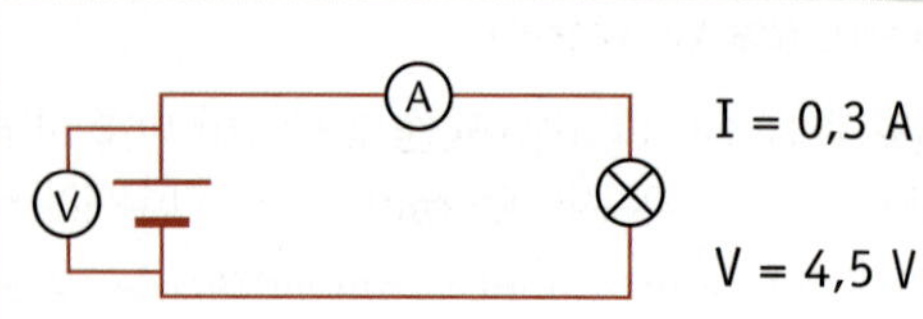

APARELLS ELÈCTRICS I APARELLS ELECTRÒNICS

Aparells elèctrics

Els **aparells elèctrics**, que faciliten moltes de les tasques quotidianes, fan servir el corrent elèctric per generar moviment, llum, so, escalfor...

Electricitat → Moviment

Electricitat → Calor

Electricitat → So

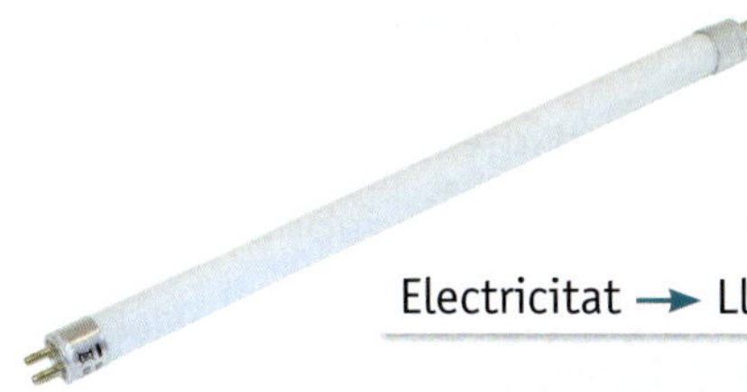

Electricitat → Llum

▸ Tots els aparells elèctrics porten uns símbols i uns números que cal que coneixem per fer-los funcionar correctament: voltatge, intensitat, model...

@ Amplia a la Xarxa...

Observa com funciona un assecador de mà a: www.tiching.com/748256

Aparells electrònics

Els **aparells electrònics** es diferencien dels elèctrics pel fet que inclouen una sèrie de components electrònics (transistors, processadors, etc.) organitzats en circuits, la finalitat dels quals és controlar i aprofitar els senyals elèctrics.

Aquests components són d'una mida força petita, i regularment es van descobrint nous materials amb els quals cada cop es poden fabricar d'una mida encara inferior.

Exemples d'aquests aparells són els telèfons mòbils, les tauletes tàctils, els ordinadors, els reproductors de música, els localitzadors...

5 Magnetisme i imants

5.1. Magnetisme

Des de l'antiga Grècia, es coneix el mineral anomenat *magnetita* i la seva propietat d'atreure alguns metalls, especialment el ferro (també atreu el cobalt, el níquel i aliatges d'aquests metalls) fig. 1.

El **magnetisme** és la propietat de la matèria en virtut de la qual certes substàncies són capaces d'atreure alguns metalls.

Les forces magnètiques són forces a distància.

Fig. 1 La magnetita és un mineral amb propietats magnètiques.

5.2. Imants

Anomenem **imant** a una peça formada per magnetita o un altre material amb propietats magnètiques.

Hi ha dos tipus d'imants:

- **Imants naturals**. Estan fabricats amb magnetita.
- **Imants artificials.** Estan fabricats amb materials que han estat imantats artificialment fig. 2.

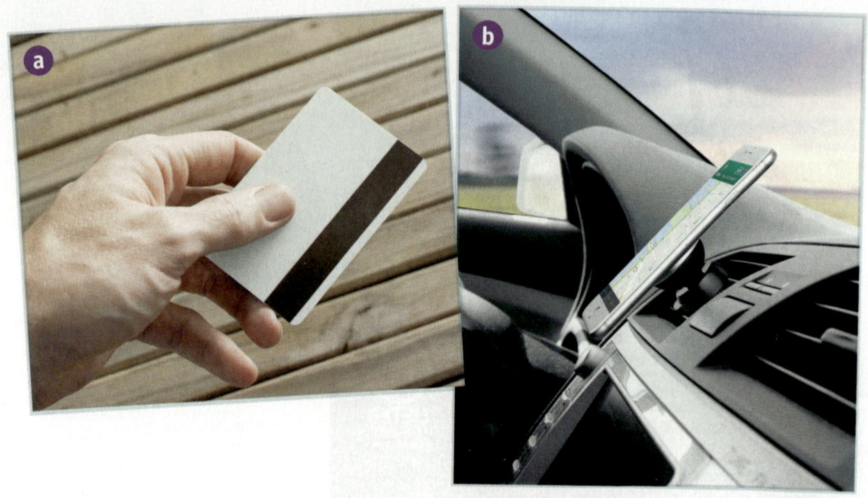

Fig. 2 a) La banda magnètica de les targetes de crèdit conté nombrosos trossets de ferro imantats que emmagatzemen la informació de la targeta. b) Suport magnètic per a telèfons mòbils.

5.3. Imantació

Si un objecte de ferro o d'acer entra en contacte o es frega amb un imant, no només és atret per l'imant, sinó que, al seu torn, esdevé un altre imant.

Anomenem **imantació** el procés pel qual un material no magnètic adquireix propietats magnètiques, és a dir, es converteix en un imant artificial.

Les propietats magnètiques adquirides artificialment poden durar per sempre o desaparèixer en poc temps; per aquest motiu, distingim entre:

- **Imants permanents.** Són els que conserven el magnetisme adquirit. En són un exemple d'aquest tipus els imants fabricats amb acer fig. 3.
- **Imants temporals.** Són aquells que de seguida perden el magnetisme, com el ferro, que es magnetitza temporalment fig. 4.

Fig. 3 Imants permanents utilitzats a les llars.

Fig. 4 Imantació d'un tornavís fregant-ne l'extrem d'acer amb un imant.

5.4. Característiques dels imants

Els imants es caracteritzen per:

- Tenir el que s'anomena **pol nord** i **pol sud**, que són els llocs on les propietats magnètiques són més remarcables. Aquests pols atreuen igualment elements com ara llimadures de ferro, clips o caragols fig. 5.
- Exercir forces d'atracció i repulsió entre imants, anomenades **forces magnètiques** fig. 6:
  - Si apropem dos pols del mateix nom, els imants es repel·liran. Es produeix una força de repulsió.
  - Si apropem dos pols de diferent nom, els imants s'atrauran. Es produeix una força d'atracció.
- Si dividim un imant per la meitat, no obtindrem els dos pols per separat, sinó dos imants, cadascun amb els seus pols nord i sud fig. 7.

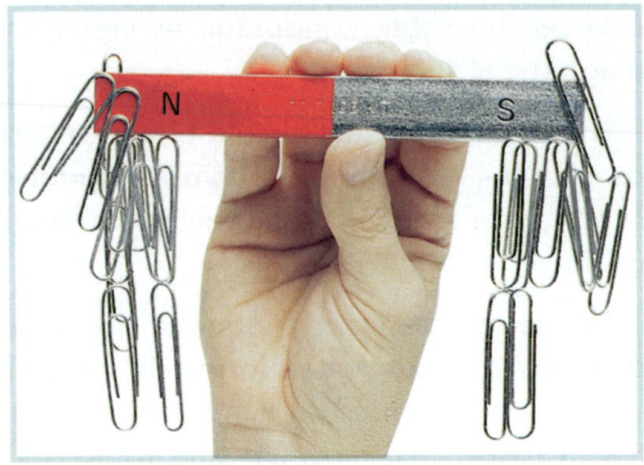

Fig. 5 Els objectes de ferro se situen en els pols de l'imant.

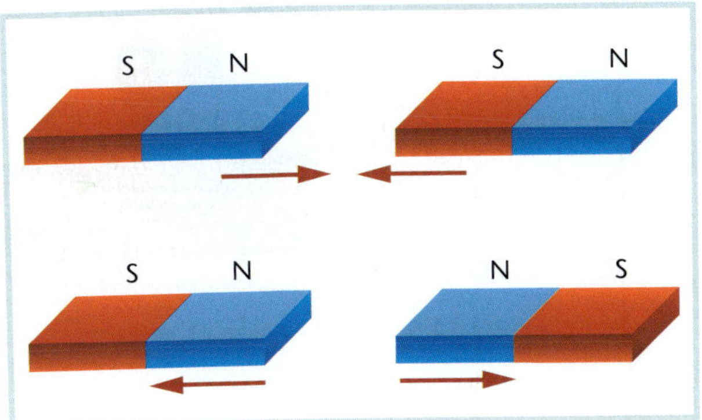

Fig. 6 Els pols del mateix nom d'un imant es repel·leixen, i els de diferent nom, s'atreuen.

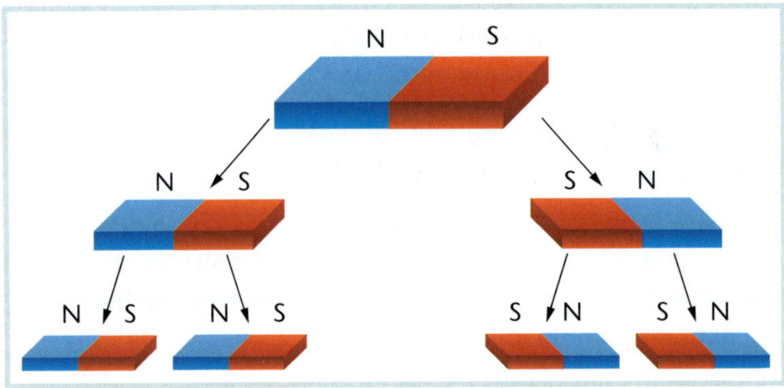

Fig. 7 Encara que partim un imant molts cops, no obtindrem els seus pols per separat, sinó més imants amb dos pols.

Camp magnètic

La influència de les forces magnètiques que un imant provoca al seu voltant crea el que anomenem **camp magnètic**.

El camp magnètic es pot representar mitjançant les anomenades **línies de camp magnètic**, que surten del pol nord de l'imant i hi entren pel pol sud.

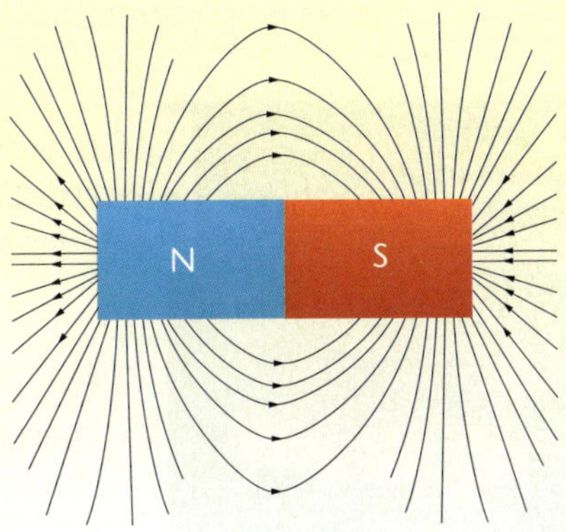

Si sobre un imant rectangular hi posem un full de paper i empolvorem llimadures de ferro, veurem que es distribueixen seguint aquestes línies.

Activitats

1. Explica d'on procedeix el nom de *magnetisme*.
2. Esmenta els tipus d'imants que hi ha i explica les característiques pròpies de cada tipus.
3. Esmenta alguns materials magnètics.
4. Quins pols té un imant?
5. Explica com podem imantar una agulla d'acer.
6. Explica com podem separar llimadures de ferro barrejades amb sorra. I si es tracta de trossets de ferro barrejats amb trossets de coure?

6 Relació entre electricitat i magnetisme

6.1. El corrent elèctric crea camp magnètic

El científic danès H. C. Oersted (1777-1851) va descobrir que, quan un corrent elèctric circula per un cable conductor, es crea un camp magnètic al seu volant.

Si el cable pel qual circula el corrent elèctric és rectilini, les línies del camp magnètic presenten forma de circumferències amb centre al cable.

També es crea camp magnètic si el cable pel qual passa el corrent té forma de circumferència. I encara és més intens el camp creat si es tracta d'un cable enrotllat que forma diversos corrents circulars. Aquest cable enrotllat rep el nom de **bobina** o **solenoide**.

FORMACIÓ DE CAMP MAGNÈTIC

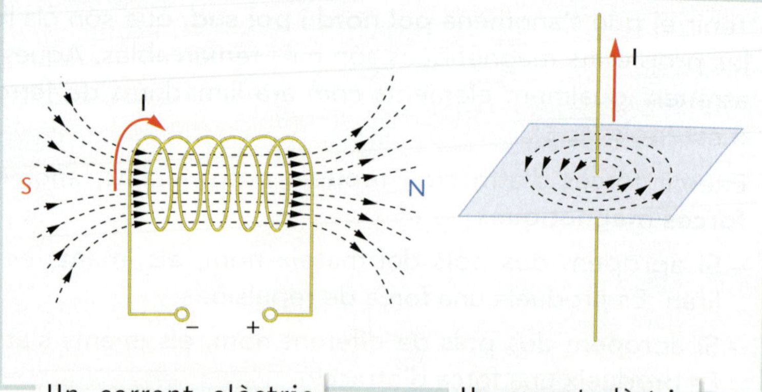

Un corrent elèctric que circula per un cable enrotllat o bobina.

Un corrent elèctric que circula per un cable rectilini.

Electroimants

Rep el nom d'**electroimant** el sistema format per una bobina a l'interior de la qual hi ha una barra de ferro fig. 1.

El valor del camp magnètic que crea la bobina augmenta perquè aquesta barra de ferro s'imanta i concentra l'esmentat camp.

En circular el corrent elèctric per aquest sistema, observem que, en els extrems, pot atreure determinats objectes metàl·lics, actuant com un imant.

L'interruptor tanca o obre el circuit de manera que el camp magnètic apareix en tancar-se i desapareix en obrir-se.

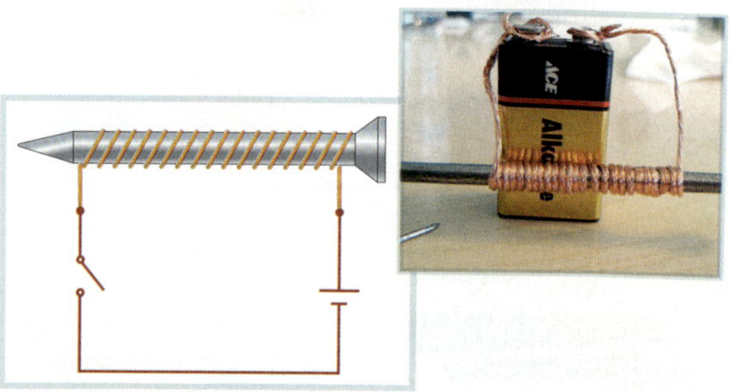

Fig. 1 L'electroimant actua com un imant que atreu determinats objectes metàl·lics pels seus extrems.

Aplicacions dels electroimants

Els trens de levitació magnètica abasten grans velocitats: es desplacen sense fricció perquè no van sobre rodes, sinó que floten repel·lits per potents electroimants situats en la via.

Es fan servir potents electroimants per moure ferralla.

En prémer l'interruptor del timbre, el corrent circula i l'electroimant atreu la barreta que colpeja la campana, que sona. En moure's, la barreta desconnecta el circuit i deixa de ser atreta.

@ Amplia a la Xarxa...

Treballa amb una aplicació interactiva sobre imants i electroimants a: www.tiching.com/748257

6.2. Crea corrent elèctric el camp magnètic?

La relació entre electricitat i magnetisme és completa, perquè l'electricitat crea camps magnètics, però els camps magnètics creen corrents elèctrics fig. 2.

Per tal que es generi corrent elèctric, cal que el camp magnètic sigui variable. Aquest fet fou descobert pel científic anglès M. Faraday (1791-1867).

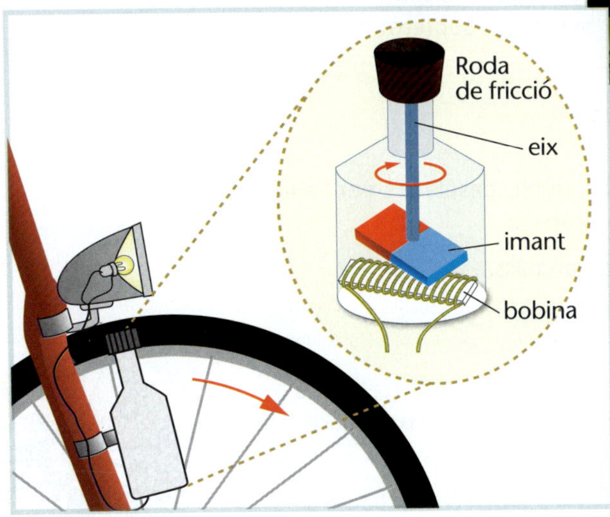

Fig. 2 L'alternador que porten algunes bicicletes fa que la bombeta s'encengui quan gira la roda de la bicicleta. Aquesta, en girar, fa rotar la rodeta de fricció d'un dispositiu que conté en el seu interior una bobina i un imant, i produeix corrent elèctric.

Camp magnètic terrestre

La Terra és un imant gegantí i sempre que algú fa servir una brúixola ho comprova.

Els pols d'aquest imant gegantí es troben situats a l'inrevés que els pols geogràfics del nostre planeta.

El camp magnètic del nostre planeta s'explica per l'existència de corrents elèctrics en el seu interior, on es troba el magma, que és líquid i es mou.

La brúixola, que consta bàsicament d'una agulla imantada, s'orienta marcant el nord geogràfic perquè, per repulsió amb l'imant terrestre, els seus pols se situen com els geogràfics.

@ Amplia a la Xarxa...

Treballa amb una aplicació interactiva sobre la brúixola i el camp magnètic terrestre a: www.tiching.com/748289

La Terra és un imant gegantí, tal com ho demostra la brúixola.

Activitats

1. Explica què és un *electroimant* i com en podries fer un fàcilment.
2. Per què els electroimants porten a dintre una barra de ferro?

   Descriu el que passaria si aquesta barra fos d'acer.
3. Per què diem que la Terra és un gran imant? Els éssers humans com aprofitem que ho sigui?
4. Explica el funcionament de la brúixola.
5. Descriu dues formes de produir corrent elèctric sense generador.

LABORATORI

7 Electricitat i magnetisme

L'electricitat i el magnetisme estan relacionats, tal com van demostrar Oersted i Faraday amb els seus experiments. Tot seguit comprovarem aquesta relació.

A. DETECTAR EL CAMP MAGNÈTIC TERRESTRE

La brúixola és un instrument senzill que ha tingut importants aplicacions en l'orientació geogràfica de les persones. Sobretot ha estat molt utilitzada pels navegants.

Orientació amb una brúixola

a) Amb la brúixola o amb l'aplicació del mòbil, desplaça't per l'aula i anota en quina direcció apunta la brúixola.

b) Gira la brúixola o el mòbil i observa què passa.

Material

- Brúixola o aplicació de mòbil que emuli una brúixola

Preguntes

1. Tenint en compte l'existència dels *smartphones* (telèfons intel·ligents) i del *GPS*, continuen tenint la mateixa importància les agulles magnetitzades avui dia?
2. Busca informació sobre com funcionen les brúixoles de què disposen els mòbils.

B. ESTUDIAR L'EXPERIÈNCIA D'OERSTED

Construcció d'un motor elèctric

1. Construeix un muntatge similar al que es mostra a la figura, format per una pila i un generador (compost per un imant i una espira situada entre els pols de l'imant). Inicialment, mantén la pila desconnectada.
2. Connecta la pila i observa què passa. Anota al quadern les teves observacions.
3. Ara intercanvia els cables dels pols de la pila. Anota com gira ara l'espira.

Material

- Generador (espira i imant)
- Cables connectors
- Pinces
- Pila

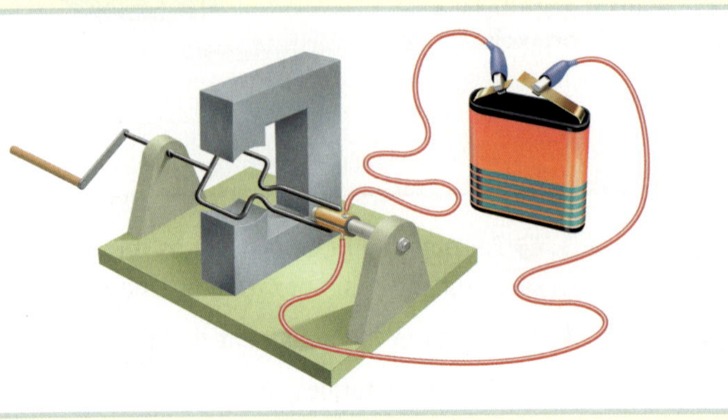

Preguntes

1. Què ha passat quan has connectat els cables a la pila? En quin sentit girava l'espira?
2. Què ha passat quan has intercanviat els pols de la pila?
3. El sentit del corrent elèctric afecta el gir de l'espira?

C. ESTUDIA L'EXPERIÈNCIA DE FARADAY

Construcció d'un generador de corrent elèctric

1. Modifica el muntatge anterior substituint la pila per una bombeta, tal com es mostra a la figura.
2. Tot seguit, fes girar la manovella connectada a l'espira. Anota al quadern el que observis.
3. Augmenta i disminueix la velocitat amb què gira l'espira i observa si es produeix algun canvi en la bombeta.

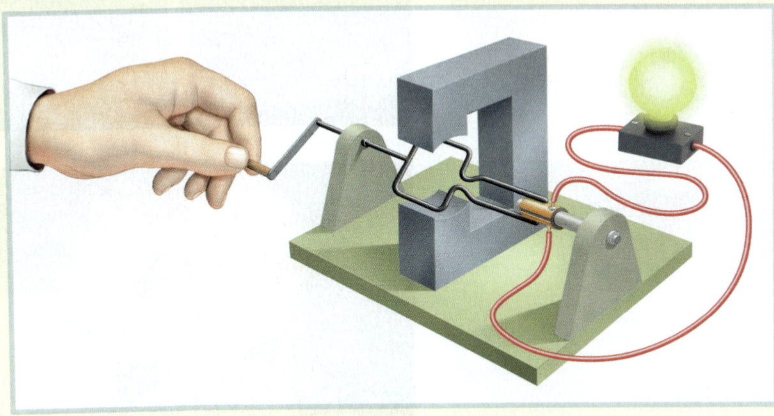

Material

- Generador (espira i imant)
- Cables connectors
- Pinces
- Led o bombeta

Preguntes

1. Què ha passat quan has començat a fer girar la manovella?
2. Explica què passava quan augmentaves la velocitat de gir. I quan la disminuïes?

Simulació TIC @

1. Construeix circuits elèctrics senzills mitjançant la següent aplicació virtual interactiva:

   www.tiching.com/748290

   a. Construeix un circuit amb tres bombetes en sèrie, una pila, un amperímetre i un interruptor. Tanca l'interruptor perquè s'encenguin les bombetes. A continuació, mesura i anota:
   - El voltatge de la pila i de cada bombeta.
   - La intensitat en diferents punts del circuit.

   b. Repeteix l'experiència amb les bombetes connectades en paral·lel.

   c. Construeix un circuit amb una bombeta, una pila i un amperímetre. Apunta el valor de la intensitat. Tot seguit, afegeix-hi una altra pila i torna a apuntar el valor de la intensitat.

   d. Redacta un informe sobre les característiques dels circuits elèctrics en sèrie i en paral·lel, i explica si es compleix el que has estudiat.

   A continuació completa l'informe amb les conclusions a les quals arribes després de fer l'experiment descrit en l'apartat c.

2. Omple al quadern els buits d'una taula com la de sota, utilitzant la simulació interactiva següent. Fixa't bé en les unitats.

   www.tiching.com/748291

   a. Comprova, en l'última columna, si es compleix la llei d'Ohm.

   b. Tot seguit, dóna a la resistència el valor de 500 Ω i variant el voltatge, apunta 5 parelles de valors *V-I*.

   c. Representa aquests parells de valors *V-I* en una gràfica, uneix els 5 punts i explica d'una manera raonada el resultat que has obtingut. Calcula el valor del pendent i comenta'l.

Voltatge (V)	Intensitat (A)	Resistència (Ω)	$V = I \cdot R$?
1,5	...	300	...
3	0,0086	...	...
...	0,009	500	...
6	...	600	...
7,5	0,0188	...	...

1 Observa i descriu. **Electrització**

Descriu cada una de les escenes següents:

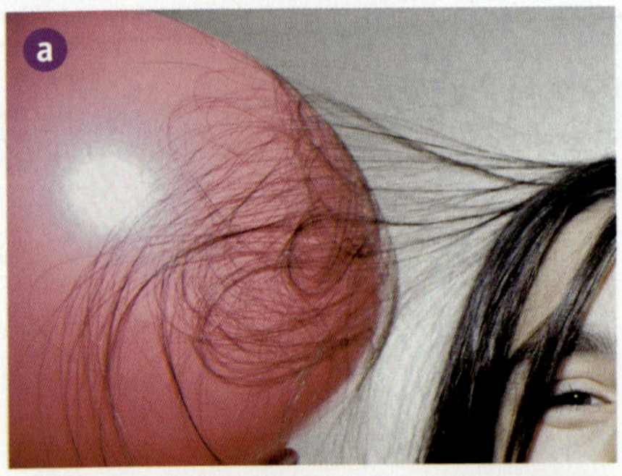

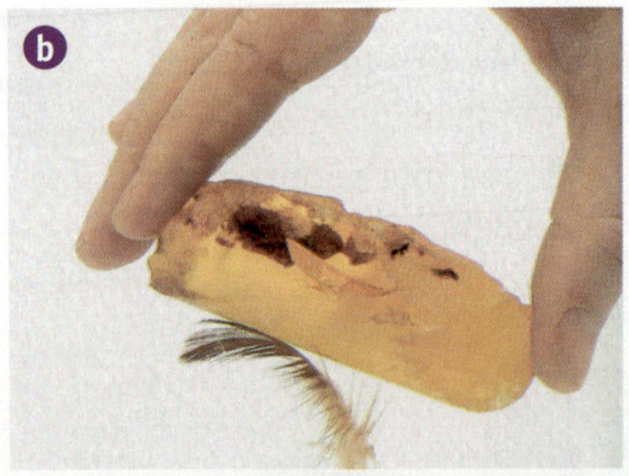

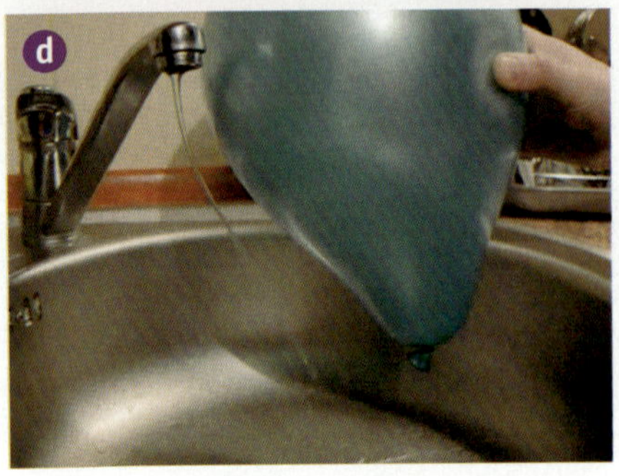

2 Raona. **L'electricitat**

Escriu correctament al quadern les frases següents i afegeix-hi l'explicació necessària.

- Tots els cossos estan carregats perquè tenen molts electrons.
- El valor de les forces entre dues càrregues només depèn del valor d'aquestes càrregues.
- Les càrregues s'atreuen entre si com les masses.
- Els metalls són conductors del corrent elèctric, però el plàstic i la fusta són aïllants.
- Un circuit bàsic està format per bombetes, cables i un interruptor.
- La intensitat de corrent mesura la quantitat de càrrega que passa per un cable de coure.
- La llei d'Ohm estableix que el voltatge i la intensitat són inversament proporcionals: quan la intensitat augmenta, el voltatge disminueix.
- Tots els imants són artificials perquè els ha fet l'ésser humà.
- Els pols nord dels imants s'atreuen, mentre que els pols sud dels imants es repel·leixen.
- L'electricitat crea un camp magnètic, però no a l'inrevés.

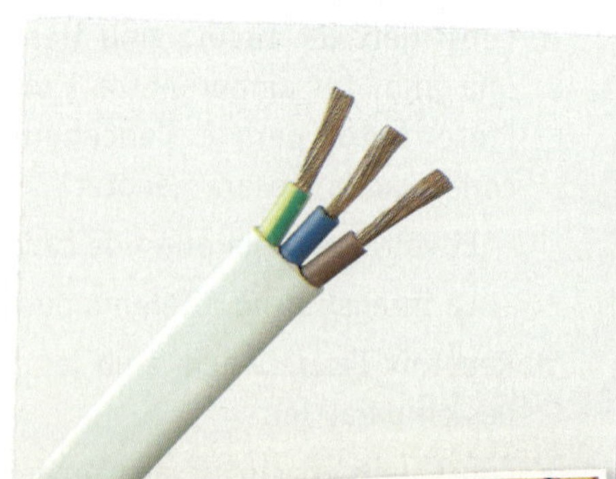

3 Analitza un text. Consells de seguretat contra els llamps

Els llamps maten unes 2000 persones cada any arreu del món i a centenars d'altres els cau un llamp però increïblement sobreviuen, tot i que generalment els origina seqüeles duradores que els debiliten. A continuació et donem alguns consells que has de tenir en compte per evitar tempestes elèctriques o disminuir les possibilitats que et caigui un llamp.

Consells de seguretat

- Si et trobes a la intempèrie, busca refugi en un cotxe o en un edifici quan comenci a llampegar o a tronar.
- Si ets a casa, evita banyar-te, dutxar-te o rentar els plats. També cal evitar de fer servir els telèfons amb línia de terra, el televisor i d'altres aparells que siguin conductors d'electricitat.
- Després d'haver vist el darrer llamp o sentit l'últim tro, mantén-te a recer durant 30 minuts. Hi ha víctimes de llamps procedents de tempestes amb el centre a 16 quilòmetres de distància.
- Si et sorprèn una tempesta a cel descobert i lluny d'un edifici o d'un cotxe, allunya't de les masses d'aigua i d'objectes alts com ara els arbres. Troba un lloc baix o una depressió del terreny, però no t'estiris a terra. Els llamps es poden desplaçar per la superfície del sòl i moltes de les víctimes no els toquen els llamps, sinó aquest corrent.

National Geographic

A partir del text:

- Fes-ne un resum de quatre línies.
- Per què cal tenir tantes precaucions?
- Descriu què faries si et sorprèn una tempesta quan et trobes en una excursió a la qual has anat amb cotxe.
- Explica si has de prendre precaucions si ets a casa teva quan hi ha tempesta.

@ Amplia a la Xarxa...

Troba més mesures de protecció a: www.tiching.com/748292

4 Busca a la xarxa. Generador de Van de Graaff

Observa el vídeo següent sobre l'anomenat generador de Van de Graaff i contesta les preguntes escrites a continuació:

www.tiching.com/748293

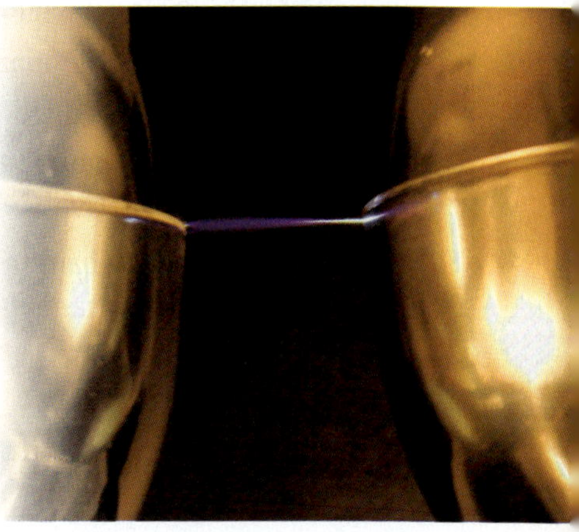

- Què s'explica sobre el generador i les descàrregues (guspires) que produeix?
- De quin signe és la càrrega que va emmagatzemant la bola metàl·lica que aguanta el pal?
- Què passa als recipients metàl·lics col·locats sobre el generador?
- Com es comprova que un objecte metàl·lic carregat acumula la càrrega a l'exterior?
- Que passa en carregar el cilindre de tela metàl·lica amb el generador?
- Explica què passa al senyal de ràdio quan l'aparell de ràdio es troba dintre de la reixeta metàl·lica.

5 Explora. Resistència

La resistència, *R*, d'un material conductor depèn de la seva longitud, *L*, la seva secció, *S*, i la seva resistivitat, ρ, que és característica del material amb què està fet:

$$R = \rho \cdot \frac{L}{S}$$

Mira't la simulació següent i contesta:

www.tiching.com/748294

a) Com varia en cada cas la resistència d'un cable en augmentar els valors de la resistivitat, de la longitud i de la secció?

b) Què representa la figura del cable en disminuir la resistivitat? Què vol descriure?

6 Relaciona. Elements d'un circuit

Associa al quadern cada element d'un circuit amb el símbol que el representa:

a) Cable conductor
b) Bombeta
c) Interruptor
d) Pila
e) Motor
f) Amperímetre
g) Voltímetre

1) 2) 3) 4) 5) 6) 7)

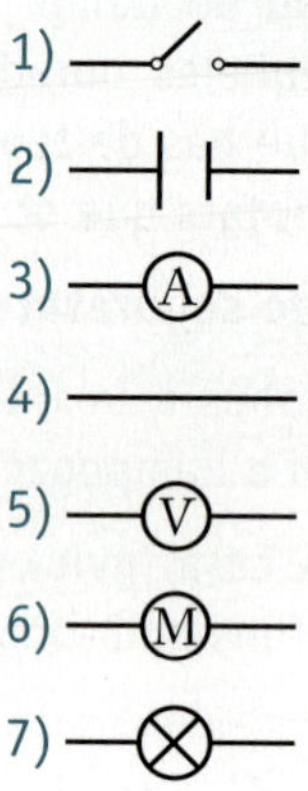

7 Raona. Circuits elèctrics

Contesta les preguntes següents sobre els circuits de la figura:

a) En quins circuits penses que s'encén la bombeta i en quins no?

b) Indica quin element diries que fa falta en cadascun dels circuits elèctrics en els quals la bombeta no s'encén.

c) Si totes les piles i totes les bombetes són idèntiques, justifica en quins circuits et sembla que s'obtindrà més llum.

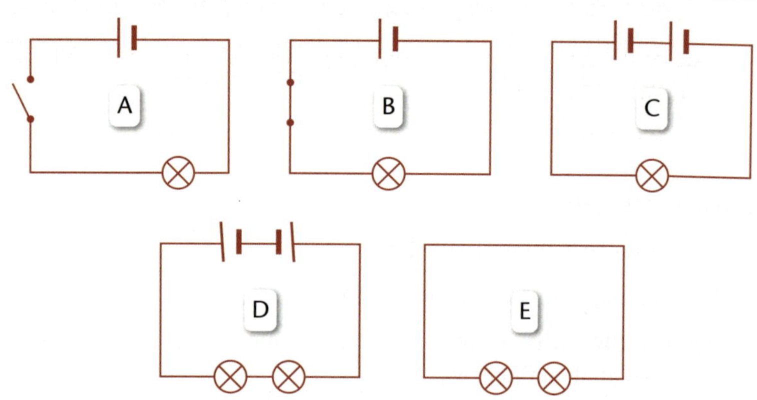

8 Completa. Electricitat i magnetisme

Fes servir aquestes paraules (tots els cops que et calgui) per completar les frases següents al quadern:

càrregues magnètic imants repel·leixen elèctric elèctrica oposat neutres atreuen directament

a) Els àtoms són … perquè tenen el mateix nombre de … positives que negatives.

b) Quan freguem una barreta de vidre i una de plàstic amb un bocí de tela, es carreguen amb signe … .

c) Les … de signes oposats s'… i les del mateix signe es … .

d) Les forces entre càrregues són … proporcionals al valor de les càrregues.

e) Els aparells elèctrics funcionen amb corrent … .

f) Els circuits elèctrics han de ser tancats perquè hi pugui circular el corrent … .

g) La intensitat és la quantitat de càrrega … que passa per un conductor cada segon.

h) La llei d'Ohm estableix que el voltatge és … proporcional a la intensitat.

i) El camp … dels … es visualitza amb llimadures de ferro.

j) Entre dos …, els pols del mateix nom es … i els de diferent nom s'… .

k) El corrent elèctric crea un camp … i a l'inrevés.

Síntesi. Forces elèctriques i magnètiques

Electricitat

- Hi ha dos tipus de **càrregues elèctriques**: **positives** i **negatives**. Les càrregues iguals es **repel·leixen** i les diferents s'**atreuen**.
- En els àtoms, els **electrons** tenen càrrega negativa, els **protons** tenen càrrega positiva i els neutrons no tenen càrrega. Els àtoms són **neutres** perquè tenen el mateix nombre d'electrons que de protons.
- Anomenem **electrització** l'efecte en virtut del qual un objecte es carrega. Per fer-ho, cal que alguns dels seus àtoms perdin o guanyin electrons.
- El materials són **conductors** o **aïllants**, segons que permetin o no que les càrregues s'hi moguin lliurement.
- Anomenem **electricitat** o **corrent elèctric** el moviment ordenat d'electrons per un cable conductor.
- La llei d'Ohm estableix que el **voltatge** d'un generador és directament proporcional a la **intensitat** que circula per un circuit elèctric i a la **resistència** que aquest circuit ofereix: $V = I \cdot R$.

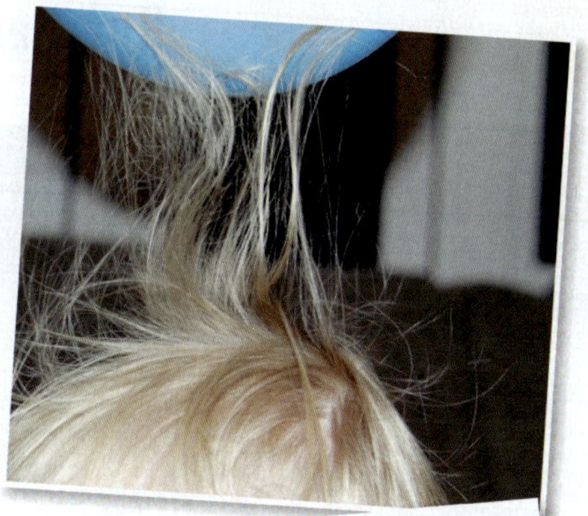

Magnetisme

- El **magnetisme** és la propietat de la matèria en virtut de la qual determinades substàncies, anomenades **imants**, són capaces d'atreure alguns metalls.
- Els **pols** oposats dels imants s'atreuen i els pols iguals es repel·leixen.
- El corrent elèctric crea un **camp magnètic** i el camp magnètic amb moviment crea corrent elèctric.
- Una **brúixola** és un imant que s'alinea amb el camp magnètic terrestre.

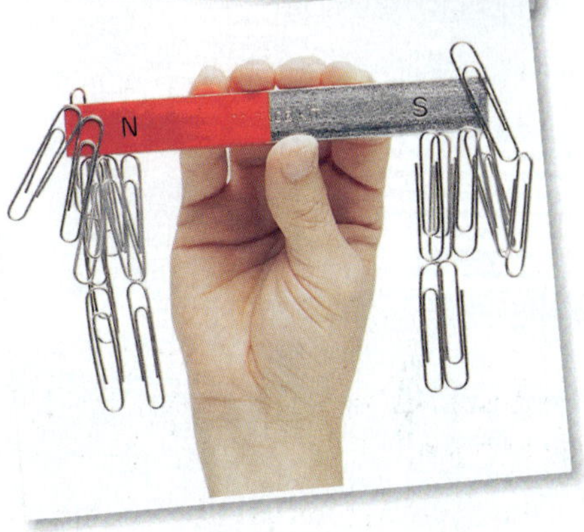

1 REPASSA EL QUE HAS APRÈS

a) Quins tipus de càrregues hi ha? Com es comporten?

b) Quines partícules formen els àtoms? Quina càrrega tenen? Què vol dir que els àtoms són neutres?

c) Com són les forces entre càrregues?

d) Com es carreguen els objectes?

e) Què distingeix els materials aïllants dels materials conductors?

f) Què passa quan cau un llamp?

g) Què és un circuit elèctric? De quins elements consta? Quines magnituds hi intervenen?

h) Què diferencia les connexions en sèrie i de les connexions en paral·lel?

i) Què entenem per magnetisme? Què és un imant? Quines característiques presenta?

j) Quina relació hi ha entre l'electricitat i el magnetisme? Què és un electroimant?

k) Com funcionen les brúixoles?

2 DEFINEIX CONCEPTES CLAU

- Càrrega elèctrica
- Electró
- Corrent
- Voltatge
- Intensitat
- Resistència
- Magnetisme
- Imant
- Pol

CONTESTA LA PREGUNTA INICIAL

Després d'estudiar aquest tema, pots contestar la pregunta inicial:

Hi ha cap relació entre una llanterna i un imant?

Redacta un text d'entre 10 i 20 línies que resumeixi les conclusions a les quals has arribat.

CONSOLIDA EL QUE HAS APRÈS

Per consolidar els coneixements adquirits, pots fer les activitats suggerides a:

www.tiching.com/747754

Aquestes activitats les pots descarregar preparades en un document pdf al final del qual trobaràs les solucions.

10 ENERGIA I TREBALL

Què necessitem per obtenir energia?

Els llums nocturns de qualsevol ciutat ens fan veure la immensa quantitat d'energia que fa servir l'ésser humà.

L'energia mou l'Univers i participa en tots els processos que tenen lloc al planeta.

Per produir energia es necessiten reaccions químiques (per exemple, combustions) o bé forces que produeixin treball. En aquest segon cas les màquines s'encarreguen de fer la producció.

Hi ha màquines de molts tipus. Entre d'altres hi trobem les màquines simples, com la roda o la palanca, i les compostes, com el motor o la màquina de cosir.

Històricament, l'aparició i el perfeccionament de les màquines ha comportat el desenvolupament de les civilitzacions.

Què sabem?

Hi ha moltes formes d'energia. Els automòbils necessiten energia per moure's, les grues en necessiten per alçar pesos i fem servir piles per proporcionar energia a aparells electrònics petits.

- Quines formes d'energia coneixes?
- Pensa en algun aparell que facis servir sovint. Quin tipus d'energia necessita per funcionar? En què inverteix aquesta energia?

Què aprendrem?

- **Quines són les principals formes d'energia.**
- **Com es transmet l'energia en forma de treball.**
- **Què són les màquines i de quins tipus en pots trobar.**
- **Com es transforma el treball en energia.**
- **Què són la llum i el so.**
- **Quines característiques tenen la reflexió i la refracció de la llum.**
- **Què diferencia l'eco de la reverberació.**

1 Formes d'energia

1.1. L'energia

Quan elevem una caixa, quan donem forma a un bloc d'argila, quan escalfem aigua o encenem el llum, estem transmetent i transformant *energia*.

L'**energia**, *E*, és la capacitat de produir canvis a la matèria.

1.2. Principals formes d'energia

L'energia es presenta en diferents formes. Les principals són: **tèrmica, elèctrica, química, lluminosa, sonora** i **mecànica**.

Energia tèrmica

L'**energia tèrmica** és l'energia que tenen els cossos pel fet d'estar a una certa temperatura. Es transfereix d'un cos a un altre en forma de **calor**. La produeixen el Sol i les reaccions químiques com les combustions.

Energia química

L'**energia química** és la que emmagatzemen els compostos químics i que es posa de manifest en les reaccions químiques.

INFORMACIÓ NUTRICIONAL:		
	Per ració (37,5 g)	Per 100 g
Valor energètic	568 kJ/ 134 kcal	1818 kJ/ 358 kcal
Proteïnes	4,3 g	11,5 g

Per exemple als motors, que cremen gasolina per funcionar; a les piles, que produeixen electricitat mitjançant reaccions químiques internes; o als aliments, que ens proporcionen energia.

Energia lluminosa

L'**energia lluminosa** és l'energia que transporta la llum.

Anomenem *llum visible* la llum que podem detectar amb els ulls. La quantitat d'energia que transporta la llum depèn del color.

La llum *infraroja* (IR) és la que transporta menys energia que la llum visible, i la llum *ultraviolada* (UV) és la que en transporta més.

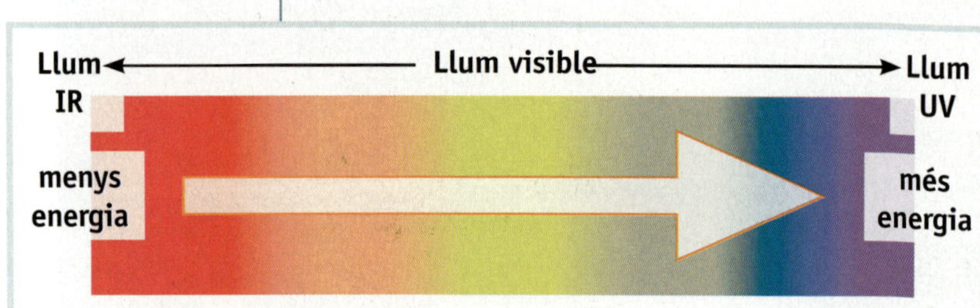

@ Amplia a la Xarxa...

Aprèn més dels diferents tipus d'energia a:
www.tiching.com/748295

Energia elèctrica

L'**energia elèctrica** és l'energia relacionada amb el moviment dels electrons a través d'un material conductor. És la forma d'energia indispensable i més estesa a les societats desenvolupades, perquè es fa servir en llums, electrodomèstics, telèfons, ordinadors, etc.

Energia sonora

L'**energia sonora** és la que transporta el so.

Les partícules de l'aire vibren i transmeten energia a les partícules veïnes.

Els sons molt intensos poden arribar a trencar vidres i a fer malbé l'oïda.

Energia mecànica

L'**energia mecànica** és l'energia d'un cos pel moviment i la posició que té.

Les formes principals de l'energia mecànica són:

- L'**energia cinètica**, E_c. En tenen els cossos que estan en moviment.
- L'**energia potencial**, E_p. Distingim entre:
  - Energia potencial **gravitatòria**, que depèn de l'*altura* sobre el sòl a la qual està situat el cos.
  - Energia potencial **elàstica**, present a les molles i als materials elàstics quan estan deformats.

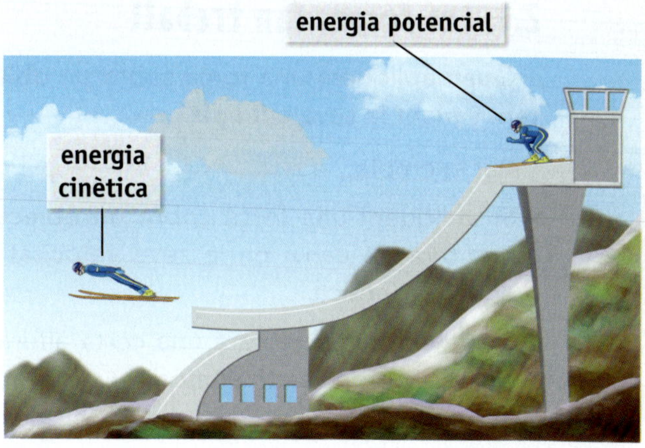

Fig. 1 En caure rampa avall, l'energia potencial gravitatòria es transforma en energia cinètica.

1.3. L'energia es transforma

Al nostre entorn podem veure que unes formes d'energia es **transformen** en unes altres fig. 1. Per exemple:

- L'energia *química* que conté la gasolina es transforma en energia *tèrmica* durant la combustió al motor d'un cotxe, i aquesta última es transforma en energia *cinètica* per moure el cotxe.
- L'energia *elèctrica* es transforma en *tèrmica* (estufes), en *cinètica* (motors elèctrics) i en *llum* (bombetes).

1.4. L'energia es conserva

L'energia es transforma contínuament d'una forma a una altra, de manera que el valor total de l'energia sempre és el mateix; per això diem que l'energia **es conserva**.

Per exemple, el patinador de la figura es deixa caure des del punt 1 de la pista de migtub (*half-pipe*) i experimenta les transformacions d'energia següents:

$$E_{p,1} \rightarrow E_{c,2} \rightarrow E_{p,3}$$

La diferència entre $E_{p,1}$ i $E_{p,3}$ és l'energia perduda pel fregament. Aquesta energia, que és de tipus *tèrmic*, es fa servir per escalfar lleugerament la pista i l'aire que l'envolta.

Tenint en compte aquestes pèrdues, l'energia total es conserva. Si el patinador vol arribar fins a 4 ha de sortir d'1 amb una certa velocitat per aportar l'energia cinètica addicional que compensi les pèrdues pel fregament.

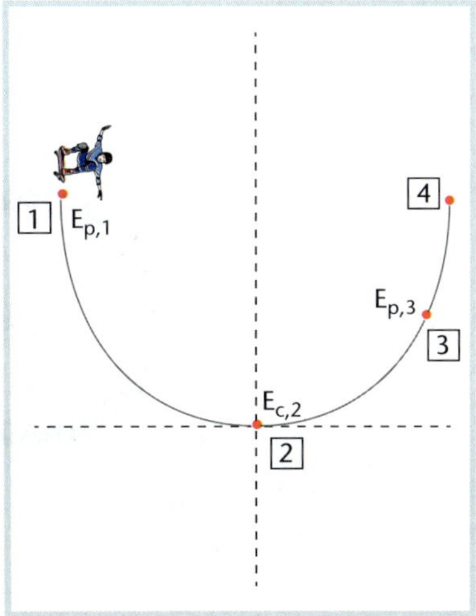

@ Amplia a la Xarxa...

Comprova com es conserva l'energia total en el moviment d'un pèndol a:
www.tiching.com/745550

Activitats

1. Posa exemples en els quals obtinguem energia tèrmica i indica com ho aconseguim.
2. Esmenta exemples d'objectes que, per estar en moviment, tenen energia cinètica, i d'altres que, per estar a una certa altura de terra, tenen energia potencial.
3. Fes un llistat d'aparells que necessiten energia elèctrica per funcionar i indica per a què serveix cadascun: per escalfar, moure...
4. Descriu quina transformació d'energia es dóna en:
   a. Una estufa elèctrica.
   b. Un motor elèctric.
   c. Una foguera.
   d. El salt d'un paracaigudista.
   e. El llançament d'una fletxa.
   f. Una llanterna.

2 Treball i energia. Màquines

2.1. Les forces fan treball

Quan apliquem una força sobre un objecte i el desplacem, estem variant la seva energia.

Per exemple:

- Si apliquem una força sobre un objecte que es mou, experimentarà un canvi en la seva velocitat i, per tant, en la seva energia cinètica.
- Si elevem un objecte a una certa altura, augmentarem la seva energia potencial gravitatòria fig. 1.
- Si deformem un arc o una molla, augmenta la seva energia potencial elàstica.

Aquestes variacions de l'energia que es produeixen en aplicar una força es quantifiquen mitjançant el concepte de *treball*.

Fig. 1 La força que exerceix l'escaladora amb els seus músculs li fa augmentar l'energia potencial a mesura que puja.

El **treball** és l'energia que es transmet a un cos per mitjà de l'acció d'una força que el desplaça.

El treball, *W* (del terme *work*: 'treball', en anglès), fet per una força, *F*, paral·lela a terra, que trasllada un objecte una distància, *d*, és fig. 2:

$$W = F \cdot d$$

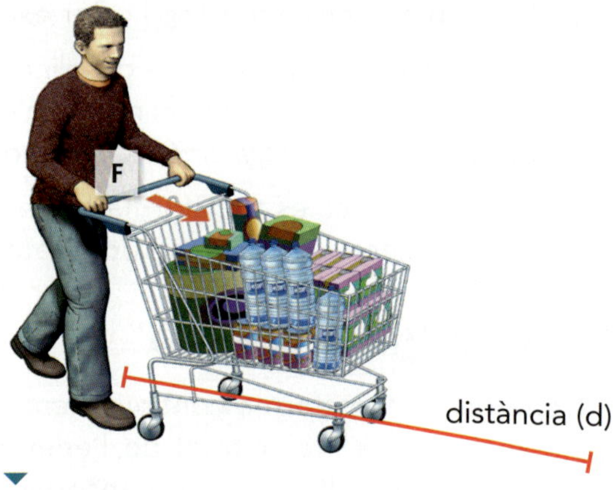

Fig. 2 Quan s'empeny un carretó amb una força *F* i es desplaça una distància *d*, s'està fent un treball sobre el carretó.

La unitat de treball en el SI és el **joule** (J). 1 J és el treball que fa una força d'1 N quan desplaça un objecte 1 m:

$$1\ J = 1\ N \cdot 1\ m$$

Una força que no produeix cap desplaçament *no fa treball*. Una força d'aquest tipus s'anomena *esforç*, per distingir-la de les forces que sí que treballen.

Què és una màquina?

Una màquina és un mecanisme o un conjunt de mecanismes que transformen un tipus d'energia en un altre de més adequat per als nostres propòsits. Les màquines també es fan servir per tal d'aprofitar, per dirigir o per regular l'acció d'una força.

De màquines n'hi ha de dos tipus:

- **Màquines simples**. Fan el seu treball en un únic pas. Són d'aquest tipus, per exemple, la roda, la palanca, la politja o el pla inclinat.
- **Màquines compostes**. Les formen dues màquines simples o més. Per exemple, un rellotge, una màquina de cosir o una bicicleta.

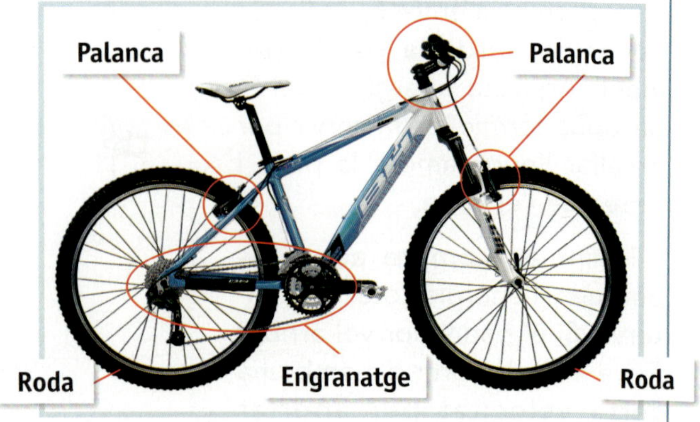

Una bicicleta és una màquina composta formada per rodes, engranatges, palanques...

2.2. Rendiment de les màquines

En totes les màquines i en tots els moviments de la vida quotidiana hi ha pèrdues d'energia per fregament. De l'**energia total consumida**, només se n'aprofita una part.

- L'**energia útil** d'una màquina és el treball que fa.
- La que no s'aprofita és l'energia **degradada** o **dissipada**.

El **rendiment** d'una màquina és el quocient entre l'energia útil i l'energia consumida.

El rendiment no té unitats; s'acostuma a expressar en forma de percentatge (%):

$$\text{rendiment (\%)} = \frac{\text{energia útil}}{\text{energia consumida}} \cdot 100$$

A causa de la presència de fregaments, el rendiment de les màquines mai no és del 100 %.

Exemples

1. **Una persona empeny un carro amb una força horitzontal de 200 N i recorre 100 m. Determina el treball que fa si el desplaçament sempre té la direcció de la força.**

   El treball que fa és:

   $W = F \cdot d = 200\ \text{N} \cdot 100\ \text{m} = 20\,000\ \text{J} = 2 \cdot 10^4\ \text{J}$

2. **Una rentadora fa un treball de $5 \cdot 10^6$ J, però té un rendiment del 85 %. Calcula l'energia que ha consumit.**

   Apliquem la relació entre l'energia útil i el rendiment i aïllem l'energia consumida:

   $$\text{rendiment (\%)} = \frac{\text{energia útil}}{\text{energia consumida}} \cdot 100$$

   $$85 = \frac{5 \cdot 10^6\ \text{J}}{\text{energia consumida}} \cdot 100$$

   $$\text{energia consumida} = \frac{5 \cdot 10^6\ \text{J} \cdot 100}{85} = 5{,}88 \cdot 10^6\ \text{J}$$

Quin rendiment tenen les màquines?

Les màquines elèctriques que produeixen moviment tenen un rendiment elevat, al voltant del 80 %.

En canvi, un motor d'automòbil té un rendiment proper al 15 %. De cada 100 L de gasolina, només se n'aprofita l'energia de 15 L.

- Quanta gasolina s'aprofita si un motor consumeix 30 L funcionant amb un rendiment del 27 %?

Bona part de l'energia del combustible es perd a causa dels fregaments i de la calor que es genera en la combustió.

@ Amplia a la Xarxa...

Aprèn més del rendiment de les màquines a:
www.tiching.com/748300

Activitats

1. Explica en quin tipus d'energia es transforma el treball que fa:
   a. Una grua en elevar un objecte.
   b. El motor d'un cotxe.
   c. El motor d'un ascensor.
   d. Un ciclista pedalant.
   e. Una noia empenyent un patinet.
2. Calcula el treball que fa un ciclista que exerceix amb els seus músculs una força de 400 N al llarg de 100 m.
3. Calcula el rendiment (%) d'una màquina que fa un treball de 5 000 J i consumeix 6 000 J.
4. Creus que el teu cos és una màquina? Pensa en quins tipus d'energia transformes l'energia que t'aporten els aliments que menges.

3 Les màquines simples

Com acabem de veure, les màquines més senzilles s'anomenen **màquines simples**. Es tracta de màquines elementals, però que comporten una gran ajuda a l'hora de fer treballs i transferir energia.

A RODA

Una **roda** és una peça circular que gira al voltant d'un **eix**. Amb una plataforma proveïda de rodes, els objectes es poden desplaçar aplicant-hi una força menor perquè amb les rodes disminueix el fregament.

B PALANCA

La **palanca** consisteix en una barra rígida que pot girar sobre un *punt de suport.*

Per mitjà d'una palanca es poden alçar objectes pesants simplement aplicant-hi una petita força en el braç més llarg.

Molts estris, com les alicates que serveixen per agafar ben fort objectes petits, o les tisores, estan formats de dues palanques combinades.

C ENGRANATGE I POLITGES DE TRANSMISSIÓ

Un **engranatge** és un sistema format per dues o més rodes dentades, en el qual es transmet el gir d'unes rodes a unes altres.

El mateix passa amb dues rodes unides mitjançant una corretja, les quals, a causa d'aquest fet, s'anomenen **politges de transmissió**.

D VOLANT

Una petita força aplicada a l'extrem del **volant** es multiplica a l'eix. Es fa servir en manillars, vàlvules, etc.

E PLA INCLINAT O RAMPA

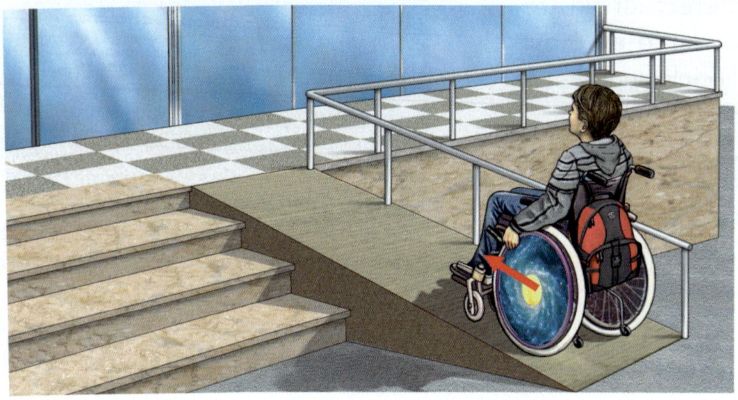

Una **rampa** és una superfície plana i inclinada (per formar un angle agut amb el terra), que s'utilitza per pujar objectes.

Per mitjà d'una rampa es poden pujar objectes fent menys força que directament en vertical.

F TORN

Gràcies al **torn** s'alcen objectes emprant menys força que hissant-los a pols.

G TASCÓ

Un **tascó** és una peça de secció triangular que permet partir objectes de fusta o de pedra aplicant-hi una força petita.

H POLITJA FIXA I POLITJA MÒBIL

La politja consisteix en una roda amb un canal per on encaixa un cable o una corda.

Amb la **politja fixa** els objectes s'alcen amb més comoditat, perquè exercim la força cap avall i podem ajudar-nos amb el nostre pes.

Amb la **politja mòbil** reduïm a la meitat la força necessària per alçar un objecte.

I CARGOL

Un **cargol** és una peça que s'introdueix en el material (fusta, plàstic...) amb menys esforç que un clau. La rosca que té és un pla inclinat en forma d'hèlice.

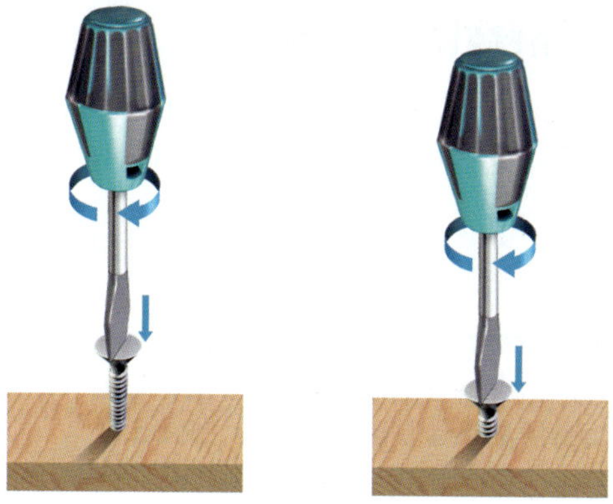

Activitats

1. Esmenta algunes màquines simples i explica com funcionen.
2. Quina de les màquines simples que has estudiat et sembla més útil? Per què?
3. @ Busca informació sobre objectes que tinguin palanques a la seva estructura.

4 Càlcul de l'energia mecànica

4.1. Energia cinètica

Per aconseguir que un objecte es mogui s'hi ha d'efectuar un treball. Per exemple, el motor d'un cotxe treballa per posar-lo en moviment, les cames d'un ciclista treballen per fer que la bicicleta agafi velocitat, la deformació d'un arc donarà velocitat a la fletxa...

En tots aquests casos, el treball es transforma en **energia cinètica**.

La quantitat d'energia cinètica, E_c, que té un cos és proporcional a la seva **velocitat**, *v*, i també a la seva **massa**, *m* fig. 1:

$$E_c = \frac{1}{2} \cdot m \cdot v^2$$

Fig. 1 Un guepard de 50 kg de massa que corre a 100 km/h (27,8 m/s) té una energia cinètica que val 19321 J.

4.2. Energia potencial gravitatòria

Si observem una grua fig. 2, comprendrem que aquesta màquina ha d'efectuar una força sobre la càrrega per desplaçar-la, és a dir, per alçar-la.

En aquest cas, el treball que fa la grua s'inverteix a augmentar l'**energia potencial gravitatòria** de la càrrega.

El valor de l'energia potencial gravitatòria, E_p, que té un cos depèn de l'**altura**, *h*, a la qual es troba; de la **massa**, *m*, que té; i de l'acceleració de la **gravetat**, $g = 9{,}8\ m/s^2$:

$$E_p = m \cdot g \cdot h$$

Fig. 2 El treball de la força *F* exercida per la grua es transforma en energia potencial.

4.3. Energia mecànica

Per calcular l'**energia mecànica**, E_m, que té un cos hem de sumar-ne l'energia cinètica i l'energia potencial gravitatòria.

$$E_m = E_c + E_p$$

Per exemple, l'energia mecànica d'un avió és la suma de l'energia cinètica del seu moviment i de l'energia potencial gravitatòria que té per ser a l'altura en què es troba.

Unitat del treball i de l'energia

El treball es transforma en diverses formes d'energia, per la qual cosa totes les classes d'energia es mesuren en la mateixa unitat en què es mesura el treball, el joule, J.

Exemples

1. **Calcula l'energia cinètica que té una moto de 100 kg amb el seu motorista, de 70 kg, i que es desplaça a una velocitat de 72 km/h.**

   Expressem la velocitat en unitats del SI:

   $$72\ km/h = \frac{72\ \cancel{km}}{\cancel{h}} \cdot \frac{1\,000\ m}{1\ \cancel{km}} \cdot \frac{1\ \cancel{h}}{3\,600\ s} = 20\ m/s$$

   Substituïm la massa total i la velocitat en l'expressió de l'energia cinètica:

   $$E_c = \frac{1}{2} \cdot m \cdot v^2 = \frac{1}{2} \cdot 170\ kg \cdot (20\ m/s)^2 = 34\,000\ J$$

2. **Determina quin és el valor de l'energia potencial que té un ascensor buit de 200 kg de massa que es troba situat a una altura de 30 m sobre terra. Quanta energia potencial perd si descendeix 10 m?**

   Substituïm les dades en l'expressió de l'energia potencial:

   $$E_p = m \cdot g \cdot h = 200\ kg \cdot 9{,}8\ m/s^2 \cdot 30\ m = 58\,800\ J$$

   Si $h = 20\ m$, $E_p = 200\ kg \cdot 9{,}8\ m/s^2 \cdot 20\ m = 39\,200\ J$

   $58\,800\ J - 39\,200\ J = 19\,600\ J$

LA LLEI DE LA PALANCA

En una **palanca** hi distingim els elements següents:

- **Potència**, *P*. És la força que s'aplica per fer un desplaçament.
- **Resistència**, *R*. És la força que s'oposa al desplaçament; per exemple, el pes d'un objecte que volem aixecar.
- **Braç de potència**, b_P, i **braç de resistència**, b_R. Són, respectivament, la distància del **punt de suport** al *punt d'aplicació* de la potència i de la resistència.

La llei de la palanca estableix que es compleix la relació següent:

$$P \cdot b_P = R \cdot b_R$$

Per tant, si b_P és molt més gran que b_R, la potència *P* necessària serà molt inferior a la resistència *R* que volem vèncer.

$$P \cdot b_P = R \cdot b_R$$

@ Amplia a la Xarxa...

Observa vídeos sobre palanques i politges a:
www.tiching.com/748301 i
www.tiching.com/748302

Palanca de primer gènere

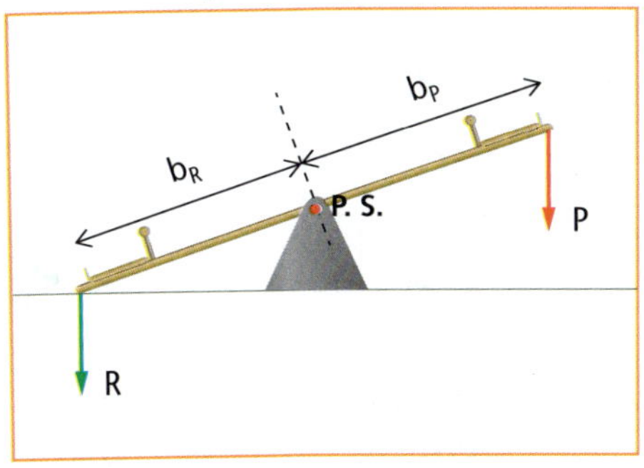

El punt de suport és entre la potència i la resistència.

Palanca de segon gènere

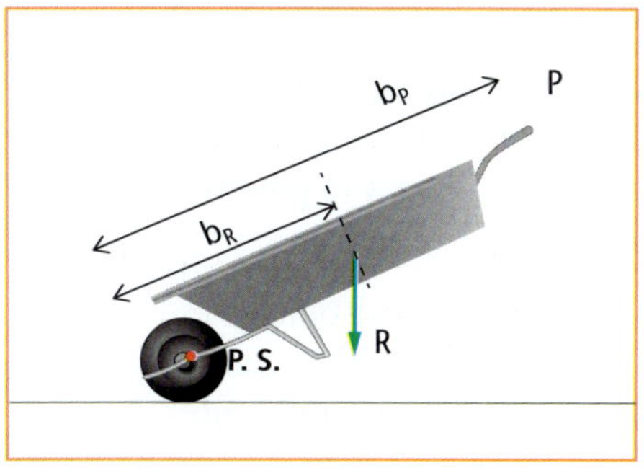

La resistència és entre el punt de suport i la potència.

Palanca de tercer gènere

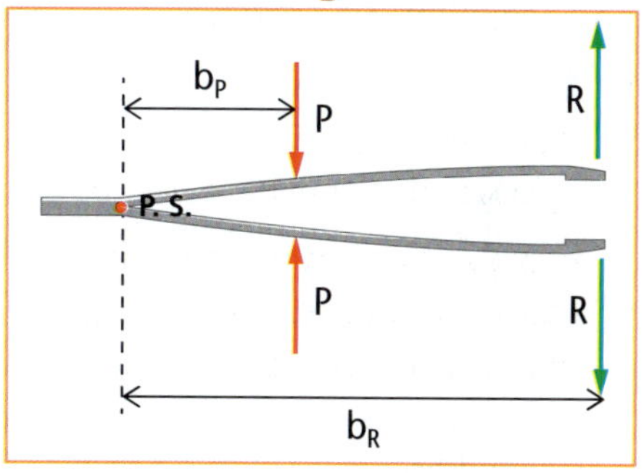

La potència és entre el punt de suport i la resistència.

Exemples

3. Calcula la força necessària per alçar un pes de 1 000 N amb una palanca si el braç de potència fa 2 m, i el de resistència, 0,5 m.

   Aïllem la potència *P* a la llei de la palanca:

   $$P \cdot b_P = R \cdot b_R \Rightarrow P = \frac{R \cdot b_R}{b_P} = \frac{1\,000 \text{ N} \cdot 0{,}5 \text{ m}}{2 \text{ m}} = 250 \text{ N}$$

   Aquesta palanca ens ajuda a alçar un pes de 1 000 N per mitjà d'una força de 250 N.

4. Tenim una palanca de 1,5 m de llarg, amb el punt de suport a 0,5 m de la càrrega. Si disposem d'una màquina que hi aplica una força de 300 N, quin és el pes màxim que podrem alçar?

   Aïllem *R* a la llei de la palanca:

   $b_R = 0{,}5$ m; $b_P = 1{,}5 \text{ m} - 0{,}5 \text{ m} = 1{,}0$ m

   $$P \cdot b_P = R \cdot b_R \Rightarrow R = \frac{P \cdot b_P}{b_R} = \frac{300 \text{ N} \cdot 1{,}0 \text{ m}}{0{,}5 \text{ m}} = 600 \text{ N}$$

Activitats

1. Calcula el valor de l'energia cinètica d'un vaixell de 2 tones que es desplaça a una velocitat de 5 m/s.
2. Calcula el valor de l'energia potencial d'una escaladora de 60 kg de massa que es troba a una altura de 200 m.
3. Calcula el pes que podrem alçar mitjançant una palanca si exercim una força de 200 N, el braç de potència fa 1 m i el de resistència, 0,5 m.
4. Com ha de ser la relació entre braços perquè el valor de la resistència i de la potència siguin iguals?

5 LABORATORI

Experiments amb màquines

Al segle III aC el pensador grec Arquímedes va dir: "Doneu-me un punt de suport i mouré el món". Tot i que la palanca i altres màquines simples ja es feien servir des de la prehistòria, Arquímedes va ser el primer a descriure matemàticament el seu principi.

A. COMPRENDRE LA UTILITAT DE LES PALANQUES

Comprovació de la llei de la palanca

Material

- Palanca
- Diversos pesos de disc
- Portapesos
- Dinamòmetre
- Regle graduat

1. Col·loca un pes o un conjunt de pesos, dels quals coneguis la massa, i que correspondran a la resistència, R ($R = m_R \cdot g$), a l'extrem de la palanca. Anota al quadern, en una taula com la que es mostra, els valors de R i de la longitud del braç de la resistència, b_R.
2. A l'extrem corresponent a la potència, P, situa-hi el portapesos amb els pesos necessaris perquè la palanca quedi en equilibri.
3. Penja el portapesos juntament amb els pesos que acabes d'emprar del dinamòmetre. D'aquesta manera determinaràs la massa del conjunt, el pes de la qual es correspon a la potència. Anota a la taula els valors de P ($P = m_P \cdot g$) i de b_P.
4. Repeteix aquest procés amb diferents valors de resistències i de braços de palanca. Anota, en cada cas, els valors respectius de les magnituds que fan que la palanca romangui en equilibri.
5. Copia i completa al quadern la taula amb els valors dels productes de cada resistència pel seu braç i de cada potència pel seu.

	Cas 1	Cas 2	Cas 3
M_R (kg)	...	...	...
R (N)	...	...	...
b_R (m)	...	...	...
M_P (kg)	...	...	...
P (N)	...	...	...
b_P (m)	...	...	...
$R \cdot b_P$ (N · m)	...	...	...
$P \cdot b_P$ (N · m)	...	...	...

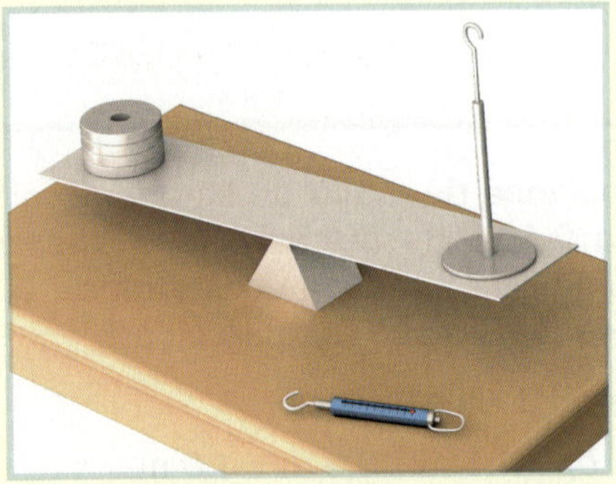

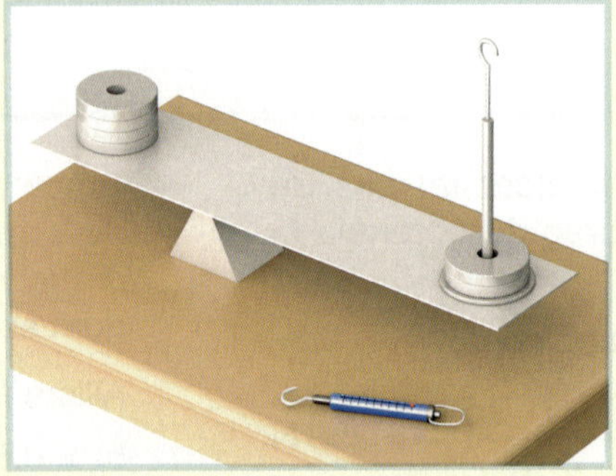

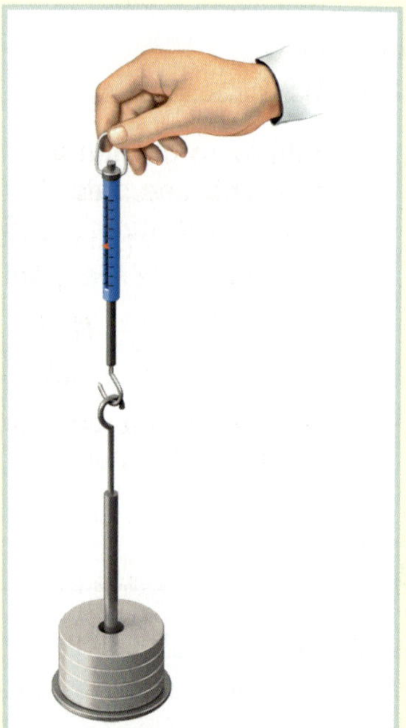

Preguntes

1. Observa els diferents valors obtinguts per a les parelles $R \cdot b_r$ i $P \cdot b_P$ en cadascun dels casos. Quins valors has obtingut?
2. S'obtenen en tots els casos valors diferents de les parelles de productes $R \cdot b_R$ i $P \cdot b_P$?
3. A banda de petites diferències pels errors inevitables a les mesures, es compleix el principi de la palanca en cada cas?
4. Què s'aconsegueix fent diverses mesures en comptes d'una de sola?

B. TREBALLAR AMB POLITGES

A continuació observaràs com influeix l'ús de politges en la força necessària per alçar un pes.

Forces amb politges

1. Penja el bloc de fusta del dinamòmetre per conèixer-ne el pes. Anota la força que indica.
2. Amb la politja fixa, penja el bloc d'un extrem de la corda que passa per la politja i situa el dinamòmetre a l'altre extrem. Anota la força que indica.
3. Repeteix el pas anterior treballant amb la politja mòbil que consta de dues politges. Anota la força que indica.
4. Copia la taula al quadern, omple'n els buits amb els resultats obtinguts i comprova que la força que hem d'exercir amb la politja mòbil és la meitat de la que hem d'aplicar amb la politja fixa.

Pes del bloc	$p = \ldots$ N
Força amb la politja fixa	$F_1 = \ldots$ N
Força amb la politja mòbil	$F_2 = \ldots$ N

Material

- Politja fixa
- Un polipast o politja mòbil compost per dues politges
- Bloc de fusta
- Dinamòmetre

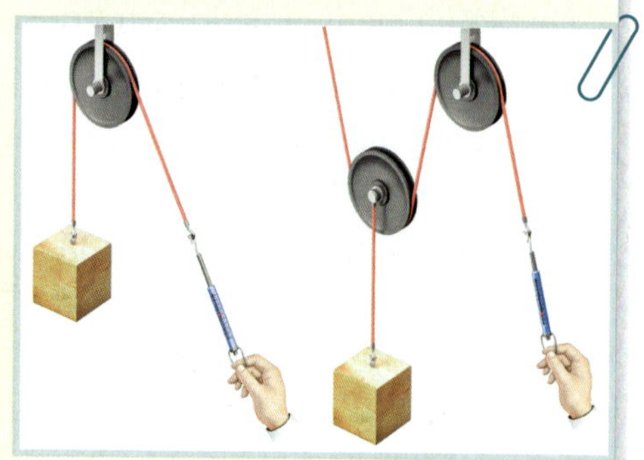

C. ESTUDIAR LES RAMPES

Les rampes són de gran utilitat per superar desnivells, com ara a una persona en cadira de rodes o amb un cotxet de bebè. Amb l'experiència següent analitzaràs com disminueix la força necessària per pujar un pes amb l'ús d'un pla inclinat.

Treball amb el pla inclinat

1. Penja el cotxet del dinamòmetre i anota el que marca, que correspon al valor del seu pes.
2. Situa el conjunt dinamòmetre – cotxet sobre el pla inclinat un determinat angle α_1, amb la vertical. Anota el valor de l'angle i el de la força necessària perquè el bloc es mantingui en repòs pel pla.
3. Repeteix el pas 2 amb un angle $\alpha_2 > \alpha_1$.
4. Comprova que les tres forces anotades a la taula tenen aquesta relació: $p > F_1 > F_2$

Pes del cotxet	$p = \ldots$ N
Força pel cas angle α_1	$F_1 = \ldots$ N
Força pel cas angle α_2	$F_2 = \ldots$ N

Pregunta

Com varia la força en funció de l'angle de la rampa?

Material

- Cotxet de joguina
- Dinamòmetre
- Pla inclinat amb el mínim fregament possible
- Mesurador d'angles

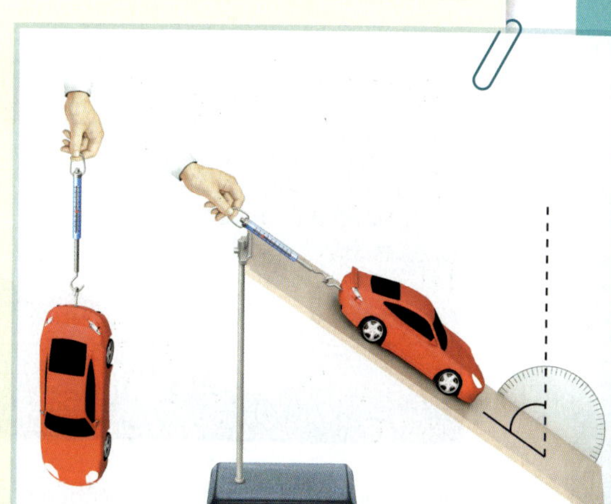

6

Llum i so

DESCOBREIX

Les ones són fenòmens vibratoris que es produeixen a la natura. Es poden observar, per exemple, a la superfície de l'aigua d'un estany quan s'hi tira una pedra.

Les ones no transporten matèria, però transmeten energia. La llum i el so són dues classes d'ona fonamentals en la natura.

A QUÈ ÉS LA LLUM?

La **llum** té una naturalesa ondulatòria que no necessita un medi material per transmetre's.

La llum visible (perceptible per l'ull humà) pertany a un grup més gran d'ones, conegudes amb el nom d'**ones electromagnètiques**.

L'energia que transporta la llum depèn de la seva *longitud d'ona* i de la seva *freqüència*.

La llum del Sol ens arriba a través del buit de l'espai interplanetari.

B CARACTERÍSTIQUES DE LES ONES

Totes les ones es caracteritzen per:

Longitud d'ona, λ: És la distància entre dues crestes o dues valls consecutives d'una ona.

Freqüència, *f*: Indica la rapidesa de vibració de les partícules en presència d'una ona.

El color amb què veiem la llum depèn d'aquestes característiques.

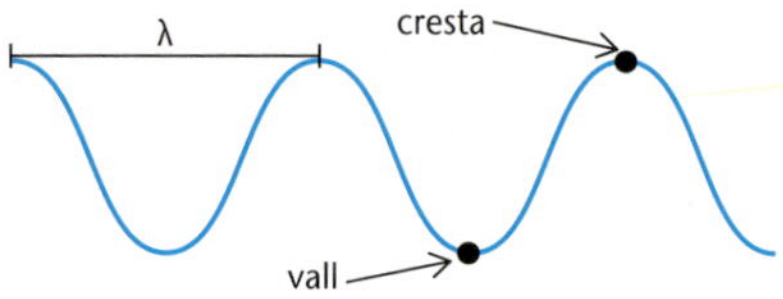

C FONTS DE LLUM

Les fonts de llum es classifiquen en:

- **Fonts naturals**: són les que es troben a la natura.

  Per exemple, el Sol emet llum en un ampli interval de longituds d'ona. Fonamentalment ens n'arriba llum visible, encara que també d'altres tipus com l'ultraviolada i la infraroja.

- **Fonts artificials**: són les fonts fabricades per l'ésser humà. Per exemple, les bombetes i els tubs fluorescents són fonts de llum artificials.

Els gasos que hi ha dins les bombetes de baix consum emeten llum quan es connecten a un corrent elèctric.

D PER QUÈ VEIEM ELS OBJECTES?

Podem veure els objectes que ens envolten perquè ens n'arriba llum, que copsem mitjançant el sentit de la vista. En funció de si ells mateixos emeten la llum o no, els objectes es classifiquen en *fonts primàries* o *secundàries*.

Per representar la trajectòria que segueixen les ones de llum des d'un objecte fins als nostres ulls, per exemple, fem servir línies rectes que anomenem **raigs lluminosos**.

Els raigs són les diferents direccions en què es propaga la llum.

E QUÈ ÉS EL SO?

Quan pincem la corda d'una guitarra, comença a vibrar i en podem percebre el so que emet. El que ha passat és que la vibració de la corda s'ha transmès a les partícules d'aire que l'envolten, i aquestes partícules transmeten la vibració fins a la nostra orella.

El **so** es propaga en totes les direccions des de la font de so fins als receptors.

A diferència de la llum, el so no es propaga en el buit; necessita un medi material per transmetre's.

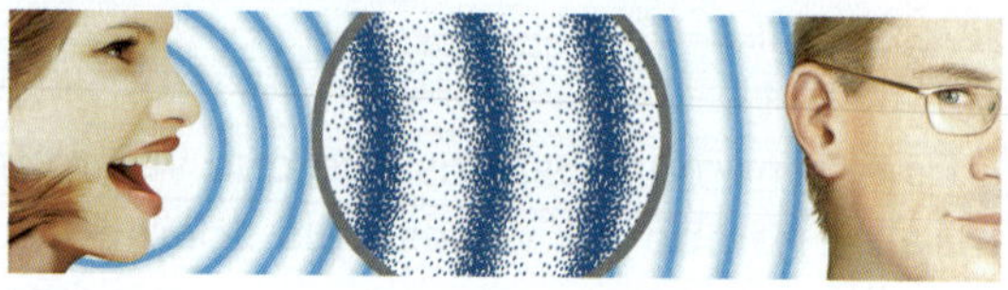

Quan es transmeten per l'aire, les ones sonores causen la compressió i la dilatació de les partícules d'aire.

F FONTS SONORES

Com en la corda de la guitarra, per produir un so és necessari generar vibracions en algun medi material, que generalment sol ser l'aire.

Són **fonts sonores** tots els aparells, instruments o elements de la natura que són capaços de generar aquests tipus de vibracions.

La nostra veu sorgeix de les vibracions de les cordes vocals; el tam-tam que emet un tambor és produït per la vibració de la seva membrana...

G EL SO TRANSPORTA ENERGIA

Perquè les partícules de l'aire, dels metalls o de l'aigua vibrin i transmetin el so, han de moure's. Per fer-ho reben i transmeten **energia cinètica**.

La ruptura de copes de vidre produïda pel so molt agut d'una cantant demostra que les ones sonores tenen energia. Els sorolls intensos també poden arribar a trencar el timpà de l'orella.

H VELOCITAT DE PROPAGACIÓ DEL SO

El so viatja per l'aire a la velocitat constant de 340 m/s. En els medis materials més densos que l'aire, el so es propaga a velocitats superiors.

Als medis sòlids és on el so arriba a tenir més velocitat, perquè les seves partícules estan més pròximes que als líquids i als gasos. Aquesta proximitat de les partícules facilita la transmissió de la vibració.

La llum es propaga molt més de pressa (a una velocitat de 300 000 m/s). Per això, quan trona, la llum dels llamps ens arriba abans que el so dels trons.

Velocitat del so en alguns medis (m/s)

Aire	340	Aigua del mar	1 520
Acer	5 050	Aigua dolça	1 480
Ferro	5 500	Fusta	3 500
Plom	2 640	Vidre	5 600

Activitats

1. Quina és la naturalesa de la llum? I la del so?
2. Esmenta fonts de llum. Quines són naturals?
3. Com sabem que la llum es propaga en el buit? I que és energia que es propaga en totes les direccions?
4. Explica per què veiem els objectes.
5. Esmenta exemples on es demostri que el so transporta energia. De quina energia es tracta?
6. Per què un micròfon que s'ha col·locat a la via del tren detecta abans l'arribada d'un tren que si el col·loquem a l'aire?
7. Què creus que passaria si deixéssim entrar aire, de mica en mica, a l'interior d'una campana de vidre en la qual prèviament havíem fet el buit i que conté un timbre encès?
8. Posa exemples de fonts sonores.

7 Reflexió i refracció de la llum

7.1. Reflexió de la llum

La **reflexió** de la llum és la desviació que experimenten els rajos de llum quan troben una superfície a través de la qual no poden passar i han de rebotar.

És el fenomen responsable que veiem la nostra imatge reflectida als miralls i també als vidres dels aparadors o el paisatge a la superfície dels llacs fig. 1...

Característiques de la reflexió

Per a un raig lluminós que incideix sobre un punt de la superfície reflectant tenim:

- **Raig incident** i **raig reflectit**. Es tracta, respectivament, del raig que arriba i del raig que surt rebotat.
- **Normal**. És la recta perpendicular a la superfície de reflexió que passa pel punt on coincideixen els rajos incident i reflectit.
- **Angle d'incidència**, *i*, i **angle de reflexió**, *r*. Són els angles que la normal forma amb els rajos incident i reflectit. Es compleix:

Angle d'incidència (*i*) = Angle de reflexió (*r*)

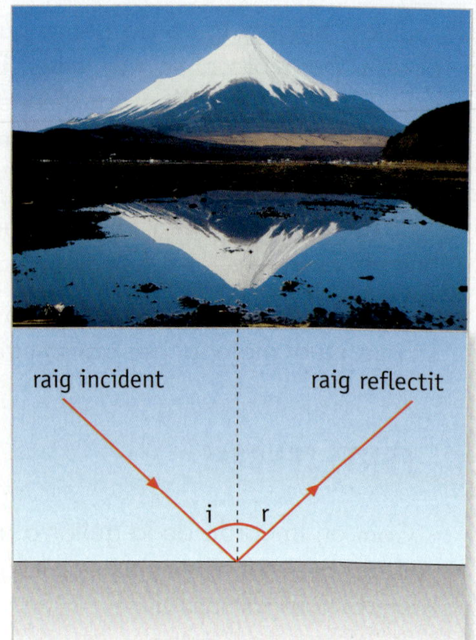

Fig. 1 La reflexió de la llum és el fenomen que ens permet veure a l'aigua la imatge de la muntanya.

7.2. Refracció de la llum

La **refracció** de la llum és la desviació que experimenten els rajos quan passen d'un medi transparent a un altre.

Aquest fenomen és la causa que vegem torts els objectes parcialment submergits en aigua fig. 2, que el fons dels estanys sembli menys profund, que els peixos d'una peixera esfèrica semblin més grans... En aquest cas, tenim:

- **Raig refractat**. És el raig que es propaga en el segon medi.
- **Angle de refracció**, *r'*. És l'angle que forma el raig refractat amb la normal.

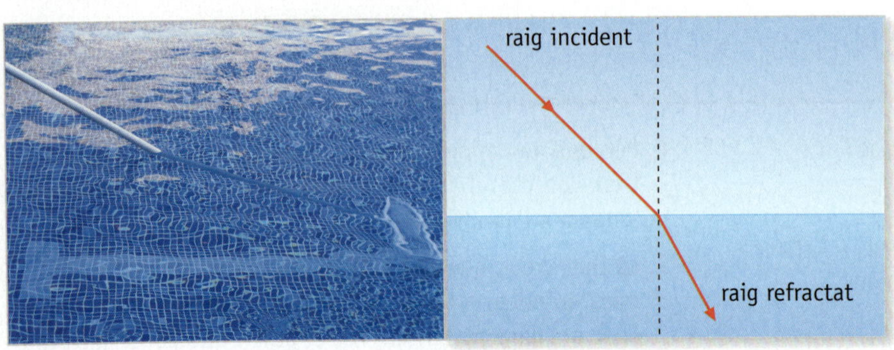

Fig. 2 La refracció de la llum fa que vegem el mànec de la xarxa com si estigués trencat o doblegat.

@ Amplia a la Xarxa...

Aprèn més de la reflexió i la refracció de la llum a:
www.tiching.com/748304 i
www.tiching.com/748305

Activitats

1. Posa exemples en què la llum es reflecteixi i d'altres en què es refracti.
2. Explica per què la llum es reflecteix en medis opacs i es refracta en medis transparents.
3. Descriu què entenem per angle d'incidència, angle de reflexió i angle de refracció.

INSTRUMENTS ÒPTICS

El microscopi

El **microscopi** es fa servir per examinar cossos petits, com ara cèl·lules, bacteris, ales d'insectes... per als quals no n'hi ha prou amb una lupa. Aquest instrument ens dóna una imatge dels objectes més gran que aquests.

Consisteix bàsicament en dues lents, anomenades *ocular* i *objectiu*. Els noms indiquen el lloc que ocupen: darrere de l'ocular hi posem l'*ull* i sota l'objectiu s'hi col·loca l'objecte que es vol estudiar, la *mostra*.

La mostra s'il·lumina per la part inferior, i el sistema òptic format per les dues lents en mostra una imatge ampliada. Això ens permet distingir els detalls dels objectes invisibles a ull nu.

Un microscopi disposa de diferents tipus d'objectius per aconseguir imatges de diferents augments de mida.

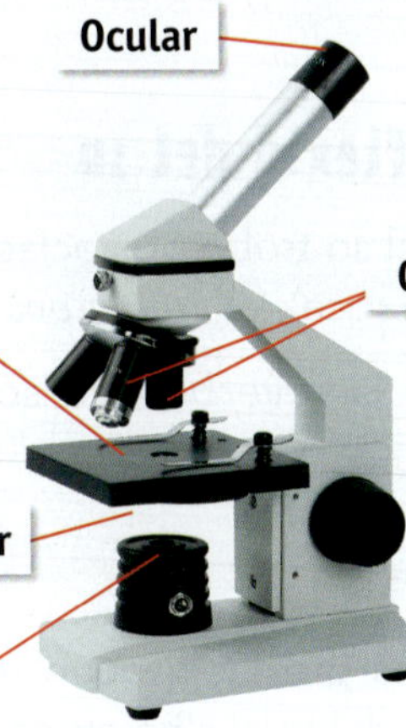

Parts d'un microscopi.

El telescopi

El **telescopi** es fa servir per veure de prop objectes llunyans, com ara la Lluna, els planetes, el Sol...

Consta bàsicament de dues lents, anomenades també *ocular* i *objetiu*. Entre totes dues ens acosten objectes impossibles de distingir a ull nu.

Els telescopis més potents estan situats en satèl·lits que orbiten la Terra per evitar que la contaminació i les pertorbacions atmosfèriques afectin les imatges.

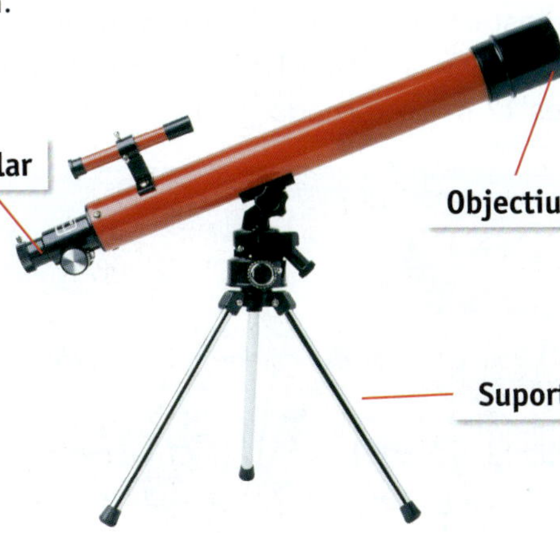

Parts d'un telescopi.

Telescopi espacial Hershel.

Contaminació lumínica

La **contaminació lumínica** és la resplendor que es produeix al cel nocturn a causa de l'excés d'enllumenat, principalment, a les ciutats.

Aquest fet comporta diferents perjudicis:

- Es *consumeix molta energia* per mantenir la il·luminació. A més, la producció de tota aquesta energia contribueix al canvi climàtic.
- S'ha observat l'*alteració en el cicle d'alguns animals*, com ara els ocells.
- També s'ha observat la seva *afectació sobre arbres*, que creixen en moments inadequats.
- Dificulta l'*observació del cel nocturn*.

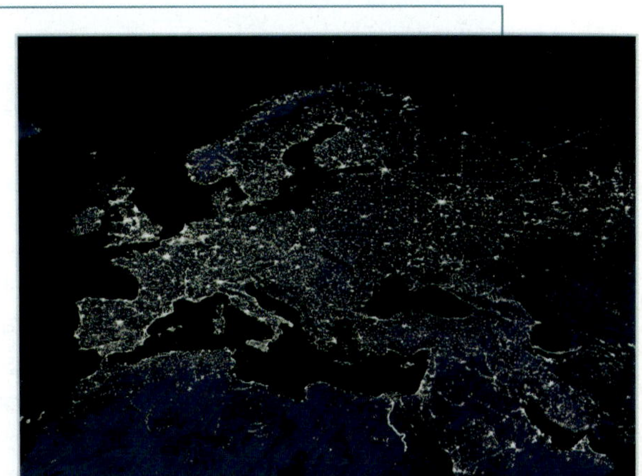

Imatge nocturna d'Europa.

8 Eco i reverberació

8.1. Reflexió del so

Quan el so troba obstacles que no pot travessar (com ara una paret o una roca), es *reflecteix*.

L'*eco* i la *reverberació* són dos fenòmens deguts a la reflexió del so.

8.2. L'eco

L'**eco** es produeix quan un so rebota en un obstacle i torna al punt des del qual s'ha emès.

L'oïda humana necessita que transcorri una dècima de segon (0,1 s) entre dos sons per poder distingir l'un de l'altre. Si transcorre menys temps, els dos sons es superposen i no poden distingir-se.

A causa del fet que el so recorre a l'aire 34 m en 0,1 s, per percebre l'eco, l'emissor ha d'estar situat a una distància mínima de 17 m de l'obstacle que reflecteix el so. El so ha de desplaçar-se 17 m d'anada i uns altres 17 m de tornada fig. 1.

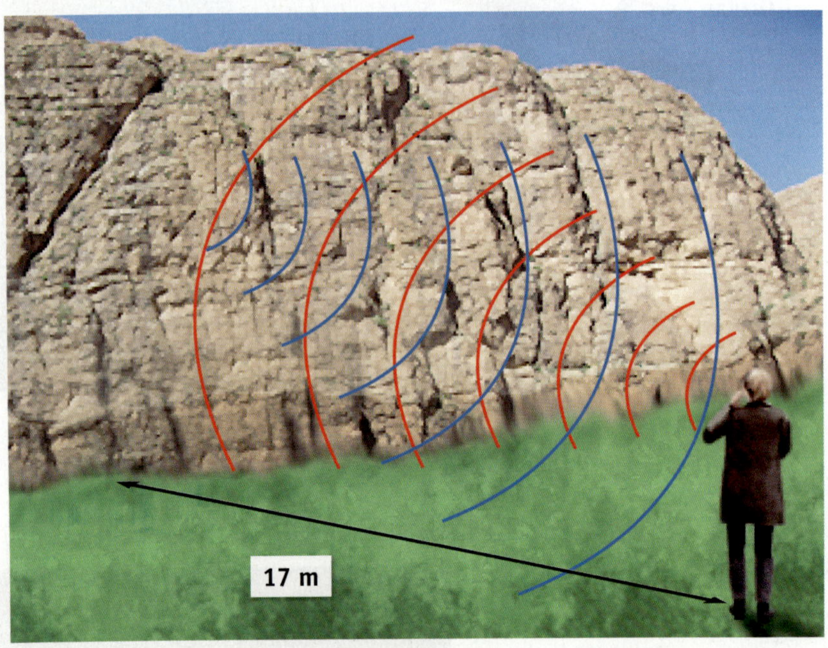

Fig. 1 L'eco es produeix per reflexió del so en un obstacle.

8.3. La reverberació

Si entre el so emès i el reflectit transcorre menys d'una dècima de segon, l'oïda barreja els dos sons, cosa que produeix un resultat sonor anomenat **reverberació**, que es percep com una petita permanència del so.

Aquest fenomen pot donar-se en sales de cinema, auditoris o teatres si les parets no es cobreixen d'algun material que impedeixi la reflexió del so, com la fusta, el suro o la fibra de vidre.

La intensitat del so

La intensitat sonora es mesura en **decibels**, dB, amb un aparell anomenat sonòmetre.

Com més ens allunyem d'una font sonora, més disminueix la intensitat del so produït per la font.

El sonar

El **sonar** (*Sound Navigation and Ranging*) és un aparell utilitzat per mesurar distàncies dins l'aigua del mar i detectar objectes.

Els vaixells proveïts de sonar emeten ones sonores que es reflecteixen als obstacles i tornen a ser captades pel vaixell. El sonar determina les distàncies a aquests obstacles mesurant el temps que les ones han trigat en anar i tornar, tenint en compte la velocitat del so a l'aigua.

El sonar s'utilitza, per exemple, per detectar submarins o roques, i per conèixer el relleu del fons marí.

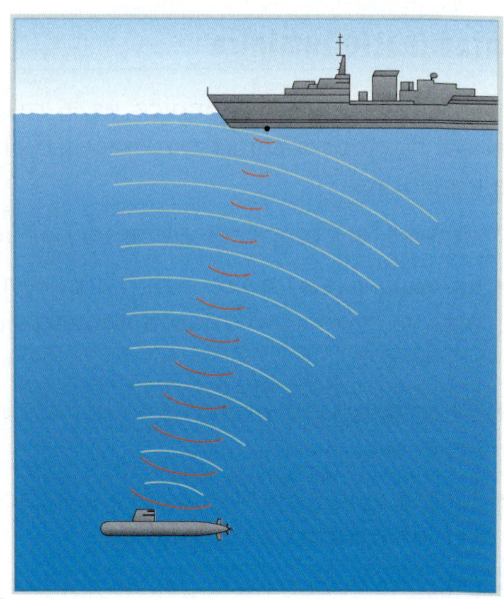

CONTAMINACIÓ ACÚSTICA

La percepció continuada de sons intensos malmet progressivament l'oïda i produeix la disminució, o fins i tot la pèrdua, de l'audició.

Segons l'Organització Mundial de la Salut, sons d'intensitat superior a 55 decibels impedeixen a les persones comunicar-se, concentrar-se, rendir a la feina, descansar...

Els sons de gran intensitat causen mal de cap, insomni, estrès, depressió, pèrdua de l'audició...

S'anomena **contaminació acústica** l'existència de sons massa intensos i prolongats en determinats llocs.

A les ciutats és on es produeix més soroll: trànsit de tot tipus (cotxes, avions, trens, motocicletes...), la maquinària de les obres i construccions, els llocs públics d'oci (sobretot discoteques)...

La música és un so que, si té massa intensitat, pot considerar-se soroll i presenta tots els inconvenients de la contaminació acústica.

Mesures contra el soroll

Es poden prendre algunes mesures per impedir els sorolls forts i perjudicials, com ara dissenyar vehicles amb motors menys sorollosos, insonoritzar locals perquè el soroll no arribi a l'exterior, fer servir taps o cascos que tapin les orelles en llocs sorollosos...

Com cuidar l'oïda

Els auriculars són molt populars perquè ens permeten aïllar-nos del soroll exterior i concentrar-nos en el que volem sentir.

Ara bé, si el volum del reproductor és massa alt, podem arribar a tenir problemes auditius greus, i fins i tot podríem quedar sords.

NIVELLS D'INTENSITAT SONORA

Activitats

1. Descriu què és l'eco. A partir de quina distància podem percebre'l?

2. Explica com funciona el sonar i quines aplicacions sol tenir.

1 Raona. L'energia

Indica al quadern quines de les frases següents són falses i escriu-les correctament:

- L'energia tèrmica només la podem obtenir del Sol.
- L'energia potencial és la que té un cos que està en moviment.
- L'energia elèctrica s'utilitza en els electrodomèstics, ordinadors, telèfons...
- L'energia química dels aliments ens permet fer les activitats diàries.
- El treball es transforma en diverses formes d'energia.
- A les màquines simples es produeix energia sense treball.
- El fregament no influeix en el valor de l'energia.

2 Observa i dedueix. Formes d'energia

Explica quins tipus d'energia tenen els objectes de les imatges següents. Quines transformacions d'energia s'hi produeixen?

3 Analitza un text. **Transformacions d'energia en l'atletisme**

Els atletes de les diferents modalitats fan servir el seu cos com a font d'energia per transformar-la en energia cinètica i energia potencial.

L'energia del seu cos prové de l'energia química que contenen els aliments que prenen. Gràcies a aquesta energia fan treball amb els seus músculs. Aquest treball torna a transformar-se en:

- Energia cinètica, per exemple, en els casos de les proves de velocitat, de salt de longitud, de la marxa atlètica...
- Energia potencial, per exemple, en els casos dels salts d'alçada i de perxa.
- Energies cinètica i potencial, per exemple, en el llançament de javelina, martell o pes, i en les proves de tanques.

a) Redacta el text amb les teves pròpies paraules.

b) Quina alimentació creus que han de tenir les persones que es dediquen a l'atletisme?

c) Explica per què en el cas de les proves de tanques, per exemple, el treball es transforma en energia cinètica i en energia potencial.

4 Busca a la xarxa. **Les palanques**

Investiga sobre els tipus de palanques que hi ha i contesta les preguntes següents:

a) Quina classe de palanca és el balancí?

b) De quantes parts es compon una palanca? Digues-ne els noms i explica el que és cadascuna d'aquestes parts.

c) Escriu exemples de palanques de primera classe.

d) Quin tipus de palanca és un carretó? Indica i dibuixa on té les seves tres parts. Digues un altre exemple d'aquesta mateixa classe de palanca.

e) Indica i dibuixa on estan situades les tres parts d'una palanca de tercera classe. Posa exemples d'aquest tipus de palanques.

Abans de començar pots mirar el vídeo següent:

www.tiching.com/748301

5 Calcula i contesta. **Treball i energia**

a) Calcula el treball que s'efectua en arrossegar una taula amb una força de 200 N paral·lela al desplaçament durant 4 m.

b) Quina energia consumeix una màquina que produeix un treball de 5000 J si té un rendiment del 70 %?

c) Determina el valor de l'energia cinètica que té un cavall de 300 kg de massa que va a una velocitat de 36 km/h.

d) Determina el valor de l'energia potencial d'un escalador de 75 kg de massa que es troba a una altura de 300 m per sobre de terra.

6 Analitza. Energia potencial elàstica

Els objectes es deformen si hi apliquem forces. Alguns, com les molles, tornen a la forma original quan les forces que les deformen deixen d'actuar-hi. D'aquests objectes en diem *elàstics* i l'energia que tenen mentre estan deformats s'anomena *energia potencial elàstica*.

Suposa que deixem caure una pilota elàstica des d'una certa altura. Analitza l'esquema següent i explica el que passa a cada etapa.

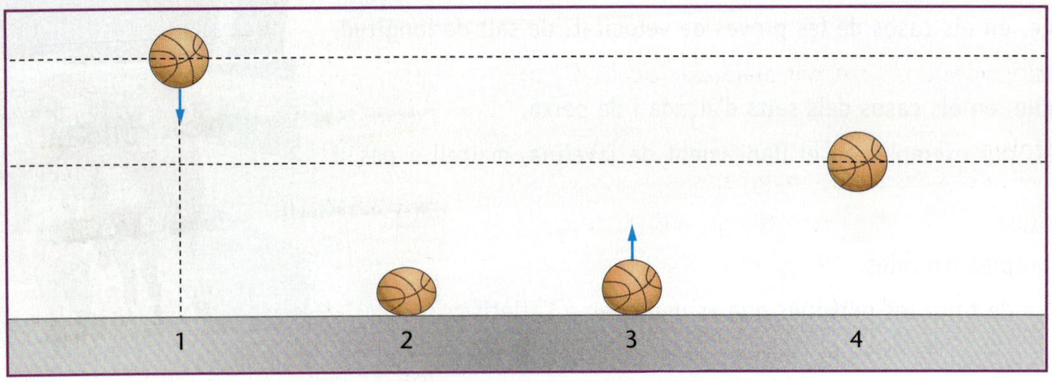

7 Raona. Conservació de l'energia

Un pèndol consisteix en un pes que penja d'un fil o d'una barra rígida; antigament es feien servir en els rellotges de paret. Construeix un pèndol amb material que tinguis a casa i descriu què passa quan deixes anar el pes:

a) Quin tipus d'energia té el pes a la part superior?

b) Quin tipus d'energia té a baix?

c) Per què torna a pujar?

d) Puja fins a la mateixa altura en totes les oscil·lacions? Per què?

e) Es manté en moviment indefinidament? Per què?

8 Investiga. La refracció

Experimenta amb la simulació següent sobre el fenomen de la refracció en diferents medis i fes les activitats següents:

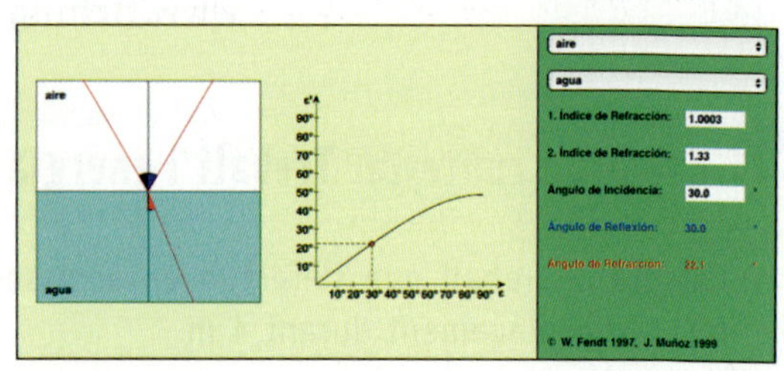

www.tiching.com/748307

a) Amb els medis *vacío* i *agua*, i el raig incident a la part del buit, selecciona els angles d'incidència de valors 39,9° i 70,02°. Indica en cada cas el valor de l'angle de refracció.

b) Canvia els medis de posició (*agua-vacío*) perquè correspongui a una refracció des de l'aigua cap al buit. Busca els angles d'incidència de valors 20,7°, 45° i 50°. Què observes en aquests casos respecte a l'angle de refracció? A partir de quin angle d'incidència no es produeix refracció, sinó reflexió total?

c) Repeteix els passos de les preguntes 1 i 2 amb els medis *vacío-vidrio crown N-K5* i *vacío-diamante*. Explica, a més, les variacions respecte als casos anteriors.

Energia

- ✔ L'**energia** és la capacitat de produir canvis en la matèria. Hi ha diferents formes d'energia: **tèrmica**, **elèctrica**, **química**...
- ✔ L'**energia cinètica** és l'energia d'un objecte que té velocitat:

$$E_c = \frac{1}{2} \cdot m \cdot v^2$$

- ✔ L'**energia potencial** és l'energia que té un objecte per l'altura a què es troba:

$$E_p = m \cdot g \cdot h$$

Treball i màquines

- ✔ El **treball** és l'energia que es transmet a un cos per mitjà de l'acció d'una força que el desplaci: $W = F \cdot d$.
- ✔ Anomenem **màquina** un mecanisme que transforma una forma d'energia en una altra. Hi ha màquines **simples** i màquines **compostes**.
- ✔ El **rendiment** d'una màquina és el quocient entre l'**energia útil** i l'**energia consumida**.
- ✔ La **palanca** ens permet alçar pesos grans fent servir forces petites.

Llum i so

- ✔ La **llum** és una ona electromagnètica que transmet energia i ens permet veure els objectes. Es propaga en el buit.
- ✔ El **so** consisteix en la propagació de vibracions i d'energia en línia recta i en totes les direccions. No es propaga pel buit.
- ✔ La llum presenta **reflexió** i **refracció**. L'**eco** és la reflexió del so.

1 REPASSA EL QUE HAS APRÈS

a) Què és l'energia? Quins tipus d'energia hi ha?

b) Per què diem que l'energia es conserva?

c) Com es calcula el treball que fa una força en desplaçar un objecte?

d) Què distingeix les màquines simples de les màquines compostes? Quines màquines simples hi ha?

e) Què és el rendiment d'una màquina? Quant pot arribar a valer?

f) Com funcionen les palanques? I les politges? Què diu la llei de la palanca?

g) Com es calcula l'energia cinètica d'un objecte que es mou amb una certa velocitat?

h) De què depèn el valor de l'energia potencial? Com es calcula?

i) Quina diferència hi ha entre els fenòmens de la reflexió i de la refracció de la llum?

j) Què és l'eco? Quan es produeix reverberació?

2 DEFINEIX CONCEPTES CLAU

- Energia
- Treball
- Màquina
- Rendiment
- Energia cinètica
- Energia potencial
- Ona
- Reflexió
- Refracció

CONTESTA LA PREGUNTA INICIAL

Després d'estudiar aquest tema, pots contestar la pregunta inicial:

Què necessitem per obtenir energia?

Redacta un text d'entre 10 i 20 línies que resumeixi les conclusions a les quals hagis arribat.

CONSOLIDA EL QUE HAS APRÈS

Per consolidar els coneixements adquirits, pots fer les activitats suggerides a:

www.tiching.com/747755

Aquestes activitats les pots descarregar en un document pdf al final del qual trobaràs les solucions.

11 CALOR I TEMPERATURA

Com canvien la seva temperatura els objectes?

El foc augmenta la temperatura del seu entorn transmetent-hi energia en forma de calor.

La calor o energia tèrmica és l'energia que cedeix un cos a una determinada temperatura a un altre que és més fred.

L'energia tèrmica intervé en un gran nombre de processos de la nostra vida quotidiana, com ara cuinar, escalfar una beguda, dutxar-nos amb aigua calenta, escalfar-nos amb un radiador...

Per a tots aquests processos necessitem fonts de calor: un cremador de gas, un foc de llenya, un escalfador elèctric...

En aquest tema estudiarem què és la calor i la distingirem del concepte de temperatura. També veurem quins són els efectes de la calor sobre els cossos (augment de la temperatura i dilatació) i com es propaga.

Què sabem?

- Indica el nom de cinc fonts de calor.
- Quin tipus d'energia es transforma en calor en un foc de llenya?
- Com funciona un radiador?
- Quin combustible se sol utilitzar a les cuines domèstiques?
- Per a què serveix un termòmetre?
- Per què els mànecs i les nanses dels utensilis de cuina acostumen a fabricar-se amb plàstic?

Què aprendrem?

- **Què són la calor i la temperatura.**
- **Quins efectes té la calor sobre els cossos.**
- **De quins factors depèn l'augment de temperatura d'un cos.**
- **De quines formes es propaga la calor.**
- **Quins materials transmeten la calor i quins no.**

1 Calor i temperatura

1.1. La calor

Les partícules que formen la matèria emmagatzemen energia. Aquesta energia pot passar d'uns cossos a uns altres fig. 1.

L'energia que es transfereix dels cossos calents als cossos freds s'anomena **calor**.

La calor també s'anomena **energia tèrmica**. Cal tenir en compte que:

- No hi pot haver transferència d'energia en forma de calor dels cossos freds als que són més calents.
- Els cossos freds no *donen fred*, sinó que *absorbeixen calor*.

La diferència tèrmica entre un cos calent i un altre de fred és a l'interior.

Totes les partícules que formen els cossos tenen **energia interna**; les que pertanyen a un cos calent tenen més energia interna que les que pertanyen a un de més fred.

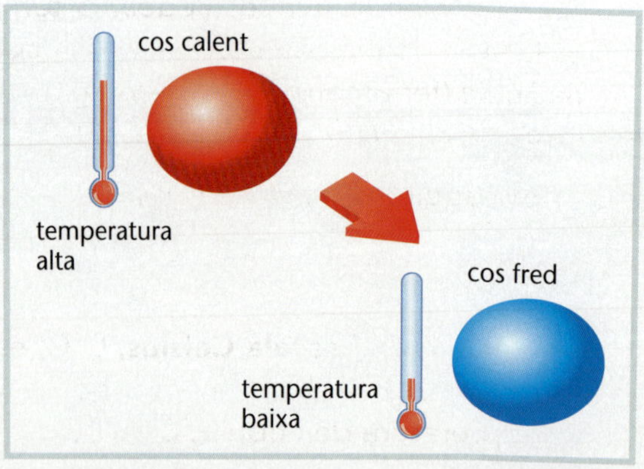

Fig. 1 Transferència de calor d'un cos calent a un altre de més fred. Quan un cos fred absorbeix calor, la inverteix a augmentar l'energia interna de les seves partícules.

Què és la temperatura?

Per tenir una idea de quanta energia interna té un cos, en mesurem la *temperatura*.

La **temperatura** és un indicador de l'energia interna i de la velocitat que tenen les partícules d'un cos.

Si tenim dos gots iguals, A i B, amb la mateixa quantitat d'aigua, el got al qual subministrem més calor tindrà una temperatura més alta, i les seves molècules, més energia i velocitat.

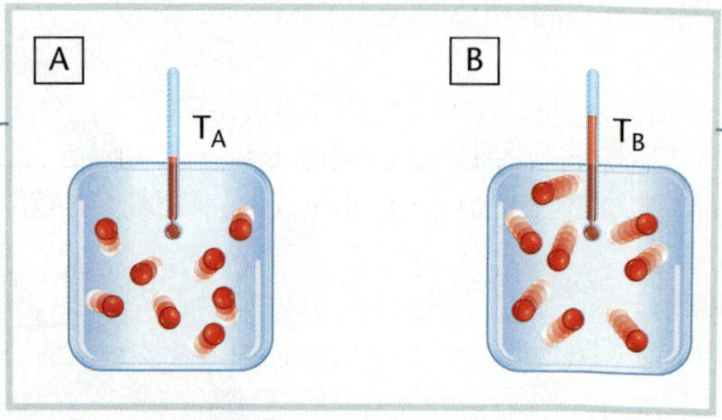

Les partícules de B tenen més energia i velocitat que les de A. Per tant, la temperatura de B és més alta: $T_B > T_A$.

Equilibri tèrmic

En general, si es posen en contacte un cos calent i un altre que és més fred, es transmet calor des del cos calent cap al fred fins que tots dos tenen la mateixa temperatura.

En aquest punt es diu que tots dos cossos han arribat a l'**equilibri tèrmic**. La temperatura dels dos cossos, que és la mateixa, s'anomena **temperatura d'equilibri**.

Mesura de la temperatura

El **termòmetre** és l'aparell utilitzat per mesurar la temperatura dels cossos. Actualment, la majoria dels termòmetres són *digitals*, tot i que també es fan servir termòmetres *d'alcohol*.

El termòmetre es posa en contacte amb l'objecte (sòlid, líquid o gas) la temperatura del qual volem mesurar, fins que arriba a l'equilibri tèrmic i n'indica la temperatura.

Zero absolut

Es pot extreure energia tèrmica d'un cos i refredar-lo, com fan els frigorífics amb els aliments i les begudes.

Aquesta reducció de la temperatura d'un cos té un límit, és a dir, hi ha una temperatura a partir de la qual ja no es pot baixar més: –273 °C, l'anomenat **zero absolut**.

@ Amplia a la Xarxa...

Aprèn més coses sobre la calor i la temperatura a: www.tiching.com/748309

LES ESCALES TERMOMÈTRIQUES

Calibratge de l'escala

L'escala en la qual es llegeix la temperatura als termòmetres pot estar calibrada de diferents maneres. En general s'estableixen uns *punts de referència* (fenòmens físics constants com la fusió del gel i l'ebullició de l'aigua) i la distància entre aquests dos punts es divideix en **graus**.

Tot seguit pots veure les tres escales més conegudes.

@ Amplia a la Xarxa...

Practica amb les escales termomètriques a:
www.tiching.com/745552

Escala Celsius

El zero de l'**escala Celsius**, 0 °C, es correspon amb la temperatura a la qual es fon el gel, mentre que el cent, 100 °C, es correspon amb la temperatura de l'ebullició de l'aigua.

La distància entre els punts corresponents a aquestes dues temperatures es divideix en 100 parts iguals; cadascuna d'1 °C.

L'escala Celsius s'utilitza a Europa i en moltes altres parts del món.

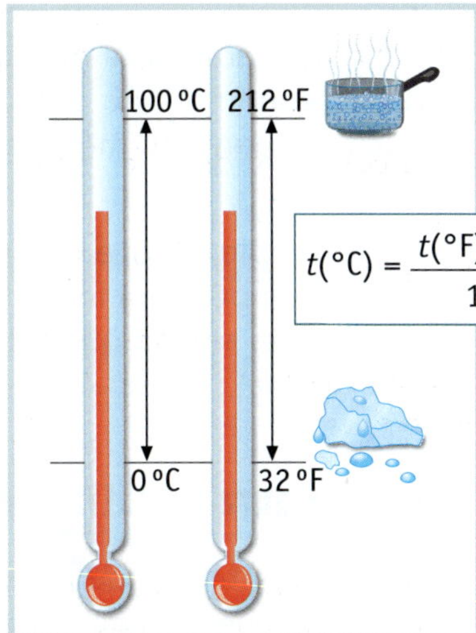

$$t(°C) = \frac{t(°F) - 32}{1,8}$$

Comparació de les escales termomètriques Celsius i Fahrenheit.

Escala Fahrenheit

En l'**escala Fahrenheit**, la temperatura de fusió del gel correspon a 32 °F, i la d'ebullició de l'aigua, a 212 °F. Entre un punt de referència i l'altre hi ha una diferència de 180 °F.

Els graus Fahrenheit no són equivalents als graus Celsius.

L'escala Fahrenheit es fa servir a Anglaterra, Estats Units, Canadà i Austràlia.

Escala Kelvin

L'**escala Kelvin** és la que utilitzen els científics, i la seva unitat és el **kelvin** (K).

1 K equival a 1 °C, i la fusió del gel se situa a 273 K.

Aleshores: $T(K) = t(°C) + 273$

Exemple

1. **A quina temperatura en graus Celsius corresponen 50° Fahrenheit? I en kelvins?**

   La conversió es fa aplicant les fórmules següents:

   $$t(°C) = \frac{t(°F) - 32}{1,8} \Rightarrow t(°C) = \frac{50 - 32}{1,8} = 10\,°C$$

   $$T(K) = t(°C) + 273 \Rightarrow T(K) = (10 + 273)\ K = 283\ K$$

Activitats

1. Quina diferència hi ha entre energia tèrmica i calor? Quina de les dues fem servir a la vida diària?
2. Hi ha transferència de fred entre els objectes freds i els calents?
3. Quines partícules tenen més energia interna, les d'un cos calent o les d'un de fred?
4. Entre dos gots amb la mateixa quantitat d'aigua a temperatures diferents, quin té més energia tèrmica i quin té més energia interna?
5. A l'escala Celsius, a quina temperatura fon el gel i a quina bull l'aigua? Quants graus Fahrenheit hi ha entre aquests dos punts de referència?

2 Efectes de la calor sobre els cossos

2.1. Augment de la temperatura

Quan se subministra calor a un cos, les seves partícules adquireixen més energia interna i n'augmenta la temperatura.

Aquest augment dependrà del *nombre de partícules* del cos (la seva massa), de *quanta energia li subministrem* (el temps d'escalfament) i del *tipus de substància* que el formi fig. 1.

Fig. 1 A la platja, amb la calor del Sol, la sorra s'escalfa i es refreda abans que l'aigua.

Massa del cos

Com més gran és la massa del cos que volem escalfar, més gran és el nombre de partícules a les quals cal augmentar la velocitat i, per tant, més gran és la calor que li hem de transmetre.

Per exemple, l'aigua d'una piscina petita tindrà, al final del dia, una temperatura més alta que la d'una de gran situada a la seva vora, encara que totes dues hagin rebut les mateixes hores de sol.

Temps que dura l'escalfament

Com més temps duri l'escalfament, més energia transmetre'm, més energia emmagatzemarà el cos i més energia interna tindran les seves partícules.

Per tant, l'aigua d'un recipient serà més calenta si l'escalfem durant 5 min que si l'escalfem només 1 min.

Tipus de substància

La **calor específica** és la quantitat d'energia que s'ha de subministrar a 1 kg de substància perquè augmenti 1 K la seva temperatura.

La unitat de la calor específica en el SI és el joule per quilogram i per kelvin.

Com més gran és la calor específica, més calor necessita la mateixa quantitat de substància per augmentar la temperatura.

Per exemple, si escalfem durant el mateix temps masses iguals d'aigua, alumini i vidre, el vidre estarà a una temperatura més alta que l'alumini, i aquest a una temperatura més alta que l'aigua.

Com es pot observar a la taula de calors específiques, l'aigua és la substància que té aquest valor més elevat:

CALORS ESPECÍFIQUES

Substància	coure	alumini	aigua de mar	vidre	sorra	aigua
Calor específica	385	903	3 957	840	835	4 180

Per a la mateixa massa d'aigua i d'oli, l'augment de la temperatura és molt més gran en l'oli perquè la seva calor específica és més petita.

@ Amplia a la Xarxa...

Treballa amb la calor específica de les substàncies a: www.tiching.com/748313

OBTENIR CONCLUSIONS D'UN EXPERIMENT

Volem comprovar experimentalment els factors que influeixen en l'augment de la temperatura. Per fer-ho, duem a terme al laboratori tres experiments interrelacionats (*a*, *b* i *c*).

Els resultats obtinguts a cada experiment permeten verificar els tres factors dels quals depèn l'augment de temperatura amb la calor.

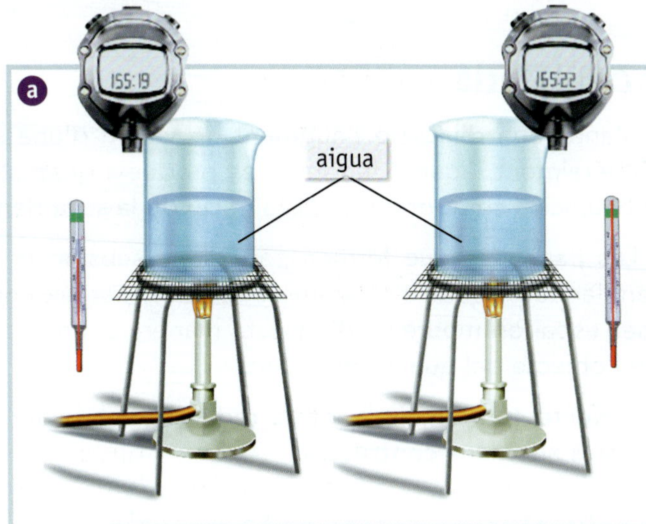

Escalfem dues masses iguals d'aigua, durant un cert temps, diferent per a cadascuna. S'observa que la massa escalfada durant més temps augmenta més de temperatura.

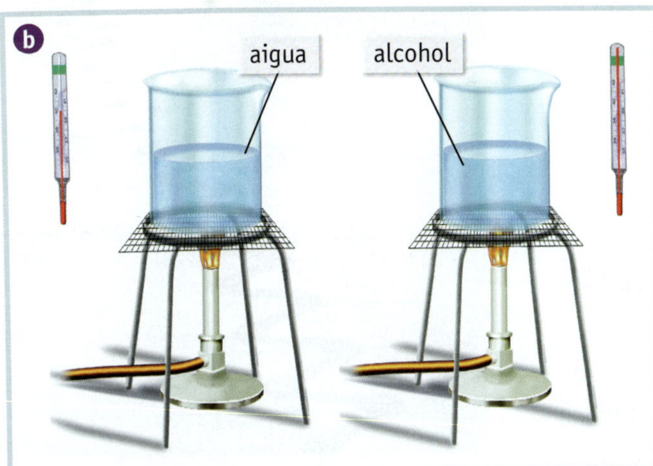

S'agafen dos recipients, un amb aigua i l'altre amb alcohol (la mateixa massa en tots dos casos). Amb la mateixa quantitat de calor, la temperatura de l'aigua ha augmentat menys que la de l'alcohol.

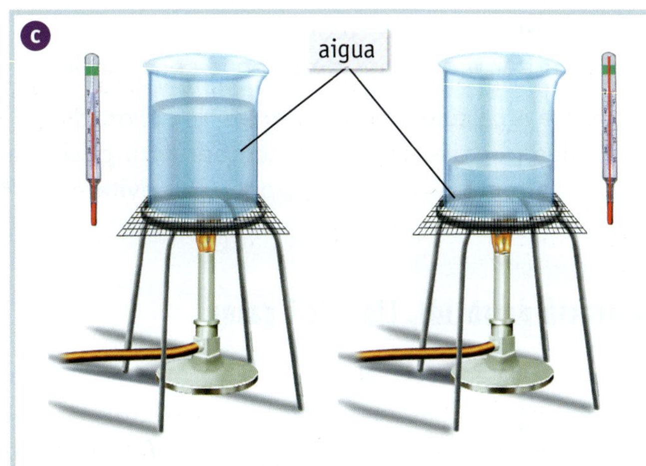

Agafem en dos recipients dues masses diferents d'aigua. Si subministrem la mateixa calor als dos recipients, veurem que augmentarà més de temperatura el recipient que conté una massa d'aigua més petita.

Activitats

1. Indica de què pot dependre l'augment de temperatura d'un cos.
2. Què és la *calor específica* d'una substància? Com influeix en la variació de la temperatura d'un cos? Posa'n un exemple.
3. Si hi subministrem la mateixa quantitat de calor, què s'escalfa abans, 1 kg d'aigua de mar o 1 kg de sorra? Justifica la resposta. Com afecta aquest fet a la platja a l'estiu?
4. Quina substància s'escalfa abans a la cuina, l'aigua o el vidre?
5. Escalfem durant 10 minuts una mateixa massa d'alumini, de coure, de vidre i de sorra. Quina d'aquestes masses adquireix més energia interna?
6. Què passa quan escalfem la mateixa quantitat d'una mateixa substància durant un temps diferent? Raona la teva resposta.
7. Si dues substàncies són diferents (calors específiques diferents), quina augmenta més de temperatura quan s'hi subministra la mateixa calor? Si ara les masses d'una mateixa substància són diferents, a quina li puja més la temperatura amb la mateixa calor?

2 Efectes de la calor sobre els cossos

2.2. Dilatació

S'anomena **dilatació** l'augment de volum d'una substància. Generalment, aquest fenomen es produeix quan s'escalfa la substància i comporta una disminució de la seva densitat.

Les partícules que formen part d'una substància augmenten l'agitació quan s'hi subministra calor; per això necessiten més espai on moure's i d'aquesta manera augmenta el volum de l'objecte del qual formen part.

L'efecte contrari, és a dir, la reducció del volum per refredament, s'anomena **contracció**.

2.3. Dilatació i estats de la matèria

Com més gran sigui la mobilitat de les partícules d'una substància, més fàcil serà que augmenti de volum. Per aquesta raó, l'efecte de dilatació és més gran en els gasos que en els líquids i és molt petit en els sòlids.

Malgrat que als sòlids la dilatació és petita, els seus efectes produeixen fenòmens geològics, com l'erosió de les roques, i poden causar problemes greus en la construcció.

Si no se'n calculen bé els efectes, les dilatacions i contraccions produïdes per diferències de temperatura poden arribar a malmetre l'estructura d'edificis i ponts. Per evitar-ho, s'hi col·loquen *juntes de dilatació* fig. 1.

Fig. 1 Als ponts s'hi deixen *juntes de dilatació* entre els diferents blocs, que permeten que els materials es dilatin per la calor sense afectar l'estructura de l'obra.

Dilatació de sòlids, líquids i gasos

Dilatació dels sòlids

A temperatura d'ambient, l'esfera metàl·lica pot passar a través de l'anella.

Si escalfem l'esfera, es dilata i ja no hi pot passar.

Dilatació dels líquids

A temperatura d'ambient, l'alcohol tenyit amb tinta sobresurt lleugerament per sobre del tap.

En escalfar el recipient, el nivell de l'alcohol puja pel tub fi perquè es dilata.

Dilatació dels gasos

Ajustem un globus de plàstic a la boca d'un erlenmeyer que contingui una mica d'aigua al seu interior.

En escalfar el recipient, l'aire es dilata i va omplint el globus.

2.4. Dilatació anòmala de l'aigua

Com hem vist, gairebé totes les substàncies augmenten de mida quan s'escalfen i es contrauen quan es refreden. Malgrat això, a l'aigua líquida, de 0 °C a 4 °C, i al gel, els passa el contrari.

Així, quan l'aigua es gela a 0 °C, passa a ocupar més volum que l'aigua líquida que l'envolta. En augmentar el volum, la densitat disminueix i flota.

El volum de l'aigua líquida disminueix quan l'escalfem des dels 0 °C fins als 4 °C. A partir dels 4 °C, el comportament és normal. Per aquest motiu, l'aigua més densa és la que és a 4 °C.

Els icebergs floten a l'aigua del mar. Una vuitena part dels seu volum queda fora de l'aigua, i la resta, sota la superfície.

Conseqüències d'aquesta propietat

La dilatació anòmala de l'aigua té repercussions importants a la natura:

- L'aigua del mar o dels rius i llacs es gela i flota. La capa de gel que es forma a la superfície fa d'aïllant de l'aigua més profunda i impedeix que es glaci i que morin peixos i plantes marines.
- Els icebergs floten perquè la densitat del gel és més petita que la de l'aigua de mar.
- Les canonades plenes d'aigua retinguda es glacen si la temperatura baixa de 0 °C. Quan això passa, l'aigua augmenta de volum, pressiona les canonades i les trenca.
- Les roques es fragmenten perquè l'aigua filtrada, en glaçar-se, actua com un tascó que les trenca i les va erosionant.

Amplia a la Xarxa...

Comprova la dilatació anòmala de l'aigua quan se solidifica a: www.tiching.com/748314

Si introduïm una ampolla de plàstic plena d'aigua al congelador, es trencarà o es deformarà quan l'aigua es congeli.

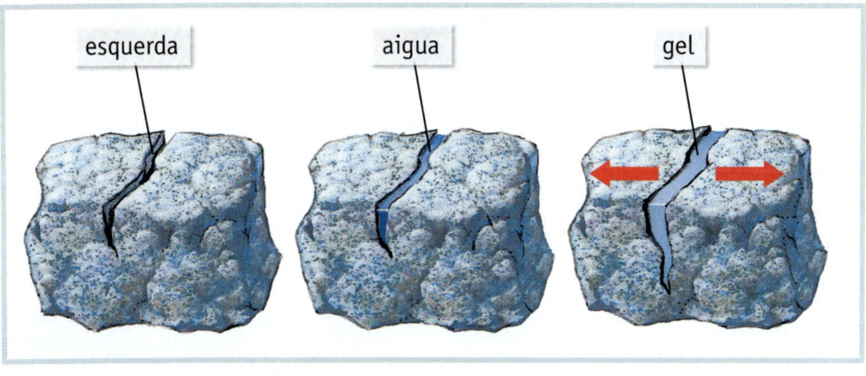

Quan es glaça l'aigua filtrada entre les roques, augmenta de volum i actua com un tascó fins que les trenca.

Activitats

1. Explica per què la majoria de les substàncies es dilaten quan s'escalfen.
2. Quin és l'efecte contrari a la dilatació?
3. Descriu i raona si el gel i l'aigua també es dilaten quan s'escalfen.
4. Esmenta exemples de fets que passin a causa de la dilatació anòmala de l'aigua.
5. Què són les *juntes de dilatació*?
6. Recorda el funcionament dels globus aerostàtics i explica per què floten a l'aire.

3 Propagació de la calor

La calor es propaga d'un lloc a l'altre (de més a menys temperatura, com ja hem vist) per mitjà de tres mecanismes: la **conducció**, la **convecció** i la **radiació**.

Conducció

La calor es transmet per **conducció** a través de les substàncies sòlides. En aquesta transmissió de calor no hi ha transport de matèria.

Aquesta és la causa, per exemple, del fet que ens cremem quan agafem amb la mà una cullera metàl·lica introduïda en una olla posada al foc.

Les partícules de la cullera en contacte amb l'olla reben calor i adquireixen més mobilitat. Aquesta mobilitat es va transmetent a les partícules que es troben al seu voltant, de manera que la calor acaba propagant-se per tota la cullera.

Els **metalls** són els materials que tenen més capacitat per transmetre la calor per conducció.

Convecció

La **convecció** és la transmissió de la calor per mitjà del transport de matèria. És la manera com es transmet la calor als líquids i als gasos.

L'aigua que s'escalfa en una olla és un exemple del procés de convecció. L'aigua de la part inferior de l'olla (que està en contacte directe amb la font de calor) és la que s'escalfa primer. En conseqüència, aquesta massa d'aigua es dilata, disminueix la seva densitat i puja. Tot seguit el seu lloc l'ocupa aigua freda.

Així es formen els **corrents de convecció** d'aigua calenta que puja i d'aigua freda que baixa, fins que s'escalfa tota la massa.

A la natura hi trobem diferents exemples de la transmissió de calor pel mecanisme de la convecció, com ara els corrents marins i els vents.

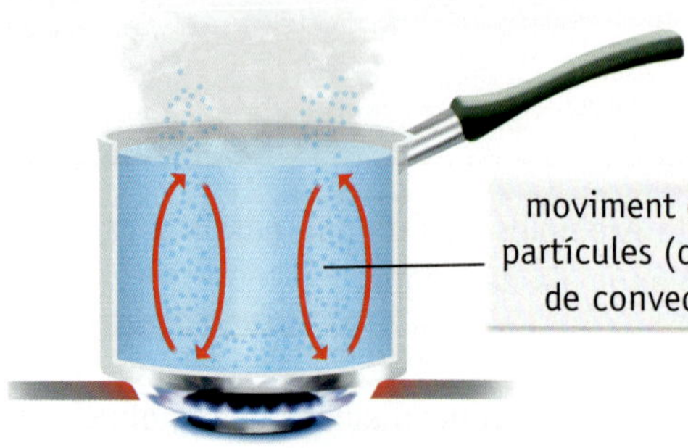

LES BRISES MARINES

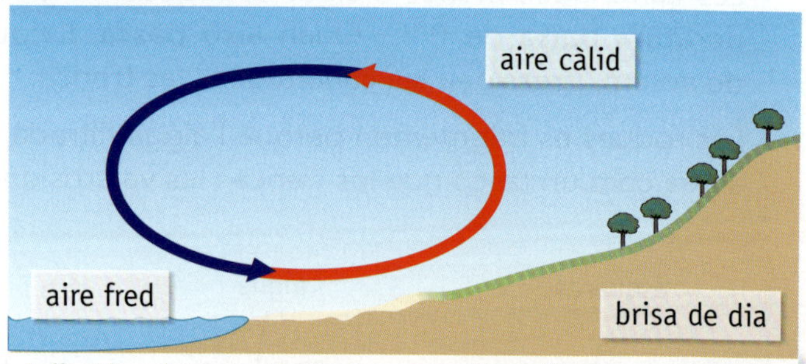

A l'estiu, durant el dia, la sorra s'escalfa abans que l'aigua. L'aire situat sobre la sorra, quan s'escalfa, disminueix la seva densitat i puja, deixant espai perquè entri aire fred procedent del mar.

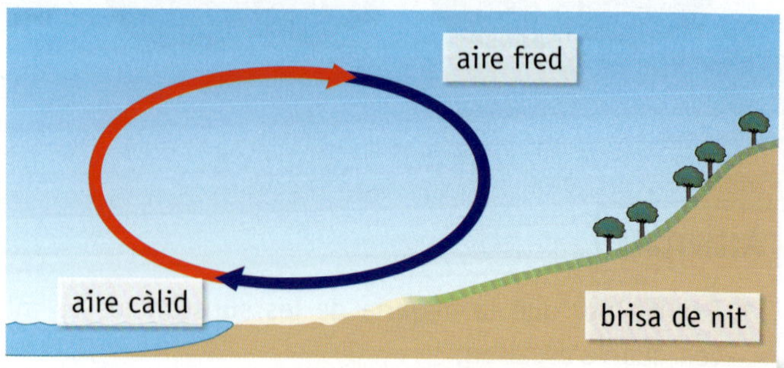

A la nit el procés és l'oposat. La sorra es refreda abans que l'aigua i l'aire situat sobre el mar és el que puja i deixa lloc al que ve de terra.

Radiació

La propagació de la calor per **radiació** no necessita el suport de cap mitjà material ni el transport de matèria per produir-se.

Per exemple, el Sol emet la seva energia en forma de radiació, que és capaç de travessar l'espai (que majoritàriament és buit).

El 99 % de la seva emissió és llum visible, radiació infraroja i radiació ultraviolada.

De radiació infraroja també n'emeten, encara que no la veiem, tots els objectes calents (un radiador, una planxa, una foguera, etc.).

La radiació ultraviolada és molt energètica. Per aquesta raó, hem d'utilitzar crema solar per evitar que ens danyi la pell.

La radiació solar arriba a la Terra a través del buit.

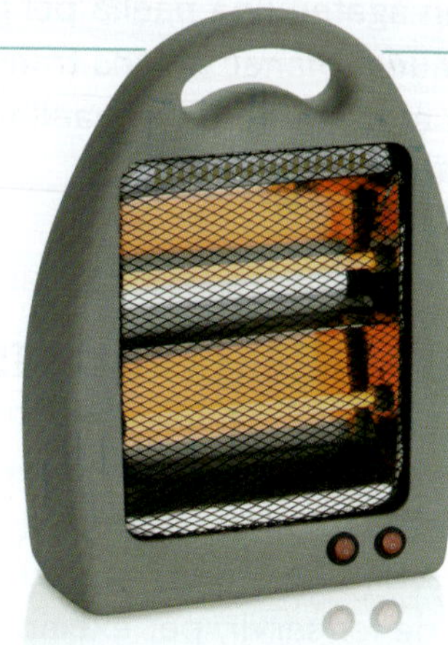

Les estufes d'infrarojos escalfen perquè emeten radiació infraroja.

Corrents de convecció

1. Escalfa aigua dins d'un recipient de vidre amb llimadures d'algun material lleuger i de color fosc. Observa com es mouen amb els corrents de convecció a l'aigua.

2. Per sobre del mateix recipient amb aigua escalfant-se, col·loca-hi, sostenint-la amb la mà, una tira de paper fi tallada en forma d'espiral. Els corrents de convecció de l'aire faran girar el paper.

   Pots portar a terme una experiència semblant si en comptes de posar la tira de paper sobre una olla amb aigua calenta la poses sobre un radiador en funcionament.

@ Amplia a la Xarxa...

Observa els mecanismes de transferència de calor a: www.tiching.com/748315

Activitats

1. Per què l'aire calent ascendeix i deixa pas a l'aire fred?
2. Les brises marines no bufen sempre en la mateixa direcció. Indica cap a on ho fan segons sigui de dia o de nit.
3. La brisa marina és freda o calenta durant el dia? I durant la nit? Explica raonadament per què.
4. Posem una olla metàl·lica amb aigua a escalfar. Descriu quins processos passen fins que tota l'aigua de l'olla bulli.
5. Explica amb un exemple si fa falta que hi hagi aire perquè es produeixi la transmissió de calor per radiació.
6. @ Per què en diem *convector*, d'un aparell que emet aire calent en una habitació? Quina diferència hi ha entre aquest aparell i un radiador?

4 Materials conductors i aïllants de la calor

Quan agafen una paella pel mànec mentre cuinem ens interessa que aquest mànec no ens transmeti la calor per no cremar-nos. En canvi, el material de la paella ha de transmetre l'energia tèrmica produïda pels fogons.

A CONDUCTORS I AÏLLANTS TÈRMICS

Si escalfem una vareta metàl·lica per un extrem, mentre la subjectem amb la mà de l'altre, notarem de seguida que l'extrem per on l'agafem comença a escalfar-se. La calor s'ha transmès per la vareta. Per no cremar-nos hauríem de fer servir, per exemple, un guant de cuina.

Hi ha materials en què la calor pot propagar-se per conducció; són els anomenats **conductors** de la calor. Els materials que no deixen passar la calor s'anomenen **no conductors** o **aïllants**.

Els metalls són bons conductors de la calor gràcies a la seva estructura interna formada per partícules ordenades. La fusta, el suro o l'aire són exemples de materials aïllants.

Fem servir els conductors en utensilis la funció dels quals és transmetre calor, mentre que utilitzem els aïllants si volem evitar que la calor es transmeti.

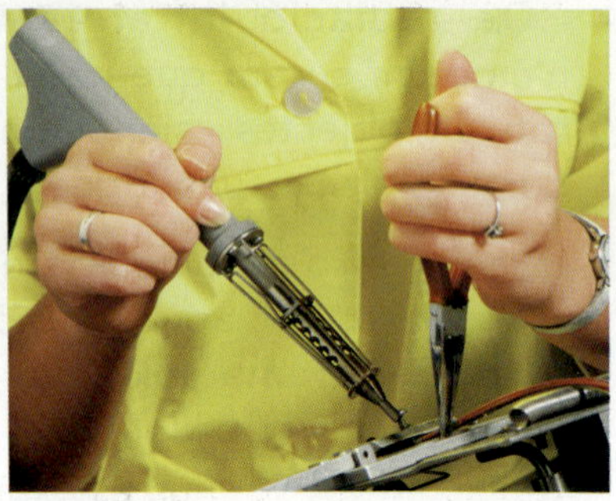

El soldador s'escalfa per un extrem i per l'altre té un mànec aïllant amb la funció que no cremi quan l'agafem.

Conductors tèrmics: *a*, *b*, *c* i *d*; aïllants: *e*, *f* i *g*.

B ELS TERMOS

Els termos són recipients on es guarden líquids i aliments que han de conservar durant moltes hores la seva temperatura. Consten d'un *recipient interior* envoltat d'un altre d'*exterior*, de manera que entre ells s'hi ha fet el *buit*, que és un gran aïllant.

La calor del recipient interior no es perd perquè no pot travessar el *buit* que hi ha entre les dues parets, perquè no hi ha ni conducció ni convecció.

La radiació que emet el recipient interior tampoc no surt a l'exterior perquè es reflecteix en una capa reflectant que el recipient exterior té per dins. Per minimitzar les pèrdues de calor, la tapa ha d'estar ben aïllada i ha de tancar perfectament.

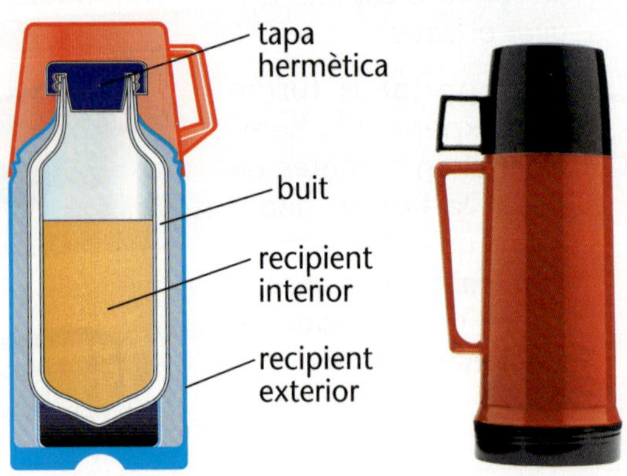

C AÏLLAMENT TÈRMIC D'HABITATGES

PER QUÈ S'HAN D'AÏLLAR ELS HABITATGES?

En escalfar un habitatge a l'hivern es produeix un desequilibri tèrmic entre l'interior, on l'aire es torna càlid, i l'exterior, on la temperatura és més baixa.

Per minimitzar la transmissió de calor entre l'interior i l'exterior dels habitatges cal que estiguin ben aïllats tèrmicament. Aquest fet pot suposar un gran estalvi energètic.

A l'estiu es produeix un desequilibri tèrmic similar entre la calor exterior i la frescor de l'interior dels edificis que disposen d'aire condicionat.

TÈCNIQUES D'AÏLLAMENT

Les finestres i les portes que donen a l'exterior de la casa se solen fabricar amb doble vidre, de manera que es crea una càmera interior d'aire, que és molt aïllant.

Per aïllar parets i sostres, s'han de construir amb un espai interior en el qual s'introdueix un material aïllant.

Les finestres i les portes que no ajusten bé deixen ranures per les quals pot entrar aire fred i que, per tant, han de tapar-se amb rivets de material aïllant.

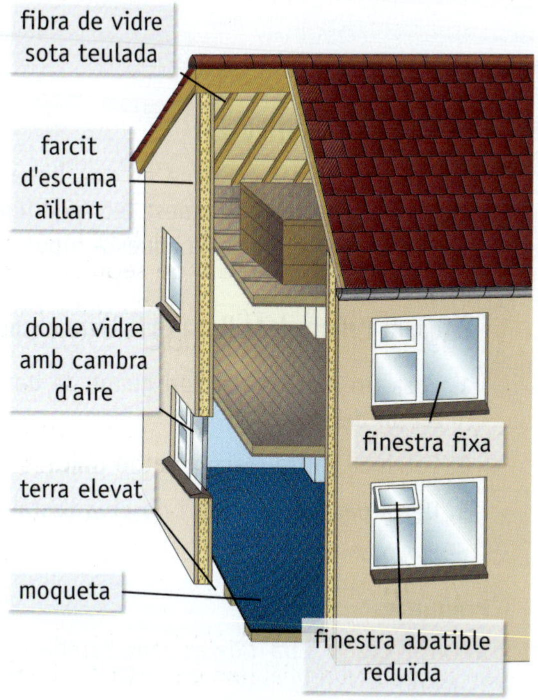

Exemple d'habitatge ben aïllat.

Instal·lació d'aïllant tèrmic en una paret.

Aïllament a la teulada d'un habitatge.

@ Amplia a la Xarxa...

Aprèn més coses sobre l'estalvi energètic als habitatges a: www.tiching.com/748316

Activitats

1. Indica si els materials següents són conductors de la calor o aïllants:

a. Acer
b. Ferro
c. Fusta
d. Roba
e. Poliestirè expandit
f. Plàstic
g. Buit
h. Suro

2. Fes una llista dels objectes conductors de la calor i dels aïllants que hi ha a la cuina de casa teva.

3. Per què s'han d'aïllar tèrmicament els habitatges? Posa exemples de les mesures que s'han de prendre.

4. Explica amb paraules teves com estan fabricats els termos i quina utilitat tenen.

Observació dels efectes de la calor

En molts processos en què un objecte canvia de temperatura hi ha una transmissió de calor. Moltes vegades, aquesta transferència de calor té efectes visibles.

A. COMPROVAR UNA HIPÒTESI

Posar-nos un jersei de llana és una bona manera d'entrar en calor quan fa fred. A partir d'aquest fet, podríem afirmar que la llana escalfa molt. Ara bé, és certa aquesta hipòtesi?

Material

- Guant de llana
- Dos glaçons
- Dos plats

Estudi de l'efecte de la llana en la transmissió d'escalfor

1. Posa un glaçó dins d'un guant de llana i col·loca'l en un dels plats.
2. Col·loca l'altre glaçó a l'altre plat.
3. Deixa passar una hora i observa l'estat dels glaçons.

Preguntes

1. Quin glaçó s'ha desfet més ràpidament?
2. Era certa la hipòtesi inicial?
3. Com pots explicar el resultat obtingut?

B. PRODUIR CANVIS DE VOLUM A LÍQUIDS

Material

- Matràs
- Aigua
- Colorant
- Tap de suro amb forat
- Tub fi de vidre
- Recipient amb glaçons
- Bunsen, trípode i reixeta
- Termòmetre d'alcohol

Contracció i dilatació d'un líquid

1. Introdueix aigua i una mica de colorant al matràs. Després, col·loca-hi el tap amb el tub fi a l'interior.

   A continuació, col·loca tot aquest muntatge dins el recipient amb glaçons.

   Observaràs que, en refredar-se, la columna de l'aigua acolorida descendeix. Aquest fet es deu que l'aigua a aquestes temperatures es contreu quan es refreda.
2. Després, treu el matràs del recipient amb glaçons i posa'l a escalfar.

   Podràs observar que la columna de l'aigua acolorida anirà pujant en escalfar-se perquè l'aigua quan s'escalfa es dilata.
3. Comprova que un termòmetre d'alcohol basa el seu funcionament en aquests mateixos fets.

   Explica com creus que s'hi ha dibuixat, en aquests termòmetres, l'escala de temperatura.

C. CANVIAR EL VOLUM DELS SÒLIDS

Dilatació d'un sòlid

1. Comprova que a temperatura d'ambient la bola passa a través de l'anella.
2. Després, escalfa la bola i observaràs que ja no passa a través de l'anella. El metall de la bola s'ha dilatat en escalfar-se.

Material

- Anella de Gravesande, que és el conjunt d'una anella i una bola de metall
- Cremador Bunsen

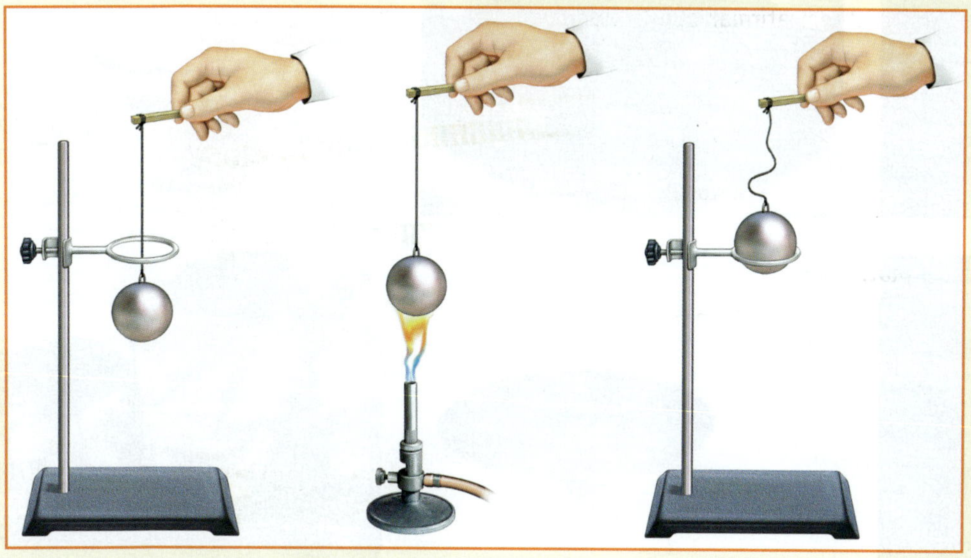

D. AUGMENTAR EL VOLUM DE L'AIGUA QUAN PASSA A GEL

Dilatació anòmala de l'aigua

1. Introdueix alguns glaçons al recipient amb aigua. Observa que floten, cosa que vol dir que el gel té menys densitat que l'aigua. Aquests glaçons són petits icebergs.

   L'aigua, en refredar-se fins als 0 °C i passar a l'estat sòlid, ha augmentat el seu volum.
2. Omple l'ampolla totalment d'aigua i tanca-la. Posa-la al congelador i, al cap d'unes hores, extreu-la. Observaràs que l'ampolla s'ha trencat perquè l'aigua ha augmentat el seu volum en refredar-se.

Material

- Glaçons
- Recipient amb aigua
- Ampolla petita de plàstic

1 Analitza les imatges. Efectes de la propagació de la calor

Comenta les imatges següents tenint en compte el que has après:

a

b

c

d

e

f

2 Analitza un text. El plomissol dels ocells, un excel·lent aïllant tèrmic

Com tots sabem, els ocells tenen plomes que els serveixen d'aïllant tèrmic del fred de l'hivern i del que passen quan volen a grans altures; també els aïllen de l'aigua.

Aquesta propietat aïllant fa que les plomes es facin servir per farcir roba de llit i de vestir. Distingim entre *plomes* i *plomissol*:

- Les **plomes** es troben a la capa externa de la pell dels ocells i tenen una tija central dura, que antigament es feia servir per escriure untada amb tinta.
- El **plomissol** recobreix el pit i el coll dels ocells. No té cap part dura, és molt suau i reté l'aire perquè és molt buit, de manera que aïlla els ocells del fred i els ajuda a flotar.

El plomissol, per la suavitat, es fa servir preferentment com a farcit per aïllar-nos del fred. L'aïllament d'aquest material es basa en el fet que impedeix que el nostre cos perdi la calor que conté; és a dir, aquestes peces no escalfen, sinó que impedeixen que la calor es perdi.

a) Explica el significat d'aquestes paraules: *aïllant tèrmic, roba de llit i de vestir, suavitat, buit, farcit*.

b) Explica amb les teves paraules l'origen i la utilitat del plomissol.

3 Calcula i contesta. **Escales de temperatura**

Un nord-americà ve a Catalunya i se sorprèn que la temperatura que llegeix als termòmetres del carrer sigui tan baixa fins que s'adona que està mesurada en graus Celsius. Per entendre una temperatura de 25 °C, ha de fer la transformació a Fahrenheit.

Sabem que: $t\,(°C) = \dfrac{t\,(°F) - 32}{1{,}8} \Rightarrow t\,(°F) = t\,(°C) \cdot 1{,}8 + 32$

Ara calcula:

a) La temperatura que, en graus Fahrenheit, equival a la de 25 °C. I a la de 39 °C?

b) Si està malalt i el seu termòmetre indica 102,2 °F, quina temperatura haurà de dir que té quan vagi a un hospital català?

c) Recorda que per expressar la temperatura en kelvins només cal sumar 273 a la temperatura en graus Celsius. A quina temperatura en kelvins equivalen 25 °C? I 39 °C?

4 Analitza un esquema. **Dilatació anòmala de l'aigua**

Aquest és un esquema del que a la realitat passa a l'aigua de llacs i rius quan les temperatures baixen de 0 °C. Recordant com varia la densitat de l'aigua i la seva dilatació anòmala, contesta:

a) Per què s'ha format la capa de gel?

b) Per què aquesta capa de gel flota a l'aigua?

c) Per què hi diu *aigua líquida*? Com podríem anomenar també el gel?

d) Per què a la part inferior la temperatura de l'aigua líquida és de 4 °C i a la superior, de 0 °C?

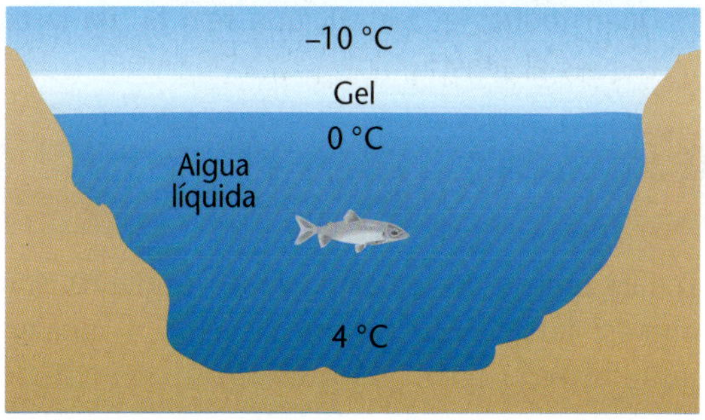

5 Llegeix i contesta. **Formació dels icebergs**

Els icebergs són trossos de gel que s'han desprès de la part frontal de les glaceres.

Tenen mides i formes molt diverses i floten a l'aigua perquè la seva densitat és inferior a la de l'aigua, com passa també amb els glaçons en un got d'aigua. La part que se'n veu sobre l'aigua és només la vuitena part del volum total de l'iceberg.

Alguna vegada poden arribar a una platja empesos per l'onatge del mar. En aquests casos es poden veure de prop i observar que poden arribar a tenir unes formes ben diferents; de vegades se'n percep l'estructura cristal·lina i altres vegades tenen una forma arrodonida per l'efecte del moviment de l'aigua del mar i la temperatura.

a) Què són els icebergs? Per què floten a l'aigua del mar?

b) Quina fracció de l'iceberg està submergida?

c) Busca informació sobre algun accident causat per un iceberg i descriu-lo.

6 Analitza un experiment. La sensació tèrmica

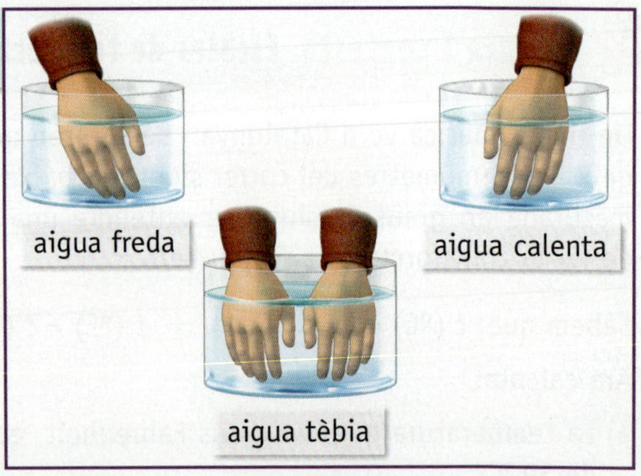

Observa els tres recipients d'aigua de l'experiment i fixa't en la temperatura de cadascun. Una persona ha tingut les mans submergides durant dos minuts a l'aigua dels recipients dels extrems (una mà a cada recipient). Observa on té introduïdes les mans ara i contesta les preguntes següents:

a) Què deu sentir a cada mà?

b) Per què diem que la nostra sensació de la calor és relativa?

c) Què hem de fer per mesurar científicament la calor?

7 Observa i contesta. Transmissió de la calor

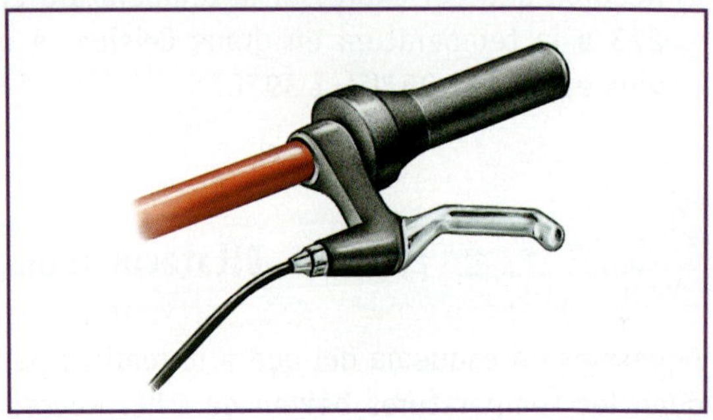

Observa el dibuix i contesta:

a) El manillar de la bicicleta consta d'una estructura metàl·lica i punys de goma. Quina de les dues parts és conductora de la calor i quina és aïllant?

b) Són a temperatures diferents?

c) Quan les toquem, quina ens sembla més freda?

d) Quan toques el metall, què se'n fa, de la calor de la teva mà? I quan toques el plàstic?

8 Raona. Vertader o fals?

Indica quines de les afirmacions següents són vertaderes i quines, falses. Escriu correctament al quadern les que siguin falses.

- La calor passa dels cossos calents als freds.
- Els objectes calents tenen menys energia interna que els objectes freds.
- Si l'aigua del mar és a la mateixa temperatura que l'aigua d'una piscina, totes dues tenen la mateixa energia interna.
- Totes les substàncies augmenten de volum en escalfar-les.
- Si tenim la mateixa quantitat de coure que d'alumini, es refreda abans l'alumini.

9 Relaciona. Calor i temperatura

Copia i uneix al quadern els parells de conceptes relacionats:

- Calor
- Termòmetre
- Equilibri tèrmic
- Dilatació
- Celsius
- Fahrenheit
- Alumini i acer
- Fusta i suro
- Calor del Sol

- Temperatura igual
- Augment de volum
- Aïllants
- Energia tèrmica
- Anglaterra
- Radiació
- Europa
- Conductors
- Temperatura

Síntesi. Calor i temperatura

Calor i temperatura

- La **calor** o **energia tèrmica** és l'energia que es transfereix des dels cossos calents als cossos freds.
- La **temperatura** és un indicador de l'**energia interna** i de la velocitat que tenen les partícules d'un cos.
- Dos cossos estan en **equilibri tèrmic** si tenen la mateixa temperatura, anomenada **temperatura d'equilibri**.

Canvis de temperatura

- Els factors dels quals depèn l'augment de temperatura són: la massa del cos, el temps d'escalfament i el tipus de substància. La **calor específica** és l'energia per unitat de massa que s'ha de comunicar a una substància perquè augmenti un grau la seva temperatura.
- S'anomena **dilatació** l'augment de volum que experimenta una substància quan s'escalfa. L'efecte contrari s'anomena **contracció**.
- Al contrari de la majoria de substàncies, l'aigua quan es congela ocupa més volum que en estat líquid, per la qual cosa disminueix la seva densitat i flota.

Propagació de la calor

- La calor es propaga per tres mecanismes: per **conducció** a través dels sòlids, sense moviment de matèria; per **convecció** als líquids i gasos, gràcies al transport de matèria; i per **radiació** sense necessitat de cap medi material.
- Alguns materials són **conductors** de la calor, i d'altres, **aïllants**.

1 REPASSA EL QUE HAS APRÈS

a) Què és la calor? Quin altre nom rep?

b) En què empra un objecte la calor absorbida?

c) Com es defineix el concepte de temperatura?

d) Què entenem per equilibri tèrmic?

e) Quines escales de temperatura hi ha? Qui fa servir cadascuna d'aquestes escales?

f) De quins factors depèn l'augment de temperatura que experimenta un cos quan s'escalfa?

g) Què és la calor específica d'una substància?

h) En què consisteix la dilatació? I la contracció?

i) Per què diem que la dilatació de l'aigua és anòmala? Quines conseqüències té aquest fet?

j) De quines tres formes es propaga la calor? Quines característiques té cadascuna?

k) Que és la radiació infraroja?

l) Quina diferència hi ha entre els materials conductors de la calor i els aïllants?

2 DEFINEIX CONCEPTES CLAU

- Calor
- Temperatura
- Equilibri
- Calor específica
- Dilatació
- Contracció
- Conducció
- Convecció
- Radiació

CONTESTA LA PREGUNTA INICIAL

Després d'estudiar aquest tema, pots contestar la pregunta inicial:

Com canvien la seva temperatura els objectes?

Redacta un text d'entre 10 i 20 línies que resumeixi les conclusions a les quals hagis arribat.

CONSOLIDA EL QUE HAS APRÈS

Per consolidar els coneixements adquirits, pots fer les activitats suggerides a:

www.tiching.com/747756

Aquestes activitats les pots descarregar en un document pdf al final del qual trobaràs les solucions.

12 L'ENERGIA: OBTENCIÓ I CONSUM

D'on obtenim l'energia?

Plataforma solar d'Almeria (desert de Tabernas). Les fonts d'energia renovables ajuden a reduir el consum d'energia contaminant.

El Sol és la principal font d'energia de la Terra. Sense, no hi hauria ni vida ni la majoria de les fonts d'energia.

Les societats humanes estan lligades a l'energia i a les seves transformacions. La nostra manera de viure actual ens fa dependre totalment de l'energia elèctrica i dels carburants: gasolina, gasoil...

Sense electricitat, sense mitjans de transport i sense mitjans de comunicació social, la nostra manera de viure es transformaria absolutament.

El gran inconvenient d'aquesta dependència de l'energia és que la majoria dels recursos energètics actuals s'exhaureixen i, a més, contaminen.

Per reduir aquest problema greu, hem de potenciar l'ús de fonts d'energia renovables i netes, i frenar la despesa energètica.

Què sabem?

- Escriu una llista d'aparells que utilitzis habitualment i que funcionin amb energia elèctrica.
- On es produeix l'energia elèctrica? Esmenta el nom de cinc fonts d'energia diferents.
- Per què és important reduir el consum d'energia?
- Penses que algun dia el petroli s'acabarà? I el carbó?
- Què saps sobre l'energia solar?

Què aprendrem?

- **Per a què necessitem l'energia.**
- **Quins tipus d'energia necessitem.**
- **Com es genera l'electricitat.**
- **Quines són les fonts d'energia, els seus avantatges i els seus inconvenients.**
- **Per què hem d'estalviar energia i com podem fer-ho.**

1 D'on ve i per a què serveix l'energia?

1.1. Fonts d'energia

Necessites energia per córrer, jugar, estudiar, i fins i tot per dormir.

També necessitem energia perquè funcionin els cotxes, els avions fig. 1... i els aparells elèctrics com la rentadora o l'ordinador.

Les **fonts d'energia** són els recursos que l'ésser humà necessita per produir energia.

Per exemple, el Sol, l'aire, els aliments... són fonts d'energia.

Fig. 1 Per volar, els avions necessiten l'energia que obtenen dels combustibles.

1.2. Energia per al cos humà

L'energia que necessita cada persona depèn de les activitats que faci.

Totes les activitats tenen una despesa energètica fig. 2: conservar el cos calent, respirar, moure's, dormir, parlar, créixer...

Activitat	Energia (kJ) per cada minut d'activitat
Estar dret	7
Estar assegut	6
Caminar a poc a poc	13
Anar amb bicicleta	25
Jugar a futbol	59
Nedar	73

Fig. 2 Fer esport és una bona manera de consumir energia.

1.3. Energia dels combustibles

Els **combustibles** són substàncies que cremem per produir energia. Per exemple:

- Si cremem llenya o carbó, podem escalfar el nostre habitatge o el menjar fig. 3.
- Els vehicles amb motor de combustió cremen gasolina o gasoil per funcionar.
- Per produir electricitat, moltes centrals elèctriques cremen petroli, carbó...

Fig. 3 En cremar fusta, obtenim energia.

Activitats

1. Explica per a quines activitats diàries necessites prendre aliments.

2. Per què unes activitats tenen més despesa energètica que d'altres? Posa'n exemples.

L'ENERGIA PROVÉ DEL SOL

Hi ha moltes fonts d'energia, però totes tenen l'origen en el Sol.

Energia del vent

El vent és un corrent d'aire de l'atmosfera.

L'aire es mou a l'atmosfera per corrents de convecció degudes al fet que el sol escalfa més unes zones que unes altres: l'aire de les zones més càlides tendeix a pujar i es reemplaça per l'aire de les zones més fredes.

Energia de l'aigua

L'**aigua** adquireix la seva energia en evaporar-se, la qual cosa passa gràcies a l'escalfor del Sol.

Aquest pas, com deus recordar, forma part del cicle de l'aigua.

Energia dels combustibles

- L'energia de la **fusta** és l'energia de les plantes, que procedeix del Sol.
- L'energia del **carbó** procedeix de vegetals terrestres que van quedar enterrats fa milions d'anys i es van convertir en carbó.
- L'energia del **petroli** (del qual s'extreuen la *gasolina* i el *gasoil*) i el **gas natural**, procedeix d'organismes que van quedar enterrats en els fons marins fa també milions d'anys.

Energia dels aliments

L'origen de totes les cadenes alimentàries són les plantes: els animals s'alimenten de plantes o d'animals més petits, que al seu torn també s'alimenten de plantes.

I les plantes obtenen l'energia del Sol gràcies a la reacció de *fotosíntesis*.

Energia del Sol

L'energia del Sol també s'utilitza directament en els *panells solars*, que produeixen electricitat, i en els *panells tèrmics*, que emmagatzemen calor.

Energia nuclear

L'**urani** que utilitzen les centrals nuclears per produir electricitat, es va formar, com la majoria d'elements químics, a l'interior d'una estrella abans d'existir el nostre planeta.

Activitats

3. Explica per què sense l'energia del Sol no tindríem aliments: verdura, fruita, ous, carn, peix, etc.

4. Descriu per què va ser necessària l'existència del Sol perquè es formessin el carbó, el petroli i el gas natural.

2 L'energia que el món necessita

2.1. Canvis energètics al món

Fa 150 anys l'ésser humà només aprofitava l'energia de l'aigua, del vent, del carbó i de la llenya.

A causa de l'augment de les aplicacions de l'electricitat i l'aparició dels automòbils, al començament del segle XX va augmentar molt l'energia emprada i van sorgir noves fonts d'energia.

El desenvolupament al qual hem arribat en alguns països fa imprescindible generar molta electricitat i disposar de gran quantitat de combustibles fig. 1 i 2.

2.2. Fonts d'energia renovables i no renovables

En funció de la seva capacitat de regeneració, les **fonts d'energia** es classifiquen en dos grans grups fig. 3:

- Fonts d'energia **no renovables**. Són aquelles fonts d'energia que una vegada consumides no es poden reposar.

  Les fonts d'energia més utilitzades actualment, el carbó, el petroli, el gas natural i l'urani, no són renovables. A la Terra, la seva quantitat és limitada i acabaran exhaurint-se.

- Fonts d'energia **renovables.** Es tracta de fonts d'energia que no s'exhaureixen perquè el que se'n consumeix es regenera, o bé es tracta de fonts pràcticament inexhauribles.

  Les més destacades són l'energia **solar**, l'energia **eòlica** i l'energia **hidroelèctrica**.

@ Amplia a la Xarxa...

Aprèn més sobre les fonts d'energia renovables i no renovables a:

www.tiching.com/748317 i
www.tiching.com/748318

Fig. 1 Durant els anys cinquanta del segle XX van aparèixer les primeres centrals nuclears.

Fig. 2 Actualment, el carbó s'utilitza per generar energia elèctrica i per produir acer.

PRODUCCIÓ D'ENERGIES NO RENOVABLES

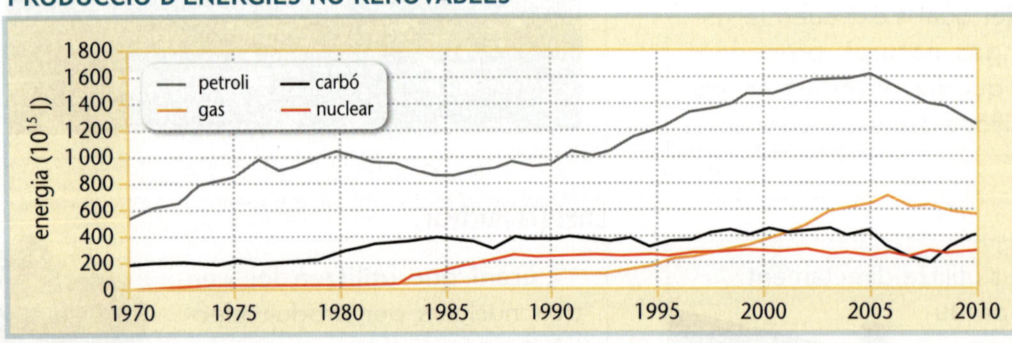

PRODUCCIÓ D'ENERGIES RENOVABLES

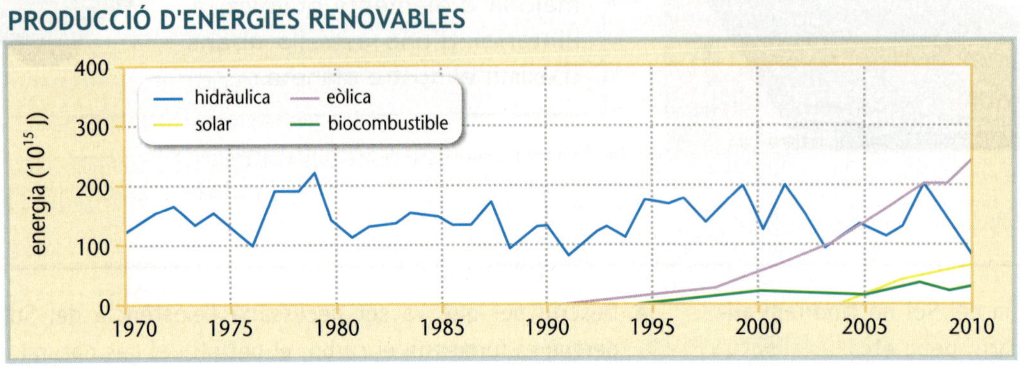

Fig. 3 Actualment, el petroli, el carbó i el gas natural són els combustibles més utilitzats, però l'ús de fonts d'energia renovables va augmentant.

LES ENERGIES NO RENOVABLES S'EXHAUREIXEN

El consum d'energia augmenta any rere any a tot el món. Això vol dir que les fonts d'energia es consumeixen cada vegada amb més rapidesa.

Com a conseqüència d'això, és molt probable que els recursos energètics no renovables s'exhaureixin en un termini relativament breu.

Davant d'aquesta situació, cal prendre algunes mesures com ara les següents:

- Frenar el consum energètic.
- Utilitzar recursos renovables.

@ Amplia a la Xarxa...

Comprèn millor l'efecte d'hivernacle a: www.tiching.com/748319

Inconvenients de les energies no renovables

La producció, el transport i el consum de les fonts energètiques habituals (no renovables) genera problemes de contaminació ambiental.

Les centrals tèrmiques, les indústries, els vehicles i les calefaccions expulsen a l'aire substàncies nocives, que en canvien la composició i el contaminen. Aquest efecte negatiu és el que es coneix com a **contaminació atmosfèrica**.

La contaminació del medi ambient produeix efectes negatius, com ara els següents:

- **Pluja àcida**. Les emissions contaminants arriben al sòl amb la pluja o la neu, que destrueixen la vegetació.
- **Augment de l'efecte d'hivernacle**. S'allibera a l'aire una gran quantitat de diòxid de carboni (CO_2) que provoca que la Terra s'escalfi més del compte i que es produeixi l'anomenat *canvi climàtic*, que, entre altres efectes, provoca la fusió de les glaceres polars.

- **Contaminació de l'aigua del mar**. El petroli s'ha de transportar des dels llocs d'on s'extreu fins als llocs on s'utilitza. Es porta en vaixells que poden tenir accidents i vessar el petroli al mar, fet que produeix l'anomenada *marea negra*.
- **Problemes de salut**. La contaminació de l'aire produeix al·lèrgies i problemes respiratoris, de cor i digestius.
- **Substàncies radioactives**. Procedeixen de les centrals nuclears i s'han d'emmagatzemar en condicions de seguretat molt estrictes.

Activitats

1. Mira el gràfic de la pàgina anterior: quina font d'energia no renovable ha crescut més en els últims 40 anys? I de les renovables?
2. Explica per què anomenem fonts d'energia renovables les que no s'exhaureixen i fonts d'energia no renovables les que sí que s'exhaureixen.
3. De les fonts d'energia següents, indica quines s'exhaureixen i quines no:

   a. El petroli   c. El Sol   e. El vent

   b. L'aigua   d. El carbó   f. L'urani
4. Digues a quin lloc s'originen els contaminants atmosfèrics.
5. Explica què és contaminar. Posa exemples de contaminació de l'aire i de l'aigua.
6. Esbrina i explica què és l'*efecte d'hivernacle*.
7. @ Què és la *marea negra*? Com es produeix? Busca informació sobre algun cas recent de marea negra i quins efectes va tenir.
8. Penses que podríem parlar d'*energies no renovables i contaminants*?

3 La producció d'electricitat amb energies no

3.1. Producció d'energia elèctrica

Produir energia elèctrica significa obtenir electricitat a partir d'altres formes d'energia.

Una **central elèctrica** és un conjunt d'instal·lacions que produeixen energia elèctrica.

De la mateixa manera que les dinamos de les bicicletes, els **generadors** que hi ha a les centrals elèctriques consten d'un imant que gira i indueix corrent elèctric. La part del generador que fa el gir s'anomena **turbina** fig. 1.

Les centrals elèctriques es classifiquen en funció de la font d'energia que s'utilitza per fer girar la turbina.

Fig. 1 Turbina d'un generador elèctric.

Centrals tèrmiques

S'anomenen **centrals tèrmiques** les que cremen combustible per escalfar aigua. Quan l'aigua calenta passa a vapor, es llança a pressió sobre la turbina per fer-la girar.

El vapor d'aigua es condensa en refrigerar-se mitjançant un corrent extern d'aigua freda. Tant el vapor d'aigua com l'aigua líquida que hi correspon van per un circuit interior i no es barregen amb l'aigua freda exterior.

Els principals combustibles de les centrals tèrmiques són el carbó, el gas natural i el petroli i els seus derivats.

Principals combustibles

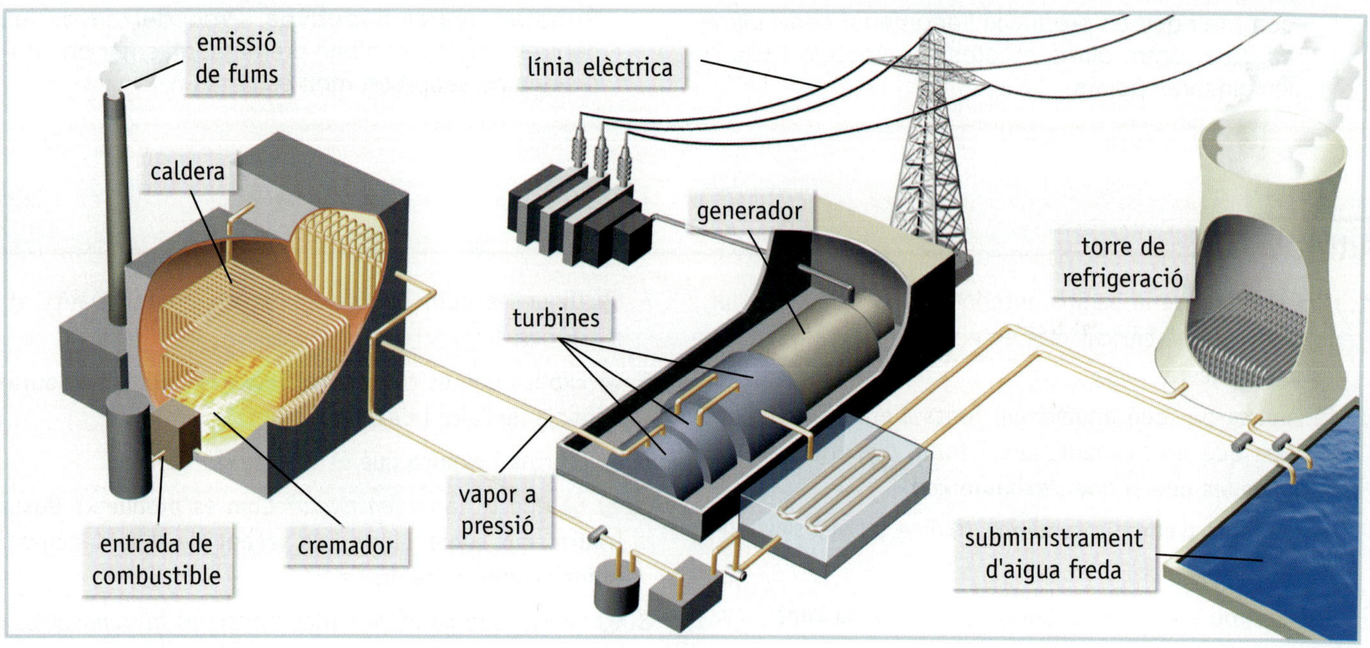

renovables

Centrals nuclears

Les **centrals nuclears** utilitzen la calor produïda en reaccions nuclears per escalfar aigua i generar el vapor necessari per fer girar la turbina. El principal material radioactiu utilitzat és l'urani.

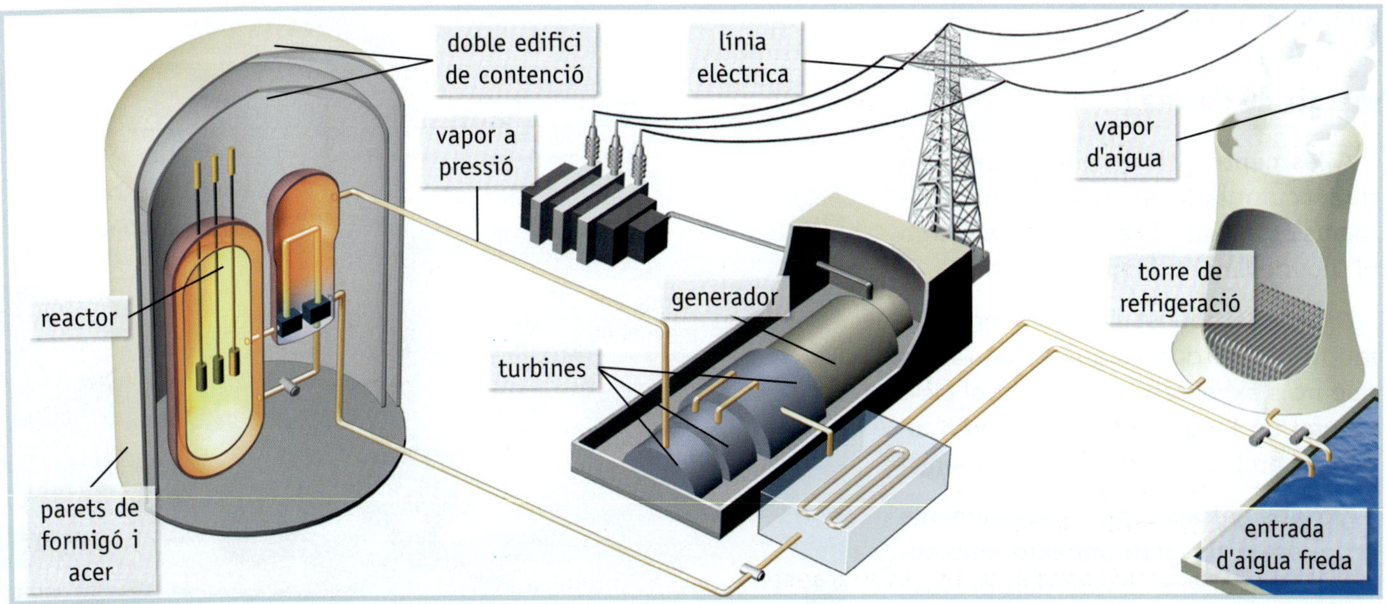

Transport de l'electricitat

L'energia elèctrica no es pot emmagatzemar, de manera que sempre hi ha d'haver un equilibri entre producció i consum.

Per evitar pèrdues d'energia durant el transport, l'energia s'ha de transformar de mitjana a alta o molt alta tensió. Quan l'energia arriba als pobles o a les ciutats, cal restablir la tensió original mitjançant un altre transformador.

D'aquesta manera és com l'electricitat generada a les centrals elèctriques arriba als habitatges i a les fàbriques.

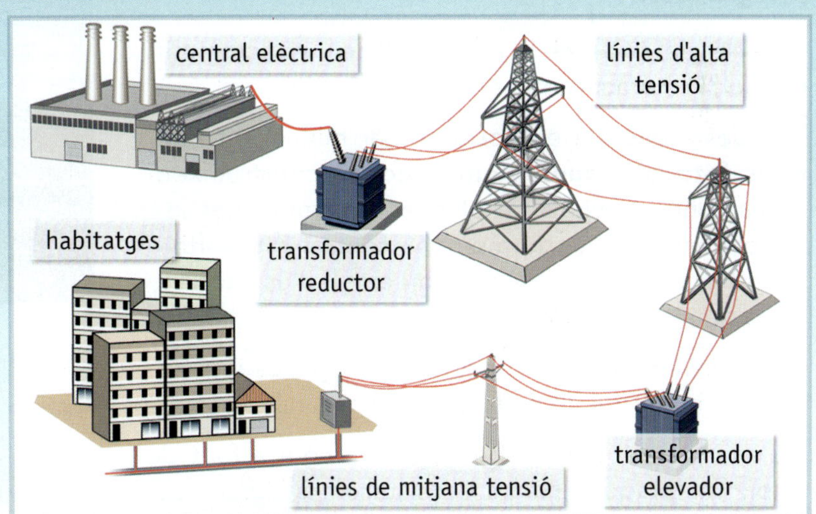

Esquema del transport del corrent elèctric fins a les nostres llars.

Activitats

1. Explica què és una central elèctrica.
2. Descriu les parts d'una central tèrmica i les d'una central nuclear. Indica quins combustibles s'utilitzen en cada cas.
3. D'on ve l'electricitat dels endolls on connectem els aparells elèctrics?
4. De quina manera es transporta l'electricitat fins a les nostres llars?

4 La producció d'electricitat amb energies

4.1. Energia neta

Les energies renovables són alternatives netes a les energies no renovables. Això vol dir que les energies renovables no contaminen i no s'exhaureixen.

No obstant això, les energies renovables també presenten alguns inconvenients.

L'energia de l'aigua

A les **centrals hidroelèctriques** l'aigua acumulada en grans embassaments és alliberada a les **preses** i, amb el seu moviment, fa girar la turbina.

Diem que aquest tipus d'energia és renovable perquè l'aigua és un recurs que no s'exhaureix: mitjançant el cicle natural de l'aigua, els rius aporten aigua als embassaments constantment.

No obstant això, els embassaments produeixen un gran impacte ambiental i poden alterar la vida dels peixos i de les plantes.

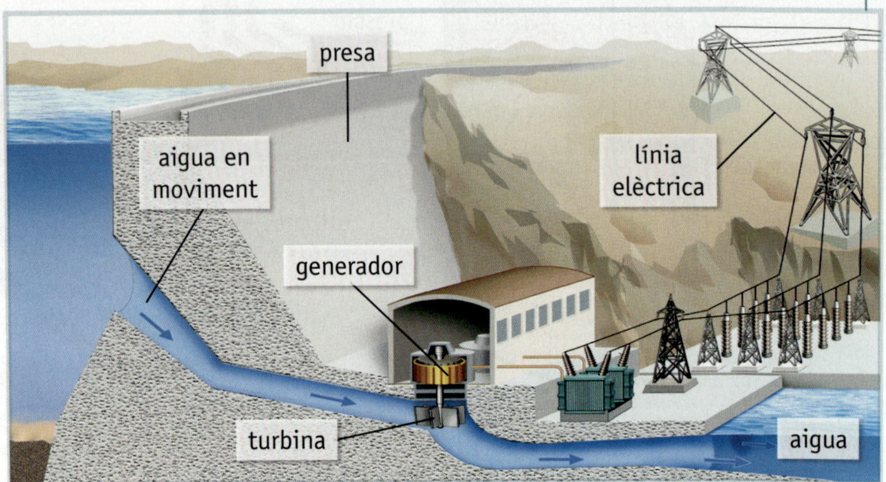

L'energia solar

L'**energia solar** és la que procedeix directament del Sol, i és pràcticament inexhaurible.

Aquesta energia es pot aprofitar mitjançant **plaques fotovoltaiques**. Actualment es construeixen grans concentracions de plaques fotovoltaiques interconnectades que formen una **central fotovoltaica**, fet que requereix un territori ampli d'ús exclusiu per a aquesta funció.

L'inconvenient d'aquest tipus d'energia és que no es pot obtenir de nit o els dies que està núvol.

L'energia del Sol també s'aprofita com a font de calor. Les **plaques solars** consisteixen en grans panells de vidre sota els quals hi ha canonades que contenen aigua. Els raigs solars travessen el vidre i escalfen l'aigua d'aquestes canonades, que serveix per a calefacció o per tenir aigua calenta d'ús quotidià.

L'inconvenient d'aquest tipus de plaques és que el seu rendiment es redueix en climes freds.

Plaques solars a la teulada d'una casa.

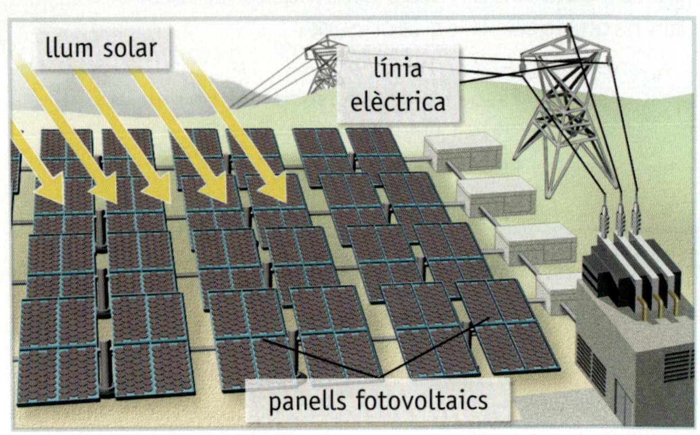

Central fotovoltaica.

renovables

L'energia eòlica

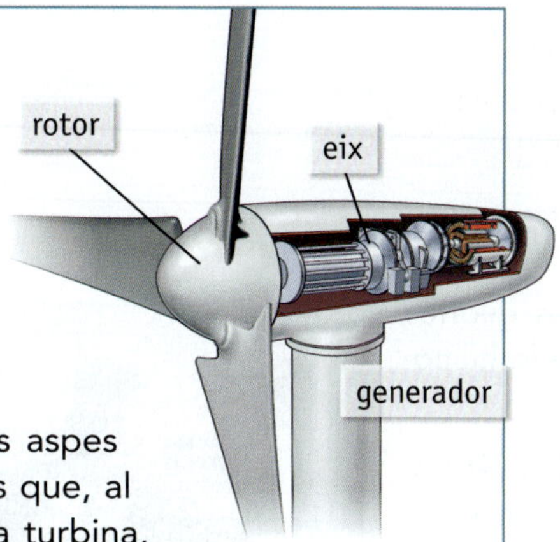

Mitjançant **aerogeneradors** es pot aprofitar la força del vent per generar electricitat.

El vent fa girar les aspes dels aerogeneradors que, al seu torn, fan girar la turbina, que produeix corrent elèctric.

Els llocs on es concentren un gran nombre d'aerogeneradors s'anomenen **parcs eòlics** o **centrals eòliques**.

Malgrat que són una font d'energia neta, els aerogeneradors tenen els següents inconvenients:

- Produeixen un gran impacte visual.
- Interfereixen en les rutes dels ocells migratoris.

L'energia de la biomassa

L'**energia de la biomassa** s'obté de residus vegetals de boscos o de conreus, de restes de la depuració d'aigües, d'olis de fregir, i fins i tot de conreus dedicats a aquesta finalitat, anomenats **conreus energètics**.

La biomassa es crema per produir directament calor o electricitat (com en les centrals tèrmiques) o per obtenir combustibles per a vehicles, com ara el *biodiesel* i el *bioalcohol*.

Planta per al tractament de biomassa. Permet obtenir electricitat a partir de residus vegetals.

L'energia geotèrmica

L'**energia geotèrmica** prové de la calor interna de la Terra. Per produir electricitat amb aquesta energia, s'introdueix aigua freda a pressió fins a una zona molt calenta de l'interior de la Terra on es converteix en vapor a elevada temperatura.

Aquest vapor s'extreu per mitjà d'una canonada adequada fins a la superfície, on fa girar una turbina connectada a un generador elèctric.

L'energia geotèrmica també s'utilitza com a font de calor per a calefacció.

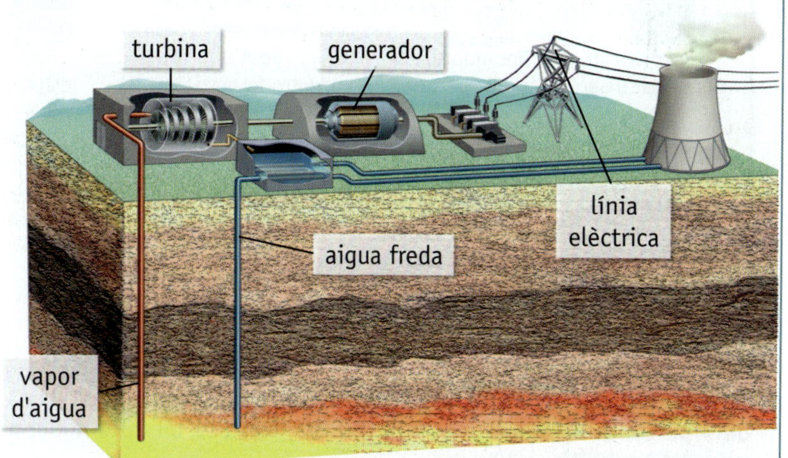

Activitats

1. Descriu les parts més importants d'una central hidroelèctrica.
2. Explica com es pot aprofitar l'energia del Sol per escalfar habitatges i per produir electricitat.
3. Informa't de si hi ha cap central hidroelèctrica a prop d'on vius. Busca'n informació a Internet i escriu-ne un informe. Pots completar l'informe amb fotografies de la central.

5

Consum i estalvi d'energia

DESCOBREIX

Els principals pilars del desenvolupament sostenible són la reducció de residus i l'estalvi d'energia.

A EL CONSUM ENERGÈTIC SOSTENIBLE

De tota l'energia que es produeix a la Terra, les tres quartes parts les consumeix un 15 % de la població. La resta de la humanitat gairebé no hi té accés.

D'altra banda, per mantenir i cuidar la vida a la Terra, és imprescindible utilitzar recursos energètics nets i renovables, i respectar el medi ambient.

En resum, el consum energètic ha de ser més equitatiu i sostenible. Tot això requereix:

- Un repartiment equilibrat dels recursos energètics entre tots els habitants del planeta.
- No pensar només en el benestar d'avui, i tancar els ulls a allò que passarà en el futur.

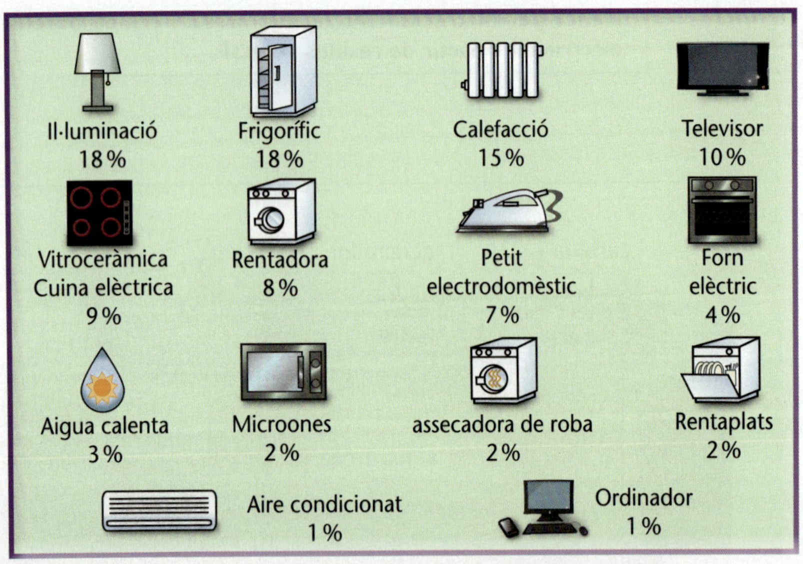

El gràfic mostra quina part del consum energètic elèctric total d'una llar de 4 persones es dedica a cada tasca. Per exemple, un 18 % del consum energètic es dedica a il·luminació.

Mentre que les societats desenvolupades consumeixen una gran quantitat d'energia, en altres llocs del món el consum energètic és molt reduït.

Activitats

1. Disposen d'aigua i d'electricitat tots els habitants de la Terra?
2. Quin percentatge del consum elèctric es dedica a cuinar? I a veure la televisió?
3. Quan penses que és més gran el consum, a l'estiu o l'hivern? Per què?
4. Explica per què diem que *no hem de pensar només en el benestar d'avui*.

B MESURES PER ESTALVIAR ENERGIA

Les mesures per estalviar energia han de ser tant individuals com col·lectives. En aquesta pàgina se'n resumeixen algunes.

PER ESTALVIAR ENERGIA S'HA D'EVITAR

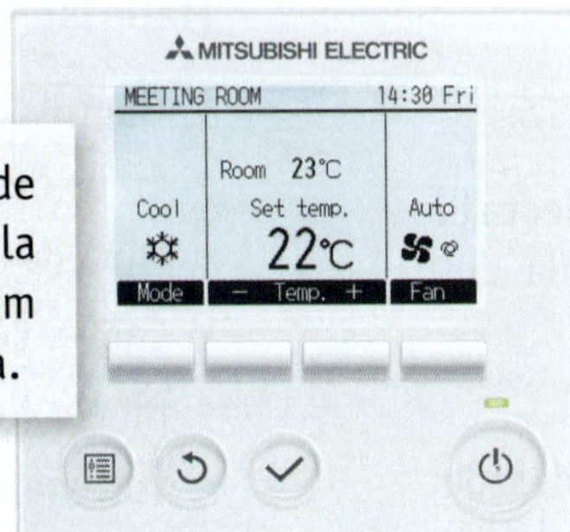

El descontrol en l'ús de l'aire condicionat, en la calefacció i en el consum excessiu d'aigua calenta.

L'ús deficient dels electrodomèstics. S'ha de tancar sempre la porta de la nevera, perquè en mantenir-la oberta s'escalfen els aliments i després cal utilitzar més energia per refredar-los. A més, s'ha d'evitar un consum inútil en il·luminació i apagar els llums de les habitacions en les quals no hi ha ningú.

Apagar només amb el comandament aparells com ara els televisors i les ràdios, perquè, encara que sembli que estan apagats, una petita llum indica que estan en estat latent, és a dir, que no estan apagats del tot i, per tant, consumeixen energia igualment.

PER ESTALVIAR ENERGIA S'HA D'AFAVORIR

L'aïllament tèrmic dels habitatges i l'ús de l'energia solar, tant tèrmica com fotovoltaica.

L'hàbit d'anar a peu o amb bicicleta, i així evitar l'ús de vehicles que utilitzin combustibles com ara la gasolina o el gasoil.

L'ús del transport públic. Per aconseguir-ho hem de disposar de bones xarxes de transport.

Activitats

5. Per què penses que hem de consumir menys aigua, electricitat, gasolina...?

6. T'agradaria viure sense electricitat? Per a què la fas servir?

@ Amplia a la Xarxa...

Aprèn què és un edifici ecològic i informa't de com pots estalviar energia a casa a:
www.tiching.com/748321 i www.tiching.com/748322

Generació i transformació de l'energia

L'energia no es crea ni es destrueix, només es transforma. Ara experimentarem diverses transformacions d'energia.

A. GENERAR ENERGIA ELÈCTRICA A PARTIR DE LA QUÍMICA

Material

- Quatre llimones
- Claus de zinc
- Monedes de coure
- Cables connectors
- Pinces de cocodril
- Voltímetre
- Led

Construcció d'un generador casolà

1. Introdueix un clau i una moneda a cada llimona i connecta'ls entre ells amb els cables respectius al led o a l'entrada del voltímetre.
2. El led s'encén i el voltímetre detecta el pas de corrent.
3. Hem produït electricitat (energia elèctrica), que passa des de cada clau fins a la moneda a través del líquid contingut en la llimona (energia química). Com s'anomena el dispositiu que has fabricat?

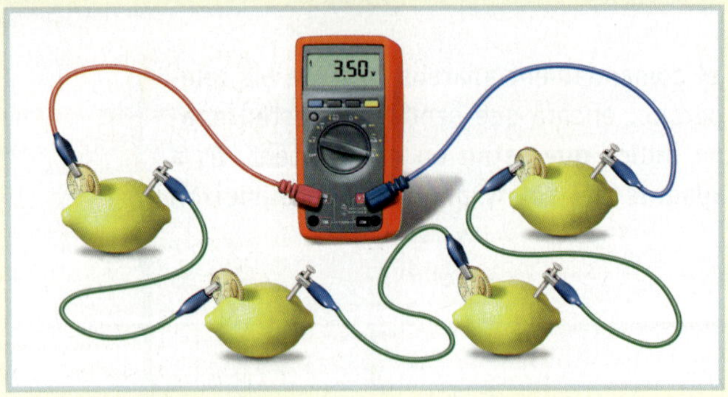

B. TRANSFORMAR L'ENERGIA CALORÍFICA EN ENERGIA CINÈTICA

Material

- Molinet de paper
- Espelma
- Escalfador
- Recipient amb aigua

Com fer girar un molinet de paper

1. Construeix un molinet de paper petit.
2. Situa el molinet sobre l'espelma encesa (energia calorífica) i veuràs que comença a girar (energia cinètica).
3. Col·loca ara el molinet sobre el vapor (energia calorífica) que desprèn l'aigua calenta, i veuràs que ara també gira.

C. ESCALFAR AIGUA AMB ENERGIA SOLAR

Material

- Capsa de cartró poc fonda
- Ampolla de plàstic
- Cartolina negra
- Tub fi de plàstic
- Paper de plàstic transparent
- Tisores
- Cinta adhesiva
- Goma d'enganxar
- Termòmetre
- Pinça

Construcció d'un radiador solar

1. Talla la cartolina negra i col·loca-la al fons de la capsa de cartró.
2. Fes dos forats en un lateral de la caixa, tan allunyats com sigui possible. Introdueix-hi el tub per un dels forats, distribueix-lo en esses pel fons de la caixa, i treu-lo per l'altre.
3. Cobreix la capsa amb paper de plàstic transparent i segella-la amb cinta adhesiva. Assegura't que els forats també estan ben segellats.
4. Fes dos forats al lateral de l'ampolla, un a la part de baix i l'altre a la part de dalt. Introdueix un extrem del tub a cada forat i segella'ls amb goma d'enganxar.
5. Omple l'ampolla d'aigua i assegura't que el tub també quedi ple d'aigua.
6. Tanca l'ampolla i introdueix-hi un termòmetre a través del tap. Utilitza la pinça per subjectar el termòmetre.
7. Col·loca el muntatge de manera que la capsa quedi exposada directament al Sol, però l'ampolla es mantingui a l'ombra.
8. Durant diverses hores, anota la temperatura cada mitja hora en una taula com aquesta:

Temps (h)	Temperatura (°C)
11.00	...
11.30	...
12.00	...
12.30	...

9. Elabora una gràfica amb els resultats obtinguts, representant el temps en l'eix *OX* i la temperatura en l'eix *OY*.

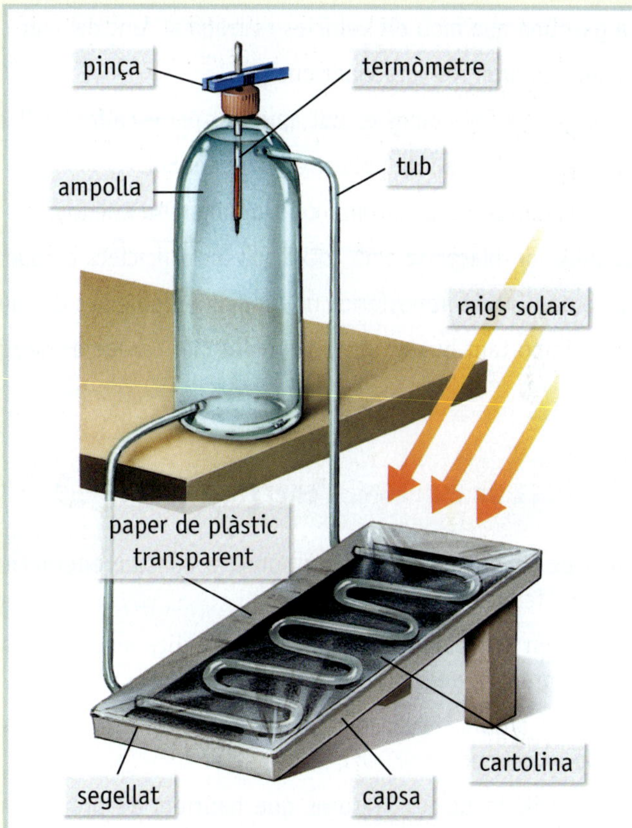

Preguntes

1. Interpreta la gràfica obtinguda.
2. Quina transformació d'energia es porta a terme en l'escalfador solar?
3. Quin inconvenient presenta aquest escalfador?

Activitats

1. Busca informació a Internet i escriu al quadern un informe sobre el funcionament del tipus de central elèctrica que vulguis. Quan acabis, exposa les teves conclusions a classe. Abans de començar pots consultar: www.tiching.com/748324
2. Constantment s'estan proposant nous usos per a l'energia solar. Una d'aquestes noves aplicacions són les *carreteres solars*. Explica en què consisteix aquesta idea i quins avantatges i inconvenients presenta. Pots començar visitant: www.tiching.com/748325

1 Raona. Fonts i formes d'energia

Escriu al quadern de manera correcta les frases següents, i afegeix-hi l'explicació necessària:

a) Algunes energies es transformen en d'altres, però l'energia elèctrica no es transforma mai.

b) El carbó i el petroli no s'exhauriran mai perquè el nostre planeta és molt gran, de manera que en disposem en quantitats gairebé infinites.

c) La gasolina que mou els vehicles es troba al fons del mar.

d) No aconseguim res estalviant energia.

e) L'energia del Sol només es pot aprofitar per escalfar les llars.

f) L'energia de la carn de pollastre no ve del Sol.

g) Tots els habitants de la Terra consumim molta energia.

h) És millor desplaçar-se amb cotxe que amb bicicleta perquè és més ràpid.

i) La contaminació atmosfèrica no produeix problemes de salut.

j) No és important que es vessi petroli al mar perquè es neteja sol.

2 Analitza un esquema. L'energia a la llar

A partir de l'esquema de la dreta sobre el consum energètic a les llars, fes les activitats següents:

a) Explica en què es gasta més energia i indica mesures que podem prendre per reduir aquesta despesa.

b) Se t'acut alguna forma d'estalviar en el consum energètic de la nevera?

c) Fes una llista de les mesures que hauríem de prendre a casa per estalviar en el consum d'aigua calenta.

d) Què penses que podem fer per gastar menys energia en il·luminació?

e) Quines de les mesures que has comentat es prenen actualment a casa teva?

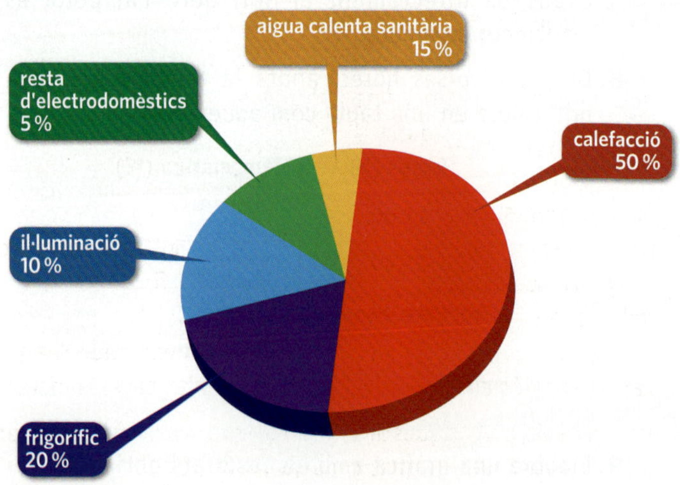

3 Completa. Fonts d'energia

Utilitza aquestes paraules (tantes vegades com necessitis) per omplir els buits de les frases següents:

petroli directa carbó eòlica urani
gas natural Sol gasolina solars energia

a) Totes les fonts d'... tenen el seu origen en el ... .

b) La ... i el gasoil s'extreuen del ... .

c) L'energia ... és l'energia del vent.

d) Els panells ... utilitzen l'energia ... del Sol.

e) L'... és un mineral que produeix energia per generar electricitat.

f) El ... procedeix d'arbres enterrats fa milions d'anys. El ... i el ... procedeixen d'organismes marins.

4 Busca a la xarxa. L'estalvi d'energia

Mira aquest vídeo sobre l'estalvi energètic i contesta les preguntes:

www.tiching.com/748326

a) Fes una llista de tots els aparells elèctrics que estan funcionant a l'habitació d'en Manu.

b) Què li explica en Dag que passa si malbarata energia?

c) Cal que tots els aparells elèctrics estiguin encesos a la vegada?

d) Explica què passa en els aparells que queden en *stand-by* i què hem de fer per evitar-ho.

e) Què aconseguim aprofitant la llum solar?

f) Per què hem d'apagar l'ordinador quan no l'utilitzem?

g) Descriu com pots aplicar aquests consells a la resta de casa teva.

5 Analitza un text. Energia geotèrmica a Islàndia

L'energia geotèrmica és la que aprofita la calor de l'interior de la Terra, que prové del magma, que és a temperatures de més de 1000 graus.

Islàndia és una illa situada sobre una zona amb el magma molt més pròxim a la superfície del que és habitual. Per això té més de 200 volcans (alguns d'actius), guèisers, fumaroles i aigua calenta que surt del sòl de manera natural.

En aquest país aprofiten l'aigua calenta natural per banyar-se en rius i piscines naturals, i la reparteixen mitjançant canonades llarguíssimes per escalfar els habitatges i fins i tot les voreres dels carrers, i per omplir les piscines artificials que hi ha a tots els barris i que els islandesos utilitzen gairebé cada dia per relaxar-se després de la feina i trobar-se amb les seves amistats.

Més recentment, aquesta aigua calenta s'utilitza en la producció d'energia elèctrica, per la qual cosa ja no depenen tant de les fonts d'energia no renovables com ara petroli, carbó o urani.

a) Llegeix atentament aquest text i explica'n el contingut amb paraules teves al quadern.

b) Busca el significat de guèiser i fumarola. Busca també l'origen de la paraula guèiser.

c) Explica la diferència entre piscina natural i artificial.

d) Busca a Internet informació d'alguna erupció volcànica recent a Islàndia i explica el que hi trobis.

e) Coneixes cap piscina natural o artificial amb aigua calenta gràcies a l'energia geotèrmica?

6 Analitza les imatges. L'energia del vent

El projecte hidroèolic de Gorona del Viento comprèn:

- Un parc eòlic.
- Un dipòsit superior d'aigua i un d'inferior. Enmig de tots dos se situen, d'una banda, unes conduccions forçades connectades a una central de bombament i, de l'altra, unes conduccions connectades a una central hidroelèctrica.
- Una subestació elèctrica d'interconnexió entre la central hidràulica, la central de bombament i el parc eòlic.

a) Quan la demanda d'electricitat és inferior a l'electricitat generada pel parc eòlic, l'excedent s'utilitza per pujar aigua del dipòsit inferior al superior. Quina utilitat té aquest ús?

b) Si la central eòlica genera menys electricitat de la necessària, es posa en marxa la central hidroelèctrica i es deixa caure aigua del dipòsit superior a l'inferior.

Explica els avantatges de combinar una central eòlica amb una d'hidroelèctrica.

7 Calcula. L'energia dels aliments

L'energia es mesura en joules, J. Aquesta unitat és molt petita i, moltes vegades, s'utilitza el kJ (quilojoule): 1 kJ = 1 000 J.

Per indicar l'energia que contenen els aliments, a més del quilojoule, s'utilitza la quilocaloria (kcal). La relació entre totes dues unitats és la següent:

$$1 \text{ cal} = 4{,}18 \text{ J}$$

A la taula següent tens uns aliments determinats i el seu contingut energètic en quilojoules per cada 100 g. Calcula aquests valors energètics en quilocalories.

Aliment	E (kJ/100 g)
Pa	255
Macarrons	350
Llenties	330
Xocolata	550
Coliflor	30
Enciam	18
Figues	80
Poma	52
Plàtan	90
Iogurt	75
Nous	660

Síntesi. L'energia: obtenció i consum

Fonts d'energia

- S'anomenen **fonts d'energia** els recursos energètics que l'ésser humà utilitza per generar energia: el Sol, el vent, l'aigua...
- Totes les fonts d'energia tenen el seu origen en el Sol.

Energies no renovables

- Les fonts d'energia **no renovables** són les que no es poden reposar. A la Terra, hi són en quantitat limitada i acabaran exhaurint-se.
- Són fonts d'energia no renovables el carbó, el petroli, el gas natural i l'urani.
- Les fonts d'energia no renovables contaminen: embruten l'aire i l'aigua de rius i mars, produeixen la pluja àcida que destrueix la vegetació i augmenten l'efecte d'hivernacle que escalfa l'atmosfera.

Energies renovables

- Les fonts d'energia **renovables** es regeneren de manera natural o són pràcticament inexhauribles.
- Són fonts d'energia renovables: el vent, l'aigua, el Sol, la biomassa i la calor de l'interior de la Terra.

Consum sostenible

- Els recursos energètics s'han de repartir igual entre tots els habitants del planeta.
- No hem de pensar només en el benestar d'avui, sinó que també hem de pensar en el de les generacions futures.

1 REPASSA EL QUE HAS APRÈS

a) Per a què necessitem energia?

b) Per què diem que tota l'energia que utilitzem l'obtenim del Sol?

c) Esmenta quines són les principals fonts d'energia no renovables.

d) Per què diem que les energies no renovables contaminen?

e) Quins efectes negatius produeixen les fonts d'energia no renovables?

f) Esmenta fonts d'energia renovables.

g) Per què hem d'estalviar energia?

h) Quines mesures pots prendre per estalviar energia?

2 DEFINEIX CONCEPTES CLAU

- Font d'energia
- Energia solar
- Energia eòlica
- Biomassa
- Font d'energia renovable
- Font d'energia no renovable
- Energia geotèrmica
- Consum sostenible

CONTESTA LA PREGUNTA INICIAL

Després d'estudiar aquest tema, pots contestar la pregunta inicial:

D'on obtenim l'energia?

Redacta un text d'entre 10 i 20 línies que resumeixi les conclusions a les quals has arribat.

CONSOLIDA EL QUE HAS APRÈS

Per consolidar els coneixements adquirits al llarg de la unitat, pots fer les activitats suggerides a:

www.tiching.com/747757

Aquestes activitats les pots descarregar en un document pdf al final del qual trobaràs les solucions.

TAULA PERIÒDICA DELS ELEMENTS QUÍMICS

CLAU DE LA TAULA

- **Nombre atòmic**: 1
- **Símbol**: H
- **Nom**: Hidrogen
- **Massa atòmica**: 1,008

sòlid / líquid (a 30 °C) / gasós / sintètic

Les masses atòmiques entre parèntesis corresponen al nucli més estable.

	Grup 1	Grup 2	Grup 3	Grup 4	Grup 5	Grup 6	Grup 7	Grup 8
Període 1	1 **H** Hidrogen 1,008							
Període 2	3 **Li** Liti 6,94	4 **Be** Beril·li 9,01						
Període 3	11 **Na** Sodi 22,99	12 **Mg** Magnesi 24,31						
Període 4	19 **K** Potassi 39,10	20 **Ca** Calci 40,08	21 **Sc** Escandi 44,96	22 **Ti** Titani 47,87	23 **V** Vanadi 50,94	24 **Cr** Crom 52,00	25 **Mn** Manganès 54,94	26 **Fe** Ferro 55,85
Període 5	37 **Rb** Rubidi 85,47	38 **Sr** Estronci 87,62	39 **Y** Itri 88,91	40 **Zr** Zirconi 91,22	41 **Nb** Niobi 92,91	42 **Mo** Molibdè 95,94	43 **Tc** Tecneci (98)	44 **Ru** Ruteni 101,07
Període 6	55 **Cs** Cesi 132,91	56 **Ba** Bari 137,33	57-71 Lantànids	72 **Hf** Hafni 178,49	73 **Ta** Tàntal 180,95	74 **W** Tungstè 183,84	75 **Re** Reni 186,21	76 **Os** Osmi 190,23
Període 7	87 **Fr** Franci (223)	88 **Ra** Radi (226)	89-103 Actínids	104 **Rf** Rutherfordi (267)	105 **Db** Dubni (268)	106 **Sg** Seaborgi (271)	107 **Bh** Bohri (272)	108 **Hs** Hassi (270)

Terres rares

Període 6	57 **La** Lantani 138,91	58 **Ce** Ceri 140,12	59 **Pr** Praseodimi 140,91	60 **Nd** Neodimi 144,24	61 **Pm** Prometi (145)	62 **Sm** Samari 150,36
Període 7	89 **Ac** Actini (227)	90 **Th** Tori 232,04	91 **Pa** Protoactini 231,04	92 **U** Urani 238,03	93 **Np** Neptuni (237)	94 **Pu** Plutoni (244)

- Metalls
- Semimetalls
- No-metalls
- Gasos nobles

Grup 9	Grup 10	Grup 11	Grup 12	Grup 13	Grup 14	Grup 15	Grup 16	Grup 17	Grup 18
									2 He Heli 4,003
				5 B Bor 10,81	6 C Carboni 12,01	7 N Nitrogen 14,01	8 O Oxigen 16,00	9 F Fluor 19,00	10 Ne Neó 20,18
				13 Al Alumini 26,98	14 Si Silici 28,09	15 P Fòsfor 30,97	16 S Sofre 32,07	17 Cl Clor 35,45	18 Ar Argó 39,95
27 Co Cobalt 58,93	28 Ni Níquel 58,69	29 Cu Coure 63,55	30 Zn Zinc 65,38	31 Ga Gal·li 69,72	32 Ge Germani 72,64	33 As Arsènic 74,92	34 Se Seleni 78,96	35 Br Brom 79,90	36 Kr Criptó 83,80
45 Rh Rodi 102,91	46 Pd Pal·ladi 106,42	47 Ag Plata 107,87	48 Cd Cadmi 112,41	49 In Indi 114,82	50 Sn Estany 118,71	51 Sb Antimoni 121,76	52 Te Tel·luri 127,60	53 I Iode 126,90	54 Xe Xenó 131,29
77 Ir Iridi 192,22	78 Pt Platí 195,08	79 Au Or 196,97	80 Hg Mercuri 200,59	81 Tl Tal·li 204,38	82 Pb Plom 207,2	83 Bi Bismut 208,98	84 Po Poloni (209)	85 At Àstat (210)	86 Rn Radó (222)
109 Mt Meitneri (276)	110 Ds Darmstadti (281)	111 Rg Roentgeni (280)	112 Cn Copernici (285)	113 Nh Nihoni (284)	114 Fl Flerovi (289)	115 Mc Moscovi (288)	116 Lv Livermori (293)	117 Ts Tennessi (294)	118 Og Oganessó (294)

63 Eu Europi 151,96	64 Gd Gadolini 157,25	65 Tb Terbi 158,93	66 Dy Disprosi 162,50	67 Ho Holmi 164,93	68 Er Erbi 167,26	69 Tm Tuli 168,93	70 Yb Iterbi 173,04	71 Lu Luteci 174,97
95 Am Americi (243)	96 Cm Curi (247)	97 Bk Berkeli (247)	98 Cf Californi (251)	99 Es Einsteini (252)	100 Fm Fermi (257)	101 Md Mendelevi (258)	102 No Nobeli (259)	103 Lr Laurenci (262)

Material de laboratori

Material per contenir

matràs

vas de precipitats

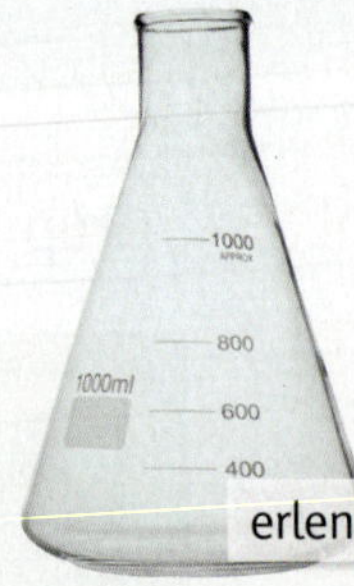

erlenmeyer

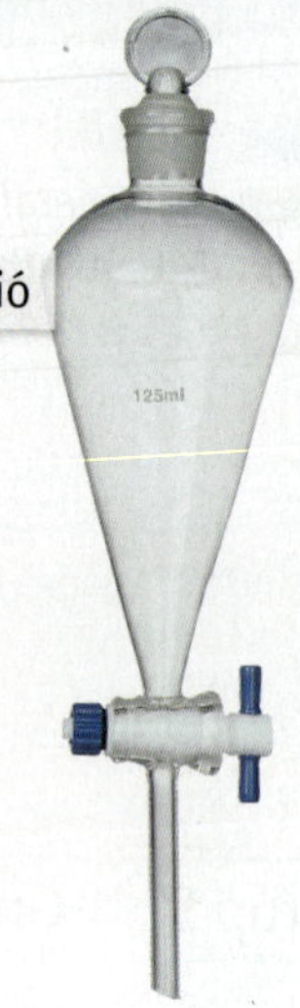

embut de decantació

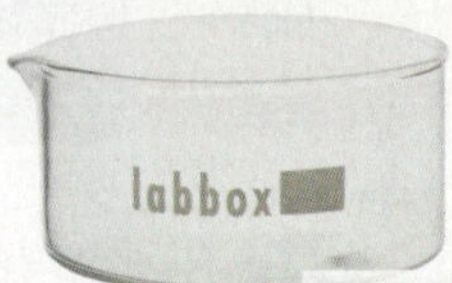

cristal·litzador

càpsula de petri

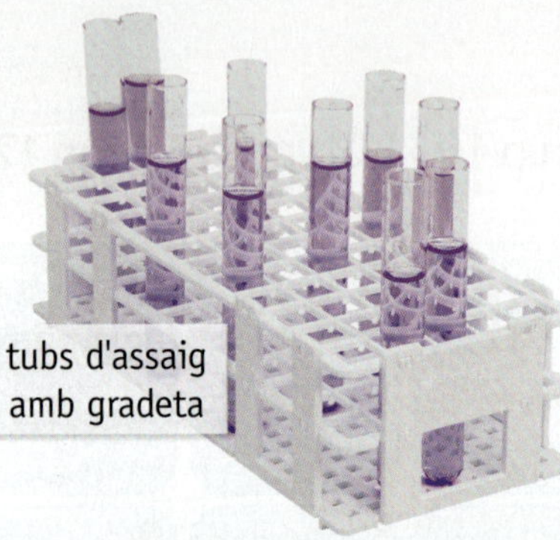

tubs d'assaig amb gradeta

Material per escalfar

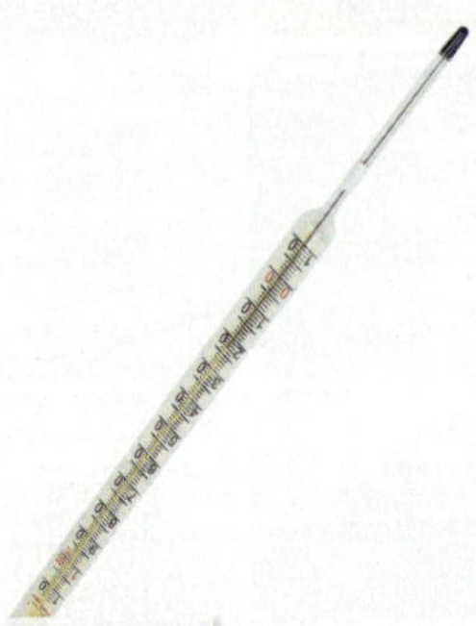

termòmetre

càpsula de porcellana

trípode

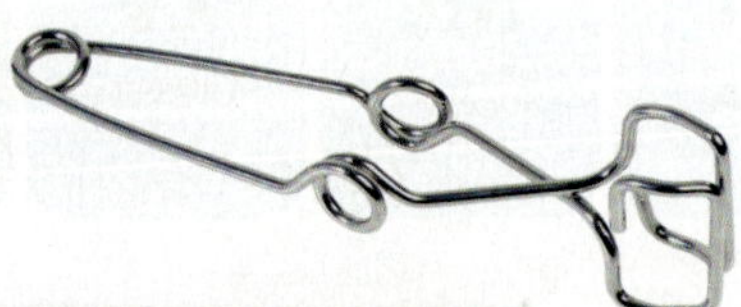

pinça per a tub d'assaig

placa calefactora

reixeta

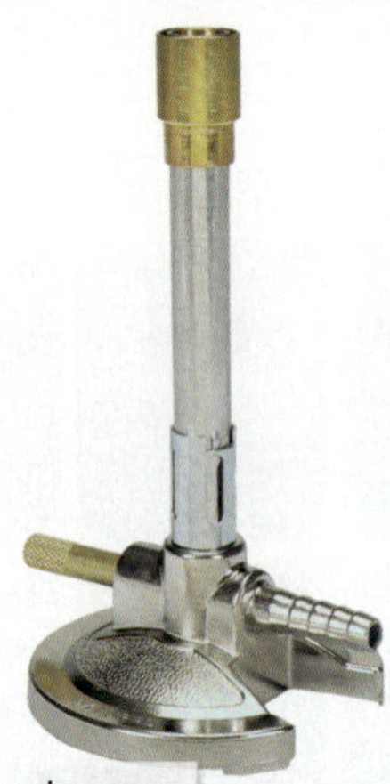

bunsen

Material per mesurar

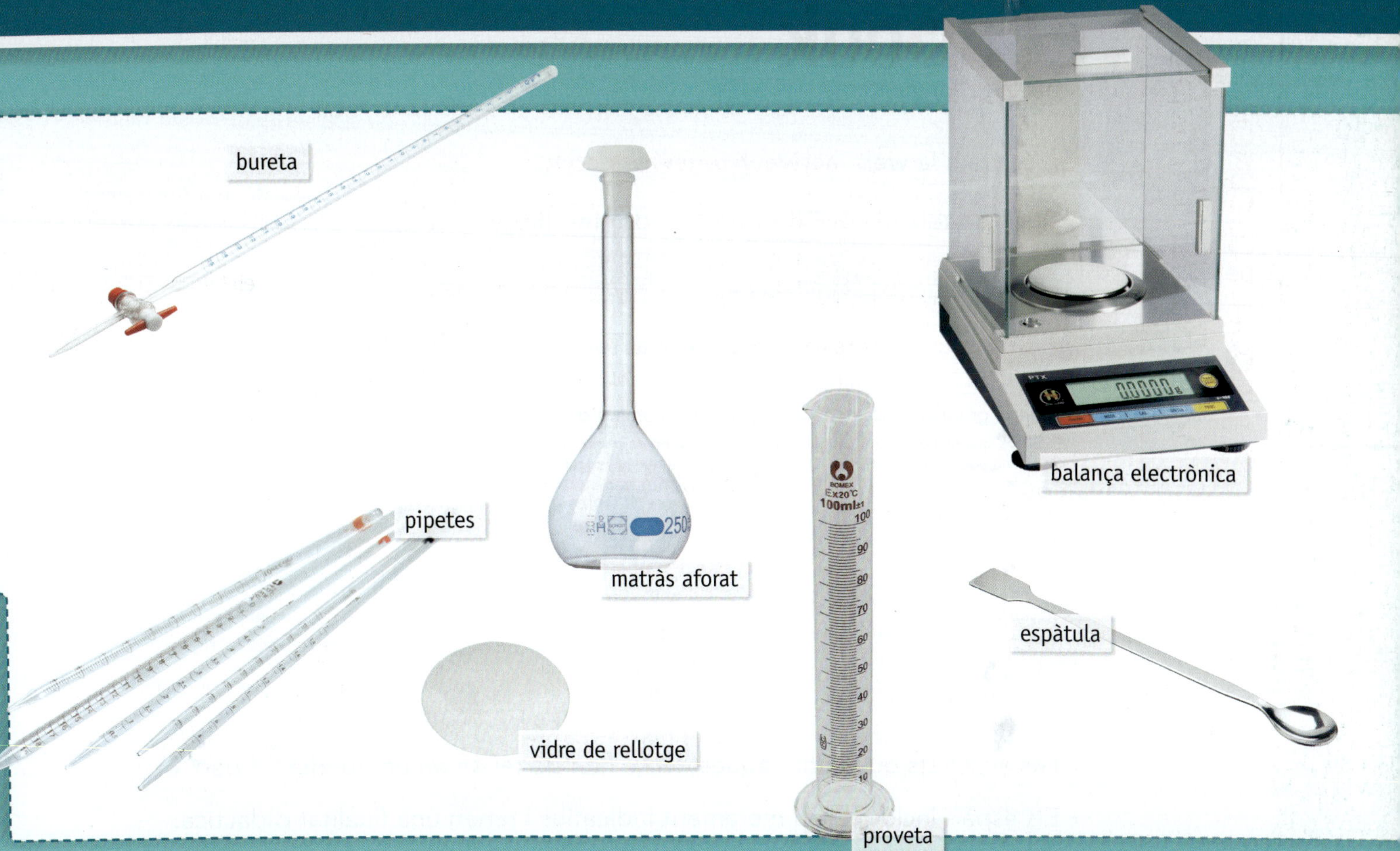

Material d'ús divers

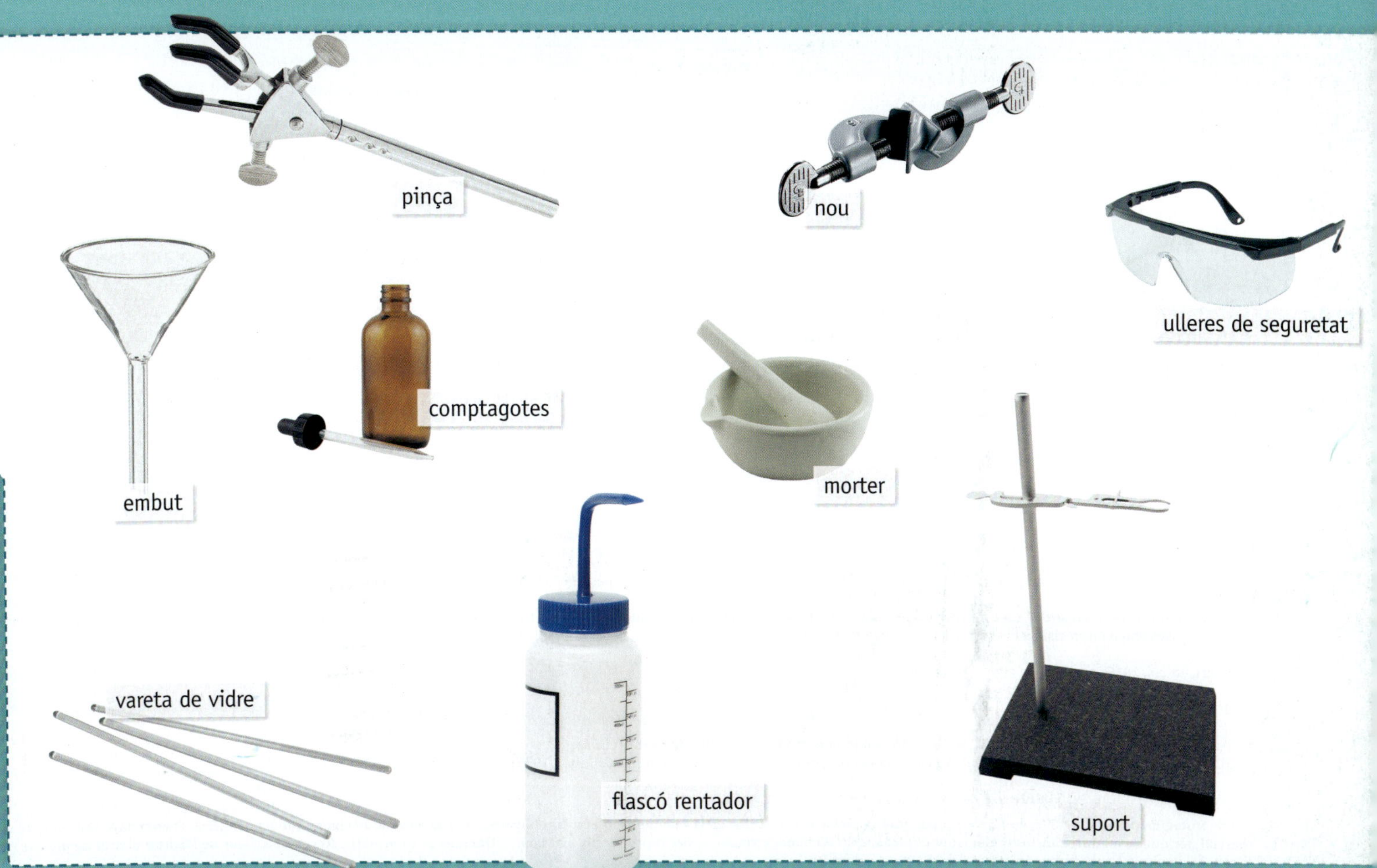

CODI DE LLICÈNCIA*
VS2BLNLMNNQB

edubook
— activa l'aprenentatge —

1. Entra a la web: **activa.vicensvives.com**
2. Introdueix el **codi de llicència** del teu llibre

Introdueix la llicència

3. **Segueix els passos** i accedeix al teu compte d'Edubook

* Llicència gratuïta vàlida per a un any des del moment d'activar-la.
En el cas que la llicència no estigui disponible o que no es pugui activar per qualsevol causa, l'usuari no podrà reclamar EDUBOOK per cap concepte que hi estigui relacionat.

- Les activitats que conté aquest llibre han de fer-se en un quadern a part.
- Els espais inclosos són merament indicatius i tenen una finalitat didàctica.

Agraïm a les entitats següents la possibilitat d'utilitzar el seu material fotogràfic:
Memorial Sloan-Kettering Cancer Center (tema 1, pàg. 4); NASA (tema 7, pàgs. 122-123).

Il·lustrat per: Carles Salom.

Aquest llibre ha estat imprès en paper ecològic reciclable i amb tintes exemptes d'elements pesants solubles. Directiva Europea 88/378/UE, norma revisada EN/71.

Primera edició, 2016

2 3 4 5

Dipòsit Legal: B. 8.216-2016/ ISBN: 978-84-682-3593-6/Núm. d'Ordre V.V.: KL22.

IMPRÈS A ESPANYA. PRINTED IN SPAIN.